U0519807

仓修良先生（摄于 2012 年春）

中国史学史论集

仓修良 著

商务印书馆
The Commercial Press

图书在版编目（CIP）数据

中国史学史论集 / 仓修良著. — 北京：商务印书馆，2024
ISBN 978-7-100-23985-1

I. ①中⋯ II. ①仓⋯ III. ①史学史－中国－文集 IV. ①K092-53

中国国家版本馆CIP数据核字（2024）第101320号

权利保留，侵权必究。

中国史学史论集

仓修良　著

商　务　印　书　馆　出　版
（北京王府井大街36号　邮政编码 100710）
商　务　印　书　馆　发　行
三河市尚艺印装有限公司印刷
ISBN 978-7-100-23985-1

2024年11月第1版　　开本 710×1000　1/16
2024年11月第1次印刷　　印张 27　插页 1

定价：158.00元

出版说明

仓修良先生（1933—2021）是当代著名历史学家、方志学家，江苏省泗阳县人。1958年毕业于浙江师范学院历史系，一直在杭州大学历史系任教。1998年国务院决定四校合并，为浙江大学历史系教授。生前社会兼职有中国历史文献研究会名誉会长、学术委员会主任委员，中国地方志学会学术委员，浙江省地方志学会副会长，华中师范大学历史文献研究所、华东师范大学中国史学研究所、宁波大学、温州大学兼职教授等。

仓先生毕生致力于中国史学史、历史文献学、方志学和谱牒学等方面的教学与研究，著述宏富。出版学术专著有《中国古代史学史简编》（与魏得良合著）、《中国古代史学史》、《方志学通论》、《谱牒学通论》、《章学诚和〈文史通义〉》、《章学诚评传》（与叶建华合著）、《章学诚评传》（与仓晓梅合著），自选文集《史家·史籍·史学》、《仓修良探方志》、《史志丛稿》、《独乐斋文存》。主持二十五史辞典丛书的编纂工作，主编《中国史学名著评介》（三卷本、五卷本）、《史记辞典》、《汉书辞典》、《二十五史警句妙语辞典》、《中国历史文选》（下册，与魏得良合编）、《中国史学史参考资料》、《中国华东文献丛书·华东稀见方志文献》（全五十卷），《中国历史大辞典·史学史卷》编委，撰写《中国历史要籍介绍及选读》要籍解题。古籍整理有《爝火录》（与魏得良合校）、《文史通义新编》、《文史通义新编新注》等。在《历史研究》、《新华文摘》、《中国史研究》、《文史》、《人民日报》、《光明日报》等报刊发表论文两百余篇，科研成果多次受到国家和省部级的奖励。事迹被收入中外名人辞典三十多种，治学经历被收入朝华出版社《学林春秋》，享受国务院特殊津贴。

仓先生在2017年出版《谱牒学通论》后，有意出版本人文集，将生平著述作一总结，集中呈现给学界朋友与广大读者。文集的出版，承商务印书馆的大力支持，同时得到浙江大学中国古代史研究所"双一流"项目经费出版资助。编纂工作从2019年底正式启动，由于身体原因，仓先生委托留系弟子鲍永军负责，从事制订编纂计划、搜集整理并复印论文、整齐文献格式、校对清样及引文、联络沟通等编务。仓先生确定文集编纂计划与目录，指导编纂工作，夫人任宁沪女士、女儿仓晓梅女士提供书信与照片资料，对封面设计、文集装帧等提出宝贵的意见建议。文集编纂工作，得到先生弟子们的积极参与和热忱帮助。叶建华同志校对文集排版文字、核对论著引文。陈凯同志参与制订编纂计划，负责书信整理编纂工作，参与统一文集文献格式，编撰《学术论著目录》。张勤同志编撰《学术活动年表》。先生其他弟子，钱茂伟、舒仁辉、刘连开、殷梦霞、文善常、范立舟、陈鹏鸣、金伟、白雪飞、郜晏君、邢舒绪等同志，始终关注支持文集编纂工作。

本文集包含五方面内容，依次为专著、古籍整理、论文集、友朋书信集。文集凡十卷：第一卷《中国古代史学史》；第二卷《方志学通论（增订本）》；第三卷《谱牒学通论》；第四卷《章学诚评传（增订本）》（与叶建华合著）；第五卷《章学诚和〈文史通义〉》，附《章学诚评传》（与仓晓梅合著）；第六卷《文史通义新编新注》；第七卷《中国史学史论集》；第八卷《方志学论集》；第九卷《历史文献学论集》，附录《学术论著目录》、《学术活动年表》；第十卷《友朋书信集》。仓先生所撰中国历史要籍解题，主编的《中国史学名著评介》以及教材，点校的《燚火录》，所撰《中国历史大辞典·史学史》、《史记辞典》、《汉书辞典》、《二十五史警句妙语辞典》词条，限于篇幅，本文集不再收录。

文集中的专著，有增订本者，收增订本。已出版著作与发表的论文，注释体例多有不同，此次出版，为方便读者，重新编排，核对引文，尽可能按照最新出版规范，统一注释体例。

文集编纂尚在进行，仓先生不幸于2021年3月逝世，遗憾不可弥补。文集第一卷于11月问世，后续各卷陆续出版，以慰先生在天之灵。先生之风，山高水长；先生之学，百世流芳。

编者

2021年10月26日

目 录

中国的传统史学与史学传统..1

《越绝书》是一部地方史..28

应劭和《风俗通义》..34

唐前五代史和《五代史志》..51

颜师古及其学术贡献..56

"史德"、"史识"辨..70

《资治通鉴》编修的"全局副手"刘恕
　　——兼谈《资治通鉴》编修分工的几个问题..74

郑樵和《通志》..86

洪迈和《容斋随笔》..102

《通鉴纲目》和纲目体..123

胡三省《通鉴注》简论..139

浅谈《文献通考》..156

论明清时期"六经皆史"说的社会意义..161

明代大史学家王世贞..175

《藏书》和《续藏书》评介..191

顾祖禹和《读史方舆纪要》..211

《读通鉴论》述评..229

谈迁的生平和在史学上的贡献..257

历史学家黄宗羲..273

全祖望和《宋元学案》..301

雅俗共赏的《廿二史札记》..................................316

邵晋涵史学概述..................................339

章学诚的历史哲学
  ——章学诚史学研究之一..................................355

章学诚与浙东史学..................................369

也谈章学诚"六经皆史"..................................388

史学工作者的良师益友
  ——读《白寿彝史学论集》..................................402

读《中国史学史资料编年》..................................416

史学史研究的最新成果
  ——读《中国史学史纲》..................................422

中国的传统史学与史学传统

中国是世界文明发达最早的国家之一，有确切文字记载的历史也已经有四千多年了。四千多年来，我们祖先创造了光辉灿烂的文化，留下了非常丰富的文化典籍。其中单以史籍而言，已是浩如烟海，不仅数量之多，内容之丰富，而且记载之连续，体裁之多样，都是世界历史上所罕见的。只一部"二十五史"，就已经足以称奇于世界了。它不仅是中华民族发展的记录，也是中华民族对世界文明所作贡献的见证。而在长期发展过程中，中国的传统史学不仅形成了自己所特有的特点，而且留下了许多优良的历史传统。

一、传统史学的特点

（一）史书编修的连续性

中国史书的编纂从《春秋》、《左传》以来，在整个封建社会发展过程中，一直处于兴盛不衰的"显学"地位，得到历朝统治者的重视和关爱。许多帝王都亲自过问修史问题，足见史学与发展文化、巩固统治都有着密切的关系。特别是纪传体《史记》诞生以后，班固《汉书》整齐划一，断代为书，历朝相仍而不改。郑樵在评论司马迁所创立的这种史体时说："使百代而下，史官不能易其法，学者不能舍其书，六经之后，惟有此作。"（《通志·总序》）赵翼也说："自此例一定，历代作史者，遂不能出其范围，信史家之极则也。"（《廿二史札记》卷一《各史例目异同》）虽然说不上是史家之"极则"，但它确实直接影响着两千年来"正史"的编纂。在我国漫长的封建社会里，许多史家编写史书，确实都采用了司马迁所创立的纪传史体，并且因为它适合封建统治者的需要，而被确立为"正史"。直到《清史稿》，正史就有"廿四史"、"廿五史"、"廿六史"之多。之所以正史会如此连续不断,其实除了封建王朝统治者重视外,还有全国上下士大夫无不重视史学。因为从史书中可以得到丰富的文化知识,更可以得到处世做人的道理。而文天祥"留取丹心照汗青"的心愿,更成为士大夫们精神之寄托。因此,在中国古代社会里,一直流传着"国可亡,史不可灭"的观念,你可以灭亡一个国家,但必须保留这个国家的历史,这在当时来说,已经成为不成文法。元代学者许有壬在《题牟成甫作邓平仲传》中就曾这样说:"国家得宋而天下始一,三百年道学之明、家法之正、人材之多、文物之盛,三代而下无与伦匹,其国可亡,其史不可亡。宋之史,我之责也。"(《至正集》卷七一)又元翰林王鹗,曾为金官吏,被俘后,在元官至翰林学士承旨,他也说:"宁可亡人之国,不可亡人之史,若史馆不立,后世亦不知有今日。"(苏天爵《元名臣事略》卷一二)可见修史的重要性,在中国古代士人心目中是处于如此高的地位,所以也就形成了国亡史作的一个传统。元灭宋以后,修了《宋史》、《辽史》、《金史》三史,明修《元史》,清修《明史》,都是这个道理。特别是清修《明史》时,黄宗羲本人虽然不愿意做清朝的官吏,但为了能够如实反映一代贤奸治乱之迹,他毅然同意其得意门生万斯同以布衣参与其事,并作诗以送其行:"四方声价归明水,一代贤奸托布衣。"这充分反映出封建时代士大夫们对修国史所产生的情怀。

当然,连续性并不限于纪传体正史而已,其他体裁亦复如此。编年体自《春秋》、《左传》以后,先后产生了《汉纪》、《后汉纪》、《蜀本纪》、《晋纪》等书,特别是司马光的《资治通鉴》,记载了自三家分晋至五代十国一千三百六十二年的历史。南宋李焘写了《续资治通鉴长编》。元明清时期,续补《通鉴》的著作就更多了。至于政书体,自《通典》以后,则先后产生了"三通"、"九通"、"十通";纪事本末体自《通鉴纪事本末》产生以后,亦产生了十多种,贯穿古今而自成一个系统。这都足以说明中国传统史学编修的连续性。

(二)内容的广泛性与丰富性

中国传统史学的许多史书,内容都非常丰富,所记之事非常广泛,政治、军事、经济、文化、天文、地理、典章制度，真可谓样样齐全，而不像西方史书那样单一化。就以人物而言，政治家、军事家、文学家、艺术家、科学家、探险家，并有不同类型的妇女，还有下层劳动人民、少数民族，乃至外国的相关情况，都有记载，真称得上是应有尽有。即使是编年体史书，内容也相当丰富，这仅是就一部史书而言。若是从记载内容各不相同的各类史书来看，就更足以反映出其内容之丰富多彩。我们先看《隋书·经籍志》，其史部就分有正史、古史、杂史、霸史、起居注、旧事、职官、仪注、刑法、杂传、地理、谱系、簿录，共十三类。这反映了封建社会早期史学发展的情况，也是对封建社会前期史学发展的一次总结。成书于封建社会晚期的《四库全书总目提要》，则对封建社会晚期的史学发展又作了一次大的总结，并将史籍分为正史类、编年类、纪事本末类、别史类、杂史类、诏令奏议类、传记类、史钞类、载记类、时令类、地理类、职官类、政书类、目录类、史评类等十五大类。而在地理类之下，又区分有总志（指全国地理总志）、都会郡县（指府州郡县志）、河渠、边防、山川、古迹、杂记、游记、外记共九类；政书类下又分通制、典礼、邦计、军政、法令、考工共六类；目录类下也有经籍、金石两类。如此众多的分类，本身就说明了中国史籍种类的繁多，内容的丰富，自然也就无须多作说明了。

（三）体裁的多样性

我们可以毫不夸张地说，中国史书体裁的多样性，是世界上任何一个国家都无法比拟的，其中许多体裁都是适应不同内容的需求而产生的，并且有些也是其他体裁无法替代的。

中国史书最早产生的比较规范的当然是《春秋》、《左传》，按时间先后顺序记事，这就是编年体史书，后来慢慢形成了编年体系统。到了西汉，司马迁采用纪传体形式编写的《史记》产生以后，班固将这种体裁加以整齐划一，编写了首尾完整的西汉一代历史——《汉书》，首创了断代为史，这就为以后每个朝代编修一部史书树立了典范，最后就形成了纪传体史书系列。《史记》有八书，《汉书》在此基础上加以扩充和发展，变成十志，当然记事内容比八书也更为丰富。以后各代所修的正史之志，大都是依据《汉书》十志加以损益而成，从而形成了中国史学史上的书志体。这种书志体又多为记载典章制度的历史，这又为典章制度史的产生和发展，起到了继往开来的作用，对于《通典》、《文献通考》等书的著述有过重大的影响。

需要指出的是，纪传体史书虽然大多有志，但每部书不仅篇目不同，记载也各自为政，况且所记又多限于某一朝代，很难从中看出历代王朝典章制度因袭沿革情况。所以到了唐代，杜佑利用自身的各种有利条件，编写出《通典》一书，创立了典章制度史的专书著作。全书分为食货、选举、职官、礼、乐、兵、刑、州郡、边防九门。若与纪传体的书志作一对照，这些门目，许多书志中都是早已有之，可见这种典制体（后称政书体）就是脱胎于纪传体的书志体，当然，它源于书志，而又高于书志。南宋时郑樵编写了《通志》，宋末元初马端临的《文献通考》问世，典制体又成了系列。郑樵的《通志》，名义上还是一部通史，而实际上它的真正价值应当是在"二十略"，这是全书精华之所在。后人将它与《通典》、《文献通考》并称"三通"，着眼点自然也就在这里。还有一种内容与此相近而专记一个朝代典章制度的"会要"，自唐产生以后，有《唐会要》、《五代会要》、《宋会要》等，最后也形成了一系列"会要"著作。所记内容往往是其他史书所不记载的，如我在《五代会要》中得到一条长兴三年（932）下令各地按时编送图经的材料，对于研究隋唐五代图经的发展有着至关重要的作用。

南宋袁枢《通鉴纪事本末》一书完成后，实际又创立了纪事本末体。南宋朱熹著《通鉴纲目》，则又产生了纲目体系列。到了明末清初，黄宗羲又创立了封建社会最后一种史书体裁——学案体，这是专为反映学术流派的发展而创立的一种史书体裁，它与一般学术史全然不同，它与纪传体一样，有一定的组成形式，一般以一个学派立一个学案，先有小序一篇，简介这个学派的特点、成员及渊源关系，其次是案主小传，传后乃是传主主要语录摘编。这三个部分，承担着各自不同的职能，有机地组成一种新史体。后来全祖望在续补《宋元学案》时，又在每一学案之前，先立一"学案表"，在表中备述该学派的师友弟子。最后又增设"附录"，载录学者的遗闻轶事和当时及后人的评论。因为这种史体一般史学史论著中均不论及，故多作点论述。

最后介绍的一种史体则是史论史评，这是世界各国都有的一种史书体裁。在一些西方学者看来，中国封建社会史学理论是最贫乏的，并且认为中国传统史学只注重微观,而不重视宏观。令人遗憾的是,中国学术界居然也有一些人会出来与之相唱和。我可以毫不客气地告诉大家,这种说法完全是一种无知的表现。因为他们对中国传统史学并没有认真研究,对中国封建时代所产生的史书不仅没有认真研究,而且许多著作连见都未见过,就来下如此结论,自然是出于无知。很简单,先秦诸子论著中那丰富的史论谁去认真研究和总结过?贾谊《过秦论》那么好的一篇史论,为什么避而不谈呢?黄宗羲的《明夷待访录》,是反映黄宗羲政治、经济思想的代表作,更是反映他历史观的代表作,书中所有结论,基本上都是从历史事实的研究中得出的,因此,不应当把它看作单纯的"政治专著",实际上它是一部不可多得的史论著作,又有多少人对它作过认真的研究呢?谈论起来,似乎中国只有刘知幾的《史通》、章学诚的《文史通义》、王夫之的《读通鉴论》这少得可怜的几部史论而已。《四库全书总目提要》史部史评类著录著作达一百二十种之多,除了少数几部外,许多人连见都未见过大多数的著作,那又凭什么来说中国传统史学中史论是最贫乏的呢?连自己家底厚薄都不知道,而只是跟在外国人后面喊喊喳喳,难道这也是在做学问吗?

综上所说,中国历史学家向来有着优良传统,许多历史学家,总是站在时代的高度对社会历史进行总结,直接或间接地满足反映时代的要求,根据不同时代,创造出不同形式的史书体裁。这些不同的史书体裁造就了中国史书丰富多彩的表现形式,彰显了中国传统史学所特有的民族特色。

二、传统史学的优良传统

中国传统史学经过长时间的发展和演变,不仅为后人留下了浩如烟海的珍贵史籍,丰富了人类的文化宝库,而且留下了许多宝贵的优良传统。我们应当珍视它,认真加以总结和研究,有选择地予以继承和发扬。

(一)据事直书

中国传统史学自产生之日起就非常强调从实而书,《左传》就曾记载了南史氏和董狐两位敢于抗节直书的史官，一直为后人所传颂。唐代杰出史学评论家刘知幾在《史通·直书》中就这样写道："若南、董之仗气直书，不避强御；韦、崔之肆情奋笔，无所阿容。虽周身之防有所不足，而遗芳余烈，人到于今称之。"韦指三国时吴国史官韦曜，崔指北魏史官崔浩。韦曜主持修史，吴主孙皓欲将其父孙和立为本纪，韦氏认为不可，只宜入传，而不宜立本纪，两者相争，孙皓怒而将韦氏杀害。崔浩等修国书，"叙述国事，无隐恶，而刊石写之，以示行路。浩坐此夷三族，同作死者百二十八人"（《史通》卷一二《古今正史》）。东晋史家孙盛作《晋阳秋》成，"词直而理正，咸称良史"（《晋书》卷八二《孙盛传》）。书中敢于直书桓温北伐时枋头之战失利真相，温以灭族相威胁，他仍拒不改写，诸子虽惧而改之，他另将原稿抄存于辽东。可见孙盛那种不为切身利益而改变历史真相的精神，确是继承和发扬了古代史家据事直书的优良传统。至于司马迁的《史记》乃是用血和泪书写而成的，早就被后人视作"实录"。刘知幾为了提倡史家敢于直书，特在《史通》中写了《直书》和《曲笔》两篇，对历史上那些敢于直书的史学家都加以颂扬和表彰，凡是曲笔者则一律予以贬斥。他和吴兢一道撰写《武后实录》时，以身作则，坚持据事直书，如实记载了"张昌宗诱张说诬证魏元忠事"，后来张说为相，"读之，心不善，知兢所为，即从容谬谓曰：'刘生书魏齐公事，不少假借，奈何？'"此时刘知幾已去世，吴兢面对张说，毫无畏惧之色，理直气壮地指出："子玄已亡，不可受诬地下，兢实书之，其草故在。"吴兢在权势面前，敢于承担责任，不使亡友受诬于地下。"闻者叹其直。说屡以情蕲改，辞曰：'徇公之情，何名实录？'卒不改。世谓今董狐云。"（《新唐书》卷一三二《吴兢传》）后来的郑樵和章学诚，在他们的著作中也都倡导直书，反对曲笔，希望作史者要将真实历史留给后世。到了封建社会晚期，仍旧产生了许多身处逆境而专心修史的令人尊敬的历史学家。谈迁称得上是一位典型的代表。他家贫如洗，直到晚年，仍靠充当幕友、办些文墨事务、代写应酬文章来维持生活。他靠个人的努力，照样写出了一部一百零八卷、四百多万字的有明一代编年体史书。他之所以要这样做，就在于要把有明一代的历史留给后人。再如万斯同，一生坚守志节，不食清朝俸禄，但为了修好《明史》，他奉老师之命，只身赴京，以布衣身份参与编修，不署衔，不受俸，住在总裁府中审阅史稿。修好《明史》乃是他一生精神之寄托。他讲述自己修史的心情时曾说:"吾所以辞史局而就馆总裁所者,惟恐众人分操割裂,使一代治乱贤奸之迹,暗昧而不明耳。"他花了十年时间,完成了五百卷之《明史稿》,最后孤身一人客死京师,可谓一生精力都倾注于这部书的编纂之中。其目的自然就是为了要让有明一代历史能够如实地存留人间,单是这种敬业精神,就值得人们的尊敬。

总之,据事直书这一精神,在传统史学的发展过程中,一直贯穿始终,尽管表现形式并不相同,但其精神都是一样的。许多史家把"直书"视作比生命更为重要,为了保存真实的历史,宁可冒灭族的危险,其催人泪下的修史精神,实在令人敬佩!对此,我们有必要认真加以总结,有选择地加以继承和发扬,特别是在当今修志工作者中,更加应当提倡这一精神,将应当编写的内容,如实地写入新修志书之中。

(二)文史结合

文史结合也是中国古代史书的一个优良传统。一部著名的史学著作,它同时也是一部优秀的文学作品。最早的一部编年史《左传》,不仅是一部内容丰富、史料价值很高的重要历史著作,而且还是一部富有文学价值的历史散文名著。作者善于用简练的文句写出复杂纷繁的历史事件,用较少的笔墨把多样的人物性格生动而又形象地刻画出来。大家一致公认,善于描写战争,是《左传》比较突出的一大特点。春秋时期几次大规模战争全都写了,并且写得都很成功。每场战争几乎都能抓住战争的性质,战争双方政治、军事的特点和力量的对比,从而生动地写出战争的全貌。全书叙事都富有故事性、戏剧性,情节紧张动人,语言精练形象。特别是对行人辞令的表达,既委婉曲折,又刚强有力。这种辞令之美,又为它的文学价值增添了光彩,因此,深得刘知幾的好评,他认为该书的文字"跌宕而不群,纵横而自得。若斯才者,殆将工侔造化,思涉鬼神,著述罕闻,古今卓绝"(《史通》卷一六《杂说上》)。可见文史结合这一古代历史著作的优良传统和特色,正是由《左传》所开创的。它为后世的历史学家树立了一个良好的榜样。

这一优良的传统,到了司马迁的《史记》,得到了更大的发扬。众所周知,《史记》不但是一部伟大的史学著作,而且也是一部杰出的历史文学作品，在中国文学史上具有很高的地位，所以鲁迅赞美它："固不失为史家之绝唱，无韵之《离骚》。"（《汉文学史纲要》）司马迁善于用不同的笔调、不同的语言去刻画各式各样的人物性格和形象，使他们个性分明、神态毕露。他特别善于运用符合人物身份的语言来表现人物精神状态和性格特征。但是，我们必须指出，《史记》中所有人物事件，都是真人实事，不夸张，不虚构，它是一部实录，一部信史，与单纯的文学作品有着本质的区别。同时又因为司马迁能够抓住文学特点，通过种种艺术加工，根据历史事实，忠实地塑造了各类的人物典型，巧妙地使两者结合起来，创造了历史和文学统一的典范。所以刘知幾十分推崇《左传》和《史记》在这方面所取得的高超的成就，认为两书在文史结合方面树立了典范，它们都能做到"言近而旨远，辞浅而义深，虽发语已殚，而含意未尽。使夫读者望表而知里，扪毛而辨骨，睹一事于句中，反三隅于字外"（《史通》卷六《叙事》）。有鉴于《史记》的文学成就很高，国外有人竟怀疑，它不是一部史书，而是一部文学作品。于是国内也就有人从一知半解出发，莫名其妙地指责《史记》许多记载的不可靠性。这种研究方法和思维方法，实在是可笑又可悲。

此后相继产生的《汉书》、《三国志》、《后汉书》，除了史学价值外，在文学上也都具有相当的地位。即使到了宋代，司马光的《资治通鉴》，其文学品位依然很高，所以清代史家王鸣盛说："此天地间必不可无之书，亦学者必不可不读之书也。"（《十七史商榷》卷一〇〇《资治通鉴上续左传》）自古以来，文史一家，所以刘知幾当时就曾说过："文之将史，其流一焉。"（《史通》卷五《载文》）

后来由于时代的发展，学术的变化，文史才逐渐分家，所谓"时移世异，文之与史，较然异辙"（《史通》卷九《核才》）。特别是魏晋南北朝以来，在修史领域里，盛行着浮夸雕饰之风，把文学著作的写作手法全部引入写史之中，于是修史中大多着意于文学技巧，润色文字，雕饰辞藻，追逐文字而忽略事实。特别是唐初所修诸史，执笔者大多是长于诗词文赋的文人，他们以骈俪相尚，因之四六骈体，充满史书。对此，刘知幾当时就提出了严肃的批评，指出："大唐修《晋书》，作者皆当代词人，远弃史、班，近宗徐、庾（指徐摛、徐陵父子和庾信，都是宫体诗的重要作者，有'徐庾体'之称）。夫以饰彼轻薄之句，而编为史籍之文，无异加粉黛于壮夫，服绮纨于高士者矣。"(《史通》卷四《论赞》)对于这种状况，刘知幾十分反感，指出："喉舌翰墨，其辞本异。而近世作者，撰彼口语，同诸笔文。斯皆以元瑜（阮瑀字元瑜）、孔璋（陈琳字孔璋）之才，而处丘明、子长之任。文之与史，何相乱之甚乎？"(《史通》卷一八《杂说下》)他在《叙事》篇中又说："史之为务，必藉于文。自五经已降，三史而往，以文叙事，可得言焉。而今之所作，有异于是。其立言也，或虚加练饰，轻事雕彩；或体兼赋颂，词类俳优。文非文，史非史，譬夫乌孙造室，杂以汉仪；而刻鹄不成，反类于鹜者也。"刘知幾认为史家之文与文士之文应该有所不同，虽然作为一个好的历史学家，应该写出一手好的文章，一部优秀的史学著作，必须具有文质并茂的特色，但它与专讲技巧、立意修辞的文学作品毕竟有别，不能因为讲求文字优美而影响史书记事的真实。而文人所作之史，每每"喻过其体，词没其义，繁华而失实，流宕而忘返，无裨劝奖，有长奸诈"。所以刘氏当时就提出文人不能修史。他同时又指出，史书的文字表述也十分重要，因为言之不文，行之不远。对于刘知幾这一观点，后来章学诚又加以发挥，他在《跋湖北通志检存稿》中就曾明确指出："余尝论史笔与文士异趋，文士务去陈言，而史笔点窜涂改，全贵陶铸群言。"(《文史通义新编新注》外篇六)他又说："文人之文与著述之文不可同日而语也。著述必有立于文辞之先者，假文辞以达之而已。"(《文史通义新编新注》内篇六《答问》)所以"文士撰文，惟恐不自出；史家之文，惟恐出之于己……史文而出于己，是为言之无征"(《文史通义新编新注》外篇一《与陈观民工部论史学》)。

可见自魏晋以后文史已分道扬镳，二十五史中，除前四史外，就很少出现过具有很高文学价值的纪传体史书，虽说是社会发展分工所致，但仍不能不说是史学发展上的一个重大损失。如今史学著作之所以读者不多，重要原因之一自然是可读性不强。因此，今后的出路应当多注意可读性和通俗性，多写一些人人爱读、人人能读的史学著作。重走文史结合之路，这不是不可能的。

（三）及时反映社会现实

中国古代的史书作者，在撰写史书时不仅记述了当时社会发生的主要历史事件和主要历史人物，而且很注意通过史书的编写，及时反映社会风情和一些重要的社会现象，为后人了解和研究当时的历史和社会提供许多直观的感性知识。《史记》、《汉书》也有表现，而比较典型的首推范晔的《后汉书》。此书通过《党锢》、《宦者》、《独行》、《逸民》等类传，反映出东汉一代的社会风尚和历史特点。众所周知，东汉社会政治上一个突出的现象，就是外戚和宦官交替掌握最高统治权，随着外戚、宦官之间的剧烈斗争，皇帝随立随废，简直成了他们手中的傀儡。党锢事件的发生，正是这一斗争的延续和结果。东汉统治集团就是在这种相互倾轧中一天天腐烂下去的。范晔在《宦者列传序》中，既分析了宦官得宠的原因，又指责了他们"手握王爵，口含天宪"，作威作福的罪行："虽时有忠公，而竟见排斥。举动回山海，呼吸变霜露。阿旨曲求，则光宠三族；直情忤意，则参夷五宗。汉之纲纪大乱矣。"由于宦官势力自中央一直延伸到地方，在政治上影响极大，因此他在《宦者列传序》中又进一步揭露说："败国蠹政之事，不可单书。所以海内嗟毒，志士穷栖，寇剧缘间，摇乱区夏。虽忠良怀愤，时或奋发，而言出祸从，旋见孥戮。因复大考钩党（指兴党锢之狱），转相诬染。凡称善士，莫不离被灾毒。"清代史家王鸣盛对此序十分称赞："党锢传首总叙，说两汉风俗之变，上下四百年间，了如指掌，下之风俗，成于上之好尚，此可为百世之龟镜。蔚宗言之切至如此，读之能激发人。"（《十七史商榷》卷三八《党锢列传总序》）在东汉社会中还有一批沽名钓誉的人物"逸民"，他们放着官不做而愿意过隐居生活，东汉统治者对他们却非常重视，礼遇甚厚，政府请他们出来做官，他们却推辞不就。他们越是不出山，政府则越要征聘，越征聘他们就越不出山，如此反复，自然就更加提高他们的社会地位，政府也从中得到好处。范晔在《逸民列传》中揭露，这是东汉君主们所玩弄的政治手段，是为了通过那些戏剧性的征、聘、召、赐，以达到"举逸民而天下归心"的目的。以上这些，都反映了东汉一代的社会风尚和时代特色。

魏晋时期士大夫中间流行着品题人物的风气，陈寿在《三国志》中有很多记载和反映，如记乔玄称曹操是命世之才，徐庶称诸葛亮为卧龙等。而陈寿本人对三国人物亦作了各种名目的品题，如说刘备是英雄，曹操是人杰，孙策、孙权是英杰，诸葛亮、周瑜、鲁肃是奇才等。这一做法，一方面固然反映了当时的社会风气，同时也与陈寿所担任过的官职有很大关系。他曾长期任职巴西郡中正，这是一种"定门胄，品藻人物"的官。这种品藻人物虽然并无多大历史价值，但毕竟反映了当时流行的社会风尚。又如魏晋以来，佛教盛行，上自帝王，下至民间，都有极大影响，它已经不单是宗教问题，而是个现实的政治问题了，同样对于学术思想也有着很大的影响。佛教、道教虽于汉代已经流传，但影响不大，因而史书尚未有记载；到了魏晋，已经成了全社会的问题了。魏收在撰写《魏书》时，特创立了《释老志》，实现了编修历史要记载反映社会客观现实的历史学家应尽的社会责任。该志内容叙述了佛教传入中国的过程及其发展情况，对于那些影响较大的高僧名字也一一都有记录，还特别介绍了太和八年（484）北魏文帝开凿龙门石窟的情况。尤其值得注意的是，该志通过对佛道在北魏时期盛行的叙述，揭示了由于寺院和僧尼数量的激增而出现的"寺夺居民，三分且一"这一严重的社会问题，这对于后人了解当时的寺院经济和阶级关系无疑是重要资料。僧、道虽然都是出家之人，但实际上是脱离不了社会政治的。南北朝时期佛道的流行，及两教之间斗争的始末，世俗地主和寺院地主之间的矛盾以及劳动人民在寺院地主残酷压榨下的惨痛遭遇，从《释老志》中可以基本得到反映。至于六朝时期的清谈之风，也是历史上很有名的一个社会现象，而清谈的主题皆为老庄，实际上是对两汉经学统治的一种反动。这一社会现象，在《晋书》和有关六朝史书中都有不同程度的反映。

众所周知，宋代产生的理学，也称道学，对中国封建社会后期的政治思想和学术思想都有着深远的影响，成为明清两代统治者加强统治的思想基础。《宋史》的编纂者特地创立了《道学传》，并置于《儒林传》之前，而对那些道学家还立了专传，详细叙述他们的生平及其思想，这自然也就反映了宋代历史上的一个时代特色，为后人研究理学的产生及渊源创造了条件。

总之，中国历史学家向来就有注意反映社会现实的优良传统，许多历史学家总是站在时代的高度审视社会的发展，对社会历史进行研究和总结，直接或间接地满足反映时代的要求。这种反映有的是在纪传史体之内增设类传、专传加以解决，有的则是另外创立史体来加以反映，因而数千年来丰富多彩的历史内容，通过各式各样的史学著作得以保存下来。尤其是许多杂史、野史，它们虽然没有什么史体可以规范，却保存了其他史书不曾记载的宝贵史料，对于研究某一历史事件或某种社会现象、社会风气有着重要的价值。这也是中国传统史学发展中一个特有的现象。因此，在研究中国古代社会发展史时，眼睛千万不能只是盯着正规史书，而忽略了这个特有的史书群体。

（四）详近略远

中国古代史家写史大多注意详近略远这一特点，要多写当代之事。对此，著名史学理论家章学诚就曾有过概括性的论述："史部之书，详近略远，诸家类然……《太史公书》详于汉制，其述虞、夏、商、周，显与六艺背者，亦颇有之，然六艺具在，人可凭而正史迁之失，则迁书虽误，犹无伤也。秦楚之际，下逮天汉，百余年间，人将一惟迁书是凭；迁于此而不详，后世何由考其事邪？"（《文史通义新编新注》外篇四《记与戴东原论修志》）他又说："历观前史记载，每详近而略于远事，刘知幾所谓班书倍增于马，势使然也。"（《章氏遗书》卷一七《刘氏三世家传》）后来他在替毕沅为《续资治通鉴》一书给钱大昕写的信中，再以《左传》和《通鉴》为例进行论述："史家详近略远，自古以然。即如《左氏》一书，庄闵以前与僖文而后，不可一概为例；涑水身生宋世，其所阅涉，自详于唐而略于汉魏以上，亦理也。"（《文史通义新编新注》外篇三《为毕制军与钱辛楣宫詹论续鉴书》）可见在章氏看来，中国古代史书的编修确实是详近略远，因此他认为这一优良传统必须加以继承和发扬。

我们不妨仍以《史记》为例。司马迁是汉武帝时代人，而其书就有《今上本纪》，他能够把历史一直写到汉武帝。以朝代而言，夏、商、周三代各成一纪，到了秦朝，既有《秦本纪》，又有《始皇本纪》，至于汉代，从高祖到武帝，则每人各为一纪。在十表中，三代作"世表"，十二诸侯作"年表"，秦楚之际则为"月表"。全书一百三十篇，其中专记汉代历史的就有六十二篇，兼记汉代及秦代的有十一篇。自天下并起而亡秦到《史记》成书约百年时间，这百年的历史，在全书分量的比重上要比过去几个时代的总量还大得多。这种重今思想，不仅表现在具体篇章数量的轻重上，而且还直接反映在内容中。对此，班固在《汉书·司马迁传》中就已经大加称赞："司马迁据《左氏》、《国语》，采《世本》、《战国策》，述《楚汉春秋》，接其后事，讫于天汉，其言秦汉，详矣。"

我们再看司马光的《资治通鉴》，全书记载，起自三家分晋，止于周世宗征淮南，共记一千三百六十二年史事，分载二百九十四卷，其中战国秦汉六百二十二年，共六十八卷，约占全书的百分之二十三；魏晋南北朝三百六十九年，共一百零八卷，约占全书的百分之三十七；隋唐五代三百七十一年，共一百一十八卷，约占全书的百分之四十。从年代、卷数分配的比例来看，就足以说明司马光在史书编写上的略古详今思想了。

当然，如果单从形式来看，似乎只有编修通史这一思想才得以体现，其实不然。若是从一个时代来看，照样可以体现出来。只要稍作留意就可以发现，魏晋南北朝时期，编修当代史的史学家特别多，往往一个国家的史书，就有很多史家在同时编修，其中晋书的编修最为突出，竟达十八九家之多。而宋代史学发展中一个非常明显的特点，亦就是整理、编写当代历史的风气很盛行，并且取得了相当大的成就。王称的《东都事略》就是典型的代表，这是一部私人所修的纪传体北宋历史，所记内容上起宋太祖，下迄宋钦宗，是本朝人所写本朝历史比较完整的一部。其他如李心传的《建炎以来系年要录》、徐梦莘的《三朝北盟会编》，亦都是当代人写当代历史成功的著作。再如有明一代，由于两次政变和党争等一系列统治阶级内部斗争的不断发生，史事记载严重失实，特别是实录被一再篡改，于是民间自行写史的人大大超过历史上任何一个朝代。特别是到了明清之际，整个社会又发生了许多重大变化，这就促使野史得到更进一步发展。轰轰烈烈的明末农民大起义，很快冲垮了明王朝的统治，起义风暴几乎席卷了整个北部中国，于是围绕着这次农民起义就出现了许多记载，有的是记载农民起义军在各地斗争情况，有的则是记载明清两代统治者如何镇压农民起义军。随后由于清军入关，各地又掀起了大规模抗清斗争，于是以记载各地抗清斗争为题材的史书又纷纷出现。与此同时，南方还有偏居一隅的南明王朝，这个小朝廷的更替，也成为许多人记载的对象。总之，在明清之际的社会大变革时期，当封建政权失去了控制力量以后，面对这复杂多样的社会内容，编写野史的风气空前盛行。清代史家全祖望在《与卢玉溪请借钞续表忠记书》一文中就曾指出："明野史，凡千余家。"（《鲒埼亭集外编》卷四四）史籍之多，可以想见。而这些史籍写的又都是当时社会的现实问题。

正因为有这些史籍，如今我们才有可能从那些重大的社会变革中理出一些头绪，因此从某种程度上可以说记载当代历史比研究古代历史更为重要，因为当代所发生的事情，若不及时加以记载，将来研究就无所凭据。所以史学理论家总是要求历史学家应当发扬古代史家写史中详近略远的优良传统，注意多写当代历史。当然，长期以来的历史事实也在说明，写当代历史是要冒很大风险的，甚至要引来杀身之祸，在古代有的还会有灭族的危险。司马迁是怎么死的，至今尚无结论，我一直在想，很可能还是被汉武帝治死的，他的《史记》一直写到当今皇上，其中还说了许多"坏话"，特别是开国皇帝刘邦，被写成一个"大流氓"，对这种大不敬，汉武帝能够容忍吗？因此，对司马迁下毒手是完全有可能的，只不过没有史料作为根据，当然也就无法下结论。尽管写当代史要冒极大的政治风险，但古代许多历史学家出于史家的责任感，他们还是尽心尽责，完成自己的写史任务。因此我们对于这一优良传统，应当加以继承和发扬，为写好当代历史作出贡献。

（五）史论结合

史论结合，自中国传统史学产生之日起，这一优良传统就一直伴随着传统史学的成长而不断在发展。《左传》的"君子曰"，《史记》的"太史公曰"，其后"班固曰赞，荀悦曰论，《东观》曰序，谢承曰诠，陈寿曰评，王隐曰议，何法盛曰述，扬雄曰撰，刘昞曰奏，袁宏、裴子野自显姓名，皇甫谧、葛洪列其所号。史官所撰，通称史臣。其名万殊，其义一揆。必取便于时者，则总归论赞焉"（《史通》卷四《论赞》）。后来司马光的《资治通鉴》，则称"臣光曰"等。这些论赞，自然都属于史学理论。当然，也有在史书内容的叙述中间借历史人物或历史事件而展开的议论，那就更加丰富了。除此之外，史书注释之中，书目提要之中，也都包含有丰富多彩的史学理论，只不过长期没有人去专门加以总结、研究和探索而已，因而有些外国学者在未作深入了解和研究之前，就认为中国的史学没有理论，于是国内学术界也有人不分青红皂白地随声附和。虽然1988年白寿彝先生已经对此加以批评，指出这种说法是"不符合事实的"。但是，我们自己下功夫进行深入研究和发掘确实做得很少，自然就会让人们产生某种错觉。值得高兴的是，瞿林东先生在前不久出版的《中国史学史纲》一书中已经适当突出在史学发展过程中"理论成就的积累"。当然，希望能够有更多的人对这一问题进行探索和研究。这里笔者先从如下几方面作点尝试。

关于《史记》的史论，一般只是讲"太史公曰"，其实这是不全面的，因为《史记》中还有序二十三篇，《太史公自序》一篇，这些都是属于史论性质，特别是后者，乃是全书的总论。对此，章学诚早就指出："太史叙例之作，其自注之权舆乎？明述作之本旨，见去取之从来，已似恐后人不知其所云而特笔以标之，所谓'不离古文'及'考信六艺'云云者，皆百三十篇之宗旨，或殿卷末，或冠篇端，未尝不反复自明也。"（《文史通义新编新注》内篇五《史注》）按照章氏的说法，这些序论，或"明述作之本旨"，或"见去取之从来"，总的都在述"百三十篇之宗旨"，都是属于史论性质。

上文我们讲了《史记》编写是详近略远，司马迁在《六国年表序》中有一段话正反映了这一思想。他说："然战国之权变亦有可颇采者，何必上古！秦取天下多暴，然世异变，成功大。传曰'法后王'，何也？以其近己而俗变相类，议卑而易行也。学者牵于所闻，见秦在帝位日浅，不察其终始，因举而笑之，不敢道，此与以耳食无异。悲夫！"由于司马迁的着眼点是在秦取天下，"世异变"，"成功大"，因而对于那些不识时代变化而"牵于所闻"、以古非今的思想提出了批评。这段议论谁能说不是很好的史论呢？众所周知，"究天人之际，通古今之变，成一家之言"，这是司马迁写作《史记》的宏伟目标。如何看待天人关系，这在当时是一个大问题。以董仲舒为代表的正统思想家，宣扬天人感应，鼓吹天有意志并享有绝对权威。在这种情况下，司马迁提出要"究天人之际"，自然是有现实意义的。他是一位具有丰富科学知识修养的学者，精通天文、历法，他根据天文科学知识，说明自然界的发展、天体的运行都有一定规律，而这种规律又是不以人的意志为转移的，人们只能并且必须按照这种规律去行事。他在《太史公自序》中说："夫春生夏长，秋收冬藏，此天道之大经也，弗顺则无以为天下纲纪，故曰'四时之大顺，不可失也'。"这就说明在司马迁心目中"天道"不是永恒不变的，"《易》著天地阴阳四时之行，故长于变"，他强调的是天地的变化，这与"天不变，道亦不变"的思想是对立的。

我们再看他关于治理国家的理论。他创立以人物为中心的纪传史体，本身就在于突出各种人物在历史进程中的作用。他在《楚元王世家》中就这样说：“国之将兴，必有祯祥，君子用而小人退；国之将亡，（必有妖孽），贤人隐，乱臣贵。”这就是说，只要"君子用而小人退"，政治就上轨道，国家就会兴旺；"贤人隐，乱臣贵"，政治必然腐败，国家肯定危亡。这充分表明人谋在历史进程中起着重要的作用。

凡是研究过司马迁史学思想的人都很了解，他对当时国家经济和社会财富的发展状况是非常关切的。他在《史记》中曾写了《平准书》、《货殖列传》专门篇章来论述，我们可以毫不夸张地讲，这是中国封建社会早期两篇高水平的经济学论文。他试图从经济的发展来寻求社会历史发展的原因。在《货殖列传》中他分析人类社会物质生活资料的生产发展情况时说：“故待农而食之，虞而出之，工而成之，商而通之。此宁有政教发征期会哉？人各任其能，竭其力，以得所欲。故物贱之征贵，贵之征贱，各劝其业，乐其事，若水之趋下，日夜无休时，不召而自来，不求而民出之。岂非道之所符，而自然之验邪？”这一方面说明物质生产的历史有其自身规律可循，是不以人的意志为转移的；另一方面说明社会的分工是由生产和交换的需要而决定的，而社会生产的发展又是由于个人为满足物质需要而从事工作的结果。这些论点都表明司马迁已经认识到物质生产对社会生活所起的重要作用，并且还力图用这种社会经济生活来探索历史发展的原因。这是一种朴素的唯物历史观。这难道不是史学理论吗？两千多年前能够对人类社会历史的发展作这样的分析，在中国历史上确是罕见的。

需要特别指出的是，司马迁还肯定人们对物质利益的要求是合理的，认为人们关心自己的生活，谋求个人的利益，是人的"天性"，他总结了"虞、夏以来，耳目欲极声色之好，口欲穷刍豢之味，身安逸乐，而心夸矜势能之荣。使俗之渐民久矣，虽户说以眇论，终不能化"的社会现象。他还形象地指出：“故曰：‘天下熙熙，皆为利来；天下攘攘，皆为利往。’夫千乘之王，万家之侯，百室之君，尚犹患贫，而况匹夫编户之民乎！”针对当时统治者利用仁义道德来抹杀人民物质利益的重"义"轻"利"思想，书中则针锋相对地提出：“‘仓廪实而知礼节，衣食足而知荣辱。’礼生于有而废于无。”（《史记》卷一二九《货殖列传》）可见，司马迁是把人对物质生活的需求放在首要地位的，一个人如果连吃穿问题都无着落，你对他谈仁义道德自然是毫无意义的。所以他在《史记·游侠列传》中很含蓄地说：“何知仁义，已飨其利者为有德","侯之门,仁义存"。有钱有势就有仁义,这是司马迁所发现的真理,也是对封建统治者的道德虚伪性与片面性的无情揭露。当然,司马迁所发现的真理在任何时候都适用。

通过上述简单的评介,我们足以看出,司马迁的伟大著作《史记》包含了极为丰富的史学理论。那些怀疑中国史学没有理论的中外先生们,这部伟大著作你们阅读过吗?

我们再看司马光的《资治通鉴》。司马光在《通鉴》中所发表的史论,一般都认为有两种形式,一是"臣光曰",二是引前人的史论。据宋衍申先生统计,前者为一百一十九条,后者为九十九条,两者总数为二百一十八条。① 其实除这两种形式外,司马光在书中还常常借历史人物之口来发表议论,表达自己的观点。现在我们限于篇幅,仅列举"臣光曰"中关于治国用人方面的一些史论加以评介。

司马光认为,一个国家能否治理得好,关键在于能否选拔到一批得力的人才,他说:"为治之要,莫先于用人。"(《资治通鉴》卷七三)所以他在《通鉴》中非常注意并突出叙述了举贤用能、信赏必罚的史实。在用人问题上,他主张用人唯贤,反对用人唯亲。他说:"臣闻用人者,无亲疏、新故之殊,惟贤、不肖之为察。"(《资治通鉴》卷二二五)他还反对以门第、族望、资历等为取人的标准,指出:"选举之法,先门地而后贤才,此魏晋之深弊,而历代相因,莫之能改也。"(《资治通鉴》卷一四〇)而在用人的标准上,司马光认为必须是以德为本、德才兼备的人,才称得上为"贤"。所以他说:"夫聪察强毅之谓才,正直中和之谓德。才者德之资也,德者才之帅也。""为国为家者苟能审于才德之分而知所先后,又何失人之足患哉!"(《资治通鉴》卷一)在众多的评论中,我们可以看到,司马光的思想深处,是把才德兼备、智勇双全的大臣,视为国家的无价之宝。因而他在评论王猛谋杀慕容垂时所说的话就充分表现出来这种思想:"昔周得微子而革商命,秦得由余而霸西戎,吴得伍员而克强楚,汉得陈平而诛项籍,魏得许攸而破袁绍。彼敌国之材臣,来为己用,进取之良资也。"(《资治通鉴》卷一〇二)

---

① 宋衍申:《〈资治通鉴〉究竟附有多少"史论"?》,刘乃和、宋衍申主编:《司马光与资治通鉴》,吉林文史出版社1986年版。

为此，他在《进历年图·论序》中对选人、用人提出了精辟的见解："凡用人之道，采之欲博，辨之欲精，使之欲适，任之欲专。"我觉得这个用人主张，即使在今天都非常适用。选拔时要广开门路，挑选时要慎重审查，选好后要分配以合适的岗位，使用时就该大胆放手，有职有权。他还告诫君主，对于有功之臣千万不要猜忌，"知其不忠，则勿任而已"；如果"任以大柄，又从而猜之，鲜有不召乱者也"（《资治通鉴》卷一〇〇）。为了巩固封建统治，司马光还要求君主必须做到刑赏严明，持法公正，亲疏如一，"凡中外之臣，有功则赏，有罪则诛，无所阿私，法制不烦，而天下大治"（《资治通鉴》卷五七）。在司马光看来，"政之大本，在于刑赏，刑赏不明，政何以成？"（《资治通鉴》卷七九）他还提出，要使法令行之有效，君臣上下必须执法如一。因为"法者天下之公器，惟善持法者，亲疏如一，无所不行，则人莫敢有所恃而犯之也"（《资治通鉴》卷一四）。如此等等，单是用人方面的理论就如此丰富，其他方面的史学理论就可想而知了。

对于"史注"，在许多人看来，这纯粹是史料性的东西，根本谈不上什么史学理论。我们认为这完全是对"史注"一无所知的表现。现以胡三省的《通鉴注》为例，说明这种看法是错误的。只要认真阅读过《资治通鉴》的人都知道，《通鉴》"胡注"，不仅在文字方面作了详细注释，辨证前人注释的错误，考辨史事上记载的讹误，而且对以前的历史学家、历史事件、历史人物都有很多评论，这些评论都具有很高的史论价值。《通鉴》卷六四，汉献帝建安十年记载了"秘书监、侍中荀悦作《申鉴》五篇，奏之"。胡三省即在注中评论说：

> 荀悦《申鉴》，其立论精切，关于国家兴亡之大致，过于彧、攸；至于揣摩天下之势，应敌设变，以制一时之胜，悦未必能也。曹操奸雄，亲信彧、攸，而悦乃在天子左右。悦非比于彧、攸，而操不之忌，盖知悦但能持论，其才必不能辨也。呜呼！东都之季，荀淑以名德称，而彧、攸以智略济，荀悦盖得其祖父之仿佛耳！其才不足以用世，其言仅见于此书。后之有天下国家者，尚论其世，深味其言，则知悦之忠于汉室，而有补于天下国家也。

这两百多字的议论,将荀悦一生言论、德行、立身、处世都作了概括。在胡三省看来,荀悦仅仅是位理论家,而不是政治家,他在政治上不会有什么作为,但其言论,对于君主治理国家却很有价值。又如《通鉴》卷一〇四,晋孝武帝太元七年(382)有这样一条记载:"是岁,秦大熟,上田亩收七十石,下者三十石,蝗不出幽州之境,不食麻豆,上田亩收百石,下者五十石。"在这条记载下面,胡三省注曰:"物反常为妖。蝗之为灾尚矣,蝗生而不食五谷,妖之大者也。农人服田力穑,至于有秋,自古以来,未有亩收百石、七十石之理,而亩收五十石、三十石,亦未之闻也。使其诚有之,又岂非反常之大者乎!使其无之,则州县相与诬饰以罔上,亦不祥之大者也。秦亡宜矣。"这里胡三省未用多少大道理,而是采用一般常理来推断其妄,并且很具有说服力。《通鉴》在梁武帝大同十一年(545)记梁武帝称"我自非公宴,不食国家之食,多历年所;乃至宫人,亦不食国家之食"。这自然是十足的欺人之谎言,封建帝王与封建国家的利益能够截然分开吗?对此,胡三省在注中曾加以无情揭露,指出"帝奄有东南,凡其所食,自其身以及六宫,不由佛营,不由神造,又不由西天竺国来,有不出于东南民力者乎?惟不出于公赋,遂以为不食国家之食。诚如此,则国家者果谁之国家邪!"(《资治通鉴》卷一五九)我们再看一条,《通鉴》于唐玄宗开元二十二年(734)记"上种麦于苑中,帅太子以下亲往芟之"。对于此事,胡三省在注中评论道:"种艺之事,天有雨旸之不时,地有肥硗之不等,而人力又有至不至,故所收有厚薄之异也。若人君不夺农时,人得尽其力,则地无遗利矣,岂必待自种而观其实哉!"(《资治通鉴》卷二一四)这无疑是对最高统治者矫揉造作丑态的无情鞭笞和严厉谴责。历史事实正像胡三省所说,封建统治者若做到"不夺农时",让人民有一个较为安定的社会条件,使得人人都能尽其力,社会生产自然可以得到发展。

以上所举,虽然都是短小的议论,但毕竟是史论,并且相当丰富。至于政书体,因记载多典章制度历史,因而在有些人看来,这些史籍都不过是些史料汇编而已,自然更谈不上有什么史学理论可言。其实不然,只要阅读过这类史书的人都会发现,此类书同样蕴藏着丰富而宝贵的理论。就以《通典》而言,杜佑编写此书,目的在于寻求"富国安民之术",所以书中辑录了许多治理国家的各方面理论。难怪瞿林东先生在《〈通典〉评介》一文中将"重议论"列为该书三大特点之一,而"重议论""在具体表述上有三种不同形式"。① 限于篇幅,这里我们就不再展开了。

通过以上论述,我们可以心安理得地告知世人,中国传统史学的内容是丰富多彩的,而中国传统史学的理论也同样是丰富多彩的,那种认为中国史学没有理论的说法是没有根据的。当然,为了要说明中国的史学理论表现是多方面的,"史论结合"这一问题讲得自然就多一些,只得请读者见谅!

(六)传信存疑

传信存疑也是中国史学发展史上一个优良传统。

自古以来,许多史家写史就抱着十分谨慎的态度,对于不太清楚的事件,宁可存疑,以待后人去解决。在这个问题上,孔子确实为后人树立了榜样。尽管在当时,他已经被公认为是"博于诗书,察于礼乐,详于万物"(《墨子·公孟》)的杰出人物,但他对于自己不知道的东西就回答不知道,从来都不强不知为自知,他再三教导自己的学生,"君子于其所不知,盖阙如也"(《论语·子路》)。又说:"多闻阙疑,慎言其余。"(《论语·为政》)平时就当做到"知之为知之,不知为不知,是知也"(《论语·为政》)。子路曾"问事鬼神",他回答说:"未能事人,焉能事鬼。"子路又"敢问死",他又答道:"未知生,焉知死!"(《论语·先进》)请看回答得多么干脆,不知道就回答不知道。对于历史研究,孔子同样抱着这样的态度,他曾说:"夏礼吾能言之,杞不足征也;殷礼吾能言之,宋不足征也。文献不足故也。足,则吾能征之矣。"(《论语·八佾》)意思是说,夏代的典章制度,他还能够说出,但是作为夏朝后代的杞国没有证据;殷的典章制度他也能说出,但作为殷商后代的宋国同样没有证据。主要是因为文献不足,如果有足够的文献,对这两个小国的历史文化他照样可以解说清楚。可见,在没有足够文献证据的情况下,他绝不轻易发表看法,这就是中国古代史学家所具有的高贵品德。

我们再看一直被后代史学家推崇为"实录"的《史记》,司马迁正是以

---

① 仓修良主编:《中国史学名著评介》上卷,山东教育出版社1990年版。

传信存疑的态度写成此书的。司马迁在掌握了丰富的史料以后，并没有为史料所役使而随便引用，凡是采录的，都经过一番考订选择的功夫，有可疑的则存疑，写作态度十分审慎。"百家言黄帝，其言不雅驯。"（《史记》卷一《五帝本纪》）既然不"雅驯"，他就不采纳。"神农以前，吾不知已。"（《史记》卷一二九《货殖列传》）自己不知道，就不随便写。"至《禹本纪》、《山海经》所有怪物，余不敢言也。"（《史记》卷一二三《大宛列传》）许多古书记载的奇谈怪物，他更不随声附和。他在《史记·三代世表序》中对自己撰写此书的态度讲得十分清楚："五帝、三代之记，尚矣。自殷以前诸侯不可得而谱，周以来乃颇可著。孔子因史文次《春秋》，纪元年，正时日月，盖其详哉。至于序《尚书》则略，无年月，或颇有，然多阙，不可录。故疑则传疑，盖其慎也。"这旨在说明，三代以前，由于时间久远，尚无确切年代可记，诸侯都还无法按年代来为之列表（不可得而谱），因此，只好作《三代世表》，就是如此，尚有好多残缺不全，无法记录，这也是不得已而为之。为了慎重起见，对那些解决不了的问题，只能"疑则传疑"。又如他在《高祖功臣侯者年表序》中再次申述了这个意思，因为即使是近代、当代之事，有时也未必都能了解清楚，故序文最后说："居今之世，志古之道，所以自镜也，未必尽同。帝王者各殊礼而异务，要以成功为统纪，岂可绲乎？观所以得尊宠及所以废辱，亦当世得失之林也，何必旧闻？于是谨其终始，表其文，颇有所不尽本末；著其明，疑者阙之。"尽管他想把这些诸侯得宠与废辱的终始都予以表述，但是仍"颇有所不尽本末"，再次表明要"疑者阙之"。如此审慎的著史态度，传信存疑，为后世史家树立了典范。后来班固著《汉书》，陈寿作《三国志》，亦都先后使用了存疑之法，限于篇幅，这里就从略了。

最后值得一提的是，章学诚在《文史通义》一书中，提出在方志人物传的编修中，应当设立《阙访列传》，把许多姓名可知而事迹不详的人物材料保存下来，以待后人进一步搜集和研究，同时对那些有怀疑、有争论而难以判断的人物，亦可列入此传，保存其材料，待后人搜集更多材料再行研究，以便得出公正的结论。为此，他在修《和州志》和《永清县志》时均立有《阙访列传》，如今还保留有《和州志·阙访列传序例》和《永清县志阙访列传序例》两文，收在《文史通义》一书中（《文史通义新编新注》外篇四、外篇五）。文中一再强调，设立《阙访列传》是采用孔子《春秋》阙疑之意旨。章氏这个创意，无疑可以有意识地保存那些悬而未决的和一时很难作出判断的许多重要史料，待后人有了新的发现再作定论，这就可以避免许多草率论定而防止冤假错案。

（七）经世致用

中国的传统史学还有一个很重要的优良传统，即经世致用的史学思想。这一优良传统在唐宋以后，特别是明清两代表现得最为明显。而这种"经世"思想，最早应当是从"殷鉴"发展而来的。《尚书·召诰》就曾明确提出："我不可不鉴于有夏，亦不可不鉴于有殷。"意思很清楚，西周统治者在取得政权之后，时刻提高警惕，把夏、商的灭亡，作为一面镜子来警示国人，"殷鉴不远，在夏后之世"（《诗经·大雅·荡》）。因此，我们可以这样说，这是史学价值在社会功能方面最早的体现。到了春秋时期，这种意识就越来越明显了，当时许多政治家和史官在论及国家兴亡盛衰和当前政治时事的时候，既不是海阔天空地议论，也很少再援引天命或神意，而是列举他们所掌握的历史知识为论据。他们还强调王者施政要以过去的历史为鉴。《国语·周语下》所引太子晋那段话可谓最为典型。他说："启先王之遗训，省其典图刑法，而观其废兴者，皆可知也。"正是反映了这一历史事实。不仅如此，在当时，历史著作并且成为贵族们教育子弟的重要教材。楚庄王曾问申叔时，教育太子应当用哪些书籍，申叔时回答说："教之《春秋》，而为之耸善而抑恶焉，以戒劝其心；教之《世》，而为之昭明德而废幽昏焉，以休惧其动……教之《故志》，使知废兴者而戒惧焉；教之《训典》，使知族类，行比义焉。"（《国语·楚语上·申叔时论傅太子之道》）西汉建立不久，汉高祖刘邦便命其谋士陆贾，"试为我著秦所以失天下，吾所以得之者何，及古成败之国"。陆贾"乃粗述存亡之征，凡著十二篇。每奏一篇，高帝未尝不称善，左右呼万岁，号其书曰《新语》"（《史记》卷九七《郦生陆贾列传》）。东汉人王充在《论衡·案书》篇亦云：陆贾《新语》，"皆言君臣政治得失，言可采行，事美足观"。稍后出现的贾谊《过秦论》，则更为典型。文中总结了秦朝兴亡的原因，目的就是提供给汉文帝作为改革政治、避免社会危机爆发的借鉴。文章指出，秦朝之所以能够实现统一，主要由于春秋战国以来，天下长期战乱，人民反对诸侯割据战争，要求统一安定，过和平安定生活，而秦的统一政策，正符合了广大百姓的要求。而它的迅速灭亡，则是由于"赋敛无度，天下多事"，"百姓困穷而主不收恤"，"繁刑严诛"，"仁义不施"。一句话，就是行暴政，失民心，因此"天下莫不引领而观其政"。陈胜只是振臂一呼，各地便纷纷响应。这就说明秦王朝的成功和失败，都由人心向背所决定。

总结秦王朝兴亡历史，为的是汉朝施政有所借鉴，所以文中反复分析强调"前事之不忘，后事之师也"，前车覆而后车鉴。治理国家，应当吸取历史经验。唐朝开国君主李渊于武德五年（622），在《命萧瑀等修六代史诏》中就曾明确提出，编撰史书，必须做到："考论得失，究尽变通，所以裁成义类，惩恶劝善，多识前古，贻鉴将来。"（《唐大诏令集》卷八一）这实际上也就是唐代统治者修撰史书的指导思想。唐太宗李世民曾多次对大臣们说："以铜为镜，可以正衣冠；以古为镜，可以知兴替；以人为镜，可以明得失。朕常保此三镜，以防己过。"（《旧唐书》卷七一《魏徵传》）可见他对历史的重要性是何等重视。贞观十年（636），房玄龄、魏徵等上所修《周书》、《北齐书》、《梁书》、《陈书》、《隋书》五部史书，唐太宗十分高兴地说："朕睹前代史书，彰善瘅恶，足为将来之戒。……将欲览前王之得失，为在身之龟镜。公辈以数年之间，勒成五代之史，深副朕怀，极可嘉尚。"（《册府元龟》卷五五四《国史部·恩奖》）他们之所以如此重视历史，目的在于通过了解历代兴亡的历史，作为巩固自己统治的借鉴。历史学家吴兢，在总结贞观年间一代君臣治国施政基础上，写了《贞观政要》，其中记载魏徵贞观十一年（637）的一篇奏疏，有几句话就是告诫君主应当借鉴何种历史："夫鉴形之美恶，必就于止水；鉴国之安危，必取于亡国。故《诗》曰：'殷鉴不远，在夏后之世。'……臣愿当今之动静，必思隋氏以为殷鉴，则存亡治乱，可得而知。若能思其所以危，则安矣；思其所以乱，则治矣；思其所以亡，则存矣。"（《贞观政要》卷八《论刑法》）该书所载类似内容还有很多，足见这是为君臣们如何治理国家提供重要论据的。

司马光编修的《资治通鉴》，对后世影响很大，正如清代著名史家王鸣盛所说："此天地间必不可无之书，亦学者必不可不读之书也。"（《十七史商权》卷一〇〇《资治通鉴上续左传》）司马光著这部一千三百六十二年的编年史，在于"叙国家之兴衰，著生民之休戚"（《资治通鉴》卷六九），有选择地论述史事，为封建统治者提供历史借鉴。所以他在《进资治通鉴表》中就明确告知当今皇上，他写此书"专取关国家盛衰，系生民休戚，善可为法，恶可为戒"，希望宋神宗"时赐省览，监前世之兴衰，考当今之得失，嘉善矜恶，取是舍非"，借以改进政治，安定国家。值得注意的是，《资治通鉴》之名，还是由宋神宗所定。治平四年（1067），神宗即位，司马光进读《通志》（《通鉴》之最初名称），神宗以其"鉴于往事，有资于治道，赐名曰《资治通鉴》"（胡三省《新注资治通鉴序》）。足见宋神宗对这部史书内容之关注。明清之际大思想家、史学评论家王夫之在读了这部书后，还专门著了《读通鉴论》，书中指出，编著历史，必须让人从中得到"经世之大略"，否则就失去著史的意义。他说："所贵乎史者，述往以为来者师也。为史者，记载徒繁，而经世之大略不著，后人欲得其得失之枢机以效法之无由也，则恶用史为？"（《读通鉴论》卷六《光武一〇》）他在解释《资治通鉴》这个书名时，阐明"资治"两字的含义，对于"经世致用"的史学思想又作了进一步说明，提出"'资治'者，非知治知乱而已也，所以为力行求治之资也"。这就是说，研究历史，不仅在于"知治知乱"而已，更重要的是在于以此作为"力行求治之资"。如果读了历史，而不起任何作用，那必将变成"玩物丧志"。但是，要从历史中得到"资治"，也不是一件简单的事，尤其是历史上的善恶是非，成败兴亡，往往互相依伏，变化多端，必须用心推敲，以做到"得可资，失亦可资也；同可资，异亦可资也。故治之所资，惟在一心，而史特其鉴也"。可见，能否从历史上得到资治，关键在于人的主观能动性，只要发挥人的主观能动作用，都能收到"得可资，失亦可资；同可资，异亦可资"、左右逢源、运用自如的效果。因为历史毕竟只是一面镜子，"照之者"还是在人，所以他说："故论鉴者，于其得也，而必推其所以得；于其失也，而必推其所以失。其得也，必思易其迹而何以亦得；其失也，必思就其偏而何以救失。乃可为治之资，而不仅如鉴之徒悬于室、无与照之者也。"（《读通鉴论》卷末《叙论四》）

至于开一代新学风的顾炎武，不仅大力倡导学术研究必须具有"经世致用"的价值，而且自己身体力行。他曾遍览二十一史、天下郡县志书、一代名公文集及章奏文册之类，著《天下郡国利病书》。他把学术研究与对古今历史的探讨结合起来，密切关注了解社会状况与国计民生，这个书名就足以反映他研究的是天下郡国的利与病，企图从这些方面入手来了解明末所以衰弱的原因，以便针对"时弊"进行改革。他曾提出："凡文不关于六经之指，当世之务者，一切不为。"（《亭林文集》卷四《与人书三》）他还认为，如果能够精通历史，就可以更好地洞察现实，了解现实。他说："人苟遍读五经，略通史鉴，天下之事自可洞然。"（《亭林文集》卷六《与杨雪臣》）为此，他十分强调："引古筹今，亦吾儒经世之用。"（《亭林文集》卷六《答徐甥公肃书》）"夫史书之作，鉴往所以训今。"（《亭林文集》卷四《与人书四》）"引古筹今"，"鉴往训今"，乃是顾炎武"经世致用"思想在史学研究中的具体发挥与运用，既指出了史学研究如何经世致用的途径与方法，又指出了史学本身的作用与任务。他自己著的《日知录》，就是为了探讨吏治、赋役、典制等来龙去脉，"疏通其源流，考正其谬误"，以达到"规切时弊"的目的。他在《日知录》卷一〇《苏松二府田赋之重》中，讲述老百姓深受这两个府重赋之苦的情况。文章开头便说："丘濬《大学衍义补》曰：韩愈谓'赋出天下，而江南居十九'。以今观之，浙东西又居江南十九，而苏、松、常、嘉、湖五郡又居两浙十九也。"这些地方的农民赋税之重自然可想而知了。文章又说："吴中之民，有田者什一，为人佃作者十九，其亩甚窄，而凡沟渠道路，皆并其税于田亩之中，岁仅秋禾一熟，一亩之收不能至三石，少者不过一石有余，而私租之重者至一石二三斗，少亦八九斗，佃人竭一岁之力粪壅工作，一亩之费可一缗，而收成之日所得不过数斗，至有今日完租，而明日乞贷者。"如此重的盘剥，农民已经到了无法生存下去的地步，长此以往，哪有不起来反抗的道理！可见这位大学者的研究，全都是面对现实，言行一致。因此，他在该书卷一九《文须有益于天下》中大声疾呼："文之不可绝于天地间者，曰明道也，纪政事也，察民隐也，乐道人之善也。若此者，有益于天下，有益于将来，多一篇，多一篇之益矣。若夫怪力乱神之事，无稽之言，剿袭之说，谀佞之文，若此者，有损于己，无益于人，多一篇，多一篇之损矣。"这就告诉人们，研究学术，撰写文章，必须注意社会效益。

众所周知，浙东史学的特点之一，就是主张学术研究必须经世致用。作为浙东史学的殿军章学诚，又是中国封建社会后期重要的史学理论家。他从理论上多次论述史学著作必须做到经世致用。他曾对其弟子史余村说："文章经世之业，立言亦期有补于世，否则古人著述已厌其多，岂容更益简编，撑床叠架为哉！"(《文史通义新编新注》外篇三《与史余村》)为此，他在《说林》一文中，曾反复举例加以论述。他说："人生不饥，则五谷可以不艺也；天下无疾，则药石可以不聚也。学问所以经世，而文章期于明道，非为人士树名地也。"(《文史通义新编新注》内篇四)正因如此，他更直接提出："学业将以经世，当视世所忽者而施挽救焉。"(《文史通义新编新注》外篇三《答沈枫墀论学》)至于史学，他在《浙东学术》一文中就果断地说："史学所以经世，固非空言著述"，并且带有自豪口气说："浙东之学，言性命者必究于史，此其所以卓也。"(《文史通义新编新注》内篇二)总之，作为这样一个优良传统，在今天来说，尤其值得我们认真加以总结而大大加以发扬。

综上所述，中国传统史学内容是非常丰富的，并且具有许多可贵的优良传统。笔者根据自己学习和研究概括出七个方面的优良传统。当然，并不是说只有这七点，也可能会有人概括出更多。总之，我们应当很好地珍视它，爱护它，认真地加以总结和研究，该剔除的剔除，该批判的批判，该肯定的肯定，该发扬的发扬，以便为发展新史学提供养料，为发展社会主义文化事业服务。而绝不应当笼统地一概否定，千万不要让20世纪80年代那股"文化热"中所产生的争相诋毁传统史学的闹剧再度发生。在那几年中，有些搞文化的人，似乎不骂几句中国传统史学就显示不出其"英雄本色"，一时间奇谈怪论纷纷出场，如说中国传统史学家只重视微观研究而不重视宏观研究，中国传统史书都是剪刀加糨糊而成等，喧闹一时，真有点不把传统史学骂倒、骂臭决不罢休之势。当时我粗略做过统计，那些大骂中国传统文化的人，本来并不研究中国传统文化，大骂中国传统史学的人，本人也并不研究中国传统史学。也许就为了表现"英雄本色"而出来亮一手而已，否则是无法说明这一怪现象的。众所周知，中国传统史学并不像他们所说的那样，对此，我这个不识时务者在1988年为自己主编的《中国史学名著评介》[①]所写的《前言》中已经做了回答，这里自然就没有必要再作重述。但其中有几句话我想引来作为本文的结束语："有一个历史事实，大家不应当忘记，即世

[①] 仓修良主编：《中国史学名著评介》（上、中、下三卷），山东教育出版社1990年版。

界上没有一个民族是在骂倒自己的传统文化之后,而能立足于世界强大民族之林的。而我们的传统文化却经历了数千年而一直独立于世界各民族的文化之林,其生命力之长久,内涵之丰富和独特,在世界文化史上是非常罕见的,这是世界学者所公认的。"

(本文系赴韩国学术交流讲演稿。原载《历史文献研究》总第24辑,华中师范大学出版社2005年版;又载韩国《湖西史学》第42辑;收入河南大学历史文化学院编:《史学新论:祝贺朱绍侯先生八十华诞》,河南大学出版社2005年版;又见仓修良:《史志丛稿》,浙江大学出版社2017年版;收入仓修良:《独乐斋文存》,浙江人民出版社2019年版)

《越绝书》是一部地方史

《越绝书》是一部十分奇特的地方史著作，由于未署作者姓名，因而长期以来关于其成书时代和作者一直是悬而未决的疑案。自明代杨慎根据所谓隐语分析，认定是东汉袁康、吴平所作后，清代《四库全书总目提要》亦据此法而定。此后，许多著作遂相沿袭。笔者在1983年出版的《中国古代史学史简编》，也采用了这一观点。此后，笔者通过对有关问题的研究，特别是对该书性质、内容的研究，发现上述结论很值得怀疑，尤其是方志学界把它说成是中国最早的地方志，更为不妥。因此，对《越绝书》究竟是地方史还是地方志，以及其成书时代及作者，很有必要作进一步探讨。笔者出于这种考虑，特作此文，就教于方家和读者。

《越绝书》十分奇特，不仅表现在它不署作者姓名和成书时代，而且更表现在体例上的与众不同。它既不是编年体，也不是纪传体，虽然有些类似《国语》或《战国策》，但又不尽相同，因而使历来目录学家在分类上无所适从。自唐初所修《隋书·经籍志》和五代、宋初所修《两唐志》以来，人们多认为该书作者为子贡。不过前者称《越绝记》，以后则多称《越绝书》。直到宋代，陈振孙才对其成书时代和作者表示怀疑，在其所著《直斋书录解题》中说："《越绝书》十六卷，无撰人名氏，相传以为子贡者，非也。其书杂记吴越事，下及秦汉，直至建武二十八年。盖战国后人所为，而汉人附益之耳。"余嘉锡对此说十分赞赏，他在《四库提要辨证》中广征博引，将有清以来所有考证该书作者的观点一一加以辨正后说："自来以《越绝》为子贡或子胥作者，固非其实，而如《提要》及徐氏说（引者注：指徐时栋在《烟屿楼读书志》卷十三云袁康作，吴平删定），以为纯出于袁康、吴平之手者，亦非也。余以为战国时人所作之《越绝》，原系兵家之书，特其姓名不可考，于《汉志》不知属何家耳。要之，此书非一时一人所作。《书录解题》卷五云：'《越绝书》十六卷，无撰人名氏，相传以为子贡者，非也。盖战国后人所为，而汉人又附益之耳。'斯言得之矣。"这实际是说，该书不是东汉人所作，著之者非一人也，成之者非一世也。汉人是在前人已作的基础上附益而成。究竟是谁所作呢？余氏同意《外传本事篇》所云，是吴越贤者所作，并指出"古之《越绝》，虽袁康、吴平辈，已不能确指其人，吾谓当以吴越贤者所作近是"。此言自然是相当有道理的。而顾实在《汉书艺文志讲疏》"伍子胥"条中说："审其文字，当即杂家之《伍子胥》书，而余为后汉袁康作也。《文选注》、《太平御览》并引《越绝书》伍子胥水战法，当为《兵法篇》之佚文。"看法虽与余氏有别，但有一个共同之处就是他们都提出原书并非袁康、吴平所作。这些考订，尤其是余氏所论，应当说是颇为精详，言之成理的。可惜至今未能引起人们足够的重视。各类著作，仍都相沿《四库全书总目提要》所定之说。笔者以为陈振孙和余嘉锡所言比较准确。该书实际上正像《战国策》一样，是当年一些政治家游说吴越国君，由战国后期人追记汇编而成，直到东汉还在有人"附益"，因而并不是一人一时的作品。

　　该书内容，杂记吴、越两国史地及伍子胥、子贡、范蠡、文种等人活动事迹，反映春秋末年吴越两国争霸史实。其材料来源，主要取之于民间长期流传的关于吴、越两国之事的传说，再参之于《国语》、《左传》和《史记》的有关记载编纂而成。有些问题的记述，还可以补充正史之缺漏（必须注意的是，由于该书写法与后世历史演义小说相类似，故其虚构、夸张成分亦在不少，使用时应当审慎），其性质显然属于地方史，历来学者也一直将其视作一部史书。自《隋书·经籍志》将它与《战国策》等书列入杂史，此后公私书目便都相继列入杂史。如上引陈振孙的《直斋书录解题》，亦即列于杂史之首部，位在《战国策》之前。《四库全书总目提要》列入载记。当然，也有些目录学书将它列入古史。总之，一直都被视为史书。直至明万历年间所修《绍兴府志》卷五八云："其文奥古多奇，《地传》具形势、营构始末、道里远近，是地志之祖。"需要指出的是，这里明确提出《地传》两篇是地志之祖。而到清代毕沅和洪亮吉便分别在乾隆《醴泉县志序》和《澄城县志序》中直接提出"一方之志，始于《越绝》"，于是后来许多方志学家遂相沿其说。尤其是朱士嘉先生在《宋元方志传记序》中说："《越绝书》是现存最早的方志。"而洪焕椿先生又在《浙江方志考》中将该书列为浙江方志之首部。因而，当前方志学界对此说似乎更是深信不疑，似乎已成定论。对此笔者实不敢苟同。应当看到，万历《绍兴府志》所云只是该书两篇。所以，研究一部书的类别，不能以一两篇来定全书之性质。正像《汉书》中有《地理志》，不能说《汉书》就是地理书；有《艺文志》，也不能说就是目录学书；即便该书共有十个志，同样也不能说是政书体，道理是一样的。一部书中的任何一部分都不能决定全书的性质。至于还有人说该书是方志定型之作，更属无稽之谈。因为方志发展的历史事实说明，直到宋代，方志才趋于定型，关于这个问题，笔者在拙著《方志学通论》（齐鲁书社版）中已作了详细论述，兹不赘。

如果我们冷静地对《越绝书》加以研究，则无论从其著书宗旨、著作体例，还是从编纂形式、记载内容诸方面来看，它都与方志无共同之处。只能说它是地方史，而不是地方志。

首先，从著书宗旨来看，该书作者明确表示是拟《春秋》而作。首篇《外传本事》曰："当是之时，齐将伐鲁，孔子耻之，故子贡说齐以安鲁。子贡一出，乱齐破吴，兴晋强越，其后贤者辩士，见夫子作《春秋》而略吴越，又见子贡与圣人相去不远，唇之与齿，表之与里，盖要其意，览史记而述其事也。"又说："《越绝》谁所作？吴越贤者所作。与此之时，见夫子删书，作《春秋》，定王制，贤者嗟叹，决意览史记，成就其事。"而在卷末《篇叙外传记》又说："圣人没而微言绝……发愤记吴越，章句其篇，以喻后贤……圣人发一隅，辩士宣其辞，圣文绝于彼，辩士绝于此，故题其文谓之《越绝》。"如此不厌其烦地声称《越绝书》是继孔子《春秋》而作，因为孔子"作《春秋》而略吴越"，故决意"览史记而述其事"。因此，清人俞樾在解释"越绝"之时才说，即《春秋》绝笔于获麟之绝，其意在记吴越之事以续补《春秋》，而重点更在于越，故曰"越绝"。应当指出，在长期的封建社会里，史家作史，一般都不敢自比孔子作《春秋》，更不敢说续作。司马光等编修《通鉴》，所以上起周威烈王二十三年三家分晋，即缘于此。刘恕曾当面请教："公之书不始于上古或尧、舜，何也？""公曰：'周平王以来，事包《春秋》，孔子之经，不可损益。'曰：'曷不始于获麟之岁？'曰：'经不可续也。'"（《通鉴外纪后序》）关于这点，清代史家王鸣盛还曾作过评论，"司马光《资治通鉴》托始于周威烈王二十三年命魏、赵、韩为诸侯，以为周不能守名器，故托始于此，盖借此以立议论，示鉴戒，为名教防闲，其实公本意则不敢上续《春秋》，但续《左传》，而始于此"（《蛾术编》卷一一《通鉴续左传》）。可是《越绝书》的作者却毫无顾忌地声称他是在续补《春秋》，这难道不值得深思吗？《春秋》原是一部史书，被推崇为经，乃是从汉代开始，这一思想倒可以为研究《越绝书》的成书时代提供重要线索。因此，这《越绝书》绝不是汉以后的社会产物，而是战国时代的作品。只不过后人作了一些"附益"，当然它的真正作者也不是袁康与吴平。即使是作些"附益"，也还是隐姓埋名，这与当时其他著作相比显然不同。

《春秋》既是史书，续补者自然也是史书，这是显而易见的事。那么既是写越国之事的史书，为什么要称《越绝书》呢？《外传本事》曾对此作了说明："越者，国之氏也。何以言之？按《春秋》序齐、鲁，皆以国为氏姓，是以明之。绝者，绝也，谓勾践时也。"并且又自问自答说："何不称《越经书记》，而言绝乎？曰：不也。绝者，绝也，勾践之时，天子微弱，诸侯背叛，于是勾践抑强扶弱，绝恶反之于善，取舍以道……以其诚在于内，威发于外，越专其功，故曰越绝。作此者贵其内能自约，外能绝人也。贤者所述，不可断绝，故不为记明矣。"其实这样来解释书名，仍旧含糊不清，还是俞樾所说能使人得其要领。特别是联系到作书之旨，再看俞樾之说，更觉其言之有理。总之，从著书宗旨来看，《越绝书》与方志全然不同，没有一部方志公开声明要续补《春秋》，因此说它是一部欲申明《春秋》大义的史书，而不是方志。

其次，从著作体例来看，《越绝书》也不像方志。该书既有经传之称，又有内外之分，这是任何一部方志也不曾有过的一种体例。《外传本事》对此解释曰："经者论其事，传者道其意，外者非一人所作，颇相覆载，或非其事，引类以托意说之者。"其实这个解释并不能说明问题，"论其事"与"道其意"有何区别？从现存文字来看并无两样。如《计倪内经》与《外传计倪》两篇，同是记勾践与计倪论政，只是所谈内容不同，并无形式区别。或许原来亦在仿《春秋》经传的形式吧。据《崇文总目》载，该书原有二十五篇，"旧有内记八，外传十七，今文题阙舛，才二十篇"。可见在宋代已经缺佚，今传者尚有十九篇，首尾两篇实属叙、跋之性质。真正记事者仅中间十七篇。为了便于说明问题，现列篇目如下：1.《外传本事》，2.《荆平王内传》，3.《外传记吴地传》，4.《吴内传》，5.《计倪内经》，6.《请籴内传》，7.《外传纪策考》，8.《外传记范伯》、《内传陈成恒》，9.《外传记地传》，10.《外传计倪》，11.《外传记吴王占梦》，12.《外传记宝剑》，13.《内经九术》、《外传记军气》，14.《外传枕中》，15.《外传春申君》、《德序外传记》，16.《篇叙外传记》。

该书现传的版本分卷颇不一致，有分十四卷，有分十五卷，有分十六卷，而均为上述十九篇。从这些篇目可以看出，任何一部方志的体例都与它无相似之处。

再者，从编纂形式来看，《越绝书》也不是方志。除《外传记吴地传》与《外传记地传》两篇外，基本上都是采用问答形式，首尾两篇为自问自答，其余皆为勾践与计倪、大夫种等人论政，与《战国策》相类似，而每篇又多有特定的目的要求，双方论述，大多围绕一个中心思想展开。关于这点，《德序外传记》篇末曾有自述："观乎《太伯》，能知圣贤之分；观乎《荆平》，能知信勇之变；观乎《吴越》，能知阴谋之虑；观乎《计倪》，能知阴阳消息之度；观乎《请籴》，能知□人之使敌邦贤不肖；观乎《九术》，能知取人之真，转祸之福；观乎《兵法》，能知却敌之路；观乎《陈恒》，能知古今相取之术；观乎《德序》，能知忠直所死，狂僇通拙。"在这十七篇中，每篇自具首尾，单独记事，不相连属。这种形式，更与《战国策》相似，而与早期地记"编记杂说"、"人贤物圣"的特点并无相同之处。

最后，从记载内容来看，《越绝书》也不是方志。全书除《外传记吴地传》与《外传记地传》两篇主要记载吴越山川、地理、城邑外，其他都是谈论治国、用兵之道。所以张宗祥在为该书校注本所写的序中说："越自勾践归国，行计倪、范蠡之术，覆吴报仇，霸于中国。其道在富民贵谷，古所谓'民为邦本，民食为天'，'耕三余一，耕九余三'之道，越尽行之，此其精神，详于《计倪内经》、《外传枕中》两篇之中，最此书之要旨也。"这一段话，将该书的中心思想作了简要的概括。虽然钱培名将它称为"复仇之书"，但是也离不开上述内容和思想。既是复仇，必然要讲两国交兵。既要取得复仇成功，非得首先富国强兵，方能达到目的，进而称霸中原。因此，中间既要谈治国富民，又要讲兵法权术。所以《四库全书总目提要》说："其文纵横曼衍。与《吴越春秋》相类，而博丽奥衍则过之。中如《计倪内经》、《军气》之类,多杂术数家言,皆汉人专门之学,非后来所能依托也。"

综上所述,从多方面考察,《越绝书》只能是一部地方史,而绝不是地方志。著名方志学家张国淦的《中国古方志考》未将此书收入,看来绝非出于偶然。所以谭其骧先生1981年在中国地方史志协会成立大会上的报告中就曾提出批评,指出:"《隋书·经籍志》列东汉的《越绝书》和《吴越春秋》于杂史,东晋的《华阳国志》于霸史,这几种汉晋著作显然都是地方史。近代有人把它们目为地方志是不对的。"(《江海学刊》1982年第1期)谭先生是著名的历史地理学专家,而方志与历史地理有着较为密切的关系,故他的说法自然是有道理的。

(本文原载《历史研究》1990年第4期;收入仓修良:《史家·史籍·史学》;又见仓修良:《史志丛稿》)

应劭和《风俗通义》

《风俗通义》是一部很有意义的古籍名著，但长期以来却少为人所重视，主要原因在于它的内容广泛，体例庞杂，作为史籍来说，似乎无类可归，它既不是编年、纪传之体，又不是政书、学术史著，因而打开诸多的历史要籍介绍论著和新中国成立前后所出版的十多种史学史著作，全都没有谈及该书，唯张舜徽先生主编的《中国史学名著题解》将它列入"杂史类"，看来很有见解，因为它是一部反映时代风尚的重要著作，对于研究东汉社会历史、文学（小说）、民俗学乃至方志学的发展都有着重要的作用。

一

应劭，字仲远（亦作仲瑗），东汉汝南郡南顿县（今河南项城）人，少年时代便勤奋好学，《后汉书》本传称"少笃学，博览多闻"，为日后治学打下了基础。出生在世代通显的官僚世家，并凭借先世的权势，在灵帝初年，由郡举孝廉，熹平二年（173）为郎，辟车骑将军何苗掾，又曾为萧令。中平六年（189），做了五个月的营陵令，便被擢为泰山太守。献帝初平二年（191），黄巾起义军三十万人攻入泰山郡境，应劭进行大肆镇压，使起义军受到很大挫折。兴平元年（194），曹操之父曹嵩及其弟曹德由琅邪郡到泰山郡，曹操令应劭派军队接送，在应劭军未到达之前，陶谦已密派数千骑袭杀了曹氏父子，应劭怕受到曹操之惩罚，遂弃官投奔冀州牧袁绍。二年，诏拜为袁绍军谋校尉。后从未离开过冀州，最后病死在邺（今河北临漳西南）地。其生卒年，《后汉书》本传均无记载，唯《三国志·武帝纪》裴松之注引《世语》述"太祖令泰山太守应劭送家诣兖州"事，附带讲了"后太祖定冀州，劭时已死"。而曹操平定冀州，是在汉献帝建安九年（204）八九月间,那么,应劭在此之前已死是毫无疑问的。

应劭是一位学识渊博的学者,在政治上的作为并不足道,而在学术上却颇有贡献,除《风俗通义》外,还著有《汉官仪》、《礼仪故事》、《中汉辑叙》等,"凡所著述,百三十六篇,又集解《汉书》,皆传于时"(《后汉书·应劭传》)。他尤其对汉代典章制度、百官仪式贡献最为突出。自从汉献帝迁都许后,"旧章堙没,书记罕存",应劭深感忧虑,"慨然叹息,乃缀集所闻",著成《汉官仪》十卷,对两汉官名、职掌、俸秩、玺绶制度、各式礼仪及其他故事,都作了详尽的记载。由于其内容丰富而翔实,一直为历代学者所重视。范晔在《后汉书》本传中已经指出,"凡朝廷制度,百官典式,多劭所立"。正因如此,两汉的朝章制度,百官典式,所以能千百年流传下来而不亡,很大程度上要归功于应劭的记载。还在魏晋时期,人们已有此结论,《三国志·王粲传注》引《续汉书》曰:"劭又著《中汉辑叙》、《汉官仪》及《礼仪故事》,凡十一种,百三十六卷,朝廷制度、百官仪式,所以不亡者,由劭记之。"当然,这并不是简单的记载,还包含着广泛的搜集和精心的整理。尽管东汉时期先后曾产生过六部关于汉代官制仪式的著作,但"于六种《汉官》之作中,《汉官仪》最为系统而翔实,史注及唐宋类书征引亦最多",这是周天游先生在对六种著作进行了比较研究之后所写的《汉官六种点校说明》中下的结论,这代表了古往今来众多学者的共识。应劭对于两汉典章制度的熟悉与贡献自然也就无须多论。可惜的是,此书唐代虽已经不全,但仍为十卷。到了宋代,仅存一卷,陈振孙《直斋书录解题》职官类还将此书列为第一部,指出"《唐志》有《汉官》五卷,《汉官仪》十卷。今惟存此一卷,载三公官名及名姓、州里而已。其全书亡矣,李埴季允尝续补一卷"。由于早已散佚,故元明清以来,常有人进行辑佚,中华书局已出版《汉官六种》一书,有关辑本均已收入。

至于应劭为《汉书》所作集解,一般不大为人们所注意,其实这也是他对史学界的一大贡献。众所周知,《汉书》是一部十分难读的史书,因为作者班固不仅好用古字,而且许多列传又引用大量诗赋,典故迭出,所以东汉时,该书刚刚流传,一般士人竟无人能读通它,只有班昭才能通解,著名学者马融方且要伏于阁下,从昭受读,其难度之大,于此自然可以想见。而应劭能够替它作集解,足见其确实是位博学多识之士。这部集解虽未能流传下来，但唐代历史学家颜师古在注《汉书》时，已将其成果作了大量的征引，从所征引内容来看，真是上自天文，下至地理，职官典制，名物训诂，历史典故等，有时还带有议论，内容非常广泛。需要指出的是，颜师古注《汉书》之前，为《汉书》作注者已达二十五家之多，颜师古自然吸取了众家的注释成果，而应劭注文为颜氏所征引者则居于前列，其注学术价值之高，于此可以想见。为了说明问题，不妨举例表述之。如卷六《武帝纪》，"二年冬十月，御史大夫赵绾坐请毋奏事太皇太后，及郎中令王臧皆下狱，自杀"。这些人为什么请求不要向太皇太后奏事，又为什么都下狱自杀，文中都未交代，读者自然不得其解。应劭注曰："礼，妇人不豫政事，时帝已自躬省万机。王臧儒者，欲立明堂辟雍。太后素好黄老术，非薄五经。因欲绝奏事太后，太后怒，故杀之。"这就告诉人们，矛盾冲突是由治国之道分歧所引起，继续用黄老之术还是用儒家思想，已经成了统治阶层中争论的焦点，而权力又是斗争的表现，大臣们要维护年轻皇上的权力，太后岂肯轻易放权，通过注释，事情原委就十分清楚了。又如卷一〇《成帝纪》，"五月，中谒者丞陈临杀司隶校尉辕丰于殿中"。应劭注曰："丰为长安令，治有能名，擢拜司隶校尉。临素与丰有怨，见其尊显，畏为己害，拜讫未出，使人刺杀。"这个注释告诉人们，被害者乃是一名好官，因在长安令上有政绩而被提升。而陈临与他旧有怨仇，怕其将来显贵对己不利，故乘拜官后尚未出殿便下毒手。注文是非分明。类似历史事件，若不作适当注释，读者显然无法理解。典章制度，不仅头绪纷繁，而且变化多端，因此就成为从事注释工作的重点内容之一。如卷三《高后纪》有"行八铢钱"。应劭注曰："本秦钱，质如周钱，文曰'半两'，重如其文，即八铢也。汉以其太重，更铸荚钱，今民间名榆荚钱是也。民患其太轻，至此复行八铢钱。"简单数语，便将此钱的来龙去脉、形状轻重交代得一清二楚。又如卷一一《哀帝纪》有"除任子令"，应劭注曰："任子令者，《汉仪注》吏二千石以上视事满三年，得任同产若子一人为郎。不以德选，故除之。"注文告诉人们，这种任子令是极不合理的，官吏在二千石以上，任满三年，便可有一子出任郎官，不论其才德如何。这些自然都是特殊制度，不注则不足以了解事实之真相。《汉书》中典故特多，这也是众所周知的，不仅诗赋中典故迭出，就是许多奏章，也是连篇累牍引用典故，对这些典故作注释是十分艰巨的。如卷六五《东方朔传》有"首阳为拙，柱下为工"两句，应劭注曰："伯夷、叔齐不食周粟，饿死首阳山，为拙。""老子为周柱下史，朝隐，故终身无患，是为工也。"卷八一《匡衡传》有"秦穆贵信，而士多从死"。应劭注曰："秦穆公与群臣饮酒，酒酣，公曰：'生共此乐，死共此哀。'于是奄息、仲行、鍼虎许诺。及公薨，皆从死。《黄鸟》诗所为作也。"卷八五《杜邺传》有"禽息忧国，碎首无恨"。应劭注曰："禽息，秦大夫，荐百里奚而不见纳。缪公出，当车以头击阑，脑乃播出，曰：'臣生无补于国，而不如死也！'缪公感悟而用百里奚，秦以大治。"卷八七《扬雄传》下有"邹衍以颉亢而取世资"。应劭注曰："衍，齐人也。著书所言皆天事，故齐人曰'谈天衍'。游诸侯，所言则以为迂阔远于事情，然终不屈。尝仕于齐，位至卿。"诸如此类，若不作注释，只看原文，许多人恐怕百思而不得其解。有些内容若不作注释，则无法了解其事实真相，又无处可以查寻。如汉高祖刘邦北讨匈奴，被围平城七日，后用陈平之计策方得突围。用的是何种"秘计"，史书均未记载，应劭在卷一《高帝纪》下"用陈平秘计得出"下注曰："陈平使画工图美女，间遣人遗阏氏，云汉有美女如此，今皇帝困厄，欲献之。阏氏畏其夺己宠，因谓单于曰：'汉天子亦有神灵，得其土地，非能有也。'于是匈奴开其一角，得突出。"有人说因此"以计鄙陋，故秘不传"。当然《汉书》本身不载，可能是这个原因。但如果不将此计内容注出公之于世，势必又将成为千古之谜，需要人们花费精力进行考证。还有些内容若不作注，还会造成后人理解上的错误。众所周知，班固的父亲班彪曾为《史记》作续编，成《后传》六十五篇，这也成为班固编撰《汉书》的底本。由于班固成书时间匆促，一以贯之的工作做得不够，因而笔削取舍之间，便留下了许多痕迹，于是有些称谓语气也未改变，记事上还出现前后抵牾现象。如卷九《元帝纪》最后"赞曰：臣外祖兄弟为元帝侍中"。应劭注曰："《元》、《成帝纪》皆班固父彪所作，臣则彪自说也。外祖，金敞也。"当然，《成帝纪》赞语中所云"臣之姑"也就自然是班彪之姑而绝不会是班固之姑了。

应劭的注释文字，一般都能做到文字简洁，无论是解释字义、诠释名物，还是说明典故、注释地理等，大都能做到简洁明了、通达流畅。如卷二八《地理志》上对河东郡的闻喜注曰："今曲沃也。秦改为左邑。武帝于此闻南越破，改曰闻喜。"寥寥数语，来龙去脉、更改原因都交代得一清二楚。翻阅应氏注文可以发现，注释所涉及的知识范围十分广泛，不仅要有丰富的历史知识，而且需要渊博的生活常识；举凡天文地理、花木虫鱼、飞禽走兽等，都要能识其性而名其状，注明读音，解释字义。而《汉书》中这些内容又比比皆是，若不具备渊博学问，显然无法胜任为这部史学名著注释的工作。况且应劭是第一位为《汉书》全面作注的学者，东晋永和年间，蔡谟曾作《汉书集解》，《晋书·蔡谟传》说他"总应劭以来注班固《汉书》为之集解"。可见他认为应劭是为《汉书》作注者第一人。不仅如此，他实际上亦是最早为史书作注的学者。我们可以毫不夸张地说，应劭对于汉代历史（特别是典章制度）的记载和方便后人阅读《汉书》都作出了巨大贡献。

应当看到，应劭是当时统治阶级中头脑比较清醒的人物，面对行将崩溃的东汉政权的严重危机，他已看到其危险性，因而在《风俗通义序》里大声疾呼："王室大坏，九州幅裂，乱靡有定，生民无几。"面对这种局面，为了挽救危机，他想从思想上、舆论上着手来做工作，他认为"为政之要，辩风正俗最其上也"。于是他企图通过"辩物类名号，释时俗嫌疑"，用封建正统思想来整齐风俗，使全国上下"咸归于正"。这就是他编撰《风俗通义》的思想根源之所在。虽然他的这一努力，并未能挽救东汉王朝灭亡的命运，甚至未起到丝毫作用，但是应当看到他能认识到社会风俗、社会风气之好坏，将直接影响着一个社会的巩固与安定。这个见解显然是十分重要的，即使在今天又何尝不是如此。正因如此，他在序中引经据典，反复说明社会风俗的好坏将直接影响着社会的安定与否和国家的治乱兴衰，所以历代统治者都很重视，每年定期派人前往各地采风，并整理成册，藏之秘室，"令人君不出户牖而知异俗"，成为治国安邦的一个重要举措，足见其重视程度。

《风俗通义》原书据《隋书·经籍志》记载为三十一卷，其中有《录》一卷，《旧唐书·经籍志》、《新唐书·艺文志》仍记载为三十卷，可见北宋初年还完好地在流传，可是到了神宗元丰年间，苏颂看到的只有十卷，也就是我们今天所见到的十卷本，而大半都已散佚。苏颂当时曾用官私版本作了互校，写了《校风俗通义题序》（《苏魏公文集》卷六六），从而使剩下的十卷能较为完好地流传下来，这里显然也有苏颂的一份功劳。如今流传下来十卷的篇目是：《皇霸》、《正失》、《愆礼》、《过誉》、《十反》、《声音》、《穷通》、《祀典》、《怪神》、《山泽》。散佚的二十卷篇目，苏颂在序中曾有记载。清代学者陆心源亦曾作《风俗通义篇目考》(《仪颐堂集》卷二),为了使大家全面了解该书的内容,亦抄录如下:《心政》、《古制》、《阴教》、《辨惑》、《析当》、《恕度》、《嘉号》、《徽称》(陆文作《秽称》)、《情遇》(陆文作《恃遇》)、《姓氏》、《讳篇》、《释忌》(陆文作《释忘》)、《辑事》、《服妖》、《丧祭》、《宫室》、《市井》、《数纪》、《新秦》、《狱法》。单从这些篇目来看,内容涉及的范围非常广泛,从不同侧面反映了当时社会生活状况和文化思想面貌,可为我们研究当时社会历史、典制、民风习俗等方面提供丰富的资料。1981年天津人民出版社出版了吴树平先生的《风俗通义校释》一书,该书是迄今为止最好的版本,书中不仅作了详尽的校释,而且书后还辑佚了数量非常可观的佚文,并分二十七类编排,从而为阅读和研究提供了方便。

二

《风俗通义》是反映时代风尚的重要著作,它首先是对民俗学研究具有十分重要的价值,在某种意义上说,该书实为我国最早的一部民俗学著作。正因如此,元人李果在为该书所写的《题辞》曰:"上行下效谓之风,众心安定谓之俗,移风多易俗,在则人,亡则书,此应劭《风俗通义》所由作也。"风俗好坏,对于社会和国家都至关重要,好的风俗,对于社会、国家可以起到稳定和巩固作用,坏的风俗,则要腐蚀人们的意志,破坏社会的稳定,甚至瓦解国家的统治基础,自然不能等闲视之。风俗是人们在长期生活中共同形成的风尚习俗,生活习惯、衣着穿戴、婚丧礼节、饮食爱好、岁时节日,无不如此。而许多习俗的确都是在上层统治人物的带动影响下形成的。关于这点,应劭在书中就曾多次加以揭露,如在卷八《祀典》小序中指出,汉代祭祀鬼神之风盛行,原因就在于统治者的倡导,"自高祖受命,郊祀祈望,世有所增。武帝尤敬鬼神,于时盛矣。至平帝时,天地六宗已下及诸小神凡千七百所"。统治者已经如此,民间信奉鬼神之风也就可想而知。而在佚文中有一条非常生动的记载:"桓帝元嘉中,京师妇女作愁眉啼妆,坠马髻,折腰步,龋齿笑。愁眉者,细而曲折。啼妆者,薄拭目下若啼处。坠马髻者,侧在一边。折腰步者,足不任体。龋齿笑者,若齿痛不忻忻。始自（梁）冀家所为，京师翕然皆仿效之。"对于起因则记曰："天戒若曰：'将收捕冀'，妇女忧愁之眉也。"这就是说，由于梁冀骄奢横暴，专权跋扈，竟操持君主废立大权，桓帝欲对其收捕处置，冀家妇女忧愁而无心打扮，有此形态，而京师妇女不知其意，竟竞相仿效，形成风气。又如汉灵帝是出名的荒唐君主，佚文中有几条就是在揭露其荒唐行为而产生的影响，"灵帝好胡服、胡帐、胡床……京都贵戚皆竞为之……灵帝于宫中西园驾四白驴，躬自操辔，驱驰周旋，以为大乐。于是公卿贵戚转相仿效，至乘辎軿以为骑从，互相侵夺，贾与马齐"。可见上行下效对于一种社会风气的形成起着多么巨大的作用。为了证实这一观点，应劭在书中还援引古代统治者的生活事迹，佚文中有这么一条："传曰：赵王好大眉，人间半额。楚王好广领，国人皆没项。齐王好细腰，后宫有饿死者。"可见上层人物的生活言行，日常爱好，无不关系着社会风气的形成，因此，无论任何时候，作为国家统治者对此都不能掉以轻心。所有这些材料对于我们研究当时社会风俗显然都是很有价值的。尤其是记载东汉京城妇女装束的那条材料，描写得很细致，为了解汉代妇女打扮提供了具体的形象，特别是在舞台上塑造汉代妇女形象，给化妆师们提供了不可多得的材料。

至于其他方面的民俗材料那就更多了。应劭通过《祀典》、《怪神》两个方面内容，告诉人们汉代从上到下，事鬼敬神的风气特别盛行。他不仅将所祭之神一一列出，而且还备述其产生原因，并发表自己的看法。其所记神异鬼怪的材料，多为后来志怪小说如《搜神记》等所取材。我们看到原来篇目中与此相关的还有《丧祭》，此文无疑是记述当时丧葬礼节诸内容，由于已经散佚，佚文中也很少见有此等条文，如果保留下来对研究两汉时期丧葬礼俗将有很大作用。《声音》篇则备列了当时流传的各种乐器的名称、形状、构造及其制作者，是研究乐器历史重要资料。每种乐器大多援引古籍叙述其起源时代，凡产生于汉代者，亦作明确记载。如他在"空侯"条曰："谨按《汉书》：孝武皇帝赛南越，祷祠太乙、后土，始用乐人侯调依琴作坎坎之乐，言其坎坎应节奏也，侯以姓冠章耳。或说空侯取其空中。琴瑟皆空，何独坎侯耶，斯论是也。"这就把箜篌这种乐器产生过程及其创制人都讲清楚了，按照他的意思，这种乐器名称应称"坎侯"才是。又如笛的起源，一般都认为这种乐器来自羌人，故后世一直称之为"羌笛"。按照应劭记载似乎并非如此，他在"笛"条曰："谨按《礼乐记》，武帝时丘仲之所作也。……长一尺四寸，七孔，其后又有羌笛。"这就是说，羌笛的传入乃是在丘仲制作了笛以后。也许有人会问，应劭在书中为什么专列《声音》一项，这是因为我国自古以来统治阶级对音乐都一直很重视，因为它直接影响着一个社会的风气好坏，故统治者总是将制礼作乐相提并论，一旦社会产生了危机又总是看成礼崩乐坏。班固作《汉书》，便将礼、乐合为一志，即《礼乐志》，并指出："乐者，圣人之所乐也，而可以善民心，其感人深，其移风易俗易，故先王著其教焉。"还引孔子之语曰："移风易俗，莫善于乐。"而应劭自己在《声音》小序中亦说："夫乐者，圣人所以动天地，感鬼神，按万民，成性类者也。"因此好的音乐可以使百姓和其心，起到安定社会的作用；而不健康的音乐，则会腐蚀人们的思想意志。所以他在小序中又说："其后周室陵迟，礼乐崩坏，诸侯恣行，竞悦所习，桑间、濮上、郑、卫、宋、赵之声，弥以放远，滔湮心耳，乃忘平和，乱政伤民，致疾损寿。"自然是贻害无穷，难道还不足以重视吗？可见应劭之列《声音》，并不单纯是为了介绍各种乐器名称而已。如他在"琴"条，则发表了长篇议论：

> 雅琴者，乐之统也，与八音并行。然君子所常御者，琴最亲密，不离于身，非必陈设于宗庙乡党，非若钟鼓罗列于虡悬也。虽在穷阎陋巷，深山幽谷，犹不失琴。以为琴之大小得中而声音和，大声不喧哗而流漫，小声不湮灭而不闻，适足以和人意气，感人善心。故琴之为言禁也，雅之为言正也，言君子守正以自禁也。夫以正雅之声，动感正意，故善心胜，邪恶禁。是以古之圣人君子，慎所以自感，因邪禁之适，故近之。间居则为从容以致思焉，如有所穷困，其道闭塞，不得施行，及有所通达而用事，则著之于琴，以抒其意，以示后人。其道行和乐而作者，命其曲曰《畅》。《畅》者，言其道之美畅，犹不敢自安，不骄不溢，好礼不以，畅其意也。其遇闭塞忧愁而作者，命其曲曰《操》。《操》者，言遇灾遭害，因厄穷迫，虽怨恨失意，犹守礼义，不惧不慑，乐道而不失其操者也。

这个议论其意虽不免有些附会，但总可说明他对声音作用所寄托的希望。又如在"筑"条,他开头便说:"谨按《太史公记》:燕太子丹遣荆轲欲西刺秦王,与客送之易水,而设祖道。高渐离击筑,荆轲和歌,为变徵之音,士皆垂发涕泣。复为羽声慷慨,而士皆瞋目,发尽上指冠。"据说变徵调之乐曲,其曲悲壮,故士兵听了都垂发涕泣,其音乐的作用于此可见。当然,吴树平先生已经指出,"本篇已非完篇,据它书所载,脱落'相'、'雅'等条"。其实已有之条,也不完整,如"筝",佚文所载比正条就更为丰富。吴先生在正条注中,将各书所引全都抄录于后,说明该篇散佚之严重。综上可见,封建时代人们早已知道利用音乐来移风易俗,改变不良社会风气,为稳定社会、巩固统治服务。

在散佚的篇目中我们看到还有《讳篇》,这自然是讲述历史上和两汉时代社会上的避讳现象。众所周知,避讳是我们这个民族所特有的一种风俗,这种风俗起于周,成于秦,魏晋南北朝社会交往中已很流行,唐宋更盛。对于这种奇特的社会风俗,古代许多学者著作中多有专门记载和论述,而最早的看来也首推应劭的《风俗通义》,只可惜已经散佚。但从零散记载中仍可看出,汉代避讳还仅限于帝王。佚文中曾有"汉武帝讳彻,改曰通侯,或曰列侯"的记载,而民间对于长辈尚不避讳,应劭对其祖应郴,书中则直书其名。从佚文中我们还可以推断该书原来对岁时节日的民俗记载也是相当丰富的,如五月五日佩戴五色绒线,记载甚详,并明言与屈原有关,如言"五月五日以五彩线系臂者,辟兵及鬼,令人不病温,亦因屈原"。七月七牛郎织女相会,佚文有"织女七夕当渡河,使鹊为桥"等。从佚文中还可看到该书对游艺民俗、饮食习惯亦有记载,前者如击壤之戏的记述:"击壤为木戏。壤,木为之,前广后锐,长尺四寸,阔三寸。未戏,先侧一壤于地,远三四十步,以手中壤击之,故曰击壤之。"后者如"吴楚之人嗜鱼盐,不重禽兽之肉",等等。该书在记载许多风俗时,往往引经据典,备述其产生时代与祭祀原委,这应当说是非常必要的,因为它告诉了人们某种风俗产生于何时,有的在流传中逐渐消亡,有的则一直流传下来,这与其他民间传承文化一样,在社会发展中既有变化,又有传承,从这些风俗习惯产生、发展、变化的轨迹可以看出它在人类社会中所起的作用。然而有的民俗学著作却批评它"并非专写汉代习俗的书","所列各俗并无明显时代特色"。这种批评实际上只注意到时代性而忘记了传承性这一更重要的内涵。就以"灶神"、

"社神"而言，直到新中国成立以前，这种产生于先秦的民间信奉，在许多地区还广为流传。腊月廿四晚上，家家都要"送灶君爷上天"（民间曰"送灶"），年三十晚又要"迎灶君爷回家"（民间曰"接灶"），并有对联一副："廿四上天言好事，三十下界保平安"。送灶之日并有官三民四之别（即廿三与廿四之不同）。至于作为祭祀"社神"的土地庙，则是每个村庄都有一座，可见这种风俗连绵了三千年之久。应劭在书中引用古籍记载，为人们了解此种风俗的起源提供了方便，这本是民俗学著作应当记述之内容。事实上所有岁时节日的民俗活动，都具有不同程度的传承性。正因为许多岁时节日古代典籍缺乏记载，所以后人便很难确知其起源于何时，就如上引五月五日佩戴五色绒线的习俗，尽管已经说明了它的意义之所在，并且指出了与屈原有关，但此种风俗起源于何时人们仍不得而知。或许应劭原是有记载的，后来亡佚也未可知。对于这一风俗，东晋人习凿齿在《襄阳耆旧记》中的记载便非常完整了：

  屈原五月五投汨罗江，其妻每投食于水祭之。原通梦告妻，所祭食皆为蛟龙所夺。龙畏五色丝及竹，故妻以竹（叶）为粽，以五色丝缠之。今俗，其日皆带五色丝、食粽，言免蛟龙之患。又屈原五日先沉，十日而出，楚人于水次迅楫争驰，棹歌乱响，有凄断之声，意存拯溺，喧震川陆。风俗迁流，遂有竞渡之戏。

这段文字将吃粽子、戴五色绒线和龙舟竞赛的来历交代得很清楚，三者皆与屈原有关。它既讲了今俗，又讲了以往的传说，否则今俗便毫无意义了。综上所述，我们认为《风俗通义》是研究我国民俗学最早的不可多得的一部著作。

我们通过研究还发现，应劭的《风俗通义》对于我国方志早期阶段的地记发展有着很大的影响。方志学界有些人将《山海经》、《禹贡》等著作作为我国方志的源头，笔者在拙著《方志学通论》中已经指出其论据的不足，实为附会。我们只要对地记的内容稍加研究就可以发现，这是一种记载一个地区人物、地理、山川、风俗等内容的综合性著作，在其产生和发展过程中，自然要受到一些著作形式的影响，而这种地记是产生于东汉，至魏晋南北朝则广泛发展，在其发展过程中，受到《风俗通义》的影响显然是不可忽视的，因为此书的内容是既述人物，又载山泽，既记载祀典，又遍录怪神，特别是所叙风俗，内容广泛，形象生动，地记的内容显然与其相类似，只不过一个仅记地方，一个记载全国。

上文已经指出，《风俗通义》对于文学史研究也有一定价值，因为它的许多内容成为后来志怪小说的题材，而所记许多成语典故，至今仍有其生命力。如"杯弓蛇影"成语，则最早出自此书，此书第九卷《怪神》"世间多有见怪惊怖以自伤者"条载：

> 予之祖父郴为汲令，以夏至日诣见主簿杜宣，赐酒。时北壁上有悬赤弩，照于杯中，其形如蛇。宣畏恶之，然不敢不饮，其日便得胸腹痛切，妨损饮食，大用羸露，攻治万端，不为愈。后郴因事过至宣家，窥视，问其变故，云："畏此蛇，蛇入腹中。"郴还听事，思惟良久，顾见悬弩，必是也。则使门下史将铃下侍徐扶辇载宣，于故处设酒，杯中故复有蛇，因谓宣："此壁上弩影耳，非有他怪。"宣意遂解，甚夷怿，由是瘳平，官至尚书，历四郡，有威名焉。

这就是这个成语典故的由来。可是目前许多辞典，大多是引《晋书·乐广传》所载与此类似之事，按理讲自然当先引《风俗通义》，因为无论从成书时代还是事件发生之年代，乐广均在其后，他毕竟是西晋时代人物。又如"城门失火，祸及池中鱼"条云："俗说池中鱼，人姓字，居近城门。城失火，延及其家。谨按《百家书》：宋城门失火，因汲取池中水以沃灌之。池中空竭，鱼悉露死。喻恶之滋，并中伤重谨也。"这就将"城门失火，殃及池鱼"成语的由来交代清楚了，应劭还将两说并列，这就是历史学家记事的风格。再如"众口铄金"，其词虽出自《国语·周语下》所引谚语，但很少有作确切解释，应劭曰："俗说有美金于此，众人咸共诋訾，言其不纯。卖金者欲其售，因取锻烧以见真，此为众口铄金。"（以上两条均引自该书佚文）诸如此类，不一而足。这些内容对于丰富文学语言无疑都是很有价值的。仅从上面列举的几个方面，就足以看出《风俗通义》是一部内容相当丰富的学术著作。

三

《风俗通义》还以考释名物、议论时俗、品评得失的形式对当时社会的迷信思想和不良风俗进行了批评。作者在书中曾公开声称"万类之中,唯人为贵"。这就是说他把人看作是世界万物的主体,这与汉代流行的天人感应、天是万物的主宰的思想相比,无疑是非常可贵的。正是从这个思想出发,他在书中通过对社会现象、风俗习惯和各色人等有关事迹的记载,对迷信思想和不良风气作了巧妙的揭露和批评。

上文已经提到,汉代由于统治者信奉鬼神,因此社会上各式庙宇林立,祭祀之风盛行。书中首先引用了《论语》"子不语怪、力、乱、神"之句,说明圣人孔子尚且不信鬼神,我们何以反其道而行之!又引了《论语·为政》中"非其鬼而祭之,谄也",来批评祭祀鬼神的泛滥,孔子已经讲了,不应该祭祀的所谓鬼神而硬要去祭其实就是一种谄媚,这样做有什么好处呢。因此他又引了《礼记·曲礼》所讲"淫祀无福",告诫大家,祭祀鬼神并不会得到任何福气。相反,不祭祀也不会有灾害降临。在《怪神》"城阳景王祠"条中有这样一段记载:

> 城阳,今莒县是也。自琅琊、青州六郡及渤海都邑、乡亭、聚落,皆为立祠(指为朱虚侯刘章),造饰五二千石车(指造五辆二千石车),商人次第为之,立服带绶,备置官属,烹杀讴歌,纷籍连日,转相诳曜,言有神明,其谴问祸福立应,历载弥久,莫之匡纠。唯安乐太傅陈蕃、济南相曹操,一切禁绝,肃然政清,陈、曹之后,稍复如故,安有鬼神能为病者哉!

他又在《怪神》"会稽俗多淫祀"条中,指出会稽由于淫祀,使得百姓"财尽于鬼神,产匮于祭祀","司空第五伦到官,先禁绝之",并引第五伦语:"令鬼神有知,不妄饮食民间,使其无知,又何能祸人?"接着叙曰:

> 遂移书属县,晓谕百姓,民不得有出门之祀。督课部吏,张设罪

罚，犯，尉以下（谓违反条令者，尉按其罪而下狱）。巫祝依托鬼神，恐怖愚民，皆按论之，有屠生辄行罚，民初恐怖，颇摇动不安，或接祝妄言，伦敕之愈急，后遂断，无复有祸祟矣。

这些内容，与其说是记述当时的社会风俗，毋宁说是在批判丑恶的迷信活动。应劭通过对这些丑恶习俗的叙述，实际上是对这些习俗形成的内幕的揭露，尽管这些迷信活动被有些人吹得神乎其神，"言有神明，其谴问祸福立应，历载弥久，莫之匡纠"。一旦遇上陈蕃、曹操、第五伦这样的官吏，"一切禁绝"，不是照样达到"肃然政清"吗！断绝之后，并无任何祸祟加害于人，可见一切都是人为的虚假的社会恶习。为了对有些"神祠"设置后招摇惑众加以揭露，应劭特将其设置过程细节都作了叙述，使人看了这些无稽之谈的社会现象，不仅感到好笑，而且更觉可恨。如"鲍君神"乃是由于某人遗一鲍鱼于泽中而引起传说："因为起祀舍，众巫数十，帷帐钟鼓，方数百里皆来祷祀，号鲍君神。其后数年，鲍鱼主来历祠下，寻问其故，曰：'此我鱼也，当有何神？'上堂取之，遂从此坏。"又如"李君神"的来历同样十分好笑，"汝南南顿张助于田中种禾，见李核，意欲持去，顾见空桑中有土，因殖种，以余浆溉灌。后人见桑中反复生李，转相告语。有病目息阴下，言：'李君令我目愈，谢以一豚。'目痛小疾，亦行自愈。众犬吠声，因盲者得视，远近翕赫，其下车骑常数千百，酒肉滂沱。间一岁余，张助远出来还，见之，惊云：'此有何神，乃我所种耳。'因就斫也"。这件事情看来似乎可笑，但在日常生活中，这种人为制造的神鬼仙道，实际上随处皆有。在旧社会，黄鼠狼不是还被供奉为大仙吗。有的著作认为，这些习俗，既然已经废止，似乎就无记载必要。其实应劭之意并不局限于说明某地存在某风俗，而是通过这些事实的记载，一则说明两汉时代，祀奉鬼神的风气弥漫于全社会，而许多神鬼所以能够"作祟"，实则都是人在"作祟"，社会上就有那么一批无耻之徒，利用制造神鬼的手段来愚弄人民，从中渔利。再则便通过揭露对这些丑恶的社会现象进行批判，将这些人的言行，斥之为"众犬吠声"，指出"安有鬼神能为病者哉！"值得注意的是，应劭在《怪神》"世间多有狗作变怪"一条中，先是叙述了桂阳太守李叔坚不信邪恶的故事，其家所养之狗，会"如人立行"，又会将人的帽子套在头上，对此异样表现，家人皆"大惊愕",叔坚则云,此乃"狗见人行,效之何伤"。后来"狗自暴死,卒无纤介之异"。而"叔坚辟太尉掾、固陵长、原武令,终享大位。子条,蜀郡都尉;威龙,司徒掾"。在记完了这则故事之后,应劭接着便发了一通议论,为什么某些异样现象,最后都会变成了神乎莫测的鬼怪呢。这与有人从中煽动自然有关,但更重要的还在于许多人愚昧无知,加之胆小多疑,自然就会轻信谣传。他说:

> 凡变怪,皆妇女下贱。何者?小人愚而善畏,欲信其说,类复裨增,文人(疑为大人之误)亦不证察,与俱悼慑,邪气承虚,故速咎证。《易》曰:"其亡,斯自取灾。"若叔坚者,心固于金石,妖至而不惧,自求多福,壮矣乎!

当然,他将"变怪"之事全部归之于"妇女下贱"是错误的,但这也是社会现象给他所造成的错觉,因为从事装神弄鬼巫术活动的确实大多为妇女,自然就有"巫婆"之称。应劭还不可能找出产生这些丑恶现象的社会根源,因而只能用"妇女下贱"来作解释,自然也就没有必要作过高的苛求了。在这段议论中我们可以看到,他引《易经》说明"斯自取灾",而对于李叔坚的行为所产生的后果,则又高度赞誉其"自求多福",两相对照,无疑在告诉人们,人间祸福,大多出自"自取"与"自求"之间,这正体现了他认为"万类之中,唯人为贵"的难能可贵的进步思想。非常有趣的是,应劭在盛赞李叔坚不信鬼怪"自求多福,壮矣乎"的同时,就在这一条最后,突然记上一个汉武帝信奉鬼神的故事:"武帝时迷信鬼神,尤信越巫,董仲舒数以为言。武帝欲验其道,令巫咒仲舒,仲舒朝南面,诵咏经纶,不能伤害,而巫者忽死。"与李叔坚"壮矣乎"的言行相比之下,这显然是对汉武帝信奉鬼神的一种鞭笞,自然就更加暴露出汉武帝的愚蠢专横面目,汉代所以怪神祠庙林立,信奉祭祀之风盛行,正是这些统治人物倡导所造成的。

如果说应劭在《祠典》、《怪神》篇中介绍当时社会上祭祀的各种神怪时多附有不同形式的暴露和批判,是为了澄清不良的社会风气,以达到整齐社会风俗的目的,那么对于社会流行的许多恶习的揭露和批判,则可以说是有意识的行为了。从该书佚文可以看到,应劭在书中记载了许多岁时节日的风俗和其他民间的一些风俗，看来该书原来是有专门介绍风俗的篇章，如今只能看到一些片断的、零碎的、不相连贯的条文了。而对于那些民间流行的不良风俗，显然都是为了揭露而记载的，可惜的是，有些只留下一些条文，而应劭的评论则亡佚了。如"俗说五月五日生子，男害父，女害母"，又如"五月盖屋，令人头秃"等。但也有不少条还留下了应劭的评论。如民间流传"生三子不举"，"俗说生子至于三，子似六畜，言其妨父母，故不举。谨按《春秋》、《国语》：越王勾践令民生三子者，与之乳母，生二子者，与之饩。三子力不能独养，故与乳母。所以人民繁息，卒灭强吴，雪会稽之耻，行霸于中国者也。古陆终氏娶于鬼方，谓之女嬇，是生六子，皆为诸侯。今人多生三子，子悉成长，父母完安，岂有天所孕育而害其父母兄弟者哉！"这里应劭既引用历史，又利用现实生活中的事实，说明生三子绝无妨害父母之理，其说纯属无稽之谈。此外，条文中对于社会上流行的所谓生子不举的陋习也逐一作了批驳：不举寤生子，俗说婴儿落地，未能开目视者，谓之寤生，举寤生子妨父母；不举父同月子，俗云妨父；不举生鬓须子，俗说人四十五乃生鬓须，今生而有之，妨害父母。对于这几种不举之说，应劭逐一引用历史上帝王为例，证实这些说法的荒诞不经。"《春秋左氏传》：郑武公娶于申，曰武姜，生庄公及公叔段。庄公寤生，惊姜氏，因名寤生。武公老终天年，姜氏亦然，安有妨其父母乎？""按《左传》，鲁桓公子与父同月，因名子同，汉明帝亦与光武同月生。""谨按《周书》：灵王生而有髭，王甚神灵，亦克修其职，诸侯服享，二世休和，安在其有害乎？"这些历史事实，自然都是富有说服力的，无须任何理论，已足够令人信服。看来这正是应劭在批判社会不良风气中常用的一种手法，即陈述事实，不作空论。例如社会上流传"五月到官，至免不迁"的谚谣，应劭在此谣之下记曰："今年有茂才除萧令，五月到官，破日入舍，视事五月，四府所表，迁武陵令。余为营陵令，正触太岁，主簿令余东北上，余不从，在事五月，迁太山守。"这里不仅有现实生活中的真人真事，而且用了自己的亲身经历，证实了这条谚谣之不可信。需要说明的是，这些佚文大多是从类书或其他古籍中所辑佚，已是残缺不全，因而有些条文作者的思想本意也已含糊不清，引用时自当审慎。

由于《风俗通义》著作的目的是要"辨风正俗"，达到"言通于流俗之过谬，而事该之于义理也"的宗旨，因而对于统治阶级那些虚伪违礼的现象和言行，同样也作了揭露和批判，这些内容集中地反映在《过誉》和《愆礼》等篇之中。如《愆礼》篇中记载这样一件事情："山阳太守汝南薛恭祖，丧其妻不哭，临殡，于棺上大言：'自同恩好四十余年，服食禄赐，男女成人，幸不为夭，夫复何恨哉！今相及也。'"这种行为，实在不近情理，应劭在评论中指出："且鸟兽之微，尚有回翔之思，啁噍之痛。何有死丧之感，终始永绝，而曾无恻容。当内崩伤，外自矜饬，此为矫情，伪之至也。"又有"太原郝子廉，饥不得食，寒不得衣，一介不取诸人。曾过姊饭，留十五钱，默置席下去。每行饮水，常投一钱井中"。对此应劭评曰："孔子食于施氏，未尝不饱，何有同生之家而顾钱者哉！伤恩薄礼，弊之至也。"这两件事都很典型，妻子去世不仅无悲痛之意，反而振振有词地陈述一通，同胞姐弟吃一餐饭还要留下饭钱。此两种行为都已经丧失了最起码的人之常情，更不用说有违于封建时代的礼仪了。故应劭对前者结论是"此为矫情，伪之至也"，后者是"伤恩薄礼，弊之至也"。其实都是虚伪的表现，类此之事，书中还记载了很大一批，此种行为若让其在社会上广为蔓延、泛滥，自然就会破坏正常的社会风俗，故应劭都加以无情地揭露与抨击。同样，书中对于当时社会上那些荒谬的流传亦立专篇加以纠正，谓之《正失》，该篇小序曰："传言失指，图影失形，众口铄金，积毁消骨，久矣其患之也。"因而对于社会上流传的谬误，有必要作番辨析，"故纠其谬曰正失也"。而这些谬误有的是古代就流传下来，有的则是产生于当前社会。如"乐正后夔一足"条，通过辨正指出，足乃足够之意，并非指一只脚，而是说有夔一人足矣。我们不难看出，这一辨析重点则针对当前社会流传的谬误，如东方朔是太白星精、淮南王刘安升天等。"东方朔"条曰："俗言东方朔是太白星精，黄帝时为风后，尧时为务成子，周时为老耽，在越为范蠡，在齐为鸱夷子皮，言其神圣，能兴王霸之业，变化无常。"针对这些言论，应劭逐一加以驳斥，指出刘向、扬雄诸人已言其人"喜为凡庸之说，故令后世多传闻者"。"然朔所以名过其实，以其恢诞多端，不名一行，应谐似优，不穷似智，正谏似直，秽德似隐，非夷、齐，是柳惠，其滑稽之雄乎！朔之逢占射覆，其事浮浅，行于众僮儿牧竖，莫不眩耀。而后之好事者，因取奇言怪语附著之耳，安在能神圣历世为辅佐哉！"而"淮南王安神仙"条通过对刘安简单的叙述，称其

"善为文辞","招慕方伎怪迂之人,述神仙黄白之事",后参与谋反,"安自杀,太子诸所与谋皆收夷,国除为九江郡。亲伏白刃,与众弃之,安在其能神仙乎!安所养士或颇漏亡,耻其如此,因饰诈说。后人吠声,遂传行耳"。当然应劭所纠之谬误不仅是这些人物,即使是对汉文帝功绩言传过头,他也照样要作纠误,并引刘向之话,说明这些流传皆言过其实,"皆俗人所妄传,言过其实及傅会"。可见他对社会上所流传谬误,不论其来自何方,传述何人,都一律要作认真的纠谬。这都表现出他处处都在贯彻其著书的宗旨,也体现出一个历史学家应当具有的求真求实的品德与风格。

这里还要指出的是,我们在看《风俗通义》时首先应当了解该书编写的特点,每一篇都冠以小序,简述该篇著作的目的,然后每一个条目都先详载其事,再用"谨按"云云,发表个人看法,论其得失。因此,"谨按"则集中反映了应劭的思想和观点,可惜的是许多佚文中,这种"谨按"已不存在,这对于全面评价应劭的思想无疑是很大损失。

综上所述,可见《风俗通义》原是一部内容十分广泛、学术价值很高的著作,涉及人物、典制、天文、地理、学术文化、社会风俗,等等,诸如《古制》、《姓氏》、《讳篇》、《狱法》等虽已散佚,但就零星佚文来看,显然许多内容都很重要,对于研究这些学问的源流都具有重要价值。这也说明应劭确实是位学问相当渊博的学者,他在整理研究古代学术文化方面曾作出了很大贡献。然而长期以来其书其人均未得到应有的重视。如果说他编著《汉官仪》、注释《汉书》对保存两汉典章制度,便于阅读《汉书》等起了很大作用,那么我们可以说他著《风俗通义》对总结研究古代学术文化、社会风俗同样作出了重要贡献,只不过许多重要的篇章已经亡佚而已,我们不应因此而忽视,应该对他的重要贡献作出应有的肯定。

(本文原载《文献》1995年第3期;又载刘乃和主编:《中原文化与传统文化》,高等教育出版社1996年版;收入仓修良:《史家·史籍·史学》)

唐前五代史和《五代史志》

谈起五代史，自然就想起了唐以后的梁、唐、晋、汉、周历史了。北宋初年在薛居正主持下编修了这五个王朝的历史《五代史》，又称《梁唐晋汉周书》，后来欧阳修又编著了一部《五代史记》，时人称之为《新五代史》，于是将薛居正监修的那部称为《旧五代史》。这两部书都被编排进二十四史了，因此，每当提到五代史，就自然联想起这两部史书和它们所记载的这段历史。但是很多人还不知道在唐以前还有个"五代史"的称呼，而这个称呼在唐朝初年就已经开始，宋代学者还在称呼，以后便很少见到了，以致当代有些学者还常常将此搞错。如司马光在《贻刘道原书》中，曾两次提到此称，指的都是唐前五代史，不少人都错当作后五代史，为此笔者在1981年第3期《杭州大学学报》上特发了一篇《读司马光〈贻刘道原书〉》。这里不妨将司马光这封信有关段落摘录如下：

> 光少时惟得《高氏小史》读之，自宋讫隋，正史并《南北史》，或未尝得见，或读之不熟。今因修南北朝《通鉴》，方得细观，乃知李延寿之书，亦近世之佳史也。……渠亦当时见众人所作五代史不快意，故别自私著此书也。……道原《五代长编》，若不费功，计不日即成。若举（有的本作"与"）沈约、萧子显、魏收三志，依《隋志》篇目，删次补葺，别为一书，与《南北史》、《隋志》并行，则虽正史遗逸，不足患矣。（《司马文正公传家集》卷六三）

显然在这段文字中，"渠亦当时见众人所作五代史不快意"与"道原《五代长编》"都无疑是指的前五代而绝不可能是后五代，"众人所作五代史"，是指当时人们所作之南北朝史，《五代长编》，则是刘恕为《通鉴》所作南北朝这段历史的初稿，司马光主编的《资治通鉴》，初稿（叫长编）均成于刘恕、刘攽、范祖禹三大助手。可是有的学者在论著中却都将其误认作后五代了，许多青年则更不知道还有前五代史这个名称。至于为什么会有这样的称呼，还得从唐朝初年修史谈起。

唐初统治者很重视修史工作，开国君主李渊在接受令狐德棻修前代之史的建议后，于武德五年（622）颁布了《命萧瑀等修六代史诏》，命令编修梁、陈、北齐、周、魏、隋六代史书，因故未成而罢。贞观三年（629），唐太宗重新下诏修六代史书，经大臣商议，认为北魏史已有北齐的魏收和隋魏澹两家的《魏书》，"已为详备，遂不复修"，因而决定只修梁、陈、北齐、北周、隋五代史，并命姚思廉撰《梁书》、《陈书》，李百药撰《北齐书》，令狐德棻、岑文本撰《周书》，魏徵、颜师古、孔颖达撰《隋书》，而由魏徵总监诸史。"凡有赞论，徵多预焉。"（《史通·古今正史》）"《隋史》序论，皆徵所作，梁、陈、齐各为总论。"（《旧唐书·魏徵传》）贞观十年正月，五史修成，共纪传二百四十一卷，但五史全未修志。书奏进后，唐太宗十分高兴地说："公辈以数年之间，勒成五代之史，深副朕怀，极可嘉尚。"并对每位编修人员"进级颁赐各有差"（《册府元龟》卷五四四《国史部·恩奖》）。唐太宗已将这五部史书称"五代之史"，于是唐朝人便把梁、陈、齐、周、隋五史合称"五代史"了。刚修成时，因十志尚未修，故五史全无表志，皆为纪传，因而又合称为"五代纪传"。上引司马光信中的"五代史"、《五代长编》，其五代史概念，实际上就是泛指南北朝至隋这段历史而言，这是沿用唐人习惯称呼而有所演变，不必把它机械地理解为五个朝代历史，因为信中所讲全是南北朝事情。

由于"五代史"在编成后都没有志，典章制度均无记载，这无疑是很大的缺陷。所以到了贞观十五年（641）唐太宗又诏修《五代史志》，命于志宁、李淳风、韦安仁、令狐德棻、李延寿等编纂，并由令狐德棻、长孙无忌先后监修，历时十五年，到高宗显庆元年（656）才完成。其中《礼仪志》七卷，《音乐志》、《律历志》、《天文志》各三卷，《五行志》两卷，《食货志》、《刑法志》各一卷，《百官志》、《地理志》各三卷，《经籍志》四卷，共三十卷。书成后，"其篇第虽编入《隋书》，其实别行，俗呼为《五代史志》"（《史通·古今正史》）。需要指出的是，十志之中，《经籍志》为魏徵所撰，宋本《隋书》载《宋天圣二年隋书刊本原跋》，云："《经籍志》四卷，独云侍中，郑国公魏徵撰。"这说明于志宁等人编修十志时，魏徵撰修《经籍志》，已在进行之中，因为魏徵在武德末和贞观初曾两次进行大规模的图籍搜求和整理工作，所以在领《五代史》编修之时，就已着手编修该志。王重民先生认为，《经籍志》是魏徵做秘书监兼领五代史的时候所修，"依据隋代藏书旧录，参考秘书监所整理出来的隋代遗书"。①《五代史志》最初是离五史而别行，因为它是五代史的合志，故其内容与"五代纪传"相配合，但详于隋而略于梁、陈、齐、周。从体例上说，又都以隋为主，因而记隋事均尊称"高祖"、"炀帝"。五史既各自单行，而志因合写又难分割，在编撰时即按《隋书》的组成部分处理，加之"隋以五史居末"，后遂"编入《隋书》"，"专称隋志"。于是有些不知原委的人误疑，"隋志"在编纂上"失于断限"。当然，宋人对此还是分得清楚的，《宋天圣二年隋书刊本原跋》中就曾说："十五年，又诏左仆射于志宁、太史令李淳风、著作郎韦安仁、符玺郎李延寿同修《五代史志》。凡勒成十志三十卷。显庆元年五月己卯，太尉长孙无忌等诣朝堂上进，诏藏秘阁。后又编第入《隋书》，其实别行，亦呼为《五代史志》。"陈振孙的《直斋书录解题》中著录《隋书》时，还特地注出"其十志，高宗时始成上，总梁、陈、齐、周之事，俗号《五代志》"。这点很重要，不仅在于区分出它与纪传不是同时修成，更重要在于进行评价时有所依据，评得合理。

《五代史》（《五代纪传》）与《五代史志》相比，在史学上的地位后者更为后人所推许，这是因为前者无论在编纂体例上还是内容上均无重要特色，而《五代史志》不仅在编纂上颇为得体，而且富有特色、内容丰富、贯穿五代，为研究南北朝的典制所不可缺少，所以深得后人的好评。郑樵在《通志·艺文略》中说："《隋志》极有伦类而本末兼明，惟《晋志》可以无憾，迁、固以来皆不及也。……观《隋志》所以该五代南北两朝，纷然殽乱，岂易贯穿？而读其书，则了然如在目。良由当时区处，各当其才，颜（师古）、孔（颖达）通古今而不明天文地理之序，故只令修纪传，而以十志付之志宁、淳风辈，所以粲然具举。"可见他对十志的评价很高。从其评价内容来看，这一方面说明了《五代史志》的价值不同于《五代纪传》，它在史学上

---

① 王重民：《中国目录学史论丛》，中华书局1984年版，第89页。

具有很高的地位，因为其内容不仅包括了来自书志的各个方面，而且比过去所有书志更为丰富，大大发展了书志体的编纂，为后来典章制度专史的建立起了承先启后的作用；另一方面也说明了编纂者的得人，唐朝初年，人才济济，安排也很得当，能够各尽其才。这一点非常重要，如果用非所长，势必不能收到良好的效果。就此而言，也可看出唐初统治者在学术上的组织能力。由于十志的内容不仅记载了梁、陈、齐、周、隋五朝典制，而且还追溯到汉魏以来各种典章制度，提供了很大的方便。正如张舜徽先生在《中国历史要籍介绍》一书中所说："今人每苦读《南北史》时，无志可稽，其实《隋志》十志，可以补《南北史》之不足。赵翼《陔余丛考》卷九，以为'《隋志》应移放《南北史》之后，以成完书'，最为有识。《隋志》可以补《南北史》之缺，犹之《宋书》诸志，可以补《三国志》之缺。学者不可因为书的标题为断代史体，而忽略了志的作用。"这就是说，《五代史志》对于南北朝至隋的政治、经济、文化诸方面都有反映，是研究这段历史的重要依据。就其内容而言，《五代史志》比过去所有各史书志的内容都更为丰富，自然也就更多地体现了封建政权的各方面统治面貌。尽管各志的卷数多寡不一，但编排体例却都一致，每志开始均有序论，简述该典制的来历渊源和作志之宗旨，然后按五个朝代顺序分段记述，整齐划一，井然有序。

值得注意的是，十志价值的大小，并不决定于卷数的多少。《食货志》和《刑法志》在十志中篇幅最小，但却写出了东晋以后南北朝到隋的封建经济剥削制度和律书编定、立法毁法等内容。尤其是《食货志》的史料更为重要，它记录了这个时期劳动力的占有、课役的等级制度和货币制度，是研究经济史必不可少的资料。况且在南北朝诸史中，仅《魏书》有《食货志》，无疑就更显示出它的重要性。《律历》、《天文》两志，都是唐初天文历法学家李淳风的手笔，两志不仅对南北朝以来天文历法成就作了总结性的记载，而且还记述了汉魏以来度量衡制度的差异和演变。对于著名数学家祖冲之关于圆周率的研究成果和许多重要历书内容的概要都有记述。《地理志》则以隋大业五年（609）的版图为准，记载了全国的郡、县、户、口、垦田等数字及其所在山川河流，还记录了梁、陈、齐、周的建置郡县沿革和各地区的风土情况，并保存了当时经济史和交通史等方面的史料。特别是《经籍志》，对后来学术文化的发展有着很大的影响，它是《汉书·艺文志》以后，对古代著作的第二次全面性的总结，也是我国古代又一部重要的图书总录。它在总序中开宗明义地总论了经籍的起源和发展，介绍了经籍的几经毁灭散失和访求，论述了经籍的收藏缮写和著录。在经籍著录上，则采用经、史、子、集四部分类法，然后又在经部之下分十类，史部之下分十三类，子部之下分十四类，集部之下分三类。四部之后又附道、佛两录。该志的编纂有下列几个明显特点：第一，除总序之外，每类之后，各有小序一篇，叙述其学术发展的源流和演变；每部之后又各有大序一篇，除叙述学术发展外，对本部类内图书的沿革、内容和意义都作了理论上的分析和论述，这就把四部分类法从理论上向前大大推进；佛、道两个附录，亦各有大序一篇，这对研究佛、道两教的发展史无疑有着重要价值。第二，四部各书，皆著录书名、卷数、作者职官姓名。第三，既是《五代史志》，因此不但要记隋朝现实藏书，而且要记六朝时代图书流通情况，因而对于亡佚之书亦作著录，对此则采用注文"梁有"、"今亡"的反映方法。如在正史类有"梁有郑忠《晋书》七卷，沈约《晋书》一百一十一卷，庾铣《东晋新书》七卷，亡"。从该志著录的"梁有隋亡"之书，有一千余种，这样它就较完全地反映了隋代现实藏书和梁代以前图书流通情况。不仅如此，著录中还反映出一些图书的残缺情况，这在正史和别集两类中最多。如张莹的《后汉南记》正文著录为四十五卷，注曰："本五十五卷，今残缺。"朱凤的《晋书》正文著录为十卷，注曰："未成，本十四卷，今残缺。"这里除了注出残缺外，还告诉人们这是一部未成稿。第四，注文中还时有简明提要，提示这部书的主要内容，给读者以方便。如古史类《淮海乱离志》四卷，注曰："叙梁末侯景之乱。"杂史类《史要》十卷，注曰："约《史记》要言，以类相从。"这两种书无法看名知义，若不如此点出，读者真不知其讲何种内容。总之，《经籍志》的编纂，不仅反映出汉魏六朝以来书籍流通及存亡情况，更重要的是，为研究学术发展史上的各个学派的源流、盛衰及其长短得失提供了重要资料，其贡献自然很大。而所采用的四部分类，虽不是他们首创，仍反映出作者的独到见解，对于唐宋以后的图书分类和目录学的发展都有很大的影响。

（本文原载《文史知识》1995年第12期；收入仓修良：《史家·史籍·史学》；又见仓修良：《史志丛稿》）

颜师古及其学术贡献

颜师古是唐朝初年学术上影响颇大的一位学者，他在经学、史学研究上都作出过较大贡献，尤精于训诂之学，所作《汉书注》，汇集了隋代以前二十余家注释，做了一项注《汉书》的集大成工作，因而被视为"班氏忠臣"。

一

颜师古，名籀，以字行（《新唐书》本传作"颜师古字籀"）。雍州万年（今陕西西安）人。生于隋文帝开皇元年（581），卒于唐太宗贞观十九年（645），享年六十五岁。其先本居琅邪（今山东临沂），世仕江左。祖父颜之推，是位著名的文学家，曾历仕梁、北齐、北周、隋四朝。学术上博览群书，无不该洽，能文章，有才辩，所著《颜氏家训》，对后世影响很大。其父思鲁，博学善属文，尤工训诂，受到时人称许。唐武德初，为秦王府记室参军。颜师古生活在这样一个家庭，从小就受到严格的语言文字训练，正如颜之推所说："吾家儿女，虽在孩稚，便渐督正之，一言讹替，以为己罪矣。"（《颜氏家训·音辞篇》）师古于小学、校雠，能够有成就，实有家学之渊源与严格的训练。不仅师古如此，即其一门叔伯、子侄，亦多精于此学。叔父愍楚，著有《楚著证俗》音略一卷。叔父游秦，曾撰《汉书决疑》十二卷，其子扬庭，博学出众，注《后汉书》，从子昭甫，辨识远古文字，举朝莫能及。这就说明，对于文字音韵，语言训诂，他们可谓世代相传。而颜师古之所以能汇众家之说，为《汉书》注释做了集大成工作，也绝非出于偶然。

师古少年，即传家业，博览群书，善属文，通经史，为后来成为一位才华出众的博学家奠定了基础。隋仁寿元年（601），为尚书右丞李纲所举荐，授安养（今湖北樊城）尉。尚书右仆射杨素，见师古年轻体弱，因谓之曰：

"安养剧县，何以克当？"师古对曰："割鸡焉用牛刀！"（《旧唐书·颜师古传》，本篇引文未注出处者，均见本传）到任以后，果然治理得井井有条，并以此闻名。但不久便坐事免归长安，家贫，以教授为生达十五年之久。直至大业十三年（617），李渊起兵反隋，思鲁于李渊入关之际，率师古等奉迎于同州朝邑县之长春宫，方授为朝散大夫，不久改为敦煌公府文学（《旧唐书》本传称十年不得调，似不确）。李渊称帝后，师古乃转起居舍人，再迁中书舍人，专掌机密。当时军国大事特多，凡制定各种重要政策、制度、命令等文件，皆成其手。《旧唐书》本传称，由于他"达于政理，册奏之工，时无及者"。太宗李世民即帝位，擢拜中书侍郎。贞观三年（629），受秘书监魏徵荐举，预修《隋书》。次年，太宗以经籍流传久远，文字讹谬，乃令师古于秘书省考订五经。师古作了详细订正，既成奏上。太宗复派诸儒审议。当时诸儒由于对讹谬传习已久，故对师古所审订之五经皆否定。于是太宗复诏左仆射房玄龄再与诸儒共同审议。师古乃引晋宋以来古今各种版本，根据大家提出的问题，作了令人信服的回答，援据详明，大大出于诸儒意料之外，使得大家莫不叹服。在此基础上，后来太宗诏国子祭酒孔颖达等人撰定《五经正义》，师古亦曾参与修撰，《周易正义》即其与孔颖达等所修。而师古所刊定之五经定本，孔氏综修各经正义时多所引用。自《五经正义》和师古五经定本颁行之后，用以取士，天下奉为圭臬，迄宋初数百年间，士人谨守，莫敢异议。其在经学上之影响，于此可见。在审定经籍工作完成后，便被命为兼通直郎，散骑常侍。

贞观七年（633），师古拜秘书少监，专门主管校正书籍中的"奇书难字"，对于大家疑惑不解者，都予以详细解释，做到"曲尽其源"。当时选官用人，已打破了魏晋以来的门第制度，"多引后进之士"。但是师古在任职期间，却与此背道而驰，被指为"抑素流，先贵势，虽富商大贾，亦引进之"，因而引起社会舆论的反对，说他"纳贿"。于是"出为郴州刺史。未行，太宗惜其才，谓之曰：'卿之学识，良有可称，但事亲居官，未为清论所许。今之此授，卿自取之。朕以卿向日任使，不忍遐弃，宜深自诫励也。'于是复以为秘书少监"。关于这点，其实正反映了唐初统治阶级内部士庶之间的斗争。颜师古出身于世代为高门大族的家庭，自其十一代祖颜含以下，即为门第显贵的大族，而颜含、颜髦等，并曾任本州大中正，操一州选举之权，其家世代人才之盛，自然与此不无相当关系。所以颜师古在用人上"抑素流，先贵势"，无疑是其家庭出身的反映。而这一烙印，还影响了他在学术思想上的保守倾向。自此以后，他便一直官秘书少监，兼修《隋书》。至贞观十年，《隋书》修成，凡本纪五卷，列传五十卷。

《隋书》的纪、传，虽说是成于众手，其实主要是出于颜师古与孔颖达两人。到了宋朝初年，所题撰修人姓名已很不一致。宋天圣二年（1024）刊刻《隋书》时，纪、传部分则题魏徵撰，志的部分乃题长孙无忌撰，遂为后来各本所沿袭。其实不然。关于这点，刘知幾在《史通·古今正史篇》中云："隋史当开皇、仁寿时，王劭为书八十卷，以类相从，定其篇目。至于编年纪传，并阙其体。炀帝世，唯有王胄等所修《大业起居注》，及江都之祸，仍多散逸。皇家贞观初，敕中书侍郎颜师古，给事中孔颖达，共撰成《隋书》五十五卷，与新撰《周书》并行于时。"刘知幾与颜师古是同时代人，颜师古去世仅十六年后，刘知幾便诞生，时代如此相近，所说的话自然比后人推论更为可信，何况他又是史学评论家，对古今史书编纂原委及内容得失均有专门研究。所以我认为《隋书》纪传部分主要是颜师古与孔颖达两人撰写，魏徵仅写序论，并总其成。这在《旧唐书·魏徵传》亦有明确记载："徵受诏总加撰定，多所损益，务从简正。隋史序、论，皆徵所作。"《隋书》在唐初所修的几部正史中，算是最好的一部。尽管取舍间有失当之处，在记事方面也存在一些自相矛盾的地方，但总的来说，它叙事简练，文笔严净，其中虽有隐讳之处，但从总体看基本上还是能够做到据事直书。所以能够如此，自然与颜师古、孔颖达参与编修是分不开的。他们都是以博学善文而著称于世的著名学者。

贞观十一年（637），师古又奉诏与长孙无忌、房玄龄、魏徵、李百药、令狐德棻、于志宁等撰定"五礼"，书成奏上，俱"进爵为子"。同年，乃受太子李承乾之命，为班固《汉书》作注。这是一项十分艰巨的工作，因为班固撰《汉书》好用古字，非有文字学素养的人，不容易看懂。因此从《汉书》行世以后，即被认为是一部比较难读的书。《后汉书·班昭传》说："时《汉书》始出，多未能通者。同郡马融伏于阁下，从昭受读。"《三国志·孙登传》亦说："权欲登读《汉书》，习知近代之事，以张昭有师法，重烦劳之，乃令（张）休从昭受读，还以授登。"正因为如此，这就提出了为《汉书》作注的要求。于是"始自汉末，迄乎陈世，为其注解者凡二十五家"

(《史通·古今正史》)。注家之多，可谓众矣，却没有一本称得上完善，只有服虔、应劭、晋灼、臣瓒、蔡谟五家还尚属可观。但承乾还以为"服、应曩说疏紊尚多，苏、晋众家剖断盖尠，蔡氏纂集尤为牴牾，自兹以降，蔑足有云"（颜师古《汉书叙例》）。所以再命师古为之详注。这对颜师古来说，正可发挥其家学之专长，在综合以前各家之说基础上，折中润色，去短取长，仅用五年时间，便于贞观十五年（641）全书注成，深得时人之好评，"解释详明，深为学者所重。承乾表上之，太宗令编之秘阁，赐师古物二百段，良马一匹"。贞观十七年，迁秘书监，宏文馆学士。两年后从驾东巡，中途病卒。

师古一生学术贡献是多方面的，经、史、小学都很精通，著作除上述外，尚有《匡谬正俗》、《急救篇注》和《文集》六十卷（已佚）。尤于秘书监内，校藏群籍，有不朽之功。至于一生中贡献大者还在于史学，参与撰述《隋书》固不必多说，而所作《汉书注》，实为研究和阅读《汉书》必不可少的依据。

二

颜师古一生在史学上贡献最大的是为《汉书》作了详细的注释，为后人学习和研究《汉书》创造了条件。在他之前，为《汉书》作注的已不下二十五家之多，但都不能令人满意，在此情况下，要再为之作注，这就不单要对《汉书》本身进行深入细致的研究，而且要对前人所作的注本加以全面系统地剖析，这样才可能做到取长补短，超过前人，注出特色。颜师古正是博采从前所有注家之说，充分吸取众家之长，真正做到了集大成。为使后人了解以前各注家情况，他还在《叙例》末胪列历代注家姓名、爵里、出处等，尽量做到不失其真，显示了学者在做学问上的广阔胸襟和高尚品德。这也进一步说明他的注释确实做到了广揽而兼收。应当说这正是他《汉书注》能够得以千古流传、享有盛名的重要根源。

我们阅读《汉书》颜注，可以发现有几个重要特点。首先是取材审慎，不盲从，不武断，于私谱杂志，不敢轻信。这与其家教有很大关系。其祖颜之推说："夫校定书籍，亦何容易？自扬雄、刘向方称此职耳。观天下书未遍，不得妄下雌黄。或彼以为非，此以为是；或本同末异，或两文皆欠，不可偏信一隅也。"(《颜氏家训·勉学篇》)师古注《汉书》，正是遵循这个教导，取材立论，一般都比较审慎。如对于私家之谱，他在全书注释中曾两度指出不能轻信。如在卷七五《眭弘传》注曰："眭音息随反。今河朔尚有此姓，音字皆然。而韦昭、应劭并云音桂，非也。今有炅姓，乃音桂耳。汉之炔钦又不作眭字，宁可混糅将为一族？又近代学者旁引炅氏谱以相附著。私谱之文，出于闾巷，家自为说，事非经典，苟引先贤，妄相假托，无所取信，宁足据乎？"又在卷七八《萧望之传》注曰："近代谱谍妄相托附，乃云望之萧何之后，追次昭穆，流俗学者共祖述焉。但酂侯汉室宗臣，功高位重，子孙胤绪具详表、传。长倩钜儒达学，名节并隆，博览古今，能言其祖。市朝未变，年载非遥，长老所传，耳目相接，若其实承何后，史传宁得弗详？《汉书》既不叙论，后人焉所取信？不然之事，断可识矣。"从这两条材料来看，颜师古在这里并没有一般地从大道理上论述私家之谱不可取信，而是从具体人物萧望之是否为萧何之后代、眭弘是否与炅氏同族论起，进而议论到"近代谱谍妄相托附"，"苟引先贤，妄相假托"。提醒人们若在使用时必须慎重。从上引文可以清楚看到，师古所作推论入情入理，像萧望之这样的重要人物，若是萧何之后，班固《汉书》岂有不作叙述之理！

在阅读师古的注文时，常常可以看到他对于许多难以作出确切结论的问题，总是抱着存疑的态度，把问题点出，以待后人解决，自己绝不武断地轻下结论。如卷三三《韩王信列传》，在"沛公为汉王，信从入汉中，乃说汉王曰"下注曰："《高纪》及《韩彭英卢传》皆称斯说是楚王韩信之辞，而此传复云韩王信之语，岂史家谬错乎？将二人所劝大指实同也？"这里仅将前后矛盾点出，自己不下结论。就在同一列传中，在韩说"击破东越，封按道侯"条下注曰："《史记年表》并《卫青传》载韩说初封龙雒侯，后为按道侯，皆与此传同。而《汉书功臣侯表》乃云龙雒侯名说，按道侯名说，列为二人，与此不同，疑表误。"这里颜师古将问题提出后，列举《史记》两处记载皆与此传同，而最后仍十分谨慎地说"疑表误"，而不是因为有《史记》两处证据就作肯定结论。又如卷四〇《周亚夫列传》中，在亚夫请上曰"楚兵剽轻，难与争锋。愿以梁委之，绝其食道，乃可制也"的建言下注曰："《吴王传》云亚夫至淮阳，问邓都尉，为画此计，亚夫乃从之。今此云自请而后行。二传不同，未知孰是。"这里仅提出问题，连倾向性的看法亦不表示。类似情况，书中所见为数还不少。这些事实都足以说明，师古在注《汉书》时，取材议论，都比较审慎，也说明他在治学方面态度之严谨。

师古所注《汉书》另一个特点是非常注意音读，这也与其家学渊源有密切关系。其祖颜之推好言古音，曾与陆法言等人论定音韵，与隋唐韵书沿革关系甚大，并著有《证俗字音》五卷。师古受其影响，于《汉书》之诠释，多用古音古义。故后人批评师古在音韵注释上有贵远贱近之病。其实他这样的做法亦有其客观原因。班固撰《汉书》好用古字，于是他也就采用古音古义为之诠释，原也属于顺理成章。这样做固然有其缺点，然而却保存了六朝以前的音读，这不仅对于后人研究我国音韵沿革之学有所裨益，而且对于研究《汉书》及其当时的社会背景仍有相当价值。特别是注音详细，更为人们阅读难懂的《汉书》提供了方便条件。

师古所注《汉书》还有一个明显的特点，就是对前人研究成果一般都予以充分肯定，而不使其隐没。他在《汉书注叙例》中曾说："凡旧注是者，则无间然，具而存之，以示不隐。其有指趣略举，结约未伸，衍而通之，使皆备悉。"只要看过《汉书》的注文，就可知道师古所述并非虚语。不仅如此，为了使人们了解此前各注家情况，师古还特在《叙例》末胪列历代注家姓名、爵里、出处等。看了此表，既可得知唐以前对《汉书》注释之盛况，又可看出师古所注确实起到集大成的作用。不过这里需要说明的是，清人赵翼认为，师古注《汉书》尽取别人之义。他说："《新唐书》，颜游秦乃师古之叔，尝撰《汉书决疑》，师古注《汉书》，多取其义，许观因追论之，谓游秦所作《决疑》十二卷，时称大颜，师古为太子承乾注《汉书》，尽取其义。是师古注实游秦注也。"（《陔余丛考·班书颜注皆有所本》）我认为这个说法不足取信，因为他所依据的就是《新唐书》本传一句话。实际上那句话《旧唐书》本传亦有。其原文，《旧唐书》是游秦"撰《汉书决疑》十二卷，为学者所称，后师古注《汉书》，亦多取其义耳"。《新唐书》是游秦"撰《汉书决疑》，师古多资取其义"。两者虽详略不同，但其大旨相同，即师古注《汉书》，多取其义。可是上述引文中"多取其义"一变而为"尽取其义"，一字相改，其义自然大不相同，因而就得出了"是师古注实游秦注也"的结论。这样推论，自然不能令人信服！因为这是关系到颜师古治学态度品德之大问题，不得不加以辨正。为了说明问题，现将罗香林著《颜师古年谱》中一段论述抄录如下：

> 谨案游秦《汉书决疑》，初唐时，似与师古《汉书注》并甚流行，故有大颜之称。司马贞作《史记索隐》，颇采大颜之说。如《封禅书索隐》，于"周太史儋见秦献公曰：秦始与周合，合而离，离五百岁当复合"，句下注云："大颜历评诸家，而云：周平王封襄公，始列为诸侯，是乃为别；至昭王五十二年，西周君臣献邑，凡五百一十六年是为合，此言五百年举全数也。"是其显例。……清末，敦煌石室发现六朝至宋初写卷无数，中有《汉书注》残卷，今藏巴黎国民图书馆。史文间有节略，注语尤寥寥无几，显非师古注本。所引如淳文颖之说，亦视师古注本为少。然亦有在师古注本之外者。又注语之不著主名者，或不见于师古注本，或与师古注本相合。勘与司马贞《索隐》所引大颜说，则正相同，似为游秦所注，殆即所谓《汉书决疑》之仅存者也。惟《汉书决疑》据《旧唐书·颜籀传》，仅十二卷，且亦不似史注体例。敦煌所发现与司马贞所引大颜说相同之《汉书注》残卷，或即游秦之另一著作，亦未可知。要之游秦深于《汉书》之学，则无可疑也。

非常明显，既然《汉书决疑》与师古《汉书注》在初唐即已并行于世，这就说明师古注《汉书》全袭游秦《汉书决疑》之说的不可信，否则两书就不可能同时流行于世。何况参之敦煌残卷，"显非师古注本"，"勘与司马贞《索隐》所引大颜说，则正相同"。就更进一步说明师古《汉书注》与《汉书决疑》之不同。因此，我认为用《汉书决疑》来说明游秦深于《汉书》之学，自然无可非议，说明《汉书决疑》对师古注《汉书》有过相当影响亦自无不可。但若用此来证师古注《汉书》"尽取其义，师古注实游秦注"，则不足取信。若按钱大昕说法，"小颜所注，盖依蔡本，而稍采它书附益之"（《十驾斋养新录》卷六《汉书注本始于东晋》）。这个说法也不过是推论而已，并无确切论据，如何能够令人信服！总之，师古注《汉书》，研究博采了从前所有注家之说，纠谬补缺，遂成为唐代以来长期流行的最完备、最古的《汉书》注本。

三

颜师古对《汉书》的注释工作做得相当全面,涉及的范围也相当广泛,但若与裴松之《三国志注》和胡三省《通鉴注》相比,却又显得单一而狭窄了。他既没有像裴氏那样对原书记载简略、遗漏之处作大量的补充,也没有像裴、胡二人那样对史事及人物进行评论,而仅着眼于在文字解释上下功夫。也就是说其注释目的,在于帮助人们在阅读《汉书》时消除文字音义上的障碍。若以此衡量之,则师古又完成得相当出色,所以其《汉书注》成为唐以来阅读《汉书》最好之注本。其所注内容大体有如下几个方面:

第一,关于文字方面的注释。

这类注释又分为注明读音、解释字义、校勘文字、诠释名物、解释典故、注解地理等。所有这些,其实都是史书注释的最基本内容。至于所注价值如何,则要看注书者之学问是否博大精深。对于这些,正是师古之所长,因为他从小就受家庭教育的熏陶,博览群书,兼通经史小学。其祖颜之推,一向主张学问以博闻切用为主,提倡"学者贵能博闻也,郡国山川,官位姓族,衣服饮食,器皿制度,皆欲根寻,得其原本。至于文字,忽不经怀;己身姓名,多或乖舛,纵得不误,亦未知所由"(《颜氏家训·勉学篇》)。唯其如此,对于颜师古来说,这些不仅都要学习,而且都得做到穷波讨源地深知其义。有了这个先决条件,所以他在注释《汉书》过程中才有可能做到得心应手、左右逢源,并在短短五年时间内全书注释告成。

由于《汉书》问世后,一向被认为是一部难读的书,因而颜师古在注释时,便把消除文字音义上的障碍作为主要对象,故上述内容便自然成为《汉书》注释的重点。所有注文,一般都能做到旁征博引,解释详明,不仅为人们阅读《汉书》扫除文字音义上的障碍,而且读者从其注释中可以获取极为丰富的知识。为了方便人们的阅读,节省时间,他对于许多难字的读音释义都做到不厌其烦地反复加注。他在《叙例》中说:"字或难识,兼有借音,义指所由,不可暂阙。若更求诸别卷,终恐废于披览。今则各于其下,随即翻音。"可见他这样做的目的,全在于从读者着想,这一长处在今天来说,越发显示出它的优越性。当然由于时代不同,要求各异,人们对此亦有不同评价。如宋人洪迈，在《容斋续笔》卷一二，就有"汉书注冗"条，专门列举颜注烦芜之例。他也承认"颜师古注《汉书》，评较诸家之是非，最为精尽"，但却认为在注释方面"有失之赘冗，及不烦音释者。其始遇字之假借从而释之，既云他皆类此，则自是以降，固不烦申言"。这一看法，从理论上讲自有其道理，但是作为对上百卷洋洋八十万言的著作来说，这一要求则未必妥当，何况时至今日就更不合时宜了。

第二，考辨前人注释之误。

在颜师古注《汉书》之前，为《汉书》作注者已有二十五家之多。面对这些成果，师古经过精心的研究排比，对其正确的一般都予以肯定，对其谬误则分别加以驳正。正如他自己在《叙例》中所说："凡旧注是者，则无间然，具而存之，以示不隐。其有指趣略举，结约未伸，衍而通之，使皆备悉。至于诡文僻见，越理乱真，匡而矫之，以祛惑蔽。若泛说非当，芜辞竞逐，苟出异端，徒为烦冗，祗秽篇籍，盖无取焉。旧所阙漏，未尝解说，普更详释，无不洽通。上考典谟，旁究《仓》、《雅》，非苟臆说，皆有援据。"许多注家之说，正是因得师古之汇集而得以流传至今。至于考辨前人注释之误，自然所费工夫更深，关于这个内容，在师古的注释中占有相当大的比重，这更足以说明师古学问之渊博，见识之超人。如卷四《文帝纪》，"母曰薄姬"的"姬"字，如淳曰："姬音怡，众妾之总称。《汉官仪》曰姬妾数百，《外戚传》亦曰幸姬戚夫人。"臣瓒曰："《汉秩禄令》及《茂陵书》姬并内官也，秩比二千石，位次婕妤下，在八子上。"师古注曰："姬者，本周之姓，贵于众国之女，所以妇人美号皆称姬焉。故《左氏传》曰：'虽有姬、姜，无弃蕉萃。'姜亦大国女也。后因总谓众妾为姬。《史记》云'高祖居山东时好美姬'是也。若姬是官号，不应云幸姬戚夫人，且《外戚传》备列后妃诸官，无姬职也。如云众妾总称，则近之。不当音怡，宜依字读耳。瓒说谬也。"卷五《景帝纪》对三辅的注释，应劭曰："京兆尹、左冯翊、右扶风共治长安城中，是为三辅。"师古注："时未有京兆、冯翊、扶风之名。此三辅者，谓主爵中尉及左右内史也。应说失之。"卷七《昭帝纪》："四年春正月丁亥，帝加元服。"对于"元服"的解释，如淳曰："元服，谓初冠加上服也。"师古则曰："如氏以为衣服之服，此说非也。元，首也。冠者，首之所著，故曰元服。其下《汲黯传序》云'上正元服'，是知谓冠为元服。"卷五七下《司马相如传》，对"勺药之和"的解释，伏俨曰："勺药以兰桂调食。"文颖曰："五味之和也。"晋灼曰："《南都赋》曰'归雁鸣鹦，香稻鲜鱼，以为勺药，酸甜滋味，百种千名。'文说是也。"师古注曰："诸家之说皆未当也。勺药，药草名，其根主和五藏，又辟毒气，故合之于兰桂五味以助诸食，因呼五味之和为勺药耳。读赋之士不得其意，妄加音训，以误后学。今人食马肝马肠者，犹合勺药而煮之，岂非古之遗法乎？"师古列举了各具代表性的四条注释材料，足以说明这种注释所涉及的知识范围十分广泛，既需要有渊博的历史知识，又需要有丰富的生活常识，至于天文地理、花木虫鱼、飞禽走兽，都要能名其状而识其性，否则就无法胜任以阅读艰难而称著的史学名著的注释工作。应劭所以将武帝时之三辅名称用来解释景帝时之三辅，只能说明他只知其一而不知其二，对于历史上建置的沿革、典制的变化还不甚熟悉。如淳将"元服"解释成"初冠加上服"，若不得师古之辨正，岂不长期贻误后人！还有"勺药之和"句虽经伏俨、文颖、晋灼三人解释，若无师古再为之阐述，人们仍不知其所以然。诸如此类的辨误，不仅纠正了前人注释《汉书》的错误，而且亦扩大了读者的知识视野，丰富了人们的历史知识，增强了人们阅读古书的能力。

第三，指出《汉书》记载的前后矛盾。

《汉书》的纪、传虽成于班固一人之手，但从高祖到武帝的纪传叙述，多半抄袭《史记》原文，武帝以后，其父班彪曾编写过《史记》的续篇，成《后传》六十五篇。这也成为班固后来编撰《汉书》的底本。因而班固在编撰过程中，一以贯之的工作做得不够，于是笔削取舍之间，不仅尚留下痕迹，而且在记事上还出现前后抵牾的现象。师古在注释中，将前后矛盾不仅一一指出，有的还进行了考辨，确定其是非，实际上为《汉书》做了补阙的工作。如卷九《元帝纪》载："孝元皇帝，宣帝太子也。母曰共哀许皇后，宣帝微时生民间。年二岁，宣帝即位。八岁，立为太子。"在这句话后面师古注曰："宣帝即位之明年改元曰本始。本始凡四年而改元曰地节。地节三年立皇太子。若初即位年二岁，则立为太子时年九岁矣。又宣帝以元平元年七月即位，而《外戚传》云许后生元帝数月，宣帝立为帝。是则即位时太子未必二岁也。参校前后众文，此纪进退为错。"师古在这里运用了书校、理校两种方法相结合，特别是以本书校本书，最后得出"此纪进退为错"。卷三一《陈胜列传》末载:"胜虽已死,其所置遣侯王将相竟亡秦。高祖时为胜置守冢于砀,至今血食。王莽败,乃绝。"在这句下面师古注曰:"至今血食者,司马迁作《史记》本语也。莽败乃绝者,班固之词也。于文为衍,盖失不删耳。"这个注释就指出了班固在采用前人旧文时,未加以消化,原文照抄,于是出现了这样不应有的笑话。司马迁所讲"至今血食"者,是指直至武帝时尚且如此,而班固生当东汉,如何还能用"至今血食"呢?况且他自己又云"王莽败,乃绝"。这就是笔削之间所留下的明显痕迹。又如卷六〇《杜周列传》中有少府史乐成。师古在此人下面注曰:"据如此传,乐成姓史,而《霍光传》云使乐成小家子,则又似姓使,《功臣侯表》乃云便乐成,三者不同。寻史、使一也,故当姓史,或作使字,而表遂误为便耳。"师古从字形和通假的道理,判断出乐成应当姓史,这就解决了一人同时出现三姓的矛盾。师古在注释中,有时也利用古音来解决类似的矛盾。如卷九九上《王莽传》里有信乡侯佟,师古在其下注曰:"《王子侯表》清河纲王子豹始封新乡侯,传爵至曾孙佟,王莽篡位赐姓王,即谓此也。而此传作信乡侯,古者新信同音故耳。"当然,有些矛盾的出现,是由于后人传抄错漏而造成,如果以此责怪班固,自然与情理相违。因此凡属于这类情况,师古在注中一般都公正地予以指出。如卷八《宣帝纪》,在"今大司马博陆侯禹与母宣成侯夫人显及从昆弟冠阳侯云、乐平侯山"句下注曰:"据《霍光传》,云、山皆去病之孙,则于禹为子行也。今此纪言从昆弟,盖转写者脱子字耳。当言从昆弟子也。"经过师古这样一番疏通,既消除了《汉书》记事上的前后矛盾,自然也为读者打通了难关。所以长期以来学者们一直把他视为班氏之功臣。

第四,批评注家任意篡改的作风。

颜师古在《汉书注叙例》中云:"近代注史,竞为该博,多引杂说,攻击本文,至有诋诃言辞,掎撠利病,显前修之纰僻,骋己识之优长,乃效矛盾之仇雠,殊乖粉泽之光润。今之注解,翼赞旧书,一遵轨辙,闭绝歧路。"这就是说当时注史有一种不良风气,为了显示自己的才能,于是不择手段地竞为该博,肆意诋毁原文,以致失去了注书的本意。因此他提出应本着"翼赞旧书,一遵轨辙"的精神来为史书作注,反对无根据的任意篡改,一定要按本书的旨趣进行注释。而对于所引六经之文,则应以本文所引为准,因为六经残缺，谁也没有看过全文。因此众说纷纭，各自名家，根本没有一个统一的标准。既然如此，所以他在《叙例》中提出，只要"各依本文，敷畅厥指"就可以了。为此，他在卷二二《礼乐志》的注中再次申述：

> 夫六经残缺，学者异师，文义竞驰，各守所见。而马、郑群儒，皆在班、扬之后，向、歆博学，又居王、杜之前，校其是非，不可偏据。其《汉书》所引经文，与近代儒家往往乖别，既自成义指，即就而通之，庶免守株，以申贤达之意。非苟越异，理固然也。

其实这也可以说是为注释书中所引经文而立的一条标准。如果没有这样一条大家共同遵守的标准，那将会如同说经一样，分道扬镳，众说纷纭。结果不仅未能将文义解释清楚，反而愈加复杂化了。对于那些以臆篡改的，师古在注释中一般都做到据理驳正，"曲核古本，归其真正"。如卷一下《高帝纪》第一下，在"吾以布衣提三尺取天下"句下注曰："三尺，剑也。下《韩安国传》所云三尺亦同，而流俗书本或云提三尺剑，剑字后人所加耳。"这个例子比较明显，人们一看便可明白，自然无须多作考证。又如卷八《宣帝纪》，在"夏四月，凤皇集鲁郡，群鸟从之"条下注曰：

> 今流俗书本此下云"戊申立皇太子"，而后年又有立皇太子事，此盖以《元纪》云元帝二岁宣帝即位，八岁为皇太子，故后人妄于此书加之，旧本无也。据《疏广》及《丙吉传》并云地节三年立皇太子，此即明验，而或者妄为臆说，乖于实矣。

这里他不仅指出了后人妄加，而且指出了产生妄加之缘由。再如卷九《元帝纪》里，在"慎身修永，以辅朕之不逮"句下注曰："《虞书·皋陶谟》云'慎厥身修思永'，言当慎修其身，思为长久之道。故此诏云慎身修永也。今流俗书本永上有职字者，后人不晓，妄加之耳。"这里他先是指明出处，再解释其义，以表明诏书引用此话之用意，最后点出由于不晓而妄加。诸如此类，经过他的疏通、考证和解释，遂使被篡改之处，确实都做到"归其真正"。

当然，除上述四个方面外，师古在注中还指出引文出处、前后呼应、用字规律等，都为人们阅读《汉书》创造了方便条件。

四

师古注《汉书》，主要还是在于音义、名物、地理、典故等解释，就文释义，而没有发挥。尽管他也做了考辨真伪的工作，但对于历史事件和历史人物之长短得失都没有评论，所做的仅是死的工作，因此，若仅就其《汉书》注来研究他的政治思想和历史观点自然是比较困难的，而《隋书》纪传部分又与他人合作编撰，更难以区分他所主笔的篇卷是哪些。所幸的是《全唐文》尚保存了他几篇奏表，这对研究师古的政治主张和史学思想具有很大价值。

师古主张治理国家不能单用"王道"，应当"杂行霸道"。他以汉高祖刘邦为例，在拨乱反正以后，"杂行霸道，规模宏远，历祚延长"（《全唐文》卷二四七《论封建表》）。这一思想，还在武德五年（622），他在草拟的《策贤良问五道》中已经提出。后在注《汉书》时，又再三申述。如卷三〇《艺文志》载："杂家者流，盖出于议官。兼儒、墨，合名、法，知国体之有此，见王治之无不贯。"在这两句话后面，师古接着注了两条，一曰"治国之体，亦当有此杂家之说"。二曰"王者之治，于百家之道无不贯综"。这就是说，若要把一个国家治理好，绝不能墨守一家之说，而要兼取各家之长，这是历史事实已经作出了结论的，那些满口高唱行王道者，都不过是骗人的鬼话。一个真正有作为的君主，必然都是"于百家之道无不贯综"，否则政治就无法上轨道，国家也就不能长治久安。这就充分说明，师古对于治理国家，是不主张用儒家所鼓吹的"仁义"、"王道"，而是公开提倡要"杂行霸道"。

从这个观点出发，他一反儒家重义而不言利的常道，提出为政之要，首先必须解决人们的穿衣吃饭大事。他在《策贤良问五道》里说："八政所先，食货居首，万商之业，市井为利，菽粟稻粱，饥馑足以充口，布帛丝纩，寒暑足以蔽形。生灵所资，莫此为急。"这就是说，为政之道，必须注意解决生灵所急的衣食问题，只有这样，社会才能得以稳定，生产才有可能得到发展。这种思想显然与儒家正统观念相违背。儒家是把义和利绝对对立起来的，认为若要讲利，势必要危害义，因而便把言利视为引起社会混乱的根源。师古在上文中还说："卖谷极贱，则农夫劬劳而不给；籴价翔踊，则工商窘乏而难振。为政之道，患在不均。设法筹算，去其太甚。使夫荷锸拥耒，阡陌之用获饶。作工通财，仓廪之储不匮。"这里提出了为政之道，既不能使谷贱伤农，又不使工商穷乏难振，两者必须兼顾，这个思想在当时来说自然是难能可贵的。要做到这些，用人好坏便是个关键。所以他在上文中还提出"设官分职，非贤不任"。这一思想也在《汉书注》中一再流露于字里行间。如卷九《元帝纪》，在"股肱良哉，庶事康哉"句下注曰："《虞书·益稷》之辞也。言君能任贤，股肱之臣皆得良善，则众事安宁。"又如卷七四《魏相丙吉传》末论赞云："孝宣中兴，丙、魏有声。……览其行事，岂虚摩哉！"师古最后注曰："言君明臣贤，所以致治，非徒然也。"这在封建社会来说，可谓至理名言，无道之君，纵有贤良之臣，也不可能得以发挥其聪明才智。以上事实说明，颜师古在当时还是一位比较有作为的历史学家。

从历史观而言，师古具有历史进化论的思想。他承认典章制度是随着时代的发展而不断发生变化的，因此，任何制度，都应随时而立。他说："质文递变，旌旗冠冕，古今不同，律度权衡，前后莫一。随时之义，断可知矣。"（《全唐文》卷二四七《明堂议》）不过应当指出的是，他的进化论思想并不坚定。具体表现在唐初郡县制与封建制的争论中，他虽然认为郡县制不能废除，但又要保持分国制度，他的那篇《论封建表》，集中体现了这个思想。

综上所述，颜师古在政治思想和历史观方面，有其进步的一面，也有其保守的地方，只能具体问题具体分析，不能一概而论。他是唐初一位在学术上颇有影响的学者，而在学术上贡献又是多方面的。这里仅就其在史学上的贡献，特别是对其《汉书注》略作评介。

（本文原载申屠炉明：《孔颖达、颜师古评传》，南京大学出版社2006年版；又载陈清泉、苏双碧等编：《中国史学家评传》，中州古籍出版社1985年版；收入仓修良：《史家·史籍·史学》，题名改为《颜师古及其学术贡献》）

"史德"、"史识"辨

章学诚在其《文史通义》中，特地写了《史德》篇，首先提出"史德"是史家不可缺少的条件之一。这是针对刘知幾提出的"良史"必备的三个条件而发的。作为一个优秀的历史学家，究竟应当具备哪些条件，刘知幾在答礼部尚书郑惟忠之问时曾提出了三点。郑惟忠问："自古以来，文士多而史才少，何也？"刘知幾答："史才须有三长，世无其人，故史才少也。三长：谓才也，学也，识也。夫有学而无才，亦犹有良田百顷，黄金满籝，而使愚者营生，终不能致于货殖者矣。如有才而无学，亦犹思兼匠石，巧若公输，而家无楩柟斧斤，终不果成其宫室者矣。犹须好是正直，善恶必书，使骄主贼臣，所以知惧。此则为虎傅翼，善无可加，所向无敌者矣。脱苟非其才，不可叨居史任。自夐古已来，能应斯目者，罕见其人。"（《旧唐书·刘子玄传》）不过，对于这"三长"，他在代表作《史通》里反没有明确作过记载。章学诚在《史德》篇中对此首先加以肯定，指出"才、学、识，三者得一不易，而兼三尤难。千古多文人而少良史，职是故也"。他说这是因为"史所贵者义也，而所具者事也，所凭者文也。……非识无以断其义，非才无以善其文，非学无以练其事"。但他认为，具此"三长"，还不配称良史，所以他在文中批评了刘知幾的"所谓才学识，犹未足以尽其理也"。并且感叹"文史之儒，竞言才学识而不知辨心术，以议史德，乌乎可哉？"于是他就在才、学、识"三长"之外，又特地提出一个"史德"来。什么是"史德"呢？他说就是"著书者之心术"，就是指史家作史，能否忠实于客观史实，做到"善恶褒贬，务求公正"的一种品德。他说："史之义出于天，而史之文不能不藉人力以成之……故曰心术不可不慎也。"（《文史通义新编新注》内篇五《史德》）

对于章学诚在"三长"之外再增添"史德"的主张，近时有人颇不以为然，似乎把它看作是"好事者"之举。为此，我们这里有必要指出，对于刘知幾才、学、识"三长"首先提出不配称良史的并不是章学诚，而是明代万历年间兰溪人胡应麟。胡氏曾明确地说："才、学、识三长，足尽史乎？未也。"他认为除此三者，还要加上"公心"、"直笔"。为什么要加这两条呢？他说："直有未尽，则心虽公犹私也，公有未尽，则笔虽直犹曲也。"（《少室山房笔丛》卷一三《史书占毕》）在这里，我们且不去议论他的见解是否妥当，只着重指出一点，就是衡量一个史家的好坏，才、学、识三者还是不够的，所以到了清代，章学诚就概括前人所论，提出一个"史德"的标准。

为什么人们对章学诚"史德"会持有不同看法，主要在于对刘、章等人的才、学、识的理解上有分歧。我们认为，刘、章等人所谓才，就是指写文章的表达能力。有了丰富的史料，如何进行分析、组织、整理、加工，使之成为一篇人人爱读的好文章，也就是刘知幾所谓"刊勒一家，弥纶一代；使其始末圆备，表里无咎"（《史通·核才》），那是需要有一定才能的，故章学诚说："非才无以善其文。"所谓学，是指具有渊博的历史知识，掌握丰富的历史资料，"博闻旧事，多识其物"（《史通·杂述》）。所谓识，则是指对历史发展、历史事件、历史人物是非曲直的观察、鉴别和判断能力。这里也可以用刘知幾本人的话来说明，他说："假有学穷千载，书总五车，见良直而不觉其善，逢牴牾而不知其失，葛洪所谓'藏书之箱箧'、'五经之主人'，而夫子有云：'虽多亦安用为？'其斯之谓也。"（《史通·杂说下》）这就是说，纵有极为丰富的知识，如果没有判别史料真伪牴牾的能力，那也是枉然，只不过是个书呆子。所以，章学诚说："非识无以断其义。"请注意，这个"断"字用得很妙，放在这里解释得非常确切。可是总有人认为章学诚后来补充的"史德"，实际上是包括在刘氏所说的史识之内的。言下之意，章学诚所提"史德"实属多余。我们觉得，这种说法是值得商榷的。史德和史识所指的含义和内容并不是一回事，史识是指对问题的看法或见解，如刘氏所谓"独见之明"，而史德则是指能否忠于史实的一种品德，因此无论从字面或字义讲，"史识"都无法解释出具有"史德"的内容来。刘知幾在《史通·鉴识》篇劈头就说：

夫人识有通塞，神有晦明，毁誉以之不同，爱憎由其各异。盖三王之受谤也，值鲁连而获申，五霸之擅名也，逢孔宣而见诋。斯则物有恒准，而鉴无定识，欲求铨核得中，其惟千载一遇乎？况史传为文渊浩广博，学者苟不能探赜索隐，致远钩深，乌足以辨其利害，明其善恶。

非常明显，刘知幾所说的"识"，显然还是指鉴别、判断而言。他说事物本身是有一定的准则，但由于每个人"识有通塞"，因而才产生"鉴无定识"，于是对于同样事物的看法，则各有不同，因人而异，这当然就很难做到"辨其利害，明其善恶"。这种不辨利害，不明善恶，并不是其本人主观上故意如此，而是由于他识别能力所限，因而对历史事件、历史人物等就不能作出正确的评价，因为他反映出来的不是事物本身的"准则"。又在《模拟》篇亦云："盖鉴识不明，嗜爱多僻，悦夫似史而憎夫真史，此子张所以致讥于鲁侯，有叶公好龙之喻也。"为什么会产生"叶公好龙"的现象呢？关键还是在于"鉴识不明"，不识真货，好坏不分，所以才以假当真。正因如此，故浦起龙在《史通·鉴识》篇后指出："曲笔以恩怨废兴言，鉴识以明暗异同言；曲笔是史之书人，鉴识是人之辨史。"这一结论是比较确切的。

另外，我们认为把刘知幾与郑惟忠对话中"犹须好是正直，善恶必书……"等语，看作刘知幾对史识的补充、解释，这恐怕是一种误解。如果"好是正直，善恶必书"是属于史识的内容，那么明代的胡应麟为什么还认为"才、学、识三长"不足以尽史，而另外加上"公心"与"直笔"两条。再从语法结构来看，"犹须"什么什么，其实是补充上面所说未尽之意，而不是用来解释上面的内容。众所周知，对话和写文章毕竟不同，写文章经过周详考虑，反复推敲，条理当然比较清楚，而在匆匆交谈时，就不一定能够做到，简略、疏漏、倒置等现象都可能出现，接着加以补充，这都是常见的。刘、郑那段对话，正是这种情况，何况这段对话又是后来史家在作《刘知幾传》时追记下来的，无法证明其中有无贻误。而且在刘知幾的《史通》中对此次谈话内容也全无反映。

当然，我们这个看法，同样可从刘知幾本人的论述中找到旁证。他说：

观刘向对成帝称武宣行事，世传失实，事具《风俗通》，其言可谓明鉴者矣。及自造《洪范》、《五行》及《新序》、《说苑》、《列女》、《神仙》诸传，而皆广陈虚事，多构伪辞，非其识不周而才不足，盖以世人多可欺故也。呜呼！后生可畏，何代无人，而辄轻忽若斯者哉。夫传闻失真，书事失实，盖事有不获已，人所不能免也。至于故为异说，以惑后来，则过之尤甚者矣。(《史通·杂说下》)

这里说得十分明显，为什么会"故为异说，以惑后来"？刘知幾明确指出："非其识不周而才不足，盖以世人多可欺故也。"明知事实真相，而却偏偏进行篡改、歪曲甚至捏造，这是什么问题呢？难道不正是章学诚所说的"著书者之心术不正"吗？至于"传闻失真，书事失实"，只要不是个人主观上故意歪曲或捏造，而是由于客观的条件限制所造成，刘知幾也认为这是"人所不能免也"，自然也就不应苛责他们。对于那"故为异说"、"多构伪辞"者，他认为"则过之尤甚"，那就不能客气了，两者界线，泾渭分明。所以章学诚在《史德》篇中亦曾明确指出："夫秽史者所以自秽，谤书者所以自谤，素行为人所羞，文辞何足取重！魏收之矫诬，沈约之阴恶，读其书者先不信其人，其患未至于甚也。"这里所说，与上引刘氏之言同属一个性质，既然如此，史识、史德所指内容有其区别，自然也就无须多说了。至于章学诚对于"良史"必须具备的条件增添一个"史德"，非但不是多余，而且非常必要，这是古往今来历史经验的总结。正如有的学者指出，史识实际上是观点问题、识断问题，而史德则是指史学思想修养问题，还包含有立场在内。观点与立场，既有联系，又有区别。对于史学工作者来说，鉴别识断能力自然重要，而思想修养就其重要性来说，显然又超过前者。即使从字面来看，德与识也是指不同的概念，前者是指行为规范的品德，后者则是指识断的能力。因此，对于史家来说，两者都必须具备。

(本文原载朱东润等主编：《中华文史论丛》1979年第三辑，上海古籍出版社1979年版；收入仓修良：《史家·史籍·史学》)

《资治通鉴》编修的"全局副手"刘恕
——兼谈《资治通鉴》编修分工的几个问题

《资治通鉴》(以下简称《通鉴》)是我国一部优秀的编年体史巨著,全书叙述了上下一千三百六十二年的历史(上自周威烈王二十三年韩、赵、魏三家分晋起,下至后周显德六年止),共计二百九十四卷。主编司马光前后用了十九年时间才完成此书,他晚年的全部精力,确是"尽于此书"了。因此,每当我们谈到《通鉴》,就理所当然地会联想到曾经为之付出巨大代价的主编司马光。但是,在谈论《通鉴》的成就时,也不应当忘记司马光修书时的三大助手——刘攽、刘恕、范祖禹,他们的贡献也是巨大的,应使一般读者知道,司马光之所以能在十九年时间里完成这部空前的巨著,与三大得力助手的密切配合是分不开的,他们都是北宋时代第一流的史学家,特别是刘恕,还同司马光一道,对编书的"通部义例"、编次安排、编修断限和修书中的疑难问题等进行了专门讨论,"实系全局副手"(全祖望《通鉴分修诸子考》),他晚年的生命,实萃于是书,他的贡献,远远超过其他两位助手。

刘恕,字道原,筠州(今江西高安)人,生于宋仁宗明道元年(1032),卒于宋神宗元丰元年(1078),享年仅四十七岁。少年时,颖悟俊拔,读书过目成诵。年十三,谒丞相晏殊,殊问以事,道原反复诘难,殊不能对。十八岁那年中冯京榜进士,再试经义说书皆第一。这次应试,可以说是初露头角,轰动京师,"名重诸公间"。当时应诏者数十人,以道原"所对最精详,先具注疏,次引先儒异说,末以己意论而断之,凡二十问,所答皆然。主司惊异,擢为第一"(《司马文正公传家集》卷六八《刘道原十国纪年序》),司马光"以是慕重之,始与相识"。嗣后即授巨鹿主簿,迁和川令。在任地方官期间,执法严明,不避豪贵,能够做到"严簿书,束胥吏,抚鳏寡,绳豪猾,纤悉曲当,皆可为后法"(张耒《张右史文集》卷四九《冰玉堂记》),以致"一时号为能吏者多自以为不及"(黄庭坚《豫章黄先生文集》

卷二三《刘道原墓志铭》)。治平三年（1066），司马光受诏编修《通鉴》，上表推荐刘恕与之共修。当时刘恕年仅三十四岁，已经成为当时的史学名家，并为司马光所重视，认为"馆阁文学之士诚多，至于专精史学，臣未得而知，所识者唯和川令刘恕一人而已"(《司马文正公传家集》卷六八《刘道原十国纪年序》)。此后的十三年中，尽管刘恕的官职有过变动，然而编书重任却一直未曾卸肩，直到病势非常严重，才"束书归之局中"。因此，对于《通鉴》的编修，刘恕是付出了自己所能贡献的最大力量的。

刘恕之所以能成为宋代第一流史学家，并为司马光所特别赏识，是与他的勤奋读书、刻苦学习分不开的。他平生唯一的嗜好就是读书，为此常常废寝忘食，"方其读书，家人呼之食，至羹炙冷而不顾；夜则卧思古今，或不寐达旦"(《司马文正公传家集》卷六八《刘道原十国纪年序》)。早在十三岁的时候，他就已经遍读汉唐诸书，他的求知欲很强，读书之多，史料之熟，司马光亦为之敬佩。《刘道原十国纪年序》中说：

> 前世史自太史公所记，下至周显德之末，简策极博，而于科举非所急，故近岁学者多不读，鲜有能道之者，独道原笃好之。为人强记，纪传之外，闾里所录，私记杂说，无所不览，坐听其谈，衮衮不穷。上下数千载间，细大之事如指掌，皆有稽据可考验，令人不觉心服。

这段话不仅讲明了刘恕读书范围之广博，史事掌握之精深，更说明了他读书的目的不在于追名逐利，因而对于"科举非所急"、"学者多不读"的书，他独"笃好之"。所以黄庭坚亦非常赞赏地说："道原天机迅疾，览天下记簿，文无美恶，过目成诵。书契以来治乱成败，人才之贤不肖，天文、地理、氏族之所自出，口谈手画，贯穿百家之记，皆可覆而不谬。"(《刘道原墓志铭》)"当时司马君实、欧阳文忠号通史学，贯穿古今，亦自以不及而取正焉。"(《冰玉堂记》)为了读书，他有时还不惜远道数百里以求。宋敏求知亳州时，家里藏书很多，刘恕就曾枉道前往借读，并谢绝了主人的殷勤招待，独自闭阁昼夜诵读，留旬日，尽其书而去。就因这次日夜诵读，得了眼疾。他的身体之所以虚弱多病，并且早夭，司马光认为"亦由学之苦邪"。直至患了疯疾以后，右肢残废，痛苦备至，"然苦学如故"。他的好学精神，于此可见。他在学习中尤"笃好史学",故有可能掌握丰富的史料,具备优良的史才,超于时人的史识,成为"以史学高一时"的史学名家,为他参加《通鉴》编修工作准备了条件。

至于谈到刘恕对《通鉴》编修贡献大小,首先涉及的就是《通鉴》编写的分工。关于这个问题,由于史书记载中众说纷纭,数百年来常有争议,新中国成立后,学者们也曾围绕着这一问题进行过一番争论。近读王曾瑜同志《关于编写〈资治通鉴〉的几个问题》(《文史哲》1977 年第 3 期)和曹家琪同志《〈资治通鉴〉编修考》①两篇大著,获益甚多,深有启发。他们两位的文章对此问题都作了专门考证,对其结论我是很同意的,但对其具体的论证和某些原文的理解,也存在着见仁见智的差异,仍有值得商榷之处。

我认为,在讨论这个问题时,必须首先明确下列问题:第一,司马光开始时只有刘恕、刘攽两个助手,一同工作了四年。在这四年中,刘攽的任务是编写两汉至隋的丛目、长编,而刘恕则先着手编写五代丛目、长编。关于这点,前者并无疑义,后者则有分歧。在司马光看来,"十国五代之际,群雄竞逐,九土分裂,传记讹谬,简编缺落,岁月交互,事迹差舛,非恕精博,他人莫能整治"(《司马文正公传家集》卷五三《乞官刘恕一子札子》)。既然如此,司马光认为先从难处着手,要刘恕先编写五代长编是完全可以理解的。另外,从范祖禹刚参加工作不久,司马光立刻给他送去"广本"两卷做样本,亦说明了这一点,因为"广本"就是刘恕所修五代长编的复本。如果他开始就负责魏纪以后的长编写作,如何能临时拿出两卷五代长编的样本,又为什么不拿魏纪以后的长编给范祖禹做样本呢?第二,熙宁三年九月范祖禹参加工作以后,司马光在《答范梦得书》中提出:

> 请从高祖初起兵修长编,至哀帝禅位而止。其起兵以前、禅位以后事,于今来所看书中见者,亦请令书吏别用草纸录出,每一事中间,空一行许素纸(以备剪开粘缀故也)。隋以前者与贡父,梁以后者与道原,令各修入长编中,盖缘二君更不看此书,若足下止修武德以后,天祐以前,则此等事尽成遗弃也。二君所看书中有唐事,亦当纳足下处,修入

---

① 曹家琪:《〈资治通鉴〉编修考》,《文史》第五辑,中华书局 1978 年版。

长编耳。(《司马文正公传家集》卷六三)

这段话无疑说明了两个问题：其一，在此之前，刘恕并不像王、曹两位文中所说是负责修魏纪以后的长编，如果修了，隋以前的材料绝对不会全部交给刘攽（请注意，从开始至此，至少已经五年了，在此之前并无任何证据可以说明司马光中途要刘恕变更任务）；其二，这段话仅仅说明范祖禹参加以后，重新明确一下每个人负责编丛目修长编的范围断限，绝不是重新分工；其三，刘攽在书局前后五年，刚修毕两汉长编，因工作调动，魏晋以后只好交给刘恕。在这段时间里，刘攽既能修完两汉（确切讲应是后汉长编），那么刘恕的五代部分所成者亦当不在少数。现在既接魏晋以后任务，为了适应主编司马光从上至下删定工作的需要，只好暂时放下五代未尽部分，先修魏晋至隋各朝，这个交替过程应当明确，否则就很难理解。

可是王曾瑜同志不知有何根据，在文中却说："刘恕在开封则负责魏纪以后长编的写作。"接着就引《考异》卷四《晋纪》中"汉改元建元"条和《通鉴问疑》等作为论证。其实这些材料并无编修时间，仅仅说明魏晋以后的长编是刘恕所修，并不能证明这段长编是在开封时撰成的。另外，文中为了证明五代纪为刘恕所作，却又与自己前文叙述产生矛盾，"在这些条中，有两条提到'刘恕广本'一词，这在《答范梦得》一信中有说明：'今寄道原所修广本两卷去（此即据长编录出者，其长编已寄还道原），恐要见式样故也。'广本就是刘恕五代纪长编的复本。他把原作保存在南康军家里，故司马光撰写《通鉴》五代纪定稿一律依据广本。今《通鉴考异》中虽未提到刘恕的名字，而提到'广本'一词的，有以下六条"云云。上文已经指出，范祖禹熙宁三年九月参与书局工作，司马光不久就拿出"刘恕广本"两卷给他做样本。既然"刘恕在开封则负责魏纪以后长编的写作"，那么如何又能拿出五代长编两卷？要知道修书毕竟是项复杂的工作，刘恕在开封时绝对不会既修前五代，又修后五代，这一点是可以肯定的。所以我认为，"广本"的提出，更足以说明在开封时期，刘恕所修的是后五代长编，而不可能是别的。特别要指出的是，魏纪虽然是在开封时删定的，而且《通鉴问疑》中也确有记载刘恕与司马光讨论魏纪体例的史实，但不能以此来证明魏纪长编就是刘恕所修。因为当时司马光对刘恕十分器重，故在书局之中，刘恕实际处于副主编的地位，因此，凡属体例、重大或疑难问题，司马光大都要与刘恕商量，如嘉祐中尚未开局编修之前，司马光已与刘恕讨论编年史和编写的断限等问题了（刘恕《资治通鉴外纪后序》）。再者，王、曹二位的文中，对司马光《贻刘道原书》的解释显然也是欠妥当的。为了说明方便起见，仍将此信摘录于此：

> 光少时惟得《高氏小史》读之，自宋讫隋，正史并《南北史》，或未尝得见，或读之不熟。今因修南北朝《通鉴》，方得细观，乃知李延寿之书，亦近世之佳史也。……渠亦当时见众人所作五代史不快意，故别自私著此书也。但恨延寿不作志，使数代制度沿革，皆没不见。道原《五代长编》，若不费功，计不日即成。若举（有的本作"与"）沈约、萧子显、魏收三志，依《隋志》篇目，删次补葺，别为一书，与《南北史》、《隋志》并行，则虽正史遗逸，不足患矣。（《司马文正公传家集》卷六三）

从信的上下文的结构来看，"道原《五代长编》"，自然是指前五代而言，否则接下去几句将作何理解？特别是"若举沈约、萧子显、魏收三志，依《隋志》篇目，删次补葺，别为一书……"如果是指后五代，绝不可能这样相提并论。何况司马光是在"恨延寿不作志"的前提下，才建议刘恕补葺这一段史志。再从司马光写信的时间看，这时刘攽已离书局，刘恕接替他在修魏晋以后长编，司马光本人于熙宁四年亦已开始删定南北朝部分，因此信中所讲，全系指魏晋以后之事。至于王曾瑜同志在文中为司马光担心也实为多余，文中说："从司马光劝刘恕写完五代长编以后，写南北朝的史志看，也应理解为唐以后的五代。否则隋以前的长编写完后，尚有唐以后的五代长编，这是非刘恕莫属的繁重任务，司马光怎么会叫他撇开唐以后的长编不管，专写南北朝史志呢！"上面已经讲了，刘恕在接替魏纪以后长编任务之前，唐以后的五代长编已基本上大功告成，即使还有点尾巴，也正像王曾瑜同志自己所说的，只不过还有"一篑之功"而已，司马光早已胸有成竹，而不会有后顾之忧，所以才鼓励他在前五代长编完成后，乘势就搞个副产品——南北朝史志。这只是乘工作之便，而不需另起炉灶。

曹家琪同志文中对这封信的理解有这样一段话："不错，说'五代史'，有指唐修五代史的可能，《贻刘道原书》里就有一处是如此用法。但这并不是它的固定含义，同一封信里的'五代长编'的'五代'，却不能指唐修五代史的'五代'。《通鉴》里只有《梁纪》、《陈纪》、《隋纪》，若是以刘恕所修'五代长编'为'梁、陈、北齐、北周、隋'唐修五代史之长编，在《通鉴》里又有什么用处？修《通鉴》把北齐、北周的长编放在什么地方？这实在是讲不通。"这段文字看来似乎很有道理，其实仔细推敲，并非如此，只能说明作者理解问题过于机械。我认为，这封信里所提及的五代，含义只能就是固定的一个——指前五代。而这里的前五代，就是泛指（也可以说是借指）梁到隋这段历史，因为唐人修了这"五代史"，所以就有了这个习惯称呼，因而"前五代"长编，就是指梁到隋这段历史的长编，而不应把它理解为一定是"梁、陈、北齐、北周、隋"的长编。难道《通鉴》的这段历史能够不包括北齐、北周史在内吗？试问隋统一以前这段历史是怎样演变而来的？难道删掉北齐、北周这段历史，行吗？众所周知，北齐是被北周所灭，而隋朝又是继承北周而起的一个王朝，它代了周以后，才灭掉南朝的陈而统一全国。既然如此，人家把修这段历史说成是五代史，也并不能说它是荒谬，与历史事实完全相符。应当说，在修《通鉴》时，这段历史的长编是有地方放的，就是放在它们原来的各自历史位置上，这有什么讲不通呢？

关于《通鉴》编修的步骤，长期以来都认为先作丛目，再修长编，由长编删定成书。而曹家琪同志的文中，认为从长编到定稿中间还有一个"粗成编"的半成品过程，现将原文摘引如下：

> 司马光《与宋次道（敏求）书》云："唐文字尤多，托范梦得将诸书依年月编次为草卷，每四丈截为一卷，自课三日删一卷。有事故妨废则追补。自前秋始删，到今已二百余卷，至大历末年耳。向后卷数，又须倍此，共计不减六七百卷，须更三年，方可粗成编，又须细删，所存不过数十卷而已。"是从长编先删，使"粗成编"，再"细删"成定稿。司马光他们曾经给录出"粗成编"的半成品起过一个名字叫"广本"。《答范梦得书》云："今寄道原所修广本两卷去。"自注云："此即据长编录出者，其长编已寄还道原。"在《通鉴考异》后梁、后唐、后晋、后

汉、后周部分也数见"广本"……《考异》里的"广本"应该和《答范梦得书》里的"广本"是同一性质的。(《〈资治通鉴〉编修考》)

上述引文，主要论点有二：一是《与宋次道书》中，司马光有"须更三年，方可粗成编，又须细删"等语，据此就下结论说"粗成编"就是根据长编删的半成品，再经过"细删"才是定稿。二是认为"广本"就是"粗成编"的半成品代号。因为"广本"与刘恕有关系，从而认为刘恕也参加从粗成品到"广本"这一过程的删削工作。

我认为，这样的结论是很难令人信服的。首先，单凭这两句话不能概括全部《通鉴》的编修程序，信上明明指的是删唐代长编，即使唐代需要如此，其他各代则不一定如此，因编写长编不是出于一人之手，各个人水平高低不一，这是曹文也承认的。唐代部分是否经过司马光所说的"粗成编"和"细删"两道也很难说。据李裕民同志考证："司马光预计三年后《唐纪》可粗成编，若再细删，时间当更长。惟时人倡为浮言，谓是书旷日持久，盖贪钱帛之赐耳。于是司马光严课程，省人事，促修成书。故胡寅曰：'唐及五代采取微冗。'"①

其次，"广本"一词，更不能作为长编删为"粗成编"的证据，因为"广本"仅是刘恕后五代长编的代名词，除此之外，更找不到其他各代有"广本"一词的出现。关于这一点，曹文本身也有矛盾，文章一再强调"刘恕不仅作了后五代的长编，还曾把长编删成广本"。事实上《答范梦得书》"今寄道原所修广本两卷"句的自注很明确，"此即据长编录出者，其长编已寄还道原"。这个"录出"，分明是刘恕长编在司马光处，由司马光委书吏"录出"，即抄了副本，抄好后长编仍旧寄还道原保存。如何理解刘恕把长编删成"广本"呢？这两句话意思十分明确，本来无须多辩，况且恕子羲仲《通鉴问疑》中说得非常肯定："先人在书局，止类事迹，勒成长编，其是非予夺之际，一出君实笔削。"可见刘恕所作仅是"勒成长编"，并未再做什么"粗成编"的工作，否则刘羲仲绝不会将他父亲的功劳轻易抹掉。

再者，特别值得注意的是，司马光在给范祖禹那封信中，讲述编写程序

---

① 李裕民：《刘恕年谱》，《山西大学学报》1978年第2期。

时，不仅详细介绍了丛目应当如何做，而且指出了长编要在丛目做好的基础上才能着手编修，因为长编就是"半成品"的初稿。除此之外，更无一字谈及还有什么"粗成编"、"广本"的编写情况。关于这点，李焘《续资治通鉴长编》便更足以证明。他在《进续资治通鉴长编表》中云：

> 臣窃闻司马光之作《资治通鉴》也，先使其僚属采摭异闻，以年月日为丛目。丛目既成，乃修长编。唐三百年，范祖禹实掌之。光谓祖禹，"长编宁失于繁，无失于略"。当时祖禹所修长编，盖六百余卷，光细删之，止八十卷。今《资治通鉴·唐纪》一百八十五卷至二百六十五卷是也。故神宗皇帝序其书，以为博而得其要，简而周于事。臣诚不自揆度，妄意纂集，虽义例悉用光所创立，错综铨次皆有依凭……顾臣此书讵可便谓《续资治通鉴》，姑谓《续资治通鉴长编》，庶几可也。

李焘长编，完全是按照司马光所创立的全部义例过程编写的，但出于自谦，不敢与司马光并列，虽是成品，仍"姑谓《续资治通鉴长编》"，说明自己这部书还只是半成品或初稿（长编）。如果编修义例中还有从长编到删为"广本"的程序，李焘为何不称"广本"，姑谓《续资治通鉴广本》，而竟称"长编"呢？由此可见，在《通鉴》编修程序中，绝没有什么由"长编"删为"广本"的过程，"广本"一名，乃是刘恕所修后五代长编副本的代号。

综上所述，我认为刘恕不仅编写了魏晋以后到隋的长编，而且五代十国长编绝大部分亦出刘恕之手。前者证据是：1.司马光《贻刘道原书》书中就直接谈了这个问题，这里不再重复。2.范祖禹在《秘书丞刘君墓碣》里说："道原于魏晋以后事尤能精详，考证前史差谬，司马公悉委而取决焉。"（《范太史集》卷三八）范祖禹的话是非常可靠的，他不仅同刘恕一道编书，更重要的是他直接参与《通鉴》全书的定稿工作。3.《通鉴问疑》所载司马光与刘恕讨论的问题性质和讨论的语气亦是确凿证据。这些问题，好多是司马光在删定刘恕编写的长编时提出的，并与刘恕进行了讨论。至于五代十国长编是否为刘恕编写，证据就更加明显了：首先司马光在《乞官刘恕一子札子》中说得非常肯定，认为五代十国历史，头绪纷繁，"非恕精博，他人莫能整治"。值得注意的是，司马光在上这个札子时，《通鉴》全书早已定稿上奏，所说自属定论。何况他是主编,说话比任何人都来得有权威。其次,司马光在《答范梦得书》里,明确每个人任务时已经点出。再次,《通鉴考异》中关于五代十国一段,保留了许多刘恕考核史实的记录,"广本"一词多次出现,这是明证。还有刘恕所著的《十国纪年》,亦应视为编写五代长编时的副产品。

《资治通鉴》全书共二百九十四卷,编纂过程中所参考的书籍,除正史之外,还有杂史、笔记、奏议、文集等,达三百二十二种之多,至于卷数就无从稽考了。有唐一代,司马光在《答范梦得书》中曾有提及,这是很宝贵的材料。书中云:"请且将新、旧《唐书》纪、志、传及统纪补录,并诸家传记小说以至诸人文集稍干时事者,皆须依年月注所出篇卷于逐事之下……尝见道原云,只此已是千余卷书,日看一两卷,亦须二三年功夫也。"有唐一代即千余卷,其他各段所用书籍卷数之多亦可想而知了。这段引文还说明,刘恕尽管不负责唐代长编的编写工作,但于唐代史籍却全部览阅,所以每段历史他都有发言权,他是一位通才,一位当之无愧的"全局副手"。据史书记载,当时该书草稿在洛阳者"盈两屋",这都是司马光和三大助手亲笔所成,而其中刘恕一人所看之书籍,所成之长编,远远超过了其他两大助手。单从成书卷数来看,魏晋至隋唐和五代十国两部分就有一百四十五卷,几乎占到全书一半。所以,他在这部书上所花费的功夫是显而易见的。不仅如此,他还负有同司马光讨论全书编写的体例、重大疑难问题的解决、重要历史事件的安排以及历史材料的取舍等任务。司马光自己就曾说过:"臣修上件书,其讨论编次,多出于恕。"(《乞官刘恕一子札子》)又说:"凡数年间,史事之纷错难治者,则以诿之道原,光受成而已。"(《刘道原十国纪年序》)这当然不完全是客气话。刘羲仲在《通鉴问疑》中亦云:"君实访问先人遗事,每卷不下数条,议论甚多,不能尽载。……君实寓局秘阁,先人实预讨论。"这里所谓"每卷不下数条",自然是指《通鉴》全书而言。熙宁九年,即司马光迁书局于洛阳后的第五年,刘恕为了与司马光讨论编书事宜,水陆数千里至洛阳,住了数月。这次讨论的问题一定很多,可惜具体情形已不得而知。这时他已发现自己身体非常虚弱,因而表现很悲观,竟对司马光说:"恐不复再见。"从洛阳回去,尚未至家,"遭母丧",悲哀愤郁,遂得半身瘫痪之症,"右手足偏废,伏枕再期,痛苦备至"。即便如此,他的修书工作仍未停止，"每呻吟之隙辄取书修之"（《刘道原十国纪年序》），"未死之前，未尝一日舍书不修"。所以司马光说："刘恕同编修《资治通鉴》，功力最多"（《乞官刘恕一子札子》），"光之得道原，犹瞽师之得相也"（《通鉴问疑》）。这确是出自肺腑之言。

刘恕的一生，除了参与编写《通鉴》之外，自己的著作已成者有《十国纪年》四十二卷，《疑年谱》、《年谱略》各一卷，《资治通鉴外纪》十卷。他平时治学谨严，不成熟者便不愿外传，直到病势临危，还孜孜不倦借书校正。由于他早死，著作上的全部打算大都未能完全实现。他很想对《通鉴》前后进行补辑，"采宋一祖四宗实录国史为后纪，而摅周威烈王以前事迹为前纪"。后因病倒卧床，右肢残废，"知远方不可得国书，后纪必不能就，乃口授其子羲仲，以成此书，改名曰外纪"（《四库全书总目提要》）。而其《通鉴外纪前序》亦云："夜台甫迩，归心若飞，不能作前后纪而为外纪，他日书成（指《通鉴》），公为前后纪，则可删削外纪之繁冗而为前纪，以备古今一家之言。"可见直到临终前，他还希望司马光修完《通鉴》后，能够续成前纪后纪，实现"以备古今一家之言"的愿望。清代胡克家曾对《通鉴外纪》做过补注工作，认为是书"所采自经说、史传、诸子百家而外，旁及谱谍、谶纬、卜筮、占验之书，不下二百余种，实足以囊括古今之事变，推明众史之同异，其叙春秋二百四十二年之事，亦能赅而不缛，要而不繁，自可与经传并行不悖"。又说："道原不载荒唐之说，不穷幽渺之辞，虽博引详征，而其旨必归于正。"（《资治通鉴外纪注补序》）至于《十国纪年》，司马光虽按照作者要求为之作序，但序中对该书却未作评价。南宋时薛季宣在《叙十国纪年》一文中，既介绍其人，又评论其书。叙曰：

> 恕名有良史之才，留心著述，尝从文正司马公学，与修《资治通鉴》。绀绎馆殿，尽未阅之书，于是裒集众家，参诸野记，纂修斤削，以就此书。……是书盖一世奇作，其叙事微而赡，简而详，疏而有旨，质而不芜，广博辞文，贤于国志旧史远甚。然而牵于多爱，泛取兼收，琐务中人，尚多记载。至其书法端不俟后言而见。（《浪语集》卷三〇）

这两部书，对于研究先秦和五代十国历史都有重要参考价值，《十国纪年》，司马光在《资治通鉴考异》中引证不下数十处，史料价值之高于此可见。

刘恕是个无神论者，"不信浮屠说，以为必无是事。曰：人如居逆旅，一物不可乏，去则尽弃之矣，岂得赍以自随哉"（《宋史·刘恕传》；《刘道原十国纪年序》）。他的史学思想，有不少进步的地方，特别在史学见解上，有自己的一套看法，并且有其独到之处。他对于"圣人"的《春秋》并不看得那么神圣。司马光修《通鉴》，其所以上起周威烈王二十三年三家分晋，刘恕曾当面请教："公之书不始于上古或尧、舜何也？""公曰：'周平王以来，事包《春秋》，孔子之经，不可损益。'曰：'曷不始于获麟之岁？'曰：'经不可续也'。"（《资治通鉴外纪后序》）关于这点，清代王鸣盛曾有过评论，说："司马光《资治通鉴》托始于周威烈王二十三年命魏、赵、韩为诸侯，以为周不能守名器，故托始于此，盖借此以立议论，示鉴戒，为名教防闲，其实公本意则为不敢上续《春秋》，但续《左传》，而始于此。"（《蛾术编》卷一一《资治通鉴续左传》）王氏所论的这两种思想，在司马光看来，确是兼而有之。可是刘恕就不管这一套，既不要去维持名教，亦不受"圣人"《春秋》经的束缚，而只是从实际作用考虑问题。他认为周威烈王以前这段历史，如果不续，结果必然是"其事散而无纪，其言远而难征"。为了做到"备古今一家之言"，有什么不好续呢！所以他一心一意想补续起来，直到病危在床，仍口授其子羲仲书之，编成《通鉴外纪》。就这点而言，他的史学思想就是要比司马光来得进步。他的史学见解也有独到之处，如旧史记载武丁梦求贤相傅说的故事，他能以科学观点加以说明，指出武丁绝不是"徒以梦取"的糊涂虫，武丁深知傅说有才，但出身低贱，从奴隶立刻提拔为相，必然引起反对，因而托梦求人，"如天所授，群臣莫之疑惧，而傅说之道得行"（《资治通鉴外纪》卷三），这就是"托诸梦寐以服群臣"。这个论述合情合理，把历史记载从迷信的迷雾中解脱了出来。能够用这样的态度来对待和解释历史上的传说，自然是很可贵的。不过他的政治思想和司马光一样保守，他反对王安石变法，为此甚至最后与王安石绝交。当然，在他一生当中，因笃好史学，从三十四岁起，他就一直参加《通鉴》编修工作，因而政治上也不曾有过什么大的作为，至于反对王安石变法，只不过是他生活中间一次次要的插曲而已。由于他全部精力集中在做学问上面，尽管生活非常贫苦，也从不计较，"家贫至无以给旨甘，一毫不妄取于人"（《刘道原十国纪年序》)。自云"家贫，书籍不具"，只有到处向有书人家借读。这种精神至今仍值得称颂。刘恕平时对自己要求也相当严格，认为"平生有二十失"、"十八蔽"。诚如黄庭坚所云："观其言，自攻其短不舍秋毫，可谓君子之学矣。"(《刘道原墓志铭》)文人相轻，在封建社会是司空见惯的，而他却能够如此地严于律己。可惜，像这样一位以毕生精力致力于史学研究的学者，不幸因病早逝，因而他的名字、他的成就，今天几乎湮没无闻了，我认为他于祖国文化遗产有过贡献，是值得纪念的。

（本文原载杭州大学编：《杭州大学庆祝建国三十周年科学报告会论文集》历史系分册，1979年版；又见中国历史文献研究会编：《中国历史文献研究集刊》第一集，湖南人民出版社1980年版；收入仓修良：《史家·史籍·史学》）

郑樵和《通志》

一、郑樵的治学精神和《通志》的编纂

郑樵，字渔仲，别号溪西遗民，福建兴化军莆田（今福建莆田）人。生于北宋徽宗崇宁三年（1104），卒于南宋高宗绍兴三十二年（1162），享年五十九岁。曾深居夹漈山读书讲学三十年，故当时人又称他为夹漈先生。他是宋代著名的历史学家，自幼读书很用功，很早就对六经、诸子等书发生了兴趣。在他十六岁那年，父亲去世了，从此他便谢绝人事，不应科举，与堂兄郑厚到夹漈山造草屋三间，专心读书。当时他抱负很大，自谓"欲读古人之书，欲通百家之学，欲讨六艺之文而为羽翼，如此一生，则无遗恨"。后来的事实说明，他的这个抱负基本上实现了："古今之书，稍经耳目，百家之学，粗识门庭。"（《郑樵文集》卷二《献皇帝书》）从他自己晚年的回忆中，人们可以清楚地看到，他之所以能够取得重大成就，是由于长期的刻苦钻研。父亲去世，家道衰败，生活清苦，也未曾动摇过他读书的坚强意志。即使"困穷之极，而寸阴未尝虚度，风晨雪夜，执笔不休，厨无烟火，而诵记不绝"。兄弟两人在夹漈山中，常常是"寒月一窗，残灯一席，讽诵达旦，而喉舌不罢劳……或掩卷推灯，就席杜目而坐，耳不属，口不诵而心通，人或呼之，再三莫觉"。"家贫无文籍"，就到各藏书家去借读。"闻人家有书，直造其门求读，不问其容否，读已则罢。"（《郑樵文集》卷三《与景韦兄投宇文枢密书》）当时的福建，因未受兵火，所以前代书籍，多半都还保存，而藏书最盛的地方，又正是郑樵的家乡莆田。为了读书，他经常要与这些藏书家来往，许多藏书他都读过，并依据研究所得，将古今图书分类著录，成《群书会记》三十六卷（《玉海》卷五二）。他自己说："虽不一一见之，而皆知其名数之所在。"（《献皇帝书》）他又钞秘书省所颁阙书目录，成《求书阙记》七卷、《外记》十卷（《玉海》卷五二）。后来他之所以能够写出影响

颇大的《校雠略》，与此都有密切的关系。在平时，他只要有书可读，便感到心满意足，对生活方面则并不怎么讲究，"夏不葛亦凉，冬不袍亦温，肠不饭亦饱，头发经月不栉，面目衣裳诟腻相重不洗"，以致亲友们把他看作"为痴，为愚，为妄"（《与景韦兄投宇文枢密书》）。

他的毕生精力，几乎全用在读书、著书、做学问上。周必大《辛巳亲征录》说他"力学著书，不为文章"，《宋史》本传说他"好著书"，这确是事实。不过他竭力反对"空言著书"，主张实践。他认为要求得到丰富而真实的知识，前人所著之书固然要读，而亲身实践更不容忽视。他指出以前许多注疏家，由于没有实践经验，单凭书本知识进行注释，结果"反没其真"，连自己也不知何物何状，别人读了自然得不到任何益处。为了改变这种现象，他提倡研究学问，必须注意实践知识，他自己更是身体力行。在《昆虫草木略序》里，还记载了他自己的实践过程。为了研究植物，他经常走出他的草堂，到田野里去向老农请教；为了观察动物的生活状态，经常在夜深人静或黎明前潜入深山丛林之中，"与夜鹤晓猿杂处"，"不问飞潜动植，皆欲究其情性"。他就是以这种求实精神来做学问的，把从实践中所得的知识，再进一步去丰富书本的内容，所谓"已得鸟兽草木之真，然后传《诗》；已得诗人之兴，然后释《尔雅》"（《昆虫草木略序》），就是他的自白。他在夹漈山中住了三十年，对各门学问作了有计划、有系统的研究，并以研究成果，分门别类，撰成专著。十年为经旨之学，三年为礼乐之学，三年为文字之学，五六年为天文、地理、虫鱼草木之学，八九年为讨论之学（《郑樵文集》卷二《献皇帝书》）。这三十年的专门研究，为他后来编纂《通志》奠定了坚实的基础。可见他之所以能在短短三两年内完成五百多万字的《通志》，绝非出于偶然。绍兴十九年（1149），他把历年著作，缮写一份，徒步两千里，到临安（今杭州）献给宋高宗。高宗为了粉饰太平，诏送秘书省收藏，这对郑樵鼓舞很大，回到夹漈草堂，"益励所学"，前来问学者一时多达二百余人。从此他名声很大，所作的文字也跟着广为流传。他在《上宰相书》里曾说："樵虽林下野人，而言句散落人间，往往家藏而户有，虽鸡林无贸易之价，而乡校有讽诵之童。凡有文字，属思之间已为人所知。未终篇之间，已为人所传。"（《郑樵文集》卷三）影响之大，于此可见。他一生当中没有做过官，直到晚年，由于王纶、贺允中等在高宗面前力荐，说他"终老韦布,可谓遗才",于是命赴行在。绍兴二十八年(1158)二月,授予从九品的右迪功郎,让他去"主管礼兵部架阁文字"。不久遭御史叶义问的弹劾,便请求还山,改监潭州南岳庙,给札归抄《通志》。绍兴三十一年,入朝上书,适逢高宗赴建康,虽未得见,仍得诏除枢密院编修官,不过次年三月他便与世长辞。

郑樵一生中著作很多,据文献记载就有八十四种,一千多卷。但留传下来的仅有《通志》、《夹漈遗稿》、《尔雅注》、《诗辨妄》等寥寥数种。而《通志》则是他毕生心血的结晶,是他一生志愿的寄托,也是他史学思想的集中表现。虽然他的许多著作已经失传,但其精华实际上都保存在《通志》里面。用纪传史体撰写一部通史,郑樵是早有打算的,他早就立下了"集天下之书为一书"的宏伟愿望。在《寄方礼部书》里他曾提出"欲自今天子中兴,上达秦汉之前,著为一书,曰《通史》"(《郑樵文集》卷二)。这说明他计划中要写的通史,是从秦汉以前直至当代,因没有得到朝廷许可,不敢私撰,但准备工作却始终没有停止过。他在《上宰相书》里曾说:"三十年著书,十年搜访图书,竹头木屑之积亦云多矣,将欲一旦而用之可也。"(《郑樵文集》卷三)这说明他平时搜访图书遗物,撰述各类著作,都紧紧地围绕着"集天下之书为一书"这个总的目的。可是最后定稿、断限作了变更,《通志·总序》中说:"《唐书》、《五代史》,皆本朝大臣所修,微臣所不敢议,故纪传讫隋,若礼乐政刑,务存因革,故引而至唐云。"可见他虽想编修贯通到当代的一部通史,由于缺乏司马迁那种敢骂当今皇上的胆量,谨小慎微,生怕触犯本朝忌讳,于是一再给皇帝、宰相上书,直到高宗正式下诏许可,他才着手编纂。他在《上宰相书》里还讲道:"去年到家,今日(年)料理文字,明年修书,若无病不死,笔札不乏,远则五年,近则三载,可以成书。"若事先没有做好各种研究准备,像这样一部大的著作,要在三年五载完成,当然是不可设想的。特别是"二十略",平时若无专门研究,一时自然更难草就。诚如上文所引,在长达三十年的时间中,他对通史的内容早分门别类进行了研究,他的许多著作,事实上大都是《通志》内容的稿本。单就"二十略"而言,在撰《氏族略》之前,他便写过《氏族志》五十七卷,又写过《氏族源》、《氏族韵》二书;在撰《六书略》、《七音略》二略之前,便写过《象类书》、《六书证篇》、《字始连环》、《分音》、《类韵》等书；关于天文方面，作过《天文志》；关于《艺文略》，则有《群书会记》为蓝本；而《校雠略》则更有《校雠备论》、《书目证讹》等书为依据。不仅"二十略"如此，即使纪传部分，也都事先有过某些专著，如《春秋列传》，就是他在《通志》一书中为春秋时期人物补立新传所本。郑樵自己说过"五十载总为一书"（《郑樵文集》附录一《上殿通志表》）的话，正是指的这个意思。我们绝不能因为他在临终前三两年才将这么许多内容汇成一书，因而就说《通志》的编纂时间只有三两年而已，要是这样看，显然是不符合实际情况的。《通志》全书是在绍兴三十一年（1161）编纂完成的，当年便入朝上书，第二年他就去世了。可见他之所以急于要在短期内完成这样一部庞大著作的汇编工作，正是生怕自己病死，"集天下之书为一书"的宏愿不能实现，这种心情自然是很可理解的。

二、《通志》的价值

郑樵的《通志》，全是模仿司马迁的《史记》而作。《史记》是一部纪传体的通史，郑樵一生奋斗的目标也是要写出一部贯通古今的通史，他在《通志·总序》中说："古者记事之史谓之志……太史公更志为记，今谓之志，本其旧也。"可见《通志》之名，就是通史之意。不过需要说明的是，《史记》之名，并非司马迁所立，更志为记者也并非出于司马迁本人。

《通志》全书共二百卷，五百多万字。包括帝纪十八卷，附后妃传二卷，谱四卷，略五十二卷，周同姓世家一卷，附宗室传八卷，周异姓世家二卷，列传五十八卷，载记八卷，又另有四夷传七卷。这是模仿《史记》体例而作，只不过改书称略，改表称谱，另外加上一个载记，记载割据时代的王国历史。"二十略"历来被认为是全书的精华，也是郑樵本人所自负的。《通志·总序》说："今总天下之大学术而条其纲目，名之曰略，凡二十略。百代之宪章，学者之能事，尽于此矣。其五略（指礼、职官、选举、刑法、食货），汉唐诸儒所得而闻，其十五略，汉唐诸儒所不得而闻也。"所以南宋末年以来，刻书家只单刻"二十略"行于世，故当时博学如马端临这样的大史学家，也仅见到"二十略"，而未能见到《通志》全书。元大德以后，全部

《通志》才逐步刊行于世。

可是，八百多年来，这部书和作者一样，很少得到好评，郑樵本人被骂为"陋儒"、"妄人"，《通志》则被指责为"漏略百出"、"语多袭旧"。清代以来，有不少人出来为他鸣不平，想为其人其书洗刷冤屈，其中最力者首推章学诚。他在《文史通义》一书中，特地写了《释通》、《申郑》、《答客问》等篇专力为之辩护，认为："郑樵生千载而后，慨然有见于古人著述之源，而知作者之旨，不徒以词采为文，考据为学也。于是遂欲匡正史迁，益以博雅，贬损班固，讥其因袭。而独取三千年来遗文故册，运以别识心裁，盖承通史家风，而自为经纬，成一家言者也。学者少见多怪，不究其发凡起例，绝识旷论，所以斟酌群言，为史学要删；而徒摘其援据之疏略，裁剪之未定者，纷纷攻击，势若不共戴天。古人复起，奚足当吹剑之一映乎！"（《文史通义新编新注》内篇四《申郑》）而对其所著《通志》，则谓"卓识名理，独见别裁，古人不能任其先声，后代不能出其规范；虽事实无殊旧录，而辨名正物，诸子之意寓于史裁"（《文史通义新编新注》内篇四《释通》），可谓推崇备至。其后梁启超更认为，在中国史学史上，郑樵应当与刘知幾、章学诚齐名，并说"自有刘知幾、郑樵、章学诚，然后中国始有史学"。而其代表作《通志》，尽管"除《二十略》外，竟不能发现其有何等价值……然仅《二十略》，固自足以不朽。史界之有樵，若光芒竟天之一彗星焉"（《中国历史研究法》第二章）。这些评价应当说是很高的了。但持否定意见的也仍大有人在，典型代表可推《四库全书总目提要》的作者，《提要》中不仅指责《通志》纪传，全袭旧文，并无创新，就是对"二十略"亦逐略加以批驳。而章太炎在《史学略说》中也同样指责其书"不仅纪传、世家、载记，全钞诸史，无所剪裁，即其所极意经营之'二十略'，亦不免直录旧典，而惮于改作"。这样的评论，不免过于武断，并不符合历史事实。

我们认为，对于《通志》的评价必须搞清事实，做到实事求是、恰如其分。《通志》的纪传部分，的确大都损益诸史旧文而成，这是作者本人也直认不讳的。《通志·总序》说："纪传者，编年纪事之实迹，自有成规，不为智而增，不为愚而减。故于纪传，即其旧文，从而损益。"当然也绝不是"全钞诸史，无所剪裁"。只要稍加查对，就会发现确是有损有益，作过一番剪裁，特别是三皇五帝两卷损益尤多，并加有按语。同时书中还补立了许多旧史所无的新传，单是春秋战国期间，新增补的传记就达一百二十九人之多。至于大家所熟悉的《马钧传》，则是根据《三国志》裴注的内容删削而成。其他于六朝至隋各纪传折中于南北史与各史原书之间者，亦不乏其例。至于"二十略"，更不能说是"直录旧典，而惮于改作"了。除礼、刑、职官等略节录《通典》文字以外，其余十五略皆为郑樵本人所创作，何况这些方面的内容，他都曾作过专门研究，写过专门著作。《四库全书总目提要》指责《灾祥略》悉钞诸史《五行志》，我们作了查对，实际情况也并非如此，限于篇幅，这里就不列举了。

我们觉得，评论一部历史著作的价值高低和贡献大小，要求是多方面的，着眼点不能单纯地只看它的内容是否抄袭前史。如果抄袭得当，具有别识心裁，其价值自不在小。梁启超说得很对，"善钞书者，可以成创作。荀悦《汉纪》而后，又见之于宋袁枢之《通鉴纪事本末》"（《中国历史研究法》第二章）。我们之所以要辨明以上事实，固然对评价《通志》的价值和郑樵的历史贡献有一定的关系，而更主要的还在于要求我们对待古代史家及其著作应尽可能做到实事求是，符合历史真实。从这个基点出发，我们认为，前人对《通志》所作的评价，基本精神是符合实际情况的，就是《通志》的全部精华仅在于"二十略"而已。即使对郑樵推崇备至的章学诚，其着眼点也只是肯定他"卓识名理，独见别裁"，但同时又指出"郑君区区一身，僻处寒陋，独犯马班以来所不敢为者而为之，立论高远，实不副名"（《文史通义新编新注》内篇四《申郑》）。这个评论应当说是比较中肯的。我们辩论其纪传部分并非全部抄袭旧史，并不意味着肯定它一定具有何等价值。郑樵在这方面所做的工作，主要是把各史材料集中起来，删去其中重复突出之处，而所补立的新传，仍然只是对原材料的删节而已，并未经过自己的融会贯通，重新组织成文。它与《史记》相比，一个好比是经过化学变化，一个仅是起了物理变化。虽然做过一番整齐划一的工作，然而很难看出有多少别识心裁。尽管他自称其书"虽曰继马迁之作，凡例殊途，经纬异制，自有成法，不蹈前修"（《郑樵文集》卷三《上宰相书》），实际上全书体例并未跳出司马迁所立的规范。特别是纪传部分，在编纂过程中，郑樵虽也曾做过区分类例、择善而从的工作，但在史学上来说，并不曾作出什么新的贡献。对今天来说，旧史俱在，更没有什么实际价值。所以我们认为，《通志》一书的纪传部分，不足以表现郑樵的史才，唯有"二十略"是他的精力之所寄托，才能之所体现。这样的评论，丝毫也不贬低郑樵在史学上的地位和贡献。

我们肯定"二十略"为《通志》全书的精华，是因为"二十略"确实有其独创精神，其中有些略不仅在中国史学史上有着重要的贡献，而且在学术思想史上亦具有很大的价值，《校雠略》就是其中的代表。从史学的角度来看，它在史料学上有着很大的贡献，对于如何搜集史料、储备史料、校勘史料等方面都提出了许多可贵的方法和意见。对于如何搜集史料，他列举了二十一个题目，既详细论述了求书的途径，又介绍了对所搜集的史籍如何进行分类和编排的方法。他提出："学术之苟且，由源流之不分，书籍之散亡，由编次之无纪。"（《通志·总序》）又说："士卒之亡者，由部伍之法不明也。书籍之亡者，由类例之法不分也。类例分，则百家九流，各有条理，虽亡而不能亡也。"（《通志·校雠略·编次必谨类例论》）这些意见，不仅对研究历史有重要参考价值，而且对图书储藏部门搜集书籍、编排目录也都有实用价值。所以从这个问题来说，郑樵在校雠学上的成就远远在历史学之上，在我国历史上，将校雠学写成专著，是从郑樵的《校雠略》开始的。

郑樵在史料学上的另一贡献是把金石学提到应有的地位，并在"二十略"中特地立了《金石略》，强调金石学在历史编纂学上的价值，指出"方册者，古人之言语；款识者，古人之面貌。以后学跂慕古人之心，使得亲见其面而闻其言，何患不与之俱化乎。……今之方册所传者，已经数千万传之后，其去亲承之道远矣。惟有金石所以垂不朽，今列而为略，庶几式瞻之道犹存焉。且观晋人字画，可见晋人之风献；观唐人书踪，可见唐人之典则。此道后学安得而舍诸！三代而上，惟勒鼎彝，秦人始大其制而用石鼓，始皇欲详其文而用丰碑，自秦迄今，惟用石刻。散佚无纪，可为太息"（《通志·金石略序》），对于以金石作为史料的意义说得非常清楚。可是这样重要的史料，长期以来一直未引起历史学家足够的重视。到了北宋，才有不少学者开始注意研究，并涌现出一批富有史料价值的金石学著作。郑樵《金石略》之作，及时地反映了宋代史学发展上出现的新成就，把它列为史学研究上不可缺少的组成部分而正式载入史册，足见其具有敏锐的眼光和超人的史识。

郑樵的《通志》在历史编纂学上的贡献从总的体裁而言，并无新意创造，只是仿《史记》体例，做了些整齐划一、贯通古今的工作。但在"二十略"中，不少地方都表现了他的独创精神，不按旧史诸志框框去套，而是有所创新，为历史编纂学作出了不可忽视的贡献。"二十略"相当于正史中的书志，但正史的书志，从来没有达到过二十个门类。《校雠略》、《金石略》以及《六书略》、《七音略》、《都邑略》、《图谱略》、《氏族略》、《昆虫草木略》等略都是他首次独创的，这就大大丰富了文化史的内容。其中《氏族略》、《都邑略》和《昆虫草木略》的建立，可能受到刘知幾思想的启发。刘知幾曾主张正史应增加《都邑》、《氏族》、《方物》三志，但刘氏仅仅只提出这个倡议，至于如何做法并未有过任何议论，郑樵作此三略，全靠个人摸索。有些略即使正史中早已有之，他也不是因袭前人所立之规范去作，《艺文略》就足以说明这点。他认为"学术之苟且，由源流之不分；书籍之散亡，由编次之无纪"。因此他在作《艺文略》时，就大胆地打破从前所有书籍的分类编排方法，把历代史志、公私书目以及自己访书耳闻目见的十一万零九百多卷书籍分成"十二类、百家、四百二十二种"。他在《校雠略》里说，这样的分类法，"散四百二十二种书（经核对，实际是四百三十种），可以穷百家之学，敛百家之学，可以明十二类之所归"。可见他这样的分法，是从辨章学术、考镜源流的角度出发。所以章学诚对这种创造精神极为推崇，说："校雠之义，盖自刘向父子，部次条别，将以辨章学术，考镜源流，非深明于道术精微，群言得失之故者，不足与此。后世部次甲乙，纪录经史者，代有其人，而求能推阐大义，条别学术异同，使人由委溯源，以想见于坟籍之初者，千百之中，不十一焉。郑樵生千载而后，慨然有会于向、歆讨论之旨，因取历朝著录，略其鱼鲁豕亥之细，而特以部次条别，疏通伦类，考其得失之故，而为之校雠，盖自石渠天禄以还，学者所未尝窥见者也。"（《校雠通义·序》）又如《图谱略》的创立，同样足以表明他所独具的史识。对于图表的作用，在郑樵之前的历史学家中，都没有引起足够的重视，因而历来所编的史书，都没有给予图表以应有的地位。对此情况，郑樵深以为憾，正因如此，他对《史记》里的十表给予很高的评价，说"《史记》一书，功在十表，犹衣裳之有冠冕，木水之有本源"（《通志·总序》）。可是，尤其使他感到不满的是，历代史家对于图的作用更不重视，他认为"见书不见图，闻其声不见其形；见图不见书，见其人不闻其语，图至约也，书至博也。即图而求易，即书而求难。古之学者，为学有要，置图于左，置书于右，索象于图，索理于书，故人亦易为学，学亦易为功"（《通志·图谱略·索象》）。他还列举了天文、地理、宫室、器用等十六种为例，认为凡此十六类，如有书而无图，则花功大而收效微，并指出："天下之事，不务行而务说，不用图谱可也，若欲成天下之事业，未有无图谱而可行于世者。"（《通志·图谱略·索象》）又说："为天下者不可以无书，为书者不可以无图谱，图载象，谱载系，为图所以周知远近，为谱所以洞察古今。"（《通志·年谱序》）这些论述，把图谱的重要性讲得十分透彻。这就说明，郑樵主张编纂史书必须做到图文并茂，研究问题必须做到图文并重，只有这样，才能收到更好的效果。

综上所述，我们不难看出郑樵的创造精神集中地体现在"二十略"之中，"二十略"为《通志》全书的精华绝不是一句没有根据的空言。郑樵自己深深知道，纪传体史书的编纂，几种体例中，要算书志最难，他在《通志·总序》里就曾说过："江淹有言：'修史之难，无出于志。'诚以志者，宪章之所系，非老于典故者，不能为也。不比纪传，纪则以年包事，传则以事系人，儒学之士，皆能为之，惟有志难。"正因如此，所以他花了三十年时间，对各类问题，分门别类作了专门的研究，虽然他生活的南宋时代，社会风气是义理盛行，可是他并没有为此种风气所囿，一心埋头做切实的学问，因而在当时他是一位非常博洽的学者，甚至对《通志》进行百般挑剔的《四库全书总目提要》的作者，在"夹漈遗稿"条亦不得不承认"南北宋间记诵之富，考证之勤，实未有过于樵者"。这就说明，"二十略"之所以能够在好多方面表现出独创精神，也绝非出于偶然。

当然应当指出的是，"二十略"也还存在着不少缺点和错误。首先由于郑樵对书志性质的理解不当，因而作书志的目的性也就不很明确。书志的内容，写的本是典章制度的历史，广而言之，也就是所谓文化史。刘知幾和章学诚对此的论述是一致的。可是郑樵在《通志·总序》中却说："志之大原，起于《尔雅》。"众所周知，《尔雅》是一部分类编次解释名词的训诂词典，类似于后来的类书，唯其如此，"二十略"中有一些内容实际上被写成了类书。《六书略》若按志书的性质，应当是讲述文字学史，可是郑樵却写成了文字学；《七音略》应当是讲声韵学史，而他却写成了声韵学；《昆虫草木略》亦是如此。郑樵编写史书是非常强调"会通"的，而上述这些内容实际上只做到"会"，并没有做到"通"。无怪乎刘埙的《隐居通议》，径直把"二十略"看成类书了。

三、郑樵的史学思想

一是反对断代为书，力主编写通史。郑樵史学思想很突出的一点是主张编写通史，反对断代为书。他认为历史是一个整体，如同长江大河，后代之事与前代存在着"相因依"的关系，要了解这种"相因依"的关系，只有通史才能做到。所以他在《通志·总序》里劈头就说："百川异趋，必会于海，然后九州无浸淫之患；万国殊途，必通诸夏，然后八荒无壅滞之忧。会通之义大矣哉！"又在《上宰相书》里说："水不会于海，则为滥水；途不通于夏，则为穷途。""天下之理，不可以不会；古今之道，不可以不通。会通之义大矣哉！"由于他主张"会通"，认为只有通为一家，然后才能"极古今之变"。所以他对孔子和司马迁都极为推崇，因为他们两人为"会通"工作作出了典范。可是从班固开始，便以断代为史，致使前后失去相因之义，古今遂成间隔，会通之道既失，人们也就莫知其损益了。因此他对班固曾痛加诋毁。从这些论述来看，郑樵所讲的"会通之义"，主要还是指历史编纂而言。可以说"会"是要求把各种学术内容和书籍都汇集到一书之中，"二十略"的编纂，正是体现了这一"会"字的精神。"通"则是指把整个社会的发展历史（包括各种学术的发展变化）连贯写成一书，使历史记载做到时代相续、古今贯通。根据郑樵的史学思想来看，若能写出一部时代相续的通史，起码有两大好处，一是可以避免对史事的讳饰，因为编写通史，一般说来，与史家无利害关系，不必为一朝一代而曲笔忌讳，正如钱大昕所说："史臣载笔，事久则议论易公。"（《潜研堂文集》卷二四《三国志辨疑序》）这样也就比较容易反映出历史的真实面貌。二是通史贯通古今，可以"极古今之变"，对于典章制度的发展演变也就能够看出它的前因后果。虽然当时他还谈不上从历史发展的规律去进行探索和考察，但他毕竟已把历史发展作为一个整体来考察了。因此，对于郑樵的这种"会通"思想我们应该给予足够的重视。

二是反对任情褒贬，主张据事直书。郑樵还主张，史家编写历史，必须做到如实地反映历史事实，反对主观的任情褒贬。这是对刘知幾所提出的据事直书思想的继承和发展。他对任情褒贬的恶劣作风，抨击得非常激烈，称之为"妄学"，为"欺人之学"。他说："凡说《春秋》者，皆谓孔子寓褒贬于一字之间，以阴中时人，使人不可晓解。三传唱之于前，诸儒从之于后，尽推己意而诬以圣人之意，此之谓欺人之学。"（《通志·灾祥略序》）他强调指出："《春秋》主在法制，而不在褒贬。"（《郑樵文集》卷二《寄方礼部书》）这样他就把长期以来一直被奉为春秋笔法的一字褒贬推翻了，从而也就打掉了任情褒贬的理论依据。在郑樵看来，《春秋》原来并没有什么深微的意义，都是后来儒生所附会，使之玄而又玄，由于附会，就很容易使事物失去本来面目，所以他对于附会非常痛恨。他主张，作为一个历史学家，其责任就在于真实地记载历史，这样善恶自明，无须另外再加褒贬。如读了"萧、曹之行事，岂不知其忠良？"看了"莽、卓之所为，岂不知其凶逆？"可是褒贬之风，由来已久，于是史书上贤奸颠倒，曲笔屡见。他在《通志·总序》里对此作了深刻的揭露，他说："曹魏指吴、蜀为寇，北朝指东晋为僭。南谓北为索虏，北谓南为岛夷。《齐史》称梁军为义军，谋人之国，可以为义乎？《隋书》称唐兵为义兵，伐人之君，可以为义乎？……甚者桀犬吠尧，吠非其主。《晋史》党晋而不有魏，凡忠于魏者目为叛臣，王凌、诸葛诞、毌丘俭之徒，抱屈黄壤。《齐史》党齐而不有宋，凡忠于宋者目为逆党，袁粲、刘秉、沈攸之之徒含冤九原。噫！天日在上，安可如斯！似此之类，历世有之，伤风败义，莫大乎此！"这种现象的造成，就是由于史家不能忠于史实，单凭个人好恶而专事褒贬。这样一来自然也就达不到"信者传信，疑者阙疑"的信史要求了，尽管书法谨严，也是无益于史。郑樵把这些专事褒贬的人比作"犹当家之妇，不事饔飧，专鼓唇舌，纵然得胜，岂能肥家？"当然，郑樵并非反对历史应当起鉴戒作用，而是主张让事实说话，寓褒贬于史事之中，"纪传之中，既载善恶，足为鉴戒，何必于纪传之后，更加褒贬！"（《通志·总序》）这一主张上承唐代刘知幾，下开清代章学诚，三人于此一脉相承。尽管在封建社会里编写史书要完全反映历史真实，是无法办到的，但这种进步思想无疑是可贵的，应当予以肯定和发扬。

三是反对"五行相应之说",批判神权"欺天之说"。郑樵坚决反对阴阳五行灾异说,并把它斥之为"妖学"或"欺天之学"。历来史书的《五行志》,大都为神权思想所笼罩,作者把社会上所发生的事件与一些自然现象附会起来,绳以五行之说,用来欺骗人民。五行灾异说对整个社会的影响很大,对人们的精神束缚十分沉重,因此郑樵对这种恶劣风气非常痛恨,他指出:"五行之绳人甚于三尺。"他在《灾祥略序》里说:"说《洪范》者,皆谓箕子本《河图》、《洛书》以明五行之旨。刘向创释其传于前,诸史因之而为志于后,析天下灾祥之变而推之于金木水火土之域,乃以时事之吉凶而曲为之配,此之谓欺天之学。"他还进一步指出:"天地之间,灾祥万种。人间祸福,冥不可知。奈何以一虫之妖,一气之戾,而一一质之以为祸福之应,其愚甚矣!"这里不仅说明了,人事之变化与自然界所出现的奇异现象,两者之间毫无因果关系,而且揭露了阴阳五行家们以一虫一妖质之为祸福之应的愚蠢可笑。他从这点出发,认为:"国不可以灾祥论兴衰","家不可以变怪论休咎"。这种反对阴阳五行说的斗争,其实质就是与统治阶级用以奴役人们精神的神权思想的斗争,揭穿了五行灾祥说的内幕,剥下了统治者的神权外衣。因此,对于它的现实意义我们应有足够的估计。正是在这一问题上,杜佑与郑樵相比,显然大有逊色,杜佑的态度就没有郑樵那么明朗与坚决,他在《通典》里只是去掉了《五行志》这一内容,采取了一种消极的做法。而郑樵一方面在理论上批驳了这种"欺天之学",另一方面又在《通志》里照样作了《灾祥略》,但其内容则"专以纪实迹,削去五行相应之说,所以绝其妖"(《通志·灾祥略序》)。这样做看起来似乎很平常,但无形中却与五行灾异说树立了一个尖锐的对立面,充分表现了郑樵史学思想中的批判精神。当然我们也必须同时指出的是,由于他在这些问题的认识上还有局限性,因此反对鬼神灾异的思想是不很彻底的,他还承认"惟有和气致祥、乖气致异者,可以为通论"(《通志·灾祥略序》),可见还拖了一条尾巴。

四是反对空谈义理,主张研究实学。北宋以来,道学兴起,道学家们整天为"理、气、心、性"等问题争论不休,造成学术界一片乌烟瘴气。郑樵对于这种空谈义理、不务实学的社会风气非常不满,他说:"学者皆操穷理尽性之说,而以虚无为宗,至于实学,则置而不问。"(《通志·昆虫草木略序》)所谓"实学",就是指从实践中求得知识。他说:"语言之理易推,名物之状难识。"要识名物之状,就必须走出书斋,"广览动植,洞见幽潜,通鸟兽之情状,察草木之精神,然后参之载籍,明其品汇"(《通志·总序》)。但是当时的注疏家们仅停留在对书本上字句的推敲,甚至还散布"读百遍,理自见"的论调。对此他作了十分尖锐的批驳,指出"乃若天文、地理、车舆、器服、草木、虫鱼、鸟兽之名,不学问,虽读千回万复,亦无由识也"(《郑樵文集》卷二《寄方礼部书》),还揭露那些只从书本到书本的注疏家不懂装懂的丑态,那些"浅鲜家只务说人情物理,至于学之所不识者,反没其真,遇天文,则曰'此星名',遇地理,则曰'此地名'、'此山名'、'此水名'……更不言是何状星、何地、何山、何水……纵有言者,亦不过引《尔雅》以为据耳,其实未曾识也"(《郑樵文集》卷二《寄方礼部书》)。至于历史学家在编写史书时,由于对天文、地理、典章制度没有作过专门研究,于是所作书志,只是把别人的研究成果作一汇集而已,至于正确与否,连作者本人也不知道,这就说明,要修好书志,非得自己"老于典故",对各种典制有深入研究不可,否则就不可能写出有价值的书志。

同样,对于当时社会上流行的辞章之学,郑樵也是很反对的,因为这种辞章之学,只是一意讲求文章的形式、辞藻的华丽,内容则空空洞洞,毫无实用价值。辞章家的专务雕搜,与道学家的空谈性命一样,二者皆不务实学,所以他都给予无情的抨击。他说:"义理之学,尚攻击;辞章之学,务雕搜。耽义理者,则以辞章之士为不达渊源;玩辞章者,则以义理之士为无文彩。要之,辞章虽富,如朝霞晚照,徒焜耀人耳目;义理虽深,如空谷寻声,靡所底止。二者殊途而同归,是皆从事于语言之末,而非为实学也。"(《图谱略·原学》)这种批判,可谓一针见血、淋漓尽致,使人读了颇感痛快。这些都反映了他的批判精神。

五是秦人焚书而书存,诸儒穷经而经绝。秦始皇的"焚书坑儒",在当时的历史条件下,对于巩固新兴的中央集权国家的统一局面,打击"以古非今"的复古思潮,是有一定积极意义的。"焚书"确实毁灭了许多古代的文化典籍,但并没有把所有的书都烧光,也没有把所有的儒生都杀尽。然而此事后来经过儒生们的夸大与渲染,遂使面目失真。于是一提到"焚书坑儒",人们不由得便联想起秦始皇的暴虐。可是郑樵对这一问题却有不同于一般人的看法，他在《校雠略》的开卷便列《秦不绝儒学论》二篇，对此加以辩驳，认为秦时并没有不用儒生与经学，更没有废掉儒学。他说："陆贾，秦之巨儒也。郦食其，秦之儒生也。叔孙通，秦时以文学召待诏博士。数岁，陈胜起，二世召博士诸儒生三十余人而问其故，皆引《春秋》之义以对，是则秦时未尝不用儒生与经学也。况叔孙通降汉时，自有弟子百余人，齐鲁之风亦未尝替。故项羽既亡之后，而鲁为守节礼仪之国，则知秦时未尝废儒。"郑樵所讲的这些事实，我们在《史记》的有关纪传中都可以得到证实。而许多秦时留下的大儒，后来都成为汉高祖刘邦的重要谋臣，叔孙通定朝仪的故事，就是一个有力的证据。又如《史记·儒林传》载，"及高皇帝诛项籍，举兵围鲁，鲁中诸儒尚讲诵习礼乐，弦歌之音不绝"，也同样证实郑樵"秦时未尝废儒"论点的正确。至于被秦始皇所坑之儒，郑樵认为只不过是那些"一时议论不合者耳"。这也就是《史记》里所记载的那些奸利、诽谤和妖言惑众的文学方术之士而已。

至于焚书，的确使我国古代文化典籍遭到了一次严重浩劫，损失很大，这是毋庸置疑的。但也并不是说由于秦的焚书，从而使所有图书都灭绝了，因为秦始皇下令焚书时，对国家图书馆所藏之书并不曾焚毁，而民间流传之书也是无法做到禁绝的。郑樵说："萧何入咸阳，收秦律令图书，则秦亦未尝无书籍也。其所焚者，一时间事耳。后世不明经者，皆归之秦火，使学者不睹全书，未免乎疑以传疑。然则《易》固为全书矣，何尝见后世有明全《易》之人哉！臣向谓秦人焚书而书存，诸儒穷经而经绝，盖为此发也。《诗》有六亡篇，乃六笙诗本无辞，《书》有逸篇，仲尼之时已无矣，皆不因秦火。自汉以来书籍，至于今日，百不存一二，非秦人亡之也，学者自亡之耳。"（《通志·校雠略·秦不绝儒学论》）长期以来，每当谈到古代书籍的散亡，往往都归罪于秦始皇的焚书，可是郑樵敢于冲破传统思想的束缚，本着求实的精神，大胆提出自己的看法，让人们知道，古代书籍的散亡，不尽由于秦火，为秦始皇"焚书坑儒"事件翻了案，实事求是地重新予以评价，这正是郑樵史学思想中的独到之处。他所作的《诗辩妄》、《书辩讹》、《春秋考》等书应该说都与这种思想是分不开的。尽管在郑樵史学思想中封建烙印相当明显，他直言不讳地说明自己著书的目的在于维持名教，为巩固封建统治秩序服务，"使百代之下为人臣、为人子者，知尊君严父，奉亡如存，不敢以轻重之意行乎其间，以伤名教"（《通志·谥法略·序论第一》）。这显然是时代的产物，不应过于苛求。郑樵在我国封建社会中不失为一位敢想、敢说、敢于实践的伟大史学家。

四、郑樵生卒年考

郑樵的生卒年代，《宋史》本传没有指明具体年月，故近人说法很不一致。主要有下列两种：

1. 张须认为郑樵生于宋徽宗崇宁二年（1103），卒于高宗绍兴三十一年（1161）。他说："考郑君《投宇文枢密书》，有樵生二十有四年之语。史载宇文虚中以靖康元年二月签（书）枢密院事。三月庚午，即罢知青州。见《钦宗本纪》。既知靖康元年，郑君二十四岁。则上推生年，当为崇宁二年；下推卒年，当为绍兴三十一年。"（《通志总序笺》，第77页）白寿彝先生也主此说。①

2. 顾颉刚先生则据钱大昕《疑年录》，认为郑樵生于宋徽宗崇宁三年（1104），卒于高宗绍兴三十二年（1162）。②

第二种说法是正确的，不过由于《疑年录》未注明出处，所以这个说法尚未被一致采用。我们认为南宋初年周必大撰的《辛巳亲征录》在"绍兴三十二年三月癸卯"条下有关这方面的记载，可作为此说的证据："枢密院编修官郑樵卒。樵字愚仲，兴化军人，力学著书，不为文章，不事科举。屡至阙下，游诸公间。（绍兴）二十八年，讲筵官王纶等荐对，特补右迪功郎，主管架阁库。御史叶义问论其过失，改监南岳庙，给札归抄所撰《通志》。三十一年携其书来，得枢密院编修官。请修北虏正隆官制，比附中国秩序，因求入秘书省翻阅书籍。未几，又坐言者，寝其事。至是欲进《通志》而病，数日而卒，年五十九。"（《周益国文忠公集》）这段文字，既记载了郑

---

① 详见《学步集》第148页附注和《人民日报》1961年4月6日《郑樵对刘知幾史学的发展》一文附注。
② 参见顾颉刚：《郑樵传》，《国学季刊》一卷二号。

樵逝世的年月日，又简单叙述了郑樵生前的情况。周必大当时任国史院编修官，其言当可信。

张须的说法，乃由于错断了郑樵的投书年代而致误。张须根据郑樵《投宇文枢密书》中的"樵生二十有四"（《郑樵文集》卷三）一语和《钦宗本纪》中的"宇文虚中靖康元年二月签书枢密院事，三月庚午，即罢知青州"的记载，以为郑樵既然称呼宇文虚中为枢密，无疑这封信是在靖康元年写的，因此得出了错误的结论。要知道，历来惯例，尊称一个人时，总是用他最高的官衔，如王安石晚年，罢相居金陵，苏轼仍以大丞相称之。因此不能因为这封信的标题上称宇文虚中为枢密，而断定写于靖康元年。同时，我们知道，《夹漈遗稿》是在郑樵死后编集的，绝不能单从标题上的称呼来断定作书年代。这封信内有两句话很值得我们注意。信中说："今天子蒙尘，苍生鼎沸，典午兴亡，卜在深源一人耳。"又说："阁下（指宇文虚中）出入三朝，为时元老。"按《宋史·宇文虚中传》，虚中在徽宗大观三年（1109）登第后，才开始"历官州县"的。郑樵在信中既有"今天子蒙尘"之语，又推尊虚中"出入三朝，为时元老"，可见投书年代不能早于"徽钦北狩"和高宗登位之前，即不能早于靖康二年（即建炎元年）五月之前，因此，我们认为这封信最早只能写于靖康二年。这样，靖康二年，郑樵二十四岁，按享年五十九岁，上推其生年，下推卒年，与周必大的记载完全吻合，与宋史本传所说"高宗幸建康，命以《通志》进，会病卒，年五十九"等事实，亦相一致。

综上所述，周必大《辛巳亲征录》、《宋史》本传以及郑樵《投宇文枢密书》所记载的事实，全都符合。因此，可以肯定郑樵是生于宋徽宗崇宁三年（1104），卒于高宗绍兴三十二年（1162）。

（本文原载《杭州大学学报》1980年第4期；又载人大复印报刊资料《历史学》1981年第1期；收入仓修良：《史家·史籍·史学》）

洪迈和《容斋随笔》

南宋著名学者洪迈（1123—1202），字景卢，号容斋，别号野处，逝世后谥文敏，故后人亦称其文敏。鄱阳（今江西鄱阳）人①，他是南宋杰出的爱国学者洪皓之季子。绍兴十五年（1145）中博学宏词科，任吏部郎兼礼部郎。绍兴三十二年出使金国，回国后出知泉州、吉州。乾道二年（1166）任起居舍人，主修《钦宗实录》四十卷。乾道三年，迁起居郎，拜中书舍人兼侍读、直学士院，仍参史事。六年后，出知赣州、建宁、婺州等地。在任地方官期间，非常关心民众疾苦，除暴安民，兴办学校，兴修水利，发展生产。他不仅关心自己管辖范围内的民众生活，甚至在大荒之年，由于"赣适中熟"，他还主动"移粟济邻郡"，部属对此举并不理解而加以劝阻，对此他耐心地加以说明。这种做法，在整个封建社会也实属少见。他在知婺州期间，发现"金华田多沙，势不受水，五日不雨则旱"，于是便发动民众大兴水利，采用有钱出钱，无钱出力，而政府并未出钱，结果"凡为公私塘堰及湖，总之为八百三十九所"（《宋史·洪迈传》）。这个数字显然是可观的。作为封建时代的地方官吏，能够如此热衷于农田水利的兴修，今天看来不仅值得我们深思，而且更应当大书特书。在建宁时，有个富豪为非作歹，杀人篡狱，逍遥法外，他到任后，"正其罪，黥流岭外"。对于那些骄横无纪律的郡兵，他照样能够治理得服服帖帖，一介书生，所到之处，都能治理得井井有条，难怪就连孝宗皇帝也不得不对辅臣曰："不谓书生能临事达权。"（《宋史·洪迈传》）并"特迁敷文阁待制"以示奖励，时在淳熙十一年（1184）。第二年孝宗召见，迈首论淮东边备六要地，并谏言加强水军建设，招善操舟者以补水军，"上嘉之"，以提举佑神观兼侍讲、同修国史，预修《四朝帝纪》，进敷文阁直学士、直学士院。淳熙十三年九月，拜翰林学士，续完

---

① 祖籍乐平，故登科录均作乐平人。

《四朝国史》，凡二百五十卷。该书记神宗、哲宗、徽宗、钦宗四朝历史。原由李焘等修撰，焘卒后，孝宗乃命迈专典之，成列传八百七十。《容斋三笔》卷一三"四朝史志"条曾记载他参与该书编修情况，称"《四朝国史·本纪》，皆迈为编修官日所作，至于淳熙乙巳、丙午，又成列传百三十五卷。惟志二百卷，多出李焘之手，其汇次整理，殊为有工，然亦时有失点检处。盖文书广博，于理固然"。绍熙二年（1191），再上章告老，进龙图阁学士，后以端明殿学士致仕。去世后，赠光禄大夫，谥文敏。

洪迈一生著作颇多，除《容斋随笔》外，有《夷坚志》、《野处类稿》、《万首唐人绝句》等，还编有《史记法语》八卷、《南朝史精语》十卷等。

《容斋随笔》一书共分五集，即《随笔》、《续笔》、《三笔》、《四笔》、《五笔》，前四集各十六卷，《五笔》十卷，共七十四卷。全书之作历四十余年，对于写作进程，迈在《四笔序》中有所说明："始予作《容斋随笔》，首尾十八年，《二笔》十三年，《三笔》五年，而《四笔》之成，不费一岁。身益老而著书益速，盖有其说。"此序乃庆元三年（1197）九月所作，洪迈于嘉泰二年（1202）去世，首尾六年也仅成《五笔》十卷，显然没有完成每集十六卷的计划，到了衰老之年，"著书益速"也只能成为愿望而已，看来自然规律是任何人也无法抗拒的。这是一部典型的读书笔记，其特点便是完全按照记录时日顺序而编排起来的，不像其他笔记还按内容分类再作编排，因而有些内容尽管以前已经记过，后来对此事又有想法照样再发议论，所以书名取作"随笔"，道理就在这里。正如作者在《随笔序》中所云："意之所之，随即记录，因其后先，无复诠次，故目之曰随笔。"当然，由于洪迈阅读书籍比较广泛，遇到问题不仅要发议论，而且要作一番考证，非搞个水落石出不肯罢休。正如《宋史》本传所云，还在青少年时代，他便"博极载籍，虽稗官虞初，释老傍行，靡不涉猎"，成年后则"考阅典故，渔猎经史，极鬼神事物之变，手书《资治通鉴》凡三"。这就说明，他阅读范围不仅很广，而且一些重要典籍诸如《史记》、《汉书》、《通鉴》等都再三阅读，因此对其长短得失，都能论之甚详。他在《四笔》卷一一"汉高帝祖称丰公"条曰："予自少时读班史，今六七十年，何啻百遍，用朱点句，亦须十本。初不记忆高帝之祖称丰公，比再阅之，恍然若昧平生，聊表见于此。旧书不厌百回读，信哉！"可见他对于这些名著是如此重视，尤其是对司马迁的《史记》，则更是非常推崇，称其文字"真天下之至文"，特写"史记简妙处"一条加以评述，有人贬低、讥议司马迁者，他则于书中立"讥议迁史"一条（《容斋四笔》卷一一）加以辩驳，指出"大儒立言著论，要当使后人无复拟议，乃为至当"，"指司马子长为浅近不学，贬之已甚，后之学者不敢谓然"。

是书所载内容非常广泛，诸如历史、文学、哲学、社会风俗、医学星历等，无所不载（对于宋代典故记述尤详）。正如《四库全书总目提要》所言："其中自经、史、诸子、百家以及医、卜、星、算之属，凡意有所得，即随手札记。辩证考据，颇为精确。""南宋说部，终当以此为首焉。"明代弘治年间李瀚在为该书所作序中，曾概括了该书内容的显著特点："搜悉异闻，考核经史，捃拾典故，值言之最者必札之，遇事之奇者必摘之，虽诗词、文翰、历识、卜医，钩纂不遗，从而评之。参订品藻，论议雌黄，或加以辩证，或系以赞繇，天下事为，寓以正理，殆将毕载。"一个"最"字，一个"奇"字，确实将这部笔记的特点点了出来。不过，我在阅读该书的过程中，还发现两点很值得我们注意，一是书中谈论诗词的条文特别多，上自《诗经》，下到历代著名诗人，而对大诗人李白、杜甫的诗歌议论尤多，难能可贵的是，对于那些诗写得很不错而未能得到流传的诗人及其诗，还特别加以评述，在写《唐扬州之盛》时，文中先后引了杜牧、张祜、王建、徐凝四人的诗句，来说明唐时扬州之盛况。因此，后人曾将此书诗歌部分辑成《容斋诗话》六卷，可见这一特色早已引起前人的注意。二是书中征引大量文集传记碑文，或纠正史书之错误，或补充史传之缺略，无论是对于文献的整理，还是对史料的考证，都有着不可忽视的价值。由于该书内容广泛，下面仅就与文献学有关诸事略事论述。

一、辨伪学上的贡献

我国古籍众多，乃是举世闻名的，但是，在历史发展的长河中，由于种种原因，也出现了为数不少的伪书，因此，在读书过程中，如何鉴别其真伪，就成为十分重要而艰巨的工作，洪迈在《容斋随笔》中为我们留下了许多辨别古书真伪的宝贵经验，为辨伪学作出了很大贡献。从该书我们可以看到，通过他的辨正，被定为伪书者达十余种之多。

《周礼》一书，长期以来一直被看作是周公所作，某些启蒙读本方且写入"我周公，作《周礼》"，几乎家喻户晓，其影响之大可想而知，而洪迈在《续笔》卷一六列有《〈周礼〉非周公书》一文，用十分肯定的语气，否定了《周礼》为周公所作，他指出："《周礼》一书，世谓周公所作，而非也，昔贤以为战国阴谋之书，考其实，盖出于刘歆之手。《汉书·儒林传》，尽载诸经专门师授，此独无传。至王莽时，歆为国师，始建立《周官经》以为《周礼》，且置博士。"这里我们不必去计较他的结论"盖出于刘歆之手"是否正确，但他的前提无疑是千真万确的，经历代学者直至近代的研究，大家一致结论都认为《周礼》绝非周公所作。在宋代他已能提出这个大胆看法，自然是很可贵的。况且他当时论证的思路也相当正确："《汉书·儒林传》，尽载诸经专门师授，此独无传。"这就是说，既然为周公所作，为什么汉代无"专门师授"？因为在汉代许多儒家著作都被推上经典的神圣宝座，汉武帝时，设立五经博士，成绩优良者给以仕进，于是五经博士成了重要的"利禄之路"，就在汉代，《论语》方且首立学官，而光武帝令虎贲之士皆习《孝经》，而被称为周公所作之《周礼》居然无人问津，这简直是不可想象的，如果真的是周公所作，能够被如此冷落吗？除了《周礼》以外，书中对《泰誓》、《金縢》、《汲冢周书》、《尹文子》、《尹子》、《孔丛子》、《随巢子》、《胡非子》，乃至被称为扬雄所作的《别国方言》等都一一作了辨正，分别从书目不载、文字不类、内容不确、别人不引、避讳不当诸方面进行论述。如关于《孔丛子》，他首先指出《汉书·艺文志》不载，"盖刘向父子所未见"。为什么《艺文志》不载呢？尤其是刘向父子都未见到，这问题显然就大了，因为他们父子曾受命整理皇家图书馆藏书，不仅作了提要性的序，而且分类编目，因此这个书目自然就成为汉以前书籍真伪的重要依据。洪迈接着又指出："今读其文，略无楚汉间气骨，岂非齐、梁以来好事者所作乎？"(《容斋三笔》卷一〇)

众所周知，语言文字的时代性是很强烈的，每一个时代的语言文字都具有自己的特点，这个时代烙印，也是我们用以衡量书籍真伪的重要依据，关于这点，洪迈是比较早就用了。除此之外，他还引了颜师古有关论述作为旁证。关于《尹文子》，书中云："刘歆云：'其学本于黄、老，居稷下，与宋钘、彭蒙、田骈等同学于公孙龙.'今其书分为上下两卷,盖汉末仲长统所铨次也。其文仅五千言,议论亦非纯本黄、老者……详味其言,颇流而入于兼爱。"(《容斋续笔》卷一四)关于此书,不仅《汉书·艺文志》有著录,而且刘歆讲得很肯定"其学本于黄、老",但是后来流传的本子已经是东汉末年仲长统所编定过的。经过编定的书,"其文仅五千言,议论亦非纯本黄、老者",居然有了"兼爱"内容,这是尽人皆知的墨家思想,其书真伪自然无须多辨。关于当时社会上流传的《别国方言》,皆云为扬雄所作,因为书后还载有汉成帝时刘子骏给扬雄之信及扬雄回信,好像确有其事。洪迈在《三笔》卷一五,指出《汉书·扬雄传》于"雄平生所为文尽于是矣",并不言及《方言》,《汉书·艺文志》亦不载《方言》,而所谓答刘子骏书,其避讳方式与雄《法言》等著作所称不类,再从语言看,更是"汉人无此语也,必汉、魏之际好事者为之云"。在《三笔》卷一"管晏之言"条,"观管、晏二子之语,一何相似",则断定其中必有一伪,"管氏既自为一书,必不误,当更考之《晏子春秋》也"。在同卷"武成之书"条,从文章称谓及其他用词,论其所记不可信,"武王末代商,已称周王可乎?则《武成》之书不可尽信,非止'血流漂杵'一端也"。《四笔》卷一"周公作金縢"条,用同样道理,论证了《金縢》绝非"周公所自为"。诸如此类,也就无须再列举了。

这些事实充分说明了洪迈在古籍辨伪方面做了许多有益的工作,他根据不同书的特点而从不同角度采用不同方法和理论加以论证,他所采用的方法达六七种之多,可惜的是,他未能做条理化和理论化工作,上文所列几个方面也仅是笔者在阅读该书时就所见到的作初步归纳而已,即使如此,应当说已经相当丰富。明代学者胡应麟的《四部正讹》被认为是我国首部文献学辨伪专著,书中对辨别文献古籍真伪的方法也仅列了八个方面,洪迈所用过的某些方法连胡氏也尚未能概括进去,诸如避讳策定、其书内容经前人称引而与今本不同者等。后一条后来梁启超在《中国历史研究法》第五章所提辨识伪书十二条公例时已经补入,"其书原本,经前人称引确有左证,而今本与之歧异者,则今本必伪"。《续笔》卷一《泰誓四语》用的就是这种方法。可见洪迈在书中所采用的各种方法,大大地丰富了辨伪学的内容和理论,为后世辨伪学的建立作出了巨大贡献。可惜的是,胡应麟和梁启超均未能将避讳列为辨识伪书的"公例",显然是一个缺陷,因为避讳这一特殊的风俗,在长期的中国古代社会里，一直影响着史书乃至所有文献的记载，因此，它在辨别古书的真伪和史料的正误上都起着其他手段所无法替代的作用，应当引起文献研究工作者足够的重视。

二、辨误纠谬，求真存信

从《容斋随笔》一书中，我们可以看到洪迈在读书过程中，善于发现问题，勇于发表己见，通过考证，纠正谬误，这正是该书重要价值之所在。他考证范围相当广泛，大凡史书记载有误、野史杂述内容之不确、文集碑传文字之出入，乃至日常生活常识名称之缘由，皆会进行仔细考订。而所采用的方法手段也十分多样，有理证，有书证，也有物证。他既用大量的文集碑刻资料纠正史书记载之失误，亦用史书的内容纠正杂述野史的错误，论述自如，不受任何限制，充分体现了洪迈善于争辩的性格，如唐玄宗时，派云南太守李宓征南诏事，《通鉴》和《旧唐书》均云兵败为南诏所擒，《新唐书》则云"败死于西洱河"。《随笔》卷四"李宓伐南诏"条，引高适集《李宓南征蛮诗》证实上述三书记载均不正确，该诗序云："天宝十一载，有诏伐西南夷，丞相杨公兼节制之寄，乃奏前云南太守李宓涉海自交趾击之，往复数万里，十二载四月，至于长安。君子是以知庙堂使能，而李公效节。予忝斯人之旧，因赋是诗。"引了该诗以后，洪迈接着便发表自己的看法："其所称述如此，虽诗人之言未必皆实，然当时之人所赋，其事不应虚言，则宓盖归至长安，未尝败死，其年又非十三载也。味诗中掘鼠餐僮之语，则知粮尽危急，师非胜归明甚。"封建时代的启蒙读本《三字经》确实是家喻户晓，影响极大，书中云："若梁灏，八十二，对大廷，魁多士。彼既成，众称异，尔小生，宜立志。"书中讲了宋代梁灏八十二岁方才中了状元的事情。《四笔》卷一四"梁状元八十二岁"条，洪迈考证了八十二岁中状元之说是错误的，并且指出了制假的罪魁：

> 陈正敏《遯斋闲览》："梁灏八十二岁，雍熙二年状元及第。其谢启云：白首穷经，少伏生之八岁，青云得路，多太公之二年。后终秘书

监，卒年九十余。"此语既著，士大夫亦以为口实。予以国史考之，梁公字太素，雍熙二年，廷试甲科，景德元年，以翰林学士知开封府，暴疾卒，年四十二。子固亦进士甲科，至直史馆，卒年三十三。史臣谓"梁方当委遇，中途夭谢"。又云："梁之秀颖，中道而摧。"明白如此，遁斋之妄不待攻也。

由于制假者手段恶劣，所以很多人都受到了蒙骗，特别是编造了梁中状元后的谢启有"白首穷经，少伏生之八岁，青云得路，多太公之二年"句，更具有极大的欺骗性，对此及时加以揭露自然非常重要。陶渊明不为五斗米折腰，一直被传为美谈，直到现在，还有些文章在议论某些问题时，往往借他的品德而议论一番。这是因为《晋书》和《南史》里的《陶潜传》皆作如此记载。《五笔》卷一"陶潜去彭泽"条，洪迈根据陶集《归去来》序内容作了考证，其序云：

余家贫，耕植不足以自给。彭泽去家百里，故便求之。及少日，眷然有归欤之情。何则？质性自然，非矫励所得，饥冻虽切，违己交病。怅然慷慨，深愧平生之志，犹望一稔，当敛裳宵逝。寻程氏妹丧于武昌，情在骏奔，自免去职，在官八十余日。

陶潜为何离开彭泽，洪迈讲得十分清楚，故曰："观其语意，乃以妹丧而去，不缘督邮。所谓矫励违己之说，疑必有所属，不欲尽言之耳。词中正喜还家之乐，略不及武昌，自可见也。"再如《四笔》卷一一"温大雅兄弟名字"条，对温氏三兄弟名与字作了考订，因为《新唐书》称"温大雅字彦弘，弟彦博字大临、大有字彦将"。《旧唐书》"不载彦博字，它皆同"。而《新唐书·宰相世系表》"则云彦将字大有，而博、雅与传同"。这里读者无疑将产生疑问，"三温，兄弟也，而两人以大为名，彦为字，一以彦为名，大为字"。后经他多方查证，先后用欧阳修《集古录》引《颜思鲁制》、欧率更所书《虞恭公志铭》、《大唐创业起居注》内中行文及颜鲁公作《颜勤礼碑》等，得出了"三温之名皆从彦"，"以雅为名，亦由避讳耳"的结论，因为唐高宗太子弘虽为武氏所杀，仍追尊为孝敬皇帝，列于太庙，故讳其名，弘文馆改为昭文馆，弘农县改为恒农县则是。这不仅将三兄弟名与字搞清楚了，而且搞清了史书为什么以大雅为名。还有房玄龄的名与字，新、旧《唐书》所载亦不相同，《新唐书》本传云房玄龄字乔，《旧唐书》本传则云房乔字玄龄，而《宰相世系表》又说玄龄字乔松，三者各不相同，《四笔》卷一三"房玄龄名字"条，洪迈将三者差异列出后，引赵明诚《金石录》载褚遂良书的神道碑，"名字与《新史》传同"，接着又云"予记先公自燕还，有房碑一册，于志宁撰，乃玄龄字乔松，本钦宗在东宫时所藏……"但究竟应当是"乔"还是"乔松"，洪迈未下结论。比较麻烦的是，褚遂良、于志宁二人均与房玄龄共过事，一道修过史，以谁说为准，确实难下结论，看来这还是一个有待于进一步考证的问题。当然，这部书中考证的问题是相当的广泛，可以这样说，日常读书中，凡遇问题不能解决，总都要考证一番，有些看来虽似常识，但却很难一下说清其所以然，诸如"天子"为何称"官家"，襄州土贡漆器为什么称"库路真"，"蓝尾酒"是什么意思，"石尤风"是怎样一种风，如此等等，恐怕很少有人能回答得出，这些考证，显然也都非常重要。

三、野史不可信，杂史琐说不可废

社会上野史的广为流传，给人们造成很坏的影响，洪迈在书中多次列举事实进行批判，提醒人们不要轻信野史。在《随笔》卷四"野史不可信"条，指出"野史杂说，多有得之传闻及好事者缘饰，故类多失实，虽前辈不能免，而士大夫颇信之"。接着就列举了魏泰《东轩录》与沈括《梦溪笔谈》所记北宋时期三件史实的错误。又在《随笔》卷八"谈丛失实"条曰："后山陈无己著《谈丛》六卷，高简有笔力，然所载国朝事，失于不考究，多爽其实。"于是他列举四件史事，一一予以驳正，最后指出"兹四者所系不细，乃诞漫如此。盖前辈不家藏国史，好事者肆意饰说为美听，疑若可信，故误人纪述。后山之书，必传于后世，惧诒千载之惑，予是以辨之"。这就是说，他之所以这样不厌其烦地辩驳，并非出于好胜，而是担心谬种流传，贻误后人，可见其求实存真的精神，确实令人敬佩。以上两条，都是关于当代史事的记载，说明野史所载不宜轻信。而记载历代的许多野史，同样是胡编乱造，洪迈将其一律斥之为"浅妄书"，《随笔》卷一就有"浅妄书"一条，指出：

> 俗间所传浅妄之书，如所谓《云仙散录》、《老杜事实》、《开元天宝遗事》之属，皆绝可笑，然士大夫或信之，至以《老杜事实》为东坡所作者，今蜀本刻杜集，遂以入注。孔传《续六帖》，采摭唐事殊有工，而悉载《云仙录》中事，自秽其书。《开天遗事》托云王仁裕所著，仁裕五代时人，虽文章乏气骨，恐不至此。

这就告诉人们，这些浅妄之书，虽然皆绝可笑，无稽之谈，然而连士大夫方且往往信之，一般人也就可想而知了。有些具有较高学术价值的著作，竟然也悉载这类书中事，其影响之大，也就无须多说了。其之所以会如此，在于这些浅妄书大多假托某名人所作，这自然就具有很大的欺骗性。为了存真求实，对子孙后代负责，洪迈在书中不厌其烦地进行揭露与批判。就在这一条文中，洪迈用简洁的语言，揭露了"开元天宝遗事"的四条谎言：

> 其一云："姚元崇开元初作翰林学士，有步辇之召。"按，元崇自武后时已为宰相，及开元初三入辅矣。其二云："郭元振少时美风姿，宰相张嘉贞欲纳为婿，遂牵红丝线，得第三女，果随夫贵达。"按，元振为睿宗宰相，明皇初年即贬死，后十年，嘉贞方作相。其三云："杨国忠盛时，朝之文武，争附之以求富贵，惟张九龄未尝及门。"按，九龄去相位十年，国忠方得官耳。其四云："张九龄览苏颋文卷，谓为文阵之雄师。"按，颋为相时，九龄元未达也。

所列四条，洪迈并无任何理论，只将当时历史事实写出，真相自然大白。所以他最后十分感慨地说："此皆显显可言者，固鄙浅不足攻，然颇能疑误后生也。"又如《明皇杂录》所载荒唐之事，竟被不少史书所采用，《随笔》卷三"张嘉贞"条就揭露了这样一件十分好笑的事实："唐张嘉贞为并州长史、天兵军使，明皇欲相之，而忘其名，诏中书侍郎韦抗曰：'朕尝记其风操，今为北方大将，张姓而复名，卿为我思之。'抗曰：'非张齐丘乎？今为朔方节度使。'帝即使作诏以为相，夜阅大臣表疏，得嘉贞所献，遂相之。议者谓明皇欲大用人，而卤莽若是，非得嘉贞表疏，则误相齐丘矣。"这一记载若是事实，当然足以说明唐明皇确实太"卤莽"了，将要用之为相，尚不知其名字，更不知在何处任职，在历史上如此荒诞不经的皇帝应当说是确有其人，荒唐程度恐怕有过之而无不及，唐明皇真的会如此吗？经洪迈考订，此事实属子虚乌有：

> 予考其事大为不然。按开元八年，嘉贞为相，而齐丘以天宝八载始为朔方节度，相去三十年，安得如上所云者？又是时明皇临御未久，方厉精为治，不应置相而不审其名位，盖郑处诲所著《明皇杂录》妄载其事，史家误采之也，《资治通鉴》弃不取云。

可见作为一位历史学家，史料鉴别与取舍是大有文章的，《资治通鉴》之所以在千百年后一直得到人们的信赖，就是因为其考订精详，信实可靠，作为一部史书，如果内容错误百出，自然就不能称其为信史了。洪迈告诫人们，对于野史记载，千万不要轻信。对于"谬妄不可殚举"的《博古图》，为了不让其贻误后人，书中曾于《随笔》卷一四和《三笔》卷一三两度列题《博古图》和《再书博古图》进行评论，前者开头曰："政和、宣和间，朝廷置书局以数十计，其荒陋而可笑者莫若《博古图》。"后者开头曰："予昔年因得汉匜，读《博古图》，尝载其叙述可笑者数事于《随笔》，近复尽观之，其谬妄不可殚举。"朝廷置的书局，竟然刻印这样胡编乱造的书，实在是可悲可叹，这样谬种流传，自然是误人子弟，只有了解这点，洪迈在书中所以要反复加以揭露，其用意才能得以理解。因此，从某种意义来讲，洪迈此书许多条文的撰写，其目的就在于维护历史记载的真实，保存信史于人间，千万不能把它视作好事好辨而已。

尽管洪迈对野史荒诞不经的记载不厌其烦地进行揭露与批驳，但他对于杂史、琐说、杂记、家传之类著作，认为不应忽视它们的价值。在《四笔》卷一一"册府元龟"条，该书编纂者们把这类书籍，有的斥之为"并多溢美，故匪信书"，"自矜本国，事或近诬"；有的则说成"僭伪诸国"，"出自伪邦"；还有的则被看作"俱是诙谐小事"、"伤于烦碎"、"事多语怪"等，因而一律被排斥在收录范围之外。正因如此，洪迈指出"其所遗弃既多，故亦不能暴白"。接着他就赞扬了司马光编写《资治通鉴》时的良好办法：

  以唐朝一代言之，叙王世充、李密事，用《河洛记》；魏郑公谏争，用《谏录》；李绛议奏，用《李司空论事》；睢阳事，用《张中丞传》；淮西事，用《凉公平蔡录》；李泌事，用《邺侯家传》；李德裕太原、泽潞、回鹘事，用《两朝献替记》；大中吐蕃尚婢婢等事，用林恩《后史补》；韩偓凤翔谋画，用《金銮密记》；平庞勋，用《彭门纪乱》；讨裘甫，用《平剡录》；记毕师铎、吕用之事，用《广陵妖乱志》。皆本末粲然。

在列举了上述史实之后，他深有感触地说："然则杂史、琐说、家传，岂可尽废也！"如何正确对待众多的杂史、笔记、小说之类文献，可以说是历史学家面临的一项艰巨的任务，既不能作全盘否定，亦不能按其记载照抄照录，关于这点，司马光确实为大家作出了榜样，在《通鉴》正式编修之前，他要求助手们在搜集资料时，除正史记载外，"诸家传记小说，以至诸人文集稍干时事者"，皆须采集，并且明确地告诉他们："实录、正史未必皆可据，杂史、小说未必皆无凭，在高鉴择之。"（《司马文正公传家集》卷六九《贻范梦得》）事实正是如此，实录不实，正史不确，的确都存在，而文集、笔记之类的确有许多可贵的史料，洪迈在其书中已经做了大量的工作，利用后者的记载，纠正正史的错误，补充正史记载的缺略，都起到了可喜的作用，当然关键正像司马光所说"在高鉴择之"，就这一句话，真正做到却并不那么容易，这里面既有辨伪工作，又有考证工作，证明其真实可信，然后才能采用。应当指出的是，洪迈不仅赞扬了司马光修《通鉴》的做法，而且指出这类著作"岂可尽废"？唯其如此，他在书中多次使用这类文献。如《随笔》卷八"真宗末年"条，他就利用钱文僖天禧四年《笔录》来纠正许多著作对当时某些事实记载中的错误，条文在记述当日某些事件过程之后说：

按此际大除拜，本真宗启其端，至于移改曲折，则其柄乃系词臣。可以舞文容奸，不之觉也。寇公免相四十日，周怀政之事方作，温公《记闻》，苏子由《龙川志》，范蜀公《东斋记事》，皆误以为因怀政而罢，非也。予尝以《钱录》示李焘，焘采取之，又误以召晏公为寇罢之夕，亦非也。

又如他在《随笔》卷一四"张全义治洛"条，认为张全义在治理荒废的洛阳方面，作出了很大贡献，但是，"《五代史》于《全义传》书之甚略，《资治通鉴》虽稍详，亦不能尽。辄采张文定公所著《搢绅旧闻记》，芟取其要而载于此"。该书在叙述张全义治理洛阳的具体过程和措施后，其结论是"自是民以耕桑为务，家家有蓄积，水旱无饥人，在任四十余年，至今庙食"。在长期的封建社会里，各地官吏若能使自己治理的一方做到"家家有蓄积，水旱无饥人"，那是很不容易的，所以洪迈在摘引了张全义治洛事迹之后，非常感叹地说："呜呼！今之君子，其亦肯以全义之心施诸人乎？"可见洪迈这部随笔绝非是单纯考证得失，辨别真伪的内容，他是"意之所之，随即记录"，他还要通过对古代史事的考辨记述以达到评论当今，这就是人们常说的"说古以道今"。在《随笔》卷一六，他就专门写了"前代为鉴"一条，说："人臣引古规戒，当近取前代，则事势相接，言之者有证，听之者足以鉴。""考《诗》、《书》所载及汉、唐诸名臣之论，有国者之龟镜也，议论之臣，宜以为法。"又在《随笔》卷一四"次山谢表"条，录元次山为道州刺史时《谢上表》两通，并且明确表示之所以录此谢表的原因，"观次山表语，但因谢上而能极论民穷吏恶，劝天子以精择长吏，有谢表以来，未之见也。世人以杜老褒激之故，或稍诵其诗，以《中兴颂》故诵其文，不闻有称其表者，予是以备录之，以风后之君子"。当然，限于篇幅，将有关这方面的思想内容在此附带指出，不再专门分类论述。

四、写史难，注史亦不易

洪迈曾先后两度入史馆参修国史，深知修史之难，前朝史固然难修，因为许多史料往往是真伪难辨，异说传闻、野史杂记流传又多，都要花很多精力进行考证辨伪。即便修当代史亦非易事，如上文所引"真宗末年"条所载那么重要事实，许多著作都会搞不清楚而记错，精明审慎如司马光方且如此，其他就更可想而知。因此，修史难之感叹，在书中一再流露出来。《随笔》卷六"杜悰"条云，据《通鉴》与《新唐书》记载，在宣宗、懿宗交替之际欲"杀宰相事"，洪迈在引述两书记载后说："予以史考之……无由有斯事。盖野史之妄，而二书误采之。温公以唐事属之范祖禹，其审取可谓详尽，尚如此。信乎，修史之难哉！"又在《续笔》卷四"汉武心术"条，引《史记·龟策列传》记载，讲汉武帝信卜筮之言："赏赐至或数千万。如丘子明之属，富溢贵宠，倾于朝廷。至以卜筮射蛊道，巫蛊时或颇中。素有眦睚不快，因公行诛，恣意所伤，以破族灭门者，不可胜数。百僚荡恐，皆曰龟策能言。后事觉奸穷，亦诛三族。"但因《史记》曾散佚十篇，元、成间褚少孙补缺，"言辞鄙陋"，"后人颇薄其书"，因而也就不信其记载，洪迈认为"《日者》、《龟策列传》在焉"。"此卷（指《龟策列传》）首言'今上即位'，则是史迁指武帝，其载巫蛊之冤如是。今之论议者，略不及之。《资治通鉴》亦弃不取，使丘子明之恶，不复著见。"在洪迈看来，《龟策列传》应为司马迁原作，所记巫蛊之冤、丘子明之恶自然都是可信之言，然而后人鄙薄褚少孙之补缺，对这些记载"亦弃不取"，这种做法，显然是修史者之过失。对史料的鉴别真伪与取舍，自然是修史工作者一大难题：真伪莫辨，将错误的史料写进书中，不仅贻误后人，而且影响书的信誉；该写而不写的，好人好事美名得不到表彰，坏人坏事其罪名反被掩盖。这自然又成为写史者的失职，如此看来，单就史料取舍就已看出修史的确很难。再者一部史书确定体例、书法之标准，自然又是一大难事。司马光编修《通鉴》，对于体例书法等原则都有十分严密的规范，但是在洪迈看来，仍有其不妥之处，因而在《续笔》卷四"资治通鉴"条照样逐条进行了批评，指出："司马公修《资治通鉴》，辟范梦得为官属，尝以手帖论缵述之要，大抵欲如《左传》叙事之体。又云：'凡年号皆以后来者为定。如武德元年，则从正月，便为唐高祖，更不称隋义宁二年。梁开平元年正月，便不称唐天祐四年。'故此书用以为法。然究其所穷，颇有窒而不通之处。"接着他便分几个方面一一列举：

公意正以《春秋》定公为例，于未即位，即书正月为其元年。然昭公以去年十二月薨，则次年之事，不得复系于昭，故定虽未立，自当追书。兼经文至简，不过一二十字，一览可以了解。若《通鉴》则不侔，隋炀帝大业十三年，便以为恭皇帝上，直至下卷之末，恭帝立，始改义宁，后一卷，则为唐高祖，盖凡涉历三卷，而炀帝固存，方书其在江都时事。明皇后卷之首，标为肃宗至德元载，至一卷之半，方书太子即位。……凡此之类，殊费分说。此外，如晋、宋诸胡僭国，所封建王公，及除拜卿相，纤悉必书，有至二百字者。……皆无关于社稷治乱，而周勃薨，乃不书。及书汉章帝行幸长安，进幸槐里、岐山，又幸长平，御池阳宫，东至高陵，十二月丁亥还宫；又乙未幸东阿，北登太行山，至天井关，夏四月乙卯还宫。……如此行役，无岁无之，皆可省也。

其所批评，有的是书法原则之不妥，有的是内容记载的分寸，虽说每条都未必正确，但也并非全无道理。司马光所修《资治通鉴》尚且如此，修史之难便可想而知了。

修史难，大家似乎都还可以理解，注史难，能够理解的人就不是那么多了。真正讲来，注得完全令人满意的史书还不多见。自东汉以来，应劭等人开始注《汉书》以后，《史记》三家注、裴松之《三国志注》、颜师古《汉书注》、胡三省《通鉴注》等，都是很有名的史注，但注书还是存在着不少问题而为后人所议论，可见注史之难绝不亚于修史，因为注好一部史书需要具备非常丰富的知识，天文地理、典章制度、名物训诂、社会风俗等，哪一样也缺少不了。所以洪迈在书中对于史书注释一事，一再发表议论，并在《续笔》卷一五写了"注书难"一条，深叹"注书至难，虽孔安国、马融、郑康成、王弼之解经，杜元凯之解《左传》，颜师古之注《汉书》，亦不能无失"。接着便举例云：

王荆公《诗新经》"八月剥枣"解云："剥者，剥其皮而进之，所以养老也。"毛公本注云："剥，击也。"陆德明音普卜反。公皆不用。后，从蒋山郊步至民家，问其翁安在？曰："去扑枣。"始悟前非。即具奏乞除去十三字，故今本无之。洪庆善注《楚辞·九歌·东君》篇："緪瑟兮交鼓，箫钟兮瑶簴。"引《仪礼·乡饮酒》章"间歌《鱼丽》，笙《由庚》。歌《南有嘉鱼》，笙《崇丘》"为比，云："箫钟者，取二乐声之相应者互奏之。"既镂板，置于坟庵，一蜀客过而见之，曰："一本箫作捕，《广韵》训为击也。盖是击钟。正与緪瑟为对耳。"庆善谢而亟改之。

后文他又引有人误将玉奴说成是齐东昏侯潘妃小字，其实潘妃小字作玉儿，玉奴乃杨贵妃自称。所列三事，都很典型，打枣变成了剥枣，总还没有离开枣子，箫钟本该是击钟之意，一下变成两种乐器，相去似乎太远了。可见注书确实很不容易。颜师古所注《汉书》，他也认为是史注中比较好的一种，在《续笔》卷一二"汉书注冗"一条中，开头便说："颜师古注《汉书》，评较诸家之是非，最为精尽。"这个评价不能说不高，但是，也许正因为他"读班史，六七十年，不啻百遍"，所以对颜注长短得失了如指掌，既知其长处，更知其不足之处，"有失之赘冗及不烦音释者。其始遇字之假借，从而释之。既云'他皆类此'，则自是以降，固不烦申言"。若是初学者读是书未尝不是件好事，然而"读是书者，要非童蒙小儿，夫岂不晓，何烦于屡注哉？"此其一也。洪迈认为颜注中还有一种不可原谅的倾向，即对《汉书》中之错误不是正面指出，而是作不应有的回护。《三笔》卷一《汉志之误》条曰："昔人谓颜师古为班氏忠臣，以其注释纪传，虽有舛误，必委曲为之辨故也。"洪迈接着引了《汉书》的《五行志》、《艺文志》、《地理志》中一些记载错误和颜师古所作之注，指出"颜虽随事敷演，皆云未详其说，终不肯正诋其疵也"。洪迈在书中也记载了不少本该作注而所有注家均未注者，如《三笔》卷一五"诎一人之下"条："萧何谏高祖受汉王之封，曰：'夫能诎于一人之下，而信于万乘之上者，汤、武是也。'《六韬》云：'文王在岐，召太公曰："吾地小。"太公曰："天下有粟，贤者食之；天下有民，贤者牧之。屈于一人之下，则申于万人之上，唯圣人能为之。"'然则萧何之言，其出于此，而《汉书》注释诸家，皆不曾引证。"又如乐器箜篌的起源，应劭在《风俗通义》中记载甚详，可是许多注家不仅没有征引，而且还在胡乱推论。故洪迈在《续笔》卷七"五十弦瑟"条提出了批评，指出：

刘昭《释名》"箜篌"云，师延所作靡靡之乐，盖空国之侯所作也。段安节《乐府录》云："箜篌乃郑、卫之音，以其亡国之声，故号空国之侯，亦曰坎侯。"吴兢《解题》云："汉武依琴造坎侯，言坎坎应节也。后讹为箜篌。"予案《史记·封禅书》云："汉公孙卿为武帝言：'太帝使素女鼓五十弦瑟，悲，帝禁不止，故破其瑟为二十五弦。'于是武帝益召歌儿，作二十五弦及空侯。"应劭曰："帝令乐人侯调始造此器。"《前汉·郊祀志》备书此事，言"空侯瑟自此起。"颜师古不引劭所注，然则二乐本始，晓然可考，虽刘、吴博洽，亦不深究，且"空"元非国名，其说尤穿凿也。《初学记》、《太平御览》编载乐事，亦遗而不书。《庄子》言"鲁遽调瑟，二十五弦皆动"，盖此云。《续汉书》云"灵帝胡服作箜篌"，亦非也。

对于如此重要的乐器名称及起源，许多名家尚且在那里胡编乱造，可见加以纠正是何等重要，不应当让那些错误说法再流传下去。再如《随笔》卷五"元二之灾"条，纠正了章怀作注之错误，《后汉书·邓骘传》有"拜为大将军，时遭元二之灾"。章怀注云："元二即元元，古书字当再读者，即于上字之下为小二字，言此字当两度言之。"赵明诚对此注已提出怀疑，《金石跋》云："若读为元元，不成文理，疑当时自有此语，《汉注》未必然也。"洪迈根据当年历史事实认为，"元二"乃是元年二年之简称，"安帝永初元年、二年，先零滇羌寇叛，郡国地震、大水。邓骘以二年十一月拜大将军，则知所谓元二者，谓永初元年二年也。凡汉碑重文不皆用小二字，岂有《范史》一部唯独一处如此，予兄丞相作《隶释》，论之甚详，予修国史日，撰《钦宗纪赞》，用靖康元二之祸，实本于此"。通过这样解释，元二的连用其意就显然可知了。其他如《三笔》卷二"绛灌"，《四笔》卷五"宋桑林"、"冯夷姓字"等条，都在论述注家之过失问题，所列之事实当然都相当重要，注家若无博大精深的学问和才华，万万无法担当起注释古人著作的重任。从洪迈的要求来看，凡是应当注的内容，不论字词典故、地名人名、历史事件等都必须一一注出，绝不能像我们当今有些注本那样，凡遇难题，便采用绕着走的办法，真正需要注的，则堂而皇之放着，结果还是要读者自行解决。今天若能再出几位洪迈，这一现象或许可以得到整治。如此看来，注释史书绝不是一件轻而易举的事，无怪乎洪迈在书中大呼"注书至难"。

五、姓氏之书，大抵多谬误

在我国作为史学的一个分支，谱牒学是相当发达的，尤其是后来私家之谱产生以后，几乎每个家族都有自己的族谱或家谱。应当说在这大量的族谱、家谱中为我们留下来许多可贵的资料，但是其中伪冒材料也相当普遍，千万不能轻信，因为自私家之谱盛行之后，伪托攀附之风也就随之盛行。在唐代，历史学家颜师古在注《汉书》时，已经指出私家之谱妄相攀附的弊病，他指出："私谱之文，出于闾巷，家自为说，事非经典，苟引先贤，妄相假托，无所取信，宁足据乎？"（《汉书·眭弘传》注）他又说："近代谱牒，妄相托附，乃云望之萧何之后，追次昭穆，流俗学者，共祖述焉。"（《汉书·萧望之传》注）洪迈在书中对这种姓氏之书，也提出了自己的看法，其一曰"姓氏之书，大多谬误"，其二曰"姓氏不可考"。其见解可以说相当高明。《四笔》卷九有"姓源韵谱"一条，开头便说："姓氏之书，大抵多谬误。"接着他便列举事实：

> 如唐贞观《氏族志》，今已亡其本。《元和姓纂》，诞妄最多。国朝所修《姓源韵谱》，尤为可笑。姑以洪氏一项考之，云："五代时有洪昌、洪杲，皆为参知政事。"予案二人乃五代南汉僭主刘䶮之子，及晟嗣位，用为知政事，其兄弟本连"弘"字，以本朝国讳，故《五代史》追改之，元非姓洪氏也。

他还指出，有些人张冠李戴，居然还似乎确实言之有据，"洪庆善作《丹阳洪氏家谱序》云：'丹阳之洪本姓弘，避唐讳改。有弘宪者，元和四年跋《辋川图》。'"洪迈在《三笔》卷六"李卫公辋川图跋"文中指出，弘宪者何许人也，乃李吉甫之字也。看来好像是个笑话，其实都是真实的文字记载，其牵强附会到达如此地步，简直不可思议。他又在《随笔》卷六"唐书世系表"条，批评了欧阳修轻信私家之谱的记载而不作考证，并揭露了身为史家的沈约编造其祖上之世系实在可恨:"《新唐·宰相世系表》,皆承用逐家谱牒,故多有谬误,内沈氏者最可笑。"接着他将该《世系表》关于沈氏世系的记载原文抄录,又将《宋书》沈约《自叙》所云其祖上世系原文抄录,然后进行比较,发觉"其后颇与《唐表》同",进而加以辨证后,气愤地说:"沈约称一时文宗,妄谱其上世名氏官爵,固可蚩诮……岂不读《左氏》乎?欧阳公略不笔削为可恨也。"据沈约《自叙》云,他的先祖,在汉初有叫沈保者,封竹邑侯,其子沈遵,"官至齐王太傅、敷德侯","遵子达骠骑将军",等等,而《宰相世系表》中云汉时还有封彭城侯。笔者也查阅了《汉书》,不仅无竹邑侯、敷德侯、彭城侯这种封号,就连沈保、沈遵、沈达这些人也没有,虽有骠骑将军,但与沈氏无关。《汉书》中倒有敷侯、彭侯,但所封者均为刘氏。沈约作为历史学家,竟然如此编造,难怪洪迈要作严厉批评了。说也离奇,沈约利用修史之权,作了如此不光彩的表演,魏收作《魏书》,在其自叙中居然也步其后尘,故洪迈在《三笔》卷二"魏收作史"条中,在批判其狂妄曲笔以后,指出:"其自序云:'汉初,魏无知封高良侯,子均,均子恢,恢子彦,彦子歆,歆子悦,悦子子建,子建子收。'无知于收,为七代祖,而世之相去七百余年。其妄如是,则其述他人世系与夫事业,可知矣。"可见世系谱牒之书,在叙述其远祖时,大都有伪托攀附之嫌,所以清代章学诚曾作了概括性的论述,指出:

> 谱系之法,不掌于官,则家自为书,人自为说,子孙或过誉其祖父,是非或颇谬于国史,其不肖者流,或谬托贤哲,或私鬻宗谱,以伪乱真,悠谬恍惚,不可胜言。其清门华胄,则门阀相矜,私立名字,若江左王、谢诸家,但有官勋,即标列传。史臣含毫,莫能裁断。以至李必陇西,刘必沛国,但求资望,不问从来,则有谱之弊,不如无谱。(《文史通义新编新注》外篇四《和州志·氏族表序例中》)

遗憾的是,当前学术界有些人则把所有家谱族谱一律看作是真实可靠的信史,对于许多学术界争论的问题,只要某族谱有相关记载,也不问是否伪托,就认为已经有了论据,"可以迎刃而解了"。于是有位中文系教授,竟在不厌其烦地考证彭祖确实是钱氏家族的远祖。事有凑巧,不久前在参加有关族谱的研讨会时，有位彭姓学者在关于彭姓家族修谱的文章中，也称彭祖是自己的远祖，这就势必产生钱彭两姓争夺彭祖的事实。又如有人从《须江郎峰祝氏族谱》中"意外发现岳飞有一首绍兴三年（1133）赠祝允哲的《满江红》，以及祝允哲和岳飞的一首词"。此人不分青红皂白，也不考证其是否真实，便如获至宝，认为有此内容，岳飞那首《满江红》词真伪问题争论，似乎一下就得到解决了。可是时隔不久，学术界的几位宋史专家就发表文章，认为该谱中两首词全是伪托，就是该谱的谱主也是伪托。可见使用族谱资料，千万应当审慎，古代学者已经再三提醒，我们自然就更不应当大而化之了。

洪迈在书中除了论述姓氏之书伪托较多、不可尽信外，还指出许多姓氏，经过不断演变，很难确考。《随笔》卷六还写了"姓氏不可考"一条，指出"姓氏所出，后世茫不可考，不过证以史传，然要为难晓。自姚、虞、唐、杜、姜、田、范、刘之外，余盖纷然杂出"。接着他根据《左传》，列举了申、贾、黄、孔、高、国、孙、郭等姓氏之出现。"孙氏出于卫，而楚有叔敖，齐有孙书，吴有孙武。郭氏出于虢，而晋有郭偃，齐有郭最，又有所谓郭公者。千载之下，遥遥世祚，将安所质究乎？"事实上姓氏变化，因素很多，如上文所引洪昌兄弟本来姓刘，一变而姓洪，当然就不知其族谱将如何修法。又如《三笔》卷五"何韩同姓"条，叙述了韩何两姓，何以会变为同姓，历引《史记·周本纪》应劭注、邓名世《姓氏书辨证》，最后曰："予后读孙愐《唐韵》云：'韩灭，子孙分散江、淮间，音以韩为何，字随音变，遂为何氏。'乃知名世用此。"历史上姓氏的变化因素很多，有因帝王赐姓而改者，有因避帝王之讳而改者，更有因避仇而改者，凡此种种，自然不可一概而论，深究起来非常复杂，所以洪迈提出"姓氏不可考"是确有其一定道理的。

以上笔者从五个方面评论了《容斋随笔》的内容及其价值，只要通读全书，人们就会发现，洪迈实际上是一位很有成就的文献学家，他对于文献的整理、校勘、辨伪等方面都提出了非常可贵的见解和主张，尤其在校勘、辨伪方面作出了很大贡献，可惜的是，这些贡献至今还很少有人谈及。这部笔记还有一个很大的功绩，在普及文化常识方面作出了很大贡献。正如上文已经引到明人李瀚在该书旧序中所言："搜悉异闻，考核经史，捃拾典故，值言之最者必札之，遇事之奇者必摘之。"这个"最"与"奇"往往都是很重要的常识,但又常被人们所忽略。这里不妨列举数事,"触龙说赵太后"这件事虽说不上家喻户晓,但知道的人确实不少,因为许多文学作品选和文科大学教材都选过。可是"陈翠说燕后"的故事就很少有人知道了,因为这个故事的情节、文字结构和语气竟然十分相似,洪迈在《四笔》卷三"陈翠说燕后"就讲了此事:"赵左师触龙说太后,使长安君出质,用爱怜少子之说以感动之。予尝论之于《随笔》中。其事载于《战国策》、《史记》、《资治通鉴》,而《燕语》中又有陈翠一段,甚相似。……此语与触龙无异,而《史记》不书,《通鉴》不取,学者亦未尝言。"又如商鞅为了变法,募民徙木示信之事也是大家所熟知的,但是他这种做法乃是效仿吴起,这一点很少有人知晓。《四笔》卷六"徙木偾表"条就讲了此事的原委:

  商鞅变秦法,恐民不信,乃募民徙三丈之木而予五十金。有一人徙之,辄予金,乃下令。吴起治西河,欲谕其信于民,夜置表于南门之外,令于邑中曰:"有人能偾表者,仕之长大夫。"民相谓曰:"此必不信。"有一人曰:"试往偾表,不得赏而已,何伤?"往偾表,来谒吴起,起仕之长大夫。自是之后,民信起之赏罚。予谓鞅本魏人,其徙木示信,盖以效起,而起之事不传。

南京的莫愁湖,大家都知道它是因这里出了个莫愁女而得名,但历史上却有两位莫愁女,一般人自然也很少知道,《三笔》卷一一"两莫愁"条,便将诗人笔下两位莫愁女作了介绍。再如《四笔》卷一四"舞鸥游蜻"条云:

  战国时诸子百家之书,所载绝有同者。《列子·黄帝篇》云:"海上之人有好沤鸟者,每旦之海上从沤鸟游,沤鸟之至者百数而不止。其父曰:吾闻沤鸟皆从汝游,汝取来吾玩之。明日之海上,沤鸟舞而不下也。"《吕览·精喻篇》云:"海上有人好蜻(蜻蜓)者,每朝居海上从蜻游,蜻至者百数而不止,前后左右尽蜻也,终日玩之而不去。其父告之曰:闻蜻皆从汝居,取而来,吾将玩之。明日之海上,蜻无至者矣。"此二说如出一手也。

这就告诉人们，战国时期的诸子百家之书，许多都是寓言，所以雷同之处特多，绝对不能相信确有其事。就如"螳螂捕蝉，黄雀在后"这一成语，原出自《庄子·山木》篇，刘向在《说苑·正谏》篇编写了讽谏吴王故事后，似乎得到广为流传。而《吴越春秋》在《夫差内传》中居然也有这则同样的故事，不过所记主人公并不相同，故事情节也更为复杂。这些很难都作为信史看待，所以洪迈在书中作如上之提示，看来还是相当重要，千万不能把寓言或民间故事视为信史。

综上所述，洪迈的《容斋随笔》确实是一部内容相当丰富的学术笔记，书中对于历代政治得失、统治者的罪恶、劳动人民的苦难等，也都有所论述、有所揭露，并对此表示了同情，关于这些有的学者已有专篇论述，限于篇幅，只好到此为止。

（本文原载仓修良：《史家·史籍·史学》）

《通鉴纲目》和纲目体

朱熹编著的《资治通鉴纲目》(又称《通鉴纲目》),自问世以后,在社会上所产生的影响相当大,上自朝廷,下至平民百姓,从中都曾得到过好处。因此,不仅原著得到广为流传,而且还形成了一种新的史学体裁——纲目体,同时又产生了许多新的相关的史学著作。然而对于这样一部史书以及在它影响下产生的一系列著作,在当代史学研究中,似乎还没有引起人们足够的重视,原因在于一般总认为它对于中国史学发展影响不大,因而在许多史学史专著中竟无一席之地。笔者本人也曾有过这样的看法,如在1983年出版的《中国古代史学史简编》中,虽然列有一目作了介绍,但最后却说:"尽管《纲目》在史学上没有什么价值可言,但其影响和流毒却是十分深远的。"这一说法显然是很不妥当的,只要深入加以研究就会发现,该书产生以后,不仅新增了一种史体,产生了一系列纲目体的历史著作,而且更为重要的还在于为史学走向社会、走向通俗化开辟了道路。然而这一历史现象,长期以来却一直被人们所忽略。唯其如此,笔者在1986年受山东教育出版社委托主编《中国史学名著评介》时,曾拟订了一份收入史书目录,将朱熹的《通鉴纲目》也收入其中,并分别寄请多位师友征求意见。从反馈的意见来看,还是很少有人同意收入此书。面对这种情况,我经过再三考虑,还是果断将其收入,并在该书《前言》中这样写道:"再如朱熹的《通鉴纲目》,就其思想性和史料而言,都很难说有多大价值,但由于它创立了纲目史体,故亦把它收入。"但这里还仅局限于创立纲目体,至于由此而让史学走向社会、走向通俗化而产生的那股"纲鉴热",还是未能提及。关于这一点,在今天看来似乎尤其具有重要意义,应当深入研究并加以借鉴。本文想就这些方面情况作些初步探索,以期引起人们的重视,也就是说,想以此起到抛砖引玉的作用。笔者希望能有更多的人对此作进一步深入研究,特别要研究从纲目体进化到"纲鉴热"的真正原因、过程及其在社会上所产生的影响。

一

众所周知，司马光编修《资治通鉴》有两个目的：一是深感千余年来史书至多，却没有一部简明系统的通史，因而"诸生历年莫能竟其篇第，毕世不暇举其大略，厌烦趋易，行将泯绝"（刘恕《通鉴外纪后序》），于是他决心要编写一部简明的通史来解决这一矛盾；二是这部书的编修，还要做到"专取关国家盛衰，系生民休戚，善可为法，恶可为戒者"（《司马温公传家集》卷一七《进通志表》），以供君主治国施政的借鉴。《通鉴》成书为二百九十四卷，约三百万字，与原来的历代史书总计为三千万字相比，字数确实减少了。但是，就是这个数字，毕竟还是让众多的人为之望洋兴叹，因为像这样篇幅的大书，要在短时间内将其通读一遍还是非常困难的。正如司马光自己所说，《通鉴》成书后，只有王胜之一人阅读过一遍。为此，朱熹便考虑利用《通鉴》为基础，另编一部简明扼要、通俗易懂的编年体史书。当然，朱熹编纂《通鉴纲目》的动因并非仅仅如此，我们曾根据他的有关论述，将其概括起来，其实亦有两大原因：其一是《通鉴》一书部头太大，内容太详，人们读了不能得其要领，读到后面，忘了前面，何况短时间内也无法通读完毕；其二是《通鉴》的封建正统思想还不够强，名分思想还不突出，书法褒贬还不完备，因此一意模仿《春秋》书法，亲自制订凡例，按照儒家的纲常名教思想，作为编排其内容的准则。其书起讫，一依《通鉴》之旧，而从《通鉴》中节取事实，编为纲目。纲为提要，顶格大书，模仿《春秋》；目以叙事，低格分注，模仿《左传》。当然，我们说"从《通鉴》中节取事实"，说明《通鉴纲目》的记事内容基本上是依据《通鉴》，实际上在编纂过程中，还是做了三方面工作，即删去《通鉴》繁文，增补《通鉴》史实，改正《通鉴》记载不当之处，而并不是如人们所想象的那样，全部节录《通鉴》。关于这一点，叶建华同志在《〈资治通鉴纲目〉评介》[①]一文中曾经作过论述，这里笔者就从略了。

[①] 仓修良主编：《中国史学名著评介》第2卷，山东教育出版社1990年版。

二

《通鉴纲目》一书究竟是由谁而作，至今似乎还存在不同的声音。朱熹一生花了二十余年时间，在友人和弟子的协助下完成了这部史学著作，由于生前未能正式刊行，又由于最后一部分的修改工作是由其学生赵师渊帮助完成，所以此书刊行之后，社会上竟然流传着《通鉴纲目》并非朱熹所撰，他只是制订了凡例，其内容全为赵师渊所作的说法。明末张自勋在《纲目续麟》一书中已正式提出此说，《四库全书总目提要》的作者讲得就更明确了，并且在《纲目续麟》和《御批通鉴纲目》两书提要中都作了论述，尤其是后者讲得就更加具体："朱子因司马光《资治通鉴》以作《纲目》，惟凡例一卷，出于手定，其纲皆门人依凡例而修，其目则全以付赵师渊。"《四库提要》是官修的权威著作，既然作如此说法，几乎已成定论，加之著名历史学家全祖望亦持此说，认为"是书全出讷斋（赵师渊号），其本之朱子者不过凡例一通，余未尝有所笔削"。① 于是这一说法便广为流传。笔者在20世纪70年代末撰写《中国古代史学史简编》时，尽管对此说法并不完全相信，但由于自己未作过深入研究，也提不出相反意见，只是在书中写了"纲为朱熹自定，目为其门人赵师渊所作"。所以要这样写，因为纲的编定，涉及强正统、定名分问题，这是他不满于司马光在《通鉴》中关于正统的一些做法，这成为他编纂此书的重要因素之一。因此，全书大纲只有由他亲自写定，方能达到这一目的，其他弟子是无法做到的。值得指出的是，全祖望所讲，亦并非有真凭实据，也是根据朱氏与赵师渊书信往来中推测出来的。而全祖望在《书朱子〈纲目〉后》开头还有这样一段文字：

> 黄榦尝谓《纲目》仅能成编，朱子每以未及修补为恨。李方子亦有"晚岁思加更定，以归详密"之语。然则《纲目》原未成之书。其同门贺善争之，以为《纲目》之成，朱子甫逾四十，是后修书尚九种，非未成者。又力言朱子手著。

---

① 《鲒埼亭集外编》卷三四《书朱子〈纲目〉后》，《全祖望集汇校集注》，上海古籍出版社2000年版。

黄、李二人亦为朱氏弟子，明明讲的是"仅能成编"、"未及修补"、"思加更定，以归详密"，其意很明显，都是讲书稿已完成，只是"未及修补"和"更定"而已；同门贺善亦争之，认为《纲目》"非未成者"，"力言朱子手著"。但全祖望最后仅据"观朱子与赵师渊书"，便得出"是书全出讷斋"的结论。这一做法无疑过于草率，全祖望对于黄、李、贺三人看法既然已经征引，总该表个态吧，在没有任何其他证据的情况下，便直言"但观朱子与赵师渊书，则是书全出讷斋，其本之朱子者不过凡例一通，余未尝有所笔削，是左证也"。这一说法，迷惑性是相当大的，不知情者都会相信，总以为他的结论是由朱子亲笔信所得出，因而对于相反的看法，似乎也就无须辩驳了。问题在于朱子信中并未直截了当作过如此说法，而是全氏以意推求所得，又无其他"左证"。何况他用朱子之信也是用来作"左证"的，所以我们说他这种做法不免过于草率，人家并未讲过"是书全出讷斋"，要你"左证"什么呢？但是，不管怎么说，由于前有权威的《四库提要》唱之于前，又有全氏和之于后，《纲目》一书并非朱子"手著"便成为挥之不去的定论了。

还在 20 世纪 80 年代末，叶建华同志开始研究朱熹在史学上的贡献时，便发现此说之不可信，于是便在我主编的《中国史学名著评介》一书中，对《资治通鉴纲目》写了评介。文章的第一部分就是对该书的编纂过程进行论述和考证，文中多次引用朱熹和好友吕祖谦讨论编修《纲目》往来书信，其中有淳熙元年（1174）答吕祖谦书云："近稍得暇，整顿得《通鉴》数卷，颇可观，欲寄未有别本，俟来春持去求是正。"（《朱文公文集》卷三三《答吕伯恭》）又在淳熙五年答吕祖谦书中说："《纲目》近亦重修及三之一，条例整顿，视前加密矣。……但恐微细事情有所漏落，却失眼目，所以须明者一为过目耳。"（《朱文公文集》卷三四《答吕伯恭》）再如淳熙四年答张敬夫书云："《通鉴纲目》近再修至汉晋间，条例稍举，今亦谩录数项上呈。但近年衰悴目昏，灯下全看小字不得，甚欲及早修纂成书，而多事分夺，无力誊写，未知何时可得脱稿求教耳。"（《朱文公文集》卷三二）仅引朱熹以上三则给友人书信内容，就足以证明《四库提要》作者与全祖望所云都是绝对不可信的。叶建华在论述该书编纂过程时，还特地将其分成三个阶段：第一阶段是写成最初草稿，第二阶段乃为完成"净本"（初稿）时期，第三阶段则为最后修改定稿时期。最后他指出："我认为，朱熹编《纲目》，先有蔡季通、李伯谏、张元善、杨伯起等帮助编成初稿，后有赵师渊等帮助修改整顿。赵师渊之于《纲目》与蔡、李、张、杨诸人一样，只能看作是朱熹编撰此书的助手，一切还是听从朱熹的指导。"可见朱熹主编《通鉴纲目》，绝不像我们今天那些挂名主编，他是实际参加了该书的编撰工作，从制订凡例到列出大纲，从编写初稿到修改定稿，都有他亲自劳动的成果，实际上当年只差一篑之功，就引来身后这么多议论。为了把问题说明得更清楚，叶建华同志特地于1994年在《文史》第39辑上又发表了《论朱熹主编〈纲目〉》一文，对于朱熹在编纂《通鉴纲目》中究竟做了哪些工作作了较为详细的考证和论述，用历史事实否定了《四库提要》的作者和全祖望所下的错误结论，并且指出：

> 朱熹编《纲目》共花了二十余年时间，是基本上定稿，只剩下一部分修改工作未能亲自完成。然而，由于《纲目》的最后一部分修改工作主要由赵师渊帮助完成，也由于《纲目》在朱熹生前未能正式刊行，所以书成之后，《纲目》非朱熹所撰，朱熹于《纲目》至多只作了一个凡例，其内容均为赵师渊所撰的说法在社会上流传开来。

这么一来，总算将长期以来后人加给朱熹关于《通鉴纲目》编修方面的不实之词，作了一次清除，还历史以本来面貌。由于这一不正确的说法影响非常之广，有必要在此再作一些概述，以作点适当的澄清。

三

朱熹在生前一直处在修改《通鉴纲目》过程之中，直到他去世后十年，即嘉定三年（1210）方由弟子李方子参定刻印，起初纲、目、凡例还是分别刊行，陈振孙在《直斋书录解题》就曾这样说：

> 《通鉴纲目》五十九卷，侍讲新安朱熹元晦撰。始，司马公《通鉴》有《目录举要》。其后，胡给事安国康侯又修为《举要补遗》。朱晦翁因

别为义例，表岁以首年，因年以著统，大书以提要，而分注以备言，自为之序，乾道壬辰也。大书者为纲，分注者为目，纲如经，目如传。此书尝刻于温陵，别其纲谓之提要，今板在监中。庐陵所刊则纲目并列，不复别也。

至于《纲目凡例》迟至咸淳元年（1265）方由门人王柏刻于金华，其中原委王柏在《凡例后语》中均有说明，此后便将《凡例》、《纲目》一道合刻流传于世，直至明清，由于社会需求，时有刻本问世，成为一部非常热门的史书。

《通鉴纲目》自问世以来，所以受到社会的广泛关注和欢迎，首先是全书强化正统思想，突出纲常名教，符合封建统治者的要求，这在封建时代许多人的评论中便可得到反映，因此，明清两代统治者都非常重视。明宪宗成化九年（1473），"上命儒臣考订宋儒朱熹《资治通鉴纲目》，尽去后儒所著考异、考证诸书，而以王逢《集览》、尹起莘《发明》附其后，至是上呈"。明宪宗还亲自为之作序：

> 朕惟朱子《通鉴纲目》，实备《春秋》经传之体，明天理，正人伦，褒善贬恶，词严而义精，其有功于天下后世大矣。……是书所载，自周秦汉晋历南北朝隋唐以及五季，凡千三百六十二年之间，明君良辅有以昭其功，乱臣贼子无以逃其罪，而疑事悖礼，咸得以折衷焉，俾后世为君为臣者，因之以鉴戒惩劝，而存心施政，胥由正道，图臻于善治，其于名教岂小补哉！然则是书诚足以继先圣之《春秋》，为后人之轨范，不可不广其传也。因命缮录定本，附以凡例，并刻诸梓以传。（《明宪宗实录》卷一一三）

这段议论，可以说代表了封建社会后期整个统治者的看法。不仅如此，同年十一月，宪宗又命大学士彭时等编纂《宋元资治通鉴纲目》，宪宗"上谕"曰："朱文公《通鉴纲目》，可以辅经而行。顾宋、元二代，至今未备。卿等宜遵朱子凡例，编纂宋、元二史，上接《通鉴》，共为一书。"（《明宪宗实录》卷一二二）彭时去世后，商辂接替主持编纂。至成化十二年书成，

"始于宋建隆庚申,终于元至正丁未,凡四百有八年,总二十有七卷,名曰《续资治通鉴纲目》"。商辂等在《进续资治通鉴纲目表》中曰:"伏以经以载道,阐万世之文明;史以辅经,昭累朝之鉴戒。东鲁大圣删述于前,考亭大儒祖述于后,此《春秋》为经中之史,而《纲目》实史中之经。"这里可以看出,君臣之间一唱一和,宪宗曰:"朱文公《通鉴纲目》,可以辅经而行。"商辂则曰:"《纲目》实史中之经。"这么一来,《通鉴纲目》就被轻而易举地推上了神圣的地位。因此,其后不久,作过《通鉴纲目前编》的许浩就曾这样说:"及我太祖高皇帝、太宗文皇帝表章'四书'、'五经',颁降天下,而《纲目》亦与,则视《资治通鉴》盖加显矣。"(许浩《宋史阐微》卷一《命龙图阁大学士司马光编历代君臣事迹》)生活在万历年间的叶向高,在《重刻通鉴纲目序》中更加明确指出:"国朝列圣崇重表章,颁之学宫,令士子诵习,与六籍等。柄文者,必循以课士,宁独取其该洽,良以二千年来是非褒贬折衷于是书,不可废也。"(叶向高《苍霞草》卷八)这些叙述足以说明,《通鉴纲目》到了明代,已被统治者推上了极高的神圣殿堂,司马光的《资治通鉴》已经无法与之相比。因为《通鉴纲目》不仅可以与"四书"、"五经"并列,更重要的是"颁之学宫,令士子诵习",实际上是朝廷行政命令在推广此书,其影响之大自然就可想而知了,而在社会上的地位之高,当然也就远在《资治通鉴》之上了。进入清代,康熙帝于康熙四十六年(1707),"因陈仁锡刊本,亲加评定"(《四库提要》语),并为之作序。因为有了"御批",其身价自然就提高百倍,于是科举考试策论,概以此书为准。乾隆初年,高宗又命大臣编纂《通鉴纲目三编》,以续朱熹《通鉴纲目》和商辂《续资治通鉴纲目》,以补有明一代史事,并于乾隆十一年(1746)四月成书二十卷进呈,高宗亲自为之作序、参定。他在序中还说明为什么要续《通鉴纲目》:

> 编年之书奚啻数十百家,而必以朱子《通鉴纲目》为准?《通鉴纲目》盖祖述《春秋》之义,虽取裁于司马氏之书,而明天统,正人心,昭监戒者几微,得《春秋》大居正之意,虽司马氏有不能窥其藩篱者,其他盖不必指数矣。尝谓读书立言之士,论世为难,非如朱子具格致诚正之功,明治乱兴衰之故,其于笔削,鲜有不任予夺之私,失褒贬之公

者。自《纲目》成，而义指正大，条理精密，后儒有所依据，踵而续之。

在这篇序中就非常明显地道出了统治者要推崇《通鉴纲目》的原因，那就是此书可以"明天统，正人心，昭监戒"。关于这一点，"司马氏有不能窥其藩篱者"，当然《资治通鉴》也就得不到犹如《纲目》这样的荣崇。书成不久，因事迹漏落，地名、人名又多舛误，遂于乾隆四十年（1775）命赫舒德重修，补遗纠谬，使端委秩然，而卷数比初编加倍。乾隆三十二年，高宗又命大臣依纲目体重修一部简明通史，名曰《通鉴辑览》，因高宗曾亲自核定和批注，故亦称《御批通鉴辑览》，全书一百一十六卷，附南明唐、桂二王事迹三卷。编年纪事，纲目相从，于音训典故与史实考证，则分注于其目之下。起自上古，迄于明末，是简明的编年体通史。其书虽是在前人旧史基础上删繁就简，但自定凡例，立有史料取舍标准，于数千年历史大事之原委始末，叙述简明，颇便于初学历史之入门。

至于民间之所以欢迎《通鉴纲目》，关键在于简明与通俗，特别是提纲挈领，大的事件可以做到一目了然，这对于那些需要了解历史的人自然方便得多了，特别是适合于士人的科举考试。正如朱熹所说："此书无他法，欲其纲谨严而无脱落，目欲详备而不烦冗耳。"（《御批资治通鉴纲目》卷首下《朱熹与赵师渊书》）尤其是全书卷帙不大，仅五十九卷，为《通鉴》的五分之一，这自然就适合广大民众的需求，加之统治者又大力提倡，因此，问世以后很快得以广泛流传。特别要指出的是，《纲目》成书不久，便有遂昌（今浙江遂昌）人尹起莘著成《资治通鉴纲目发明》五十九卷，对《纲目》进行了大力宣扬，尹氏在《纲目发明序》中说："是书之作，其大经大法，如尊君父而讨乱贼，崇正统而抑僭伪，褒名节而黜邪佞，贵中国而贱夷狄，莫不有系于三纲五常之大，真所谓为天地立心，为生民立极，为先圣继绝学，为后世开太平者也。"这些议论，确实做到了为《纲目》发明的作用，所以魏了翁在《通鉴纲目发明序》中说："是书若行，《纲目》之忠臣也。"唯其如此，明清以来此书同样得到广泛欢迎。王重民先生在《中国善本书提要》中曾有这样说明："是书上自《纲目》纂成，仅三四十年，或四五十年，为发明《纲目》者第一部书，明清以来，翻刻不绝。"其影响之大，于此可见。元仁宗延祐五年（1318），望江人王幼学著成《资治通鉴纲目集览》

五十九卷。此书"取朱子《纲目》，悉为训诂，引喻证释"。[①] 元文宗天历二年（1329），永新人刘友益著成《通鉴纲目书法》五十九卷。刘氏为什么要写这样一部书？元代历史学家揭傒斯在《刘先生墓志铭》（《揭傒斯全集·文集》卷八）中曾有明确的说明："以圣人之志莫大于《春秋》，继《春秋》之迹，莫尚于《通鉴纲目》。凡司马氏宜书而未书者，朱子书之；宜正而未正者，朱子正之。恐朱子之意不白于天下后世，乃著《通鉴纲目书法》五十九卷，盖历三十年而后成。"而他在为该书所作的序中，又对刘氏作此书的意图详细地论述了一番：

> 孔子因鲁史作《春秋》，以为万世之法；朱子因司马氏《通鉴》作《纲目》，以正百王之统。此天地之经，君臣之义，而圣贤之心也。世之言《春秋》者，自《公羊》、《穀梁》、《左氏》以下，无虑数十家，而义犹有所未明，疑犹有所未解者，鲁史不可复见，且圣人之制作也，后之羽翼六经者宜莫如，朱子犹不敢言《春秋》，然《纲目》之作，非深得圣贤之旨者不能也。故朱子不言《春秋》，而知《春秋》者莫如朱子。世之言《纲目》者，亦无虑数十家，既有《春秋》为之义例，又有诸史可以究其本末，且去朱子之世为未远，而又有亲及其门者。然言愈烦，义愈精，非深得朱子之意如朱子之知《春秋》者，不能言也。能言未有若庐陵刘氏《纲目书法》者，其辞则《公羊》、《穀梁》，其义则《春秋》，而其志则朱子也。（《揭傒斯全集·文集》卷三）

从这段议论中，人们可以清楚地看到，因为有了这部《纲目》，还在元代，朱熹已经被推上了孔子以后第一人也。而注疏发明《纲目》的著作，即在元代已经有数十家之多了，与言《春秋》的著作也已经相当了，其影响之大，自然可以不必多言了。由于朝廷和民间对此书都是如此重视和推崇，因此，宋元以来，社会上便掀起了《纲目》热，而这股《纲目》热几乎历元明清而不衰。这样一来，社会需求量自然大增，公私竞相刊刻，从而也产生了许多不同版本。而社会上的许多书商，亦乘机争相刊刻，大赚其钱。为了争

---

① 王重民：《中国善本书提要·史部·编年类》，上海古籍出版社1983年版。

取读者，有的书商还将许多研究《纲目》著作的内容，汇刻于《纲目》之中出版。据王重民先生在《中国善本书提要》中记载，先是宣德七年（1432），福建书商刘剡将尹起莘《发明》、王幼学《集览》、汪克宽《考异》、徐昭文《考证》、陈济《集览正误》分别散附《纲目》每条之下或附各卷之末，由其同族兄弟刘宽在福建刊刻于世。而同时杨氏清江书堂亦刻《通鉴纲目大全》五十九卷，"盖杨氏见刘氏颇获利，因增入刘友益《书法》，以与刘氏竞售。魏氏刻是书，后于刘、杨二家者约十余年，所以仅刻《集览》与《考异》者，盖择其最善者而刻之，欲以简易斗二家之繁博也"。① 可见书商们竞争之激烈已经达到如此地步，而刻书之多也就可想而知了。

当然，也要指出的是，自元以来，也有一些学者著书立说，或对《纲目》持有微词，或考证其记载史事之差误者。如元代何中著《通鉴纲目测海》一书，则是"纠《通鉴纲目》书法之异同"。明末张自勋所著《纲目续麟》，则论证"《纲目》一书，非惟分注非朱子手定，即正纲亦多出赵师渊手，并让刘友益误以晚年未定之本，为中年已定之本"（《四库全书总目提要》卷四七《编年类》）。清代则有陈景云《纲目订误》、冯班《纲目纠谬》、张庚《通鉴纲目释地纠谬》等。所有这些著作中，有的是纠正《纲目》本身的差误，有的则是对研究、注释、发明《纲目》之书进行纠误或批评，也有的则是对《纲目》作者、书法提出疑义。不论是哪一种，总归都是因《纲目》而派生的这一书系，这一现象，以前此类著作还是不多见的。这也说明，尽管有最高统治者的大力提倡和宣传，但是还会存在不同的声音。

我们在上文中已经讲了，因为《通鉴纲目》中所讲述的思想、观点和内容，完全符合历代统治者的要求，是一部维护封建统治秩序的教科书，因此，一直受到历代封建统治者的重视、推崇和提倡，故作为此书的著作者朱熹，在整个封建社会后期，也就理所当然地被推上了仅次于孔子的神圣宝座，享受到仅次于孔子的崇高荣誉。也由于《通鉴纲目》在编纂上确实具有它的长处，诸如纲举目张、简明扼要、明白易懂，可以做到一目了然，这就更加适合于满足社会的方方面面人群读史的需求。因为在我国古代社会，从启蒙教育开始，就是通过从读史中来求得各种知识和伦理道德，乃至修身齐

---

① 王重民：《中国善本书提要·史部·编年类》。

家、治国平天下等大道理，无一不是通过学习历史而获得。所以近代著名思想家龚自珍在《尊史》中说："欲知大道，必先为史。"①因此，我们可以毫不夸张地说，在我国古代社会里，几乎人人都要学习历史，阅读历史，而《通鉴纲目》正好就成为比较合适的一部历史好教材。特别是那些尚处于社会中下层的士人，此书更成为他们科举考试的必读之书。凡此种种，正是宋元以来社会上所以产生《纲目》热的原因所在。

四

就在《纲目》热的影响之下，明代学术界有些人很快就从中得到启示，并从中悟出了一个道理，那就是社会上非常需要一种通俗易懂的历史书籍，于是从明代初期开始，就有人对《资治通鉴》和《通鉴纲目》两部书打起了主意，最先出现的乃是对《通鉴》进行节略。当然，此事司马光自己就曾做过，在《通鉴》成书后，作过《通鉴举要历》八十卷、《通鉴节文》六十卷，则是因全书太详、目录太略而折中编成了的。到了南宋，又有多家对《通鉴》做节要工作，据《中国善本书提要》的《编年类》载有《增入诸儒集议资治通鉴详节》一书，《提要》曰："原书不著编辑人姓氏。考《季苍苇藏书目》有宋版《通鉴详节》一百卷，不著撰人；《传是楼宋元本书目》有宋大、小本《资治通鉴详节》各一百卷，宋本下题吕东莱三字。按《宋史·艺文志》有《吕氏家塾通鉴节要》二十四卷，此本增入名儒集议，当在其后。"而《中国善本书提要》的《编年类》还载有《增修陆状元集百家注资治通鉴详节》（作者乃淳熙年间的陆唐老）、《少微通鉴节要》、《少微家塾点校附音通鉴节要》、《增修附注资治通鉴节要续编》等多种，并且都为明刻本，特别是最后一种，还是"朝鲜铜活字本"，可见流传之广。元代亦曾有《通鉴节要》、《通鉴事略》等书。到了明代，便有刘剡的《资治通鉴节要续编》三十卷刊刻。这一系列删节《通鉴》的做法说明，就在《通鉴纲目》流行的同时，人们还在探索一种简洁易读的史书，但目光还仅停留在对《通鉴》的

---

① 《龚自珍全集》，上海古籍出版社1983年版，第81页。

简节上面。这种删节的做法，往往不仅影响历史事件的连贯性，而且也免不了要影响历史发展的完整性，何况这都还是在前人著作上做些简单的文章。就如嘉靖三年（1524）刊刻的严时泰《新刊通鉴纲目策论摘题》、嘉靖十五年（1536）刊刻的戴璟《新刊通鉴汉唐纲目经史品藻》和《宋元纲目经史品藻》，已经失去了简明历史的性质，也还没有摆脱对前人著作的依赖。于是，怎样编写一部为广大社会人群所接受的通俗的历史读物，已经成为当时社会的迫切要求。"纲鉴"这类通俗史书，就是在这种形势下产生的。只要仔细阅读就可发现，这实际上不过是"纲目体"变异而已，因为这一类书虽名曰"纲鉴"，而其体裁仍为"纲目"。而从史料记载和这类书籍的流传来看，大多为有些学问的书贾自己所为，也有的则是约请一些无名之士而编写，刊刻时则冠以某某名人所编纂。对此，当代著名学者王重民先生在所撰《中国善本书提要》中，通过对具体书的提要撰写，进行了剖析，如《鼎锲赵田了凡袁先生编纂古本历史大方鉴补》的《提要》是这样写的：

> 三十九卷，卷首一卷，十二册（北大），明万历刻本。原题："明赵田袁黄编，潭阳余象斗刊行。"卷三《周纪》题："宋涑水司马光《通鉴》，考亭朱熹《纲目》，明赵田袁黄编纂，潭阳余象斗刊行。"卷二十八《宋纪》题："元四明陈桱《通鉴》，明淳安商辂《纲目》，赵田袁了凡先生编纂，潭阳余象斗刊行。"卷末有"万历庚戌仲冬月双峰堂余氏梓行"牌记。卷首有《凡例》云："《纲》、《鉴》二书古未有合编者，合之者自荆川唐老师始。"又云："周烈王以前，宋、元以后，《纲》、《鉴》俱未载，则用金履祥之《前编》，刘恕之《外纪》以开之于首；用陈桱之《续通鉴》，商辂之《续纲目》，以绍之于终。"又有韩敬序云："书历三年后成，而老师（指袁黄）亦以是年绝笔，痛哉！闽建邑余君文台，慷慨豪侠，行义好施，夙与袁有通盟谊。其二三伯仲郎俱以文学名，而长君君及屡试辄冠，翩翩闽中祭酒，束装千里，来购是书，适师大归矣！"

王先生在《提要》中摘引了如上内容后，接着便加按语：

按此本当为余象斗第三刻。第一刻托名李廷机,第二刻又改从吉澄校刻本分卷(此本也有在第一刻之前之可能),此第三刻又全翻第一刻(即托名李廷机之本),而又改托袁黄,并抬出根源,谓周烈王以前本之《外纪》、《前编》,宋元则用《续通鉴》、《续纲目》,其实第一刻本来如此,此不过借以阐述袁黄编纂之功耳。其实袁黄、韩敬俱是托名,此第三刻实则翻第一刻耳。所不同者,第一、二卷分标"编"、"纪"、"经",第二卷以后则分标"纲"、"目"、"鉴"耳。余象斗自万历二十八年至三十八年,十年之间,三刻是书,三次更换名目,无非欺骗读者,冀多销售耳。

通过王先生在按语中的分析,人们可以清楚地看到书商们伪托所用的各种手段相当全面、相当高明,如果不具备阅读古籍的许多常识和相关历史知识,很难识破其伪托真相,何况每刊刻一次,就要更换一次作者名,另外编造一篇序言。伪托为了让人们相信,还在《凡例》中假借袁黄之口,说出了"《纲》、《鉴》二书古未有合编者,合之者自荆川唐老师始"。这么一来,就把一位学者、文学家的唐顺之推上了"纲鉴类"著作的始作俑者的地位。于是明代中期以来,便流传了这一看法,其实这项桂冠很明显的是书商们所加。他被伪托的著作则是《新刊古本大家合并纲鉴大成》四十六卷。对于这一社会现象,生活在明代晚期天启、崇祯年间的徐奋鹏在其《古今治统凡例》中就曾这样说过:"所睹者,则仅书肆市贾所为《纲鉴会编》已耳,或《史纲纪要》已耳,或《纲鉴大成》已耳。盖俱合紫阳之《纲目》与司马之《通鉴》,总而成帙,以便学古者之观看,然其事或此载而彼遗,其文或彼详而此略,博综之士,可恨其未全。而其书法义例,或仍于《纲目》,或戾于《纲目》。盖笔多出于山林学究之手,而假名于哲匠鸿才,非真笔也。"可见生活在同时代的人已经作如是之说,自属可信,而徐氏本人乃是一位学者,著有多种历史方面的著作。在当时被伪托的名家相当多,如王世贞、张居正、叶向高、焦竑、何乔远、钟惺、冯琦、冯梦龙等。在《中国善本书提要·编年类》还著录有明万历刻本的《鼎锲纂补标题论表策纲鉴正要精抄》二十卷,卷首一卷,十册,藏于北京大学图书馆,原题:"太史琢庵冯琦补纂,编修缑山王衡编次,书林少垣郑纯镐绣梓。"还有明崇祯间刻本的《纲鉴统一》三十九卷，论题二卷，藏于北京大学图书馆，原题："古吴冯梦龙犹龙父辑，男熵参阅。"作为历史学家的冯琦，曾与修《大明会典》，后又仿《通鉴纪事本末》，编次宋代史事，未竟而卒，还著有《经济类编》和《北海集》，就是未见过纂辑有"纲鉴"一类之书；至于冯梦龙，知道的人就更多了，因为他是明代著名的通俗文学家和戏曲家，特别是他所编纂的通俗小说"三言"（《喻世明言》、《警世通言》、《醒世恒言》）使他出了名，他还编纂和改编了大量的传奇戏曲，在任福建寿宁知县期间还曾编修过一部《寿宁待志》，就是没有听说过他还编辑过"纲鉴"这类书籍。但是社会上流传的这些书毕竟是事实，当然这里面无疑也存在真伪问题，有待于后人加以研究和考订。

我们在研究中发现，在明代后期的学者中，被伪托最多、影响最大的莫过于王世贞了。也许因为在当时他是位学术大家名流，在社会上流传的各种纲鉴著作中，冠以王氏之名的就有六部之多，其中流传最广的则是《王凤洲纲鉴会纂》，此书至清朝末年和民国期间还不断有刊印。我还存有一部"光绪己亥（1899）长夏上海富文书局石印"本，全书四十六卷，内容上起远古，下至五代。从这部"纲鉴"来看，还有一个特点，那就是除提纲挈领分列大事，细目详载史事外，还汇集一些历代名家对某些重大历史事件和重要历史人物所作的评论，间或对《通鉴纲目》编纂中存在的问题亦加以议论。看来这一特点在这类著作中大多存在，故王重民先生在《中国善本书提要·编年类》的《纲鉴统一提要》中就曾这样说："此类《纲鉴》之编纂，评注方面，在嘉靖、万历期间，由简而繁，万历末年达于顶点。天启、崇祯又由繁趋简。"对于《王凤洲纲鉴会纂》，早年我曾相信确为王世贞所编纂，因而在有些论著中还曾引用过书中论述来评论王世贞的史学观点，当然也就误导了广大读者。可见对于历史上一些有争议的著作、人物、事件等，在未作深入研究之前，切忌轻下结论。就如我们上述这些纲鉴著作，其中究竟是否真正出于名家本人之手，我觉得也还有必要再作深入研究，因为在近年来出版的史学著作中，有的还是肯定"袁黄确编纂过《历史纲鉴补》"，并说"冯梦龙的《纲鉴统一》，是崇祯时期比较好的一部纲鉴教材"。这显然与上文征引的王重民先生的论述相左，在存在不同看法的情况下，我们相信，只要通过深入细致的研究，终究会得到一致的结论。

总之，在明代中后期所掀起的"纲鉴热"中，社会上产生的这类著作是相当多的，钱茂伟同志在所著《明代史学的历程》一书中，就列举了三十四种之多，而他在《明代史学编年考》中，征引《白眉纲鉴凡例》则云："历代纲鉴之刻，近纂修者不啻百种。"而这些书在当时人的眼中是"为举业家祈捷径也"，也就是说，为科举考试的士子们创造了条件。这样众多的纲鉴著作，由于登不了历史的大雅之堂，因此在当今的史学论著中，很少取得一席之地。我总觉得，作为通俗史学一种的纲鉴，我们无论如何也不应当忽视它们在传播和普及历史知识方面所产生过的作用。况且这种著作在当时的社会中具有广大的市场，具有广大的读者群，而这种读者群又并不仅限于从事科举考试的士人。正因如此，直到清代还有人在编纂这种"纲鉴"形式的史书，著名的则有山阴人吴乘权等编纂的《纲鉴易知录》。全书一百零七卷，共一百八十万字，是一部纲目体通史，上起盘古，下迄明末。吴乘权自云，读史每苦于篇章枝蔓，便与周之炯、周之灿一道，利用旧有的编年体史书，摘要删繁，历时六年，于康熙五十年（1711），全书编成。其书很明显是汇编性的，自盘古至战国，主要是根据刘恕《通鉴外纪》和金履祥《通鉴前编》；战国至五代，依据的是朱熹的《通鉴纲目》；宋元两朝则依据商辂的《通鉴纲目续编》；明代则又依据谷应泰的《明史纪事本末》。全书包罗了历代重大政治事件与各种历史人物活动的业绩。因其内容简要易读，故称《易知录》，为旧时学习历史入门之书，对传播历史知识曾起过不小的作用。我们说全书虽属汇编性质，但也并非粗制滥造，而是做过一番融会贯通的工作。而吴乘权虽然仅是一名儒生，但很有才华和学识，在编纂此书之前十年，他还与吴调侯编辑了《古文观止》，风行一时，影响极大。可见他的社会地位虽然不高，但对社会的贡献非常之大，特别在推广、普及传统文化方面收到了难以估量的效果，对于这样一位有功的无名之士，我们有必要对其事迹大书而特书。

综上所述，朱熹的《通鉴纲目》在史学上的贡献，我们以前只是说创立了一种新史体——纲目体。就是这一点，当代许多史学家的专著中也很少给予一席之地。实际上它的价值却远不止这一点，正是因为这种纲目体，在明代便又催生出"纲鉴热"，因而我们说纲目体的史书，在推进史学走向社会、走向通俗化道路上起到了料想不到的作用。可惜的是，在以前早就被人们所遗忘，因为这类通俗的史书是难以走进学术殿堂的，自然也就很少有人问津。值得庆幸的是，这些早已被遗忘的通俗史书，现在开始引起人们的注意。如钱茂伟同志在近年出版的《史学与传统文化》和《明代史学的历程》两书中，已经列有专门节目，介绍了这种通俗史学的发展情况，这无疑是可喜的现象。为此，我们今后应当进一步对这种通俗史学加以研究，这对我们当前如何让史学研究走向社会、走向大众，肯定是有益的启发。

（本文系 2006 年 10 月在江西上饶举办的"朱子学研讨会暨中国历史文献研究会第 27 届年会"上提交的论文，原载《安徽史学》2007 年第 1 期，题名改为《朱熹和〈资治通鉴纲目〉》；收入仓修良：《史家·史籍·史学》，改回原标题并校补了遗漏文字；又见仓修良：《独乐斋文存》）

胡三省《通鉴注》简论

南宋著名的爱国史家胡三省曾竭毕生精力为我国编年史巨著《资治通鉴》（以下简称《通鉴》）作了详尽的注释，为后人阅读这部史学名著提供了极大的方便，为祖国文化遗产增添了光彩。《通鉴注》与《通鉴》一样，是我国文化宝库中不可多得的财富，因此，对于这样一位为祖国文化发展作过贡献的历史学家，是值得我们纪念的；然而对于《通鉴注》，如同胡三省一样，长期湮没无闻，甚而产生误解，认为《通鉴注》仅仅是"音注"，最多也不过"长于地理考证"而已。其实不然，诚如著名史家陈垣先生在《通鉴胡注表微·小引》中所说："世以是为音训之学，不之注意。故言浙东学术者，多举深宁、东发，而不及身之。自考据学兴，身之始以擅长地理称于世。然身之岂独长于地理已哉，其忠爱之忧见于《鉴注》者不一而足。""生平抱负，及治学精神，均可察见，不徒考据而已。"他又在该书《解释篇》说："一若身之于擅长地理外，言论行谊，举无足述者。呜呼！《鉴注》全书具在，岂特长于地理已哉！《鉴注》成书至今六百六十年，前三百六十年沉埋于若无若有之中；后三百年掩蔽于擅长地理之名之下，身之殆可谓真隐矣！"直到《通鉴胡注表微》一书出，《通鉴注》方始白于世。但除此以外，对其内容和价值论之者还是不多，知之者亦复甚微。

一

胡三省，字身之，号梅磵，浙江宁海人。生于南宋理宗绍定三年（1230），卒于元成宗大德六年（1302）。他生于我国历史上民族矛盾非常尖锐的时期，是在宋金、宋元长期战争环境里长大的。宋理宗宝祐四年（1256）中进士，与著名的民族英雄文天祥、陆秀夫以及爱国学者谢枋得等同榜，做过吉州泰和县（今江西泰和）尉，调庆元（今浙江宁波）慈溪县尉。由于刚直不阿，得罪了庆元刺史厉文翁而被免官。此后又先后做过扬州江都丞、江陵县令、怀宁县令。宋度宗咸淳三年（1267）任寿春府学教授。六年回杭州，应廖延平之请，"俾雠校《通鉴》以授其子弟，为著《雠校通鉴凡例》"。宋恭帝德祐元年（1275），从军江上，主管沿江制置司机宜文字，上御敌之策，宰相贾似道不用，战败后，间道归乡里。次年，元军进入临安（今浙江杭州），胡三省避难新昌，就在这次战乱中，多年心血积累的书稿《通鉴注》不幸全部散失。南宋灭亡后，决不仕元，长期隐居，于悲愤之余，把全部精力用于《资治通鉴》的注释上面。尽管当时物质条件极端困难，但注释工作却始终不懈。这在《新注资治通鉴序》中就有所反映，他感叹自己注书，由于"世运推迁，文公儒师，从而凋谢，吾无从而取正"。

　　胡三省一生最大的贡献，就是为《资治通鉴》作了详尽的注释。关于《资治通鉴》的注释工作，以前虽已有数家，如刘安世作过《音义》十卷，史炤也曾用力十年，成《通鉴释文》三十卷。但都不免简略粗疏，胡三省的父亲胡元叔都不满意。胡元叔是一位对史学很有研究的学者，他对历来各种史书的注本作过研究和比较，曾有志于为《通鉴》作注而未果，并要求胡三省完成其遗志，这在《新注资治通鉴序》中曾有叙述："先君笃史学，淳祐癸卯，始患鼻衄，读史不暂置，洒血渍书，遗迹故在。每谓三省曰：'《史》、《汉》自服虔、应劭至三刘，注解多矣。章怀注范史，裴松之注陈寿史，虽间有音释，其实广异闻，补未备，以示博洽。《晋书》之杨正衡，《唐书》之窦苹、董冲，吾无取焉。徐无党注《五代史》，粗言欧公书法义例，他未之及也。《通鉴》先有刘安世《音义》十卷，而世不传。《释文》本出于蜀史炤，冯时行为之序，今海陵板本又有温公之子康《释文》，与炤本大同而小异。公休于书局为检阅官，是其得温公辟咡之教诏，刘、范诸公群居之讲明，不应乖剌乃尔，意海陵《释文》，非公休为之，若能刊正乎？'三省捧手对曰：'愿学焉。'"可见胡元叔对《资治通鉴》注本不仅作了研究，知其得失，而且认为海陵本《释文》，乃后人伪托，绝非出于司马康之手。由于受家庭的熏陶，从青少年起，胡三省就爱好《资治通鉴》，并立志要为它作好注。他认为这是一部非常重要人人必读的著作，"为人君而不知《通鉴》，则欲治而不知自治之源，恶乱而不知防乱之术。为人臣而不知《通鉴》，则上无以事君，下无以治民。为人子而不知《通鉴》，则谋身必至于辱先，作事不足以垂后。乃如用兵行师，创法立制，而不知迹古人之所以得，鉴古人之所以失，则求胜而败，图利而害，此必然者也"（《新注资治通鉴序》）。这就是说，《通鉴》不仅是君主大臣用以治国安邦的重要典籍，而且也是一般士人立身处世之准则。这是从政治意义而言的。还应当指出的是，在胡三省看来，《通鉴》又是一座文化宝库，他说："温公作《通鉴》，不特纪治乱之迹而已，至于礼乐、历数、天文、地理，尤致其详，读《通鉴》者如饮河之鼠，各充其量而已。"（《资治通鉴》卷二一二）综上所述，可见他对《通鉴》进行注释，绝非出于偶然。

胡三省注《资治通鉴》，曾经历了长期辛勤劳动和艰苦曲折的探索过程，淳祐五年（1245）他父亲去世，"尽瘁家蛊，又从事科举业"，当时只有十五岁的胡三省，独于"史学不敢废也"。登进士第以后，"始得大肆其力于是书"，甚至"游宦远外，率携以自随，有异书异人，必就而正焉"。后来便模仿唐陆德明撰《经典释文》的方法，作了九十七卷的《资治通鉴广注》，并"著《论》十篇，自周讫五代，略叙兴亡大致"。这也说明胡三省第一次为《通鉴》作注，也绝不是单纯的引经据典式的资料性注释，而对历代兴亡之史事多有评论。可惜在避乱新昌时全部散失。但他并未因此灰心，乱定还乡，复购他本再为之重新作注。原来《资治通鉴广注》本是单行的，这次重作，"始以《考异》及所注者散入《通鉴》各文之下；历法、天文则随《目录》所书而附注焉"（《新注资治通鉴序》）。这部工程巨大的《通鉴注》，直到元世祖至元二十二年（1285）冬才全部完稿，先后经营达三十年之久，而最后的十多年时间，专力对注释作反复修改和润色，一直工作到七十三岁逝世那年为止，毕生精力，萃于是书。从这里可以窥见他严肃的治学态度与惊人的治学毅力。尤其是第一次书稿散失后，二次再注，这时已是行年半百的老人了，他仍是那样刻苦钻研，终日手不释卷，勤加抄录，"虽祈寒暑雨不废"，他还对其子侄说："吾成此书，死而无憾"。

胡三省的《通鉴注》，在我们今人看来也已经相当详尽了，名物训诂、典章制度，固已奥衍浩博，所注地理，尤为精详。可是他并没有满足于自己所已经取得的成就，在自序中十分谦虚地说："人苦不自觉，前注之失，吾知之，吾注之失，吾不能知也。又，古人注书，文约而义见，今吾所注，博则博矣，反之于约，有未能焉。"这种虚怀若谷的治学精神是多么可贵！值得注意的是，《通鉴》二百九十四卷，约三百万字，而胡注的数量与正文相比几乎接近。在图书资料不易得到的情况下，一个僻处农村的寒儒，能够完成如此规模的《通鉴注》，无疑是一项非常艰巨的工作。况且晋至五代各史，本来皆无注本，可说全靠自创，而前四史虽有旧注，亦不尽全可采用。事实上他在注中对史文和旧注都曾提出过许多批评和纠正。为了注释《通鉴》，胡三省掌握如此众多的文献典籍和丰富的历史资料，要付出的劳动和精力于此也就可以想见。胡三省的治学精神至今仍值得我们学习，他的劳动成果，无论对后人阅读《通鉴》，还是研究这段历史都有很大的帮助。在中国史学史上，《通鉴注》与《三国志》裴松之注齐名，但若比较两书撰作难易及价值的大小，《通鉴注》显然应在《三国志注》之上。众所周知，《通鉴》一书包括上下一千三百六十二年历史，消纳自《史记》至《新五代史》十九种正史，《通鉴注》之文字约近于《通鉴》原书。而裴氏仅注《三国志》一部，注文约五十四万字，况其注书，乃是受宋文帝之命，当时正身居要职，距所注之书时代又近，这些条件自然较胡三省都来得优越。故两书注释之难易不可同日而语。

可是像胡三省这样著名的历史学家，长期湮没无闻，明初官修的《元史》里没有他的传记，民国初年修的《新元史》也只根据《新注资治通鉴序》替他补撰了一篇寥寥五十三字的传文，附在《儒林传》马端临之后。直到抗战期间，著名的史学家陈垣先生才对《通鉴注》作了全面的研究，并撰成《通鉴胡注表微》一书，对《通鉴注》的内容进行了分析阐述，对胡三省的生平抱负与治学精神作了具体介绍，特别对他的爱国思想给予大力表彰与颂扬。这才使《通鉴注》的真实面貌与胡三省的生平事迹第一次得以公诸于世。

二

胡三省对《通鉴》的注释工作做得相当全面细致，涉及的范围也很广泛，"凡纪事之本末，地名之同异，州县之建置离合，制度之沿革损益，悉疏其所以然，若《释文》之舛谬，悉改而正之，著《辨误》十二卷"（《新注资治通鉴序》）。甚至少数民族的来历、邻国的情况、山脉河流的发源、草木虫鱼的名状等，只要材料能够搜集得到，都把它们注了出来。因而乾嘉时代以考据著称的钱大昕，亦称颂胡三省《通鉴注》援引详赡，最有功于涑水。尤其值得注意的是，《通鉴注》绝不是单纯的资料注解，更不是单纯的音注。陈垣先生对"音注"曾作过说明，"胡身之精校勘学，其注《通鉴》，名音注，实校注也"（《通鉴胡注表微·校勘篇序》）。我们只要统观《通鉴注》全文，即可发现其注文是有校勘，有考证，有观点，有评论。对于历史人物和历史事件发表的议论，每每只用三两句话，就一针见血地点出问题的实质，同时又往往言有所指，既评论了历史，又针砭了当局。他注此书有着较为明确的经世致用思想，欲借此以笔杆继续与元统治者展开不妥协的斗争，寄心事于简编，这种思想感情，实充满着字里行间，这种情况，在其他史书的注文中是不曾有过的。因此这又成为《通鉴注》的一个显著特点。总括《通鉴注》内容，大致有如下几个方面：

（一）关于文字方面的注释

关于这类注释如读音、文义、校勘、名物、典故、地理等，乃是一般注书的内容。至于所注价值如何，就要看注书者之学问是否博大精深。有关这方面内容，在《通鉴注》中同样也是占相当大的比重，而所有注文，一般都能做到旁征博引，穷波讨源，解释也比较精确，读者从中可以获取丰富的历史知识。就如地理方面而言，明末清初杰出的历史地理学家顾祖禹就非常推许，认为胡三省于此已经做到"搜剔几无余蕴"的地步。因此顾氏撰著《读史方舆纪要》时，"尤所服膺，采辑尤备"（《读史方舆纪要·凡例》）。乾嘉时期的张庚，在作《通鉴纲目释地纠谬》和《通鉴纲目释地补注》时，其主要依据就是《通鉴注》和《读史方舆纪要》二书，《通鉴注》价值如何，自然可想而知。这些内容，只要打开《通鉴》，随处可见，无须列举。值得指出的是，就在这部分注释中，胡三省仍有自己的独创性，除了单纯的字义解释外，他还一再指出，阅读史书必须注意理解其精神实质，千万不能拘泥于字面之浮义。如在《通鉴》唐穆宗长庆二年，"王庭凑围牛元翼于深州，官军三面救之，皆以乏粮不能进，虽李光颜亦闭壁自守而已。军士自采薪刍，日给不过陈米一勺"。胡三省注曰：

> 陈，旧也。经年之米为陈米。勺，职略翻，又时灼翻。《周礼》："梓人为饮器，勺一升。"按一升之勺，乃饮器也，非以量米。凡量，十勺为合，十合为升，十升为斗。以量言之，则一人日给一勺之陈米，有馁死而已。作史者盖极言其匮乏，犹《武成》"血流漂杵"之语。(《资治通鉴》卷二四二)

这里既注了读音，又解释了字义，并特别指出"勺"有两义这里用作量器，作史者用此来形容当时口粮供应十分匮乏，倒不一定每天真的只有一勺，正如同史书上常用"血流漂杵"来形容死人之多一样。但谁也不会相信，历史上任何一次战争，死人再多，也不可能"血流漂杵"。又如《通鉴》记陈宣帝太建十四年，隋"行军总管达奚长儒将兵二千，与突厥沙钵略可汗遇于周槃，沙钵略有众十余万，军中大惧。长儒神色慷慨，且战且行，为虏所冲，散而复聚，四面抗拒。转斗三日，昼夜凡十四战，五兵咸尽，士卒以拳殴之，手皆骨见"。胡三省在这条下面注曰：

> 见，贤遍翻。《孟子》曰："尽信书不如无书。"五兵咸尽，士卒奋拳击虏，以言死斗则可；若虏以全师四面麋之，安能免乎！史但极笔叙长儒力战之绩耳，观者不以辞害意可也。(《资治通鉴》卷一七五)

史书的夸张叙述，旨在宣扬英雄人物的勇敢精神，读史者应当领会此意，绝不能死抠字面，否则便会"以辞害意"。这实际上是给人们指出了读史的方法和应注意的事项，对于史书的记载，切不可全盘相信，必须持慎重态度。因为史书所载，除了史家的过分夸张外，还有史料来源与取舍问题。关于这点，他在注中亦曾多次指出，如汉献帝建安十年，《通鉴》记杜畿治河东事，言"畿在河东十六年，常为天下最"。接着胡三省就在注中提醒人们不要轻信，"杜畿之子为杜恕，恕之子为杜预。其守河东，观其方略，固未易才也。余窃谓杜氏仕于魏、晋，累世贵盛，必有家传，史因而书之，固有过其实者"(《资治通鉴》卷六四)。这里提示人们，读史不仅要善观其意，而且必须注意史料之来源,善辨其真伪,对于有些记载,不能轻易相信。即使像司马光这样十分审慎的史家,曾用考异的方法来鉴别史料,对史料之取舍,做到了"计较毫厘",但《通鉴》所载,亦并非条条可信。如《通鉴》在晋孝武帝太元七年记曰:"是岁,秦大熟,上田亩收七十石,下者三十石,蝗不出幽州之境,不食麻豆,上田亩收百石,下者五十石。"这一记载,不仅是夸大其词,而且也不在情理。所以胡三省注曰:"物反常为妖。蝗之为灾尚矣,蝗生而不食五谷,妖之大者也。农人服田力穑,至于有秋,自古以来,未有亩收百石、七十石之理,而亩收五十、三十石,亦未之闻也。使其诚有之,又岂非反常之大者乎!使其无之,则州县相与诬饰以罔上,亦不祥之大者也,秦亡宜矣。"(《资治通鉴》卷一〇四)这个批评是相当尖锐的,哪有蝗虫不食五谷的道理?亩产一百石、七十石,自古以来所未有,自然都是反常的现象。下级竟然敢如此大胆地虚报产量,确实是足以亡国的不祥之兆。历来对史书的注释,一般都是按文释义,就事论事,像胡三省这样注法自然是不多见的,所以我们说他有自己的独创性。

(二)辨正前人注释之误

胡三省在《通鉴注》中,对前人注释之误,一般都能做到据理驳正,特别是对以史炤为代表的几种《通鉴》释文的错误予以辩驳,成《通鉴释文辨误》十二卷,对史炤等释文之误,逐卷逐条进行辨证。如汉献帝初平二年,《通鉴》记"邴原性刚直,清议以格物"。史炤《释文》曰:"格,古伯切,废格之格,以清议废人。又音阁。"海陵本同。胡三省在《辨误》中指出:"余谓格,正也,言以清议正物也。格读如字。炤以为'废格之格',是知读《汉书》而未晓文义。夫因文见义,各有攸当,不可滞于一隅。学问思辨,圣人之所教人也,然圣人之所谓学问思辨,讵止此哉!触类而长之,亦可以知学之无止法矣。"(《通鉴释文辨误》卷三)这条可贵处在于,不仅指出了史炤《释文》之误,而且提醒人们切忌望文生义,特别对前人著作的注释,一定要做到深知其义,方可注释,因为学问是无止境的。这也说明注释工作并不是很容易的,没有渊博的知识是不足以胜任的。我们再列举几条,可以明显看出,由于注释之不同,就严重影响了对史文的理解。《通鉴》载汉献帝初平元年，"关东州郡皆起兵讨董卓，推勃海太守袁绍为盟主，绍自号车骑将军，诸将皆板授官号"。史炤《释文》曰："板通作版，以版籍授官。"费本同。胡三省《辨误》曰：

> 余按字书，板、版二字，古今通用，然于此谓以版籍授官，则非也，汉制度曰：帝之下书有四，一曰策书，二曰制书，三曰诏书，四曰诫敕。策书者，编简也，其制长二尺，短者半之，篆书，起年月日，称"皇帝"以命诸侯。王公以罪免，亦赐策书，而以隶书，凡一木两行，唯此为异也。制书者，帝者制度之命，其文曰"制"。诏，三公皆玺封，尚书令印重封，露布州郡也，其文曰："告某官云云如故事。"诫敕者，谓敕刺史、太守，其文曰："有诏敕某官。"他皆仿此。李云书曰："尺一拜用，不经御省。"章怀注曰："尺一之板，谓诏策也，见《汉官仪》。"则拜授官号，汉用尺一策也。时董卓挟天子，袁绍等罔攸禀令，故权宜板授官号，言无皇帝玺信，以白板授之也。岂以板籍授官乎？官，谓牧、守、令、长；号，谓将军校尉也。（《通鉴释文辨误》卷三）

又《通鉴》于陈文帝天嘉三年载"和士开善握槊"。史炤《释文》曰："槊通作矟，矛长丈八者为槊。"海陵本同。胡三省《辨误》曰："余按握槊，局戏也。李延寿曰：'握槊盖胡戏，近入中国。'刘禹锡《观博》曰：'握槊之器，其制用骨，觚棱四均，镂以朱墨，耦而合数，取应日月，视其转止，依以争道。'史炤乃以为握丈八之槊，是但知槊之为兵器，而未知握槊之为局戏也。"（《通鉴释文辨误》卷八）再如《通鉴》于唐代宗大历十四年载："沈既济上选举议曰：'责于侍郎，则曰量书、判、资、考而授之，不保其往也。'"史炤《释文》以"量书"为句断，注曰："尚书掌七品以上选，侍郎掌八品以下选，皆有铨量之书，所以叙其资地而进退之也。"费本同。胡三省《辨误》曰："余观沈既济之议，其上文曰'考校之法，在书判、簿历、言词、俯仰而已'，是书判也，非铨量之书也。又曰：'量资、积考，非劳也'，是资考也，非资地也。唐择人之法有四：曰身、言、书、判，身，取其体貌丰伟，言，取其言辞辩正，书，取其楷法遒美，判，取其文理优长。资、考者，限年蹑级谓之资，课校殿最谓之考。"（《通鉴释文辨误》卷一〇）

总之，像这样一类辨误，不仅纠正了前人注释《通鉴》的错误，而且亦丰富了读者的史学常识。因此，我们认为《通鉴注》如同《通鉴》一样，是一座内容十分丰富的文化宝库。从这些辨误中人们可以清楚看到，胡三省若无渊博的历史知识要做到这点是不可能的。诸如此类的辨误，还告诫读者，在读书当中要多作思考，因为有许多的字或词，大都有多种解释，有许多器物和典制，也往往有多种用途，所以要力戒望文生义和只知其一不知其二、浅尝辄止的作风，要做到触类旁通，对于前四史原有注释，凡是错误不当之处，胡三省在注释中亦都能予以细心地考证和辨别。

（三）考辨史事记载上的讹误

胡注不仅对前人注释中的错误予以辨正，而且对《通鉴》本身记载上的讹误亦都能一一加以考辨，并指出其产生错误之根由，尽管胡三省对于《通鉴》是非常推崇的，但在这些方面绝不为之讳饰，这种精神是难能可贵的。如《通鉴》卷八二，晋惠帝永熙元年，"散骑常侍石崇"条下注曰："前书'侍中石崇'，此作'散骑常侍'，必有一误，盖因旧史成文也。"这是指出记事前后矛盾，说明在对史料排比取舍上还有疏忽之处。《通鉴》卷二七九，后唐潞王清泰元年，"孔妃尚在宫中，潞王使人谓之曰：'重吉何在？'"胡三省注曰："以《通鉴》书法言之，潞王在此当书'帝'，盖承前史，偶失于修改也。"这是从书法角度说明这条史料记载不合义例，其所以如此，也是由于在史料剪裁上，偶失于修改。特别令人吃惊的是，胡三省在注释中竟能将《通鉴》征引材料出处指得一清二楚。如《通鉴》卷一七二，陈宣帝太建八年，有如下一段记载：

> （十月）丙辰，齐王猎于祁连池；癸亥，还晋阳……甲子，齐集兵晋祠。庚午，齐主自晋阳帅诸军趣晋州。……壬申，晋州刺史崔景嵩守北城，夜，遣使请降于周，王轨帅众应之。未明，周将北海段文振，杖槊与数十人先登，与景嵩同至尉相贵所，拔佩刀劫之。城上鼓噪，齐兵大溃，遂克晋州……齐主方与冯淑妃猎于天池，晋州告急者，自旦至午，驿马三至。右丞相高阿那肱曰："大家正为乐，边鄙小小交兵，乃

是常事，何急奏闻！"至暮，使更至，云"平阳已陷"，乃奏之。齐主将还，淑妃请更杀一围，齐主从之。

对于这一史事的叙述，胡三省认为矛盾很大，因此在注中作了十分详尽的论证，注曰：

按齐主猎于祁连池，癸亥还晋阳。甲子，即集兵，庚午，自晋阳帅兵趣晋州。壬申，晋州陷时，齐主方猎于天池，冯淑妃请更杀一围。审如是，则晋州陷之日，齐主犹在天池。天池，今在宪州静乐县，至晋阳一百七十余里，自晋阳南至晋州又五百余里。齐主既以庚午违晋阳而南，无缘复北至天池。窃谓猎祁连池与猎天池，共是一事，北人谓天为祁连，故天池亦谓之祁连池。《通鉴》萃集诸书成一家言，自癸亥排日书至庚午发晋阳，是据《北齐纪》；书高阿那肱不急奏边报，是据《阿那肱传》；书请更杀一围，是据《冯淑妃传》，合三者而书之，不能不相牴牾。

如果对于史事不熟悉，要寻根讨源，找出其致误之原因自然是不可能的。值得注意的是，除了《通鉴》记事之外，胡三省即使对《通鉴考异》之误，在注中亦同样予以辨正。如《通鉴》卷四〇，汉光武帝建武二年，"李宝倨慢，禹斩之"下注曰："《考异》曰：'更始柱功侯李宝时为刘嘉相。此盖别一人，同姓名。'余参考范《书》，究其本末，汉中王嘉即以更始柱功侯李宝为相，禹诛之，非别一人也。"当然，在这一类的考辨当中，也有一些并非史实记载上的错误，而是属于对史事的理解或解释上的不当和看法的不同。胡三省在注中也都能一一加以指出。如《通鉴》卷一六一，梁武帝太清二年记侯景之乱，云"贼积死于城下"。胡三省则在注中说："死于城下者，岂真贼哉？侯景驱民以攻城，以其党迫蹙于后，攻城之人，退则死于贼手，进则死于矢石。呜呼！积死于城下者，得非梁之赤子乎！"尤其可贵的是，胡三省在注文中不仅广引史籍进行辨误，还非常重视用实践经验来说明臆说之不足据，如《通鉴》卷二五〇，唐懿宗咸通元年，"命趋东、南两路军会于剡，辛卯，围之。贼城守甚坚，攻之，不能拔；诸将议绝溪水以渴之"。

胡注曰："剡城东南临溪，西北负山，城中多凿井以引山泉，非绝溪水所能渴，作史者乃北人臆说耳。今浙东诸县皆无城，独剡县有城，犹为完壮。"这一批驳，十分有力，足以令人信服。从上述所引可知，经他这样一一解释和辨误，对于诸如此类的矛盾现象，读者也就容易理解了，而对《通鉴》的一些错误也得到了纠正，所以胡三省不愧为涑水之功臣。

（四）对以前史家的评论

胡三省在注释中，每当遇到涉及以前一些史家或著作时，往往用简略的语言加以评论，文字长短不一，有的是比较全面的评述，有的则仅就某个方面进行议论。《通鉴》卷六四，汉献帝建安十年，记载了"秘书监、侍中荀悦作《申鉴》五篇，奏之"。胡三省即在注中评论说：

> 荀悦《申鉴》，其立论精切，关于国家兴亡之大致，过于彧、攸；至于揣摩天下之势，应敌设变，以制一时之胜，悦未必能也。曹操奸雄，亲信彧、攸，而悦乃在天子左右。悦非比于彧、攸，而操不之忌，盖知悦但能持论，其才必不能辨也。呜呼！东都之季，荀淑以名德称，而彧、攸以智略济，荀悦盖得其祖父之仿佛耳！其才不足以用世，其言仅见于此书。后之有天下国家者，尚论其世，深味其言，则知悦之忠于汉室，而有补于天下国家也。

这一简短的议论，将荀悦一生言论、德行、立身、处世都作了概括。在胡三省看来，荀悦仅仅是位理论家，而不是政治家，他在政治上不会有任何作为，但其言论，对于君主治理国家却很有价值。《通鉴》卷二七，汉宣帝甘露二年，"营平壮武侯赵充国薨"。胡三省注曰："《恩泽侯表》：营平侯，食邑于济南。夫以赵充国之贤之功，而班史列之恩泽侯者，以其初封以定策功也。如卫青、霍去病本以破匈奴功封，而班史亦列于恩泽侯，以其由卫思后戚属得进也。班史书法，犹有古史官典刑，后之为史者不复如此矣。"这是从书法角度肯定班固犹有"古史官典刑"。而对于魏收的《魏书》，胡三省在注中则有批评，有肯定。如《通鉴》卷一五五，在梁武帝中大通三年记高欢与段韶对话时，韶曰："韶闻'小能敌大，小道大淫。''皇天无亲，惟德是辅。'"胡三省于注中指出："'小能敌大，小道大淫。'《左传》记随大夫季梁之言也。'皇天无亲，唯德是辅。'《书·蔡仲之命》之辞也。段韶父子起于北边，以骑射为工，安能作书语！魏收以其于北齐为勋戚，宗门强盛，从而为之辞耳。《孟子》曰：'尽信书，不如无书。'信哉！"这说明魏收所记此事，纯属虚构，绝不可信。但在考辨地理时，却又一再引用魏收《地形志》，原因在于魏收曾亲身到过这些地方，记载当为可信。可见他在评论一个史家或一部史书时，并不作简单的肯定或否定。又如注中对于徐兢的《宣和奉使高丽图经》，认为记载疏略，原因在于"因其国人传闻"，而李心传《建炎以来朝野杂记》所记鞑靼之事，亦是"以所传闻书之"。类似这些议论，话语虽然不多，但往往都能揭示出问题的实质。

（五）对历史事件或历史人物的评论

在整个《通鉴注》中，关于这方面的文字，从总的比例来说，数量虽然不是很多，但涉及的面却相当广泛，因为胡三省开始对《通鉴》作注时，曾"著《论》十篇，自周讫五代，略叙兴亡大致"。可见起初于史论他是有专著的，后同注释稿一道散失，于是二次再注时，便将评论亦散注于有关条文之下。这些评论，有的是对统治阶级人物罪恶的揭露和抨击，有的是出于爱国热情所发出的感叹，有的是对一些制度利弊得失所作的议论，有的则是对某些历史事件发表的评论。数量尽管比较少，但却是《通鉴注》内容中非常重要的组成部分，它直接反映了胡三省的政治思想和历史观点。《通鉴》在梁武帝大同十一年记载梁武帝称"我自非公宴，不食国家之食，多历年所；乃至宫人，亦不食国家之食"。这自然是十足的欺人谎言，封建帝王与封建国家的利益能够截然分开吗？对此胡三省在注中曾无情地加以揭露，指出"帝奄有东南，凡其所食，自其身以及六宫，不由佛营，不由神造，又不由西天竺国来，有不出于东南民力者乎？惟不出于公赋，遂以为不食国家之食。诚如此，则国家者果谁之国家邪！"（《资治通鉴》卷一五九）在这里作者并未用高深的理论，而只是以人所共知的事实，就深刻有力地揭穿了梁武帝的骗人鬼话。尤其可贵的是，他说出了这样一个真理，即国家上下衣食住行，无不出于

"民力"！又《通鉴》于同卷中载梁武帝晚年，"专精佛戒，每断重罪，则终日不怿"。一个明明是嗜杀成性的屠夫，偏偏装出一副慈悲的观世音面孔，对这种虚伪的做作，胡三省便在注中引证大量历史事实，以还梁武帝刽子手的真面目，他说：

> 梁武帝断重罪则终日不怿，此好生恶杀之意也。夷考帝之终身，自襄阳举兵以至下建康，犹曰事关家国，伐罪救民，洛口之败，死者凡几何人？浮山之役，死者凡几何人？寒山之败，死者又几何人？其间争城以战，杀人盈城，争地以战，杀人盈野，南北之人交相为死者，不可以数计也。至于侯景之乱，东极吴、会，西抵江、郢，死于兵、死于饥者，自典午南渡之后，未始见也。驱无辜之人而就死地，不惟儒道之所不许，乃佛教之罪人；而断一重罪乃终日不怿，吾谁欺，斯天乎！

像这样的揭露，胡三省确实做到了淋漓尽致、锋利辛辣，读后使人感到无限痛快！不过像这类性质的评论，一般都不太长，每每只用三两句话，短而有力，一针见血就点出了问题的实质，真如同一把把锋利的匕首，寒光逼人地直指那些封建昏主暴君和贪生怕死背叛祖国的丑类。齐武帝永明十一年七月壬寅，北魏孝文帝拓跋宏至肆州，"见道路民有跛眇者，停驾慰劳，给衣食终身"。胡三省注曰："此亦可谓惠而不知为政矣。见者则给衣食，目所不见者，岂能偏给其衣食哉！古之为政者，孤独废疾者皆有以养之，岂必待身亲见而后养之也。"（《资治通鉴》卷一三八）又《通鉴》于唐玄宗开元二十二年记"上种麦于苑中，帅太子以下亲往芟之"。对于此事，胡三省注中评论说："种艺之事，天有雨旸之不时，地有肥硗之不等，而人力又有至不至，故所收有厚薄之异也。若人君不夺农时，人得尽其力，则地无遗利矣，岂必待自种而观其实哉！"（《资治通鉴》卷二一四）这无疑是对所有最高统治者矫揉造作丑态的无情鞭笞和严厉谴责。历史事实正像胡三省所说，封建统治者若能真正做到"不夺农时"，让人民有一个较为安定的生产条件，使得人人都能尽其力，社会生产自然可以得到发展。南宋灭亡以后，胡三省生活在元朝统治之下，他目睹蒙古贵族残酷的封建专制统治，人民生活的极端困苦，因此，在《通鉴注》中，他就借题议论，以伸张正义。如《通鉴》在晋穆帝永和二年记石虎"又立私论朝政之法，听吏告其君，奴告其主。公卿以下，朝觐以目相顾，不敢复相过从谈语"。胡三省注曰："石虎之法，虽周厉王之监谤，秦始皇之禁耦语，不如是之甚也。"（《资治通鉴》卷九七）又如晋武帝太康元年，《通鉴》记吴主孙皓降晋事，胡三省注曰："武王伐纣，斩其首，悬于太白之旗。如孙皓之凶暴，斩之以谢吴人可也。"（《资治通鉴》卷八一）武则天长寿元年，"五月，丙寅，禁天下屠杀及捕鱼虾。江淮旱，饥，民不得采鱼虾，饿死者甚众"。胡三省注曰："后禁屠捕而杀人如刈草菅，可以人而不如物乎！"（《资治通鉴》卷二〇五）如此等等，一方面反映了胡三省对暴虐统治的痛恨，同时也可看出他对广大人民所受痛苦的同情。在这一类评论当中，我们看到胡三省具有超人的史识。他对历史人物或历史事件的评论，一般都能通过现象揭示出本质。他对秦攻赵上党之事说："秦有吞天下之心，使赵不受上党，而秦得之，亦必据上党而攻赵。故赵之祸不在于受上党，而在于用赵括。"（《资治通鉴》卷五）这就是说，他是从当时历史发展的趋势来分析这个问题的，既然秦有"吞天下之心"，不管赵如何处置，总是避免不了。他又说："古人有言，'盗亦有道'。然盗货者小盗也，盗国者大盗也。"（《资治通鉴》卷二六六）在胡三省看来，"盗货"与"盗国"都是一样，它们之间只有大小之别，并无实质之异。至于对那些重要的历史人物，注中几乎都有评论。

综上所述，可见胡三省对《通鉴》所作的注释，其内容是非常丰富的，除我们列举的几方面外，还有评述典章制度的源流及其利弊得失，指出《通鉴》记事前后呼应等，限于篇幅，这里都略而不谈。总之，《通鉴注》已经成为人们研究、阅读《通鉴》必不可少的组成部分，它在史学史上占有相当重要的地位。当然也必须指出，《通鉴注》也并不是十全十美，因此明清以来，已陆续有人为之补正，其中著名的有陈景云《通鉴胡注举正》和钱大昕的《通鉴注辨正》等书。前者所正以地理居多，后者于声音文字、职官氏族，亦多所发明，皆足补《通鉴注》之失。但以胡三省一人之力为《通鉴》这部历史巨著作注，存在一些缺陷和错误，其实在所难免，不必以此苛求前人。

三

上面我们从五个方面论述了《通鉴注》的主要内容及其对历史学的贡献，它在史书注释方面开创了一个新的局面，特别是把史学评论更加广泛地用到注释之中，从而使史学评论有了更加广阔的天地。而这些评论在今天又成为我们研究胡三省政治思想和历史观点的不可多得的重要史料。

在这些内容丰富的注释中，首先给人以深刻感受的就是胡三省那充满激情的爱国热忱，这实在令人敬仰。他热爱自己的祖国，痛恨异族的残暴统治，谴责统治者的屈膝投降，歌颂那些为自己祖国独立而壮烈牺牲的爱国将士。诚如陈垣先生在《通鉴胡注表微重印后记》中所说："胡三省亲眼看到宋朝在异族的严重压迫下，政治还是那么腐败，又眼见宋朝覆灭，元朝的残酷统治，精神不断受到剧烈的打击。他要揭露宋朝招致灭亡的原因，斥责那些卖国投降的败类，申诉元朝横暴统治的难以容忍，以及自己身受亡国惨痛的心情，因此，在《通鉴注》里，他充分表现了民族气节和爱国热情。"正由于他怀着这样的思想感情，因此，在《通鉴注》中常常借古喻今，触景生情，他那热烈的爱国思想，不时地流露于字里行间。如后晋齐王开运三年，契丹入汴，晋王降契丹的注中尤为明显。注曰："臣妾之辱，惟晋、宋为然。呜呼，痛哉！""亡国之耻，言之者为之痛心，矧见之者乎！此程正叔所谓真知者也，天乎，人乎！"（《资治通鉴》卷二八五）梁武帝天监六年韦睿救钟离，大败魏军于邵阳洲，胡三省注曰："此确斗也。两军营垒相逼，旦暮接战，勇而无刚者不能支久，韦睿于此，是难能也。比年襄阳之守，使诸将连营而进，如韦睿之略，城犹可全，不至误国矣。呜呼，痛哉！"（《资治通鉴》卷一四六）是谁误国？只要熟悉这段历史的人都很清楚，正是南宋的当权者。胡三省注此书时，虽身处元朝，但注中凡涉及宋代之事，往往仍用"本朝"、"国朝"、"我宋"、"我朝"等字样，处处表现出故国遗民的思想。全书注释，成于元世祖至元二十二年（1285），这时宋亡已经六载，然而在自序末记岁月时，只用甲子纪年，不用元朝年号，足见其爱国思想之强烈。注文中对于那些贪生怕死、为个人利益而出卖祖国利益的人，无不表示切齿痛恨。像冯道这类人物，"位极人臣，国亡而不能死，视其君如路人，何足重哉!"(《资治通鉴》卷二八六)他认为人总是要死的,但必须死得其所,若为自己祖国而死,虽死犹生。尤其是身为重臣,为国而死,乃是其"本分必有之事"。所以,他在注中再三论述,做人生要生得有意义,死要死得有价值。这些思想无疑是很可贵的。如果说"《通鉴》是一部富有爱国思想的教材",那么《通鉴注》是这部爱国思想教材中更为重要的组成部分。

胡三省在注中指出,人心向背,乃是决定战争胜负、国家兴亡的重要因素。他说:"古之得天下,必先有以得天下之心,虽奸雄挟数用术,不能外此也。"(《资治通鉴》卷一七四)因此,君主治理国家,首先要得民心,顺民意,千万不能一意孤行。他认为国家一切财富都出自"民力",所以凡是比较明智的君主,一般都能做到爱惜民力,不违农时。而对于那些滥用民力的君主则严加抨击。如对隋文帝幸仁寿宫一事注曰:

  仁寿宫成于开皇十五年。方其成也,文帝怒,欲罪杨素,独孤后喜而赏之,继此屡幸仁寿宫,至仁寿之末,卒死于仁寿宫。仁寿者,帝穷民力以作离宫,可谓仁乎?其不得死于是宫,宜矣。帝怒杨素而不加之罪,其后喜则亦从而喜之,岂非奢侈之能移人,触境而动,至于流连而不知反,卒诒万世笑,是知君德以节俭为贵也。(《资治通鉴》卷一七八)

这段文字评论的中心精神是谴责隋文帝"穷民力以作离宫",但同时也指出"奢侈"是会腐蚀人们的思想意志,若不警惕,将遗患无穷,故最后提出"君德以节俭为贵"。基于上述观点,胡三省在评论人物的好坏,政策、制度之优劣,往往以对人民是否有实际的好处作为衡量的标准。唐宪宗元和元年,杜佑请解财赋之职,举李巽自代。"自刘晏之后,居财赋之职者,莫能继之。巽掌使一年,征课所入,类晏之多,明年过之,又一年加一百八十万缗。"胡三省对李巽这样不遗余力地搜刮,深为反感,因而在注中说:"然则李巽胜刘晏乎?曰:不如也。晏犹有遗利在民,巽则尽取之也。"(《资治通鉴》卷二三七)又如陈宣帝太建十三年,苏绰在西魏,以国用不足,制征税法颇重,但希望以后有人能够弛之。对此胡三省注曰:"自今观之,亦不为重矣,而苏绰犹望后之人弛之,可谓有志于民矣。"(《资治通鉴》卷一七五)总之,他认为"天下之富，一钱之积，是以古之为政，欲其平易近民"(《资治通鉴》卷一七八)。所有这些都充分说明，胡三省对广大劳动人民所受的痛苦是深表同情的，而对历代聚敛之臣不恤民者，则一再加以抨击。他警告封建统治者，对劳动人民的剥削应当有所节制，要让他们得以安生。一切政策措施，都要顺人心而为之，若是暴虐无道，使得人不自保，就等于自取灭亡。他说："《记》曰：'与其有聚敛之臣，宁有盗臣。'而以是为功臣之号，以宠孔谦，唐之君臣，不知其非也。民困军怨，其能久乎！"(《资治通鉴》卷二七三)他说："'天下嗷嗷，新主之资'，斯言其不信哉！"(《资治通鉴》卷一三一)可见在他看来，一个国家政局稳定与否，与用人好坏又有密切关系。所以他认为，天下已定之后，首要任务就是选择好官吏。他非常赞同司马光所提出的"为治之要，莫先于用人"的主张，并提出任人唯贤才，反对"以辨给观人才"。他还提出，要治理好国家，必须重视知识分子的作用。他说："唐太宗以武定祸乱，出入行间，与之俱者，皆西北骁武之士。至天下既定，精选弘文馆学生，日夕与之议论商榷者，皆东南儒生也。然则欲守成者舍儒何以哉！"(《资治通鉴》卷一九二)这些主张表明，他不仅是一位爱国学者，而且是一位很有远见的政治家。

胡三省在《通鉴注》中，还特别强调历史的善恶惩劝作用，在他看来《通鉴》正是一面很好的镜子，无论君主大臣，都应当很好利用它。他说读了《通鉴》所载的历史，则"知其所以得，鉴其所以失，则知《资治通鉴》一书不苟作矣！"(《资治通鉴》卷二四一)唯其如此，他在注中曾不厌其烦地指出"《通鉴》书之，以为后世戒！""后之守国者尚鉴兹哉！"为了能够达到这个目的，他也主张史书的编写，应据事直书，使人随其时地之异而评其得失，以为鉴戒，不必如《春秋》之专事褒贬。而《通鉴》一书正是典范，如实记载，直叙其辞，而使善恶自见。当然，胡三省的政治思想和历史观点在《通鉴注》中反映得相当全面，限于篇幅，仅简略列举如上几点，以示其大概。今后还值得进一步深入研究。

（本文原载《杭州大学学报》1982年第12卷第3期）

浅谈《文献通考》

《文献通考》(以下简称《通考》)是继唐代杜佑的《通典》以后,规模最为宏大的记述历代文物典章制度的通史,自问世以后,人们就习惯地将它与《通典》和南宋郑樵的《通志》合称"三通"。其实《通志》在性质与内容上都和《通典》、《通考》并不相同,因为它实际上是一部纪传体通史。

一

《文献通考》的作者是宋末元初历史学家马端临。端临字贵与,饶州乐平(今江西乐平)人,生于宋理宗宝祐二年(1254),约卒于元英宗至治三年(1323)。其父马廷鸾,宋末任右丞相兼枢密使,后因权臣贾似道当国,不得已于度宗咸淳八年(1272)辞官回归故里。他学问渊博,曾任国史院编修和实录院检讨,因屡为史官,酷爱史学。据《宋史》本传和《乐平县志·艺文志》记载,其著作有十一种之多,但大多散佚。家庭的熏陶,父亲的教诲,对于马端临编著《文献通考》都很有影响。故他在《通考自序》中说:"窃伏自念,业绍箕裘,家藏坟索,插架之收储,趋庭之问答,其于文献盖庶几焉。尝恐一旦散佚失坠,是以忘其固陋,辄加考评。"

马端临早年曾师事深习朱子之学的曹泾,再加上父亲的精心督课,年轻时便博览群书。咸淳九年(1273),"漕试第一",此时年方二十。因当时父亲已回归故里,为了居家侍养,便没有赴京会试,不久南宋灭亡,秉承父志,绝意仕进,专以读书著述为事,《文献通考》大约就在这期间开始著述。元世祖至元二十七年(1290),即父亲去世的第二年,他始受地方官聘请,出任慈湖书院(在浙江慈溪)、柯山书院(在浙江衢州)的山长(不在官品之内)。最后他做过台州儒学教授(九品小官)三个月,即以病辞。他生活在宋朝的时间约二十五年，在元朝近四十五年，但《宋史》、《元史》均未立传。直到清初，《宋元学案》中才替他立了一个很简单的小传。《新元史》也只把他与胡三省一起作了合传，而材料又全据《宋元学案》。故他的生平事迹，后世知道不多。除《通考》外，他尚著有《多识录》、《义根守墨》、《大学集传》等书，皆亡佚。

二

《通考》的撰述时间已不可确指，自序也未记年月，仅云："愚自早岁，盖尝有志于缀辑，顾百忧薰心，三余少暇。"可见他很早就有志于该书的编纂了。《宋元学案》小传亦只云："宋亡不仕，著《文献通考》，自唐、虞至南宋，补杜佑《通典》之阙。二十余年而成。"据顺治《乐平县志》载李谨恩《通志序》所载，说明在元成宗大德十一年（1307）就已成书，作者时年五十四岁，由此上推则可知马端临在三十岁左右就已开始编著《通考》了，也就是在他父亲去世之前。元英宗至治二年（1322）诏刻《通考》时，马端临尚被命携带原稿到杭州校对，这时他还在柯山书院山长任上，已经是位六十九岁的老人了。

马端临为什么要编纂《文献通考》，他在该书《总序》中曾表明，一则是《通鉴》仅"详于理乱兴衰，而略于典章经制"；再则是《通典》"未为明备，而去取之际，颇欠精审，不无遗憾"，"未为集著述之大成"。于是自己便"有志于缀辑"，加之家学的影响，遂有本书的著述。《通考》材料的来源，大体取自两大方面，一是旧籍，二是当时学者的议论和朝臣的奏疏，这也就是作者将书名冠以"文献"两字的原因。自云："凡叙事，则本之经史，而参之以历代会要，以及百家传记之书，信而有证者从之，乖异传疑者不录，所谓文也；凡论事，则先取当时臣僚之奏疏，次及近代诸儒之评论，以至名流之燕谈，稗官之记录，凡一话一言，可以订典故之得失，证史传之是非者，则采而录之，所谓献也。"（《文献通考·总序》）从上述引文中可以看出，作者在对待史料取舍上，态度也是非常审慎的。

三

《通考》不是为继续《通典》而作，它也是从古到今，下限止于南宋宁宗嘉定年间。但也应当看到，它毕竟又是在《通典》的基础上扩大和补充而成的，当然所载的内容范围，远比《通典》来得广泛，编纂的方法也不尽相同。从编纂形式来看，它有以下几个明显特点：第一，将原始材料先按门类排列，然后依时代顺序一条一条地记载，不像《通典》那样融汇在一起。从使用角度而言，查阅起来比《通典》更为方便。第二，它是一部贯通古今的典章制度通史，于是编排中要尽量反映出"典章制度相因"的关系，同时又注意到各种典章制度在历史发展进程中所产生的变革和阶段性。如他把商鞅变法和杨炎的两税法施行，看作是田赋制度变革的标志，论述货币发展经过金属货币和纸币两大阶段。当然，作者还企图探索"其变通张弛之故"。第三，在编排格式上，每段都提行，所引经史之文，一律顶格书写，诸臣奏议则低一格，诸儒议论再低一格。每条材料前面，通常冠以"某人曰"，凡引用其父之言，则作"先公曰"（其中以选举、学校两门最多），自己的意见一律用"按"字来表示，但有时也有用书名的，如《建炎以来朝野杂记》（每省作《朝野杂记》）等。第四，全书有总序一篇，可视作全书的纲领，每一门类又各有小序，阐明设立这一门类的意图，并简略叙述该门类所载内容发展演变的过程，可为读者查阅该类起到入门作用。

全书总共三百四十八卷，分二十四门。其中《经籍》、《帝系》、《封建》、《象纬》、《物异》五考则为《通典》所无，而总的分门别类，比《通典》又更为合理，更加精细。它不仅包括了更多的正史所含的书志门类，而且有所创新和发展，真是无所不包，有的学者评价它"可说是广义的文献学"，确实是很有道理的。

四

对于《通考》的评价，长期以来存在着两种不同的看法。肯定它的，主要着眼于详赡超过《通典》；否定它的，则认为除了因袭《通典》之外，内容多抄取史志、会要及宋人议论，并无独创精神，远不及《通典》的体大思精，简而得要。后者可以清人章学诚为代表，他是从史籍分类为著作（"撰述"）和资料汇编（"记注"）两类为标准进行评论，在《文史通义》的《答客问》和《释通》等篇中说《通考》不过是"类书之学"，并"无别识通裁"，只是"便翻检耳"，无"独得之见"，自然谈不上是著作。《四库全书总目提要》、梁启超的《中国新史学》及近人金毓黻的《中国史学史》等都不同意章学诚的看法。章学诚的这种评论标准，本来也不能说是毫无道理，问题在于如果按照这样的标准去评论过去的史籍，那么我们可以断言，一部二十四史，除了前四史之外，都可以说是并无别出心裁，也谈不上是什么创造性的著作了。这样的要求显然是不现实的。

客观地讲，马端临的《文献通考》，在中国史学史上有着重要的地位。全书史料非常繁富，分门别类更为精确，远远超过《通典》。如《通典》叙述经济只《食货典》一门十二卷，《通考》则分为《田赋》至《国用》八门二十七卷；而关于礼的内容，《通典》此门竟达一百卷，占全书总卷数的二分之一，《通考》虽分为三门，而卷数却仅有六十。相形之下，《通考》在经济方面的内容大为增多，这无疑为历代经济史的研究提供了更多的材料。当然，若与《通典》比较，从历史地位而言，这种典章制度（以往目录学著作称"政书体"）通史的编纂，《通典》是开创，《通考》是模仿，自然以《通典》为高。但就研究历史的实用价值而言，则《通考》显然高于《通典》，它所保存的材料远远胜过《通典》，特别是中唐以后部分，更是《通典》所不可能包括的，况且所载宋制，又多为《宋史》各志所未备。因此，研究宋代和宋以前的文物典章制度史，《通考》是一部必不可少的重要史籍。至于谈到创造精神，如果对《通考》作一番考察研究，就可以发现，门类的区分和增减，材料的排比和取舍，乃至全书的编纂方式等，无一不反映出马端临的独创精神。先从门类的分立而言，随着学校的大量发展，作为一部史书本应反映这一社会现实，可是历代正史却从未立过学校志，《通典》也仅在《选举》中讲到了它，但大量的地方志中却都有此一目。《通考》作者搜集了大量的有关资料后，就专立了《学校考》这一新的门类，这对于研究我国教育史来说当然是很重要的，正足以说明马端临具有的史识。再从编写方法的改变来说，《通典》对兵制的记载，不是军事史，而是有些像军事学。《通考》的《兵考》改变了这一写法，按照军事制度发展史来编纂，里面分成历代兵制、禁卫兵（中央军队）、郡国兵（地方政府军队）、乡兵（地方团练性质的军队）、教阅（训练、检阅制度）、车战、舟师水战、马政等。这些分目，既有兵制，又有战史，这才符合历史著作的体裁。至于新增的门类中，《经籍考》最有代表性，是全书分量最大（占全书总卷数的近四分之一），对学术发展影响最为深远的一个门类。全考著录了自古迄宋"存于近世而可考"的图书约五千种，按经史子集四部分类，各类有小序。它虽源于正史的《艺文志》，但其作用与价值是远远地超过了《艺文志》。因为《艺文志》是仅列书目，而《经籍考》是既列书目，又有解题和说明，并且还往往把一部书的前言、后记也保留了下来。尤其是它的解题能博采众家之说，汇聚群籍所论，其作用正如近代学者姚名达在《中国目录学史》中所说，可起到"览此一篇而各说具备"的作用，对后世目录学著作影响很大。由于它所征引的文献资料比较繁富，历史几经变迁，许多征引之书已经失传和散佚，因此它在辑佚和校刊诸方面也有相当的参考价值。

综上所述，《通考》这种典章制度的专史编纂，是源于纪传体史书的书志，它越出了以人物传记为叙事中心的范围，发展成政治、经济、文化等典章制度专史，为史学发展开辟了新的途径。《通考》的编纂，虽不属首创，但作者的独创精神同样从多方面体现出来，因此，对于它在史学上的贡献，应当给予充分的肯定。

（本文原载《文史知识》1990年第7期；收入仓修良：《史家·史籍·史学》）

论明清时期"六经皆史"说的社会意义

关于"六经皆史"说，有不少文章谈及。其中牵涉两个问题。第一，此说是何时何人首先提出的。有说是章学诚提出的，有说是王阳明提出的，也有说是老子首先提出的。第二，提出"六经皆史"说究竟有无意义。有人认为这是一种反封建的思想。我国当代著名的史学家范文澜早在20世纪40年代就对此问题作过高度的评价，他说，章学诚持"六经皆史"说，把经从神圣的地位上拉下来与史平列，这是有意义的。侯外庐也高度评价了"六经皆史"说的历史意义，指出此论"大胆地把中国封建社会所崇拜的六经教条，从神圣的宝座拉下来，依据历史观点，作为古代的典章制度的源流演进来处理，并把它们规定为'时会使然'的趋向"。[①]范、侯两位史学家的评论是有代表性的。可是，近来有人提出异议，认为"'六经皆史'并不像有的同志所说的那么了不起的高论"。只不过说明了"事与道，史与经的关系，指出两者是二而一，一而二，从不同的角度观察、说明，就有不同的称谓，或曰经，或曰史，这几部书不说称为'经'就抬高到天上去了，称为'史'就打入十八层地狱中了，两种称谓对这几部书是一致的"。[②]有人甚至认为这是"读书少的人好发议论"。[③]按照这种说法，"六经皆史"说无非是称谓问题，并无任何实质性的差异，更没有什么社会历史意义之可言。看了这一论点，我们甚为惊异。众所周知，经学在中国封建社会是有神圣地位的，是被奉为永恒真理的，也是作为万世不变的教科书的。而史不过是历代史实的记载。经与史的地位是根本不能相提并论的。"六经皆史"说之形成一种思潮，看来也不是偶然的、孤立的，可以说，是有社会历史根源的。它从一个侧面

[①] 侯外庐：《中国早期启蒙思想史》，人民出版社1956年版，第509页。
[②] 喻博文：《两则史料辩证》，《学术月刊》1981年第5期。
[③] 牟润孙：《励耘书屋问学回忆》，《北京师范大学学报》1980年第6期。

象征着封建社会走向衰落，反映了封建社会的统治思想已发生动摇。

现在试从经与史地位之比较，经的地位变化，及"六经皆史"说广为流行的社会根源等方面来探求明清时期"六经皆史"说的社会意义。

一、经与史地位之不同

经是阶级社会的产物。通常所说的六经，是指《诗》、《书》、《礼》、《乐》、《易》、《春秋》六部儒家著作。它们托始于西周。相传文王演《周易》，周公作《周礼》，《春秋》则"遵周公之典以序事"，《尚书》是夏、商、周三代文书档案汇编。但一般认为六经是经孔子删削才成定本的。（史学界对此有争论，本文暂采此说）司马迁在《史记·孔子世家》中肯定了孔子删定六经的功绩。他说："《书》传、《礼记》自孔子始。""古者诗三千篇，及至孔子，去其重，取可施于礼义"，"《礼》、《乐》自此可得而述，以备王道，成六艺"。"至于为《春秋》，笔则笔，削则削，子夏之徒不能赞一词。""中国言六艺者折中于夫子，可谓至圣矣。"六经虽然成之于孔子之手，可是在春秋战国时代，除儒家外，并没有被诸子百家尊奉。先秦的墨家、道家、法家等几大学派对六经的精神都是非议的。墨家以"兼爱"对抗"亲亲"，以"非乐"、"节葬"对抗"礼"、"乐"。道家的老子和庄子则大肆攻击仁义、孝慈，以为"大道废有仁义，智慧出有大伪，六亲不和有孝慈，国家昏乱有忠臣"(《老子·道德经上篇》十八章），主张"绝圣弃智"，"绝仁弃义"(《老子·道德经上篇》十九章），视仁义为乱世之祸根。法家也反对讲仁义，主张以利作为调节君臣上下的关系，一切断之以法。汉之前，人们将六经看作是先王时代的典章制度。老子称"夫六经先王之陈迹也"(《庄子·天下篇》)。就连儒家的孟子也承认"王者之迹息而《诗》亡，《诗》亡然后《春秋》作，晋之《乘》、楚之《梼杌》、鲁之《春秋》一也。其事则齐桓、晋文，其文则史"(《孟子·离娄下》)。总之，老子、孟子都认为六经不过是记载先王史迹的书。

六经被推崇到至高无上的神圣地位，是封建大一统局面巩固之后的汉朝才出现的现象。在汉朝及以后的典籍中经史才作了明确的区分。东汉刘熙撰写的《释名》称："经，径也，常典也，如径路无所不通，可常用也。"其意谓"经"，是放之四海而皆准的。东汉王符作的《潜夫论》称："索物于夜室者莫良于火，索道于当世者莫良于典"，将经典看作指路的明灯。西晋张华的《博物志》曰："圣人制作曰经，贤者著述曰传记，曰章句，曰解，曰论，曰注。"南朝刘勰的《文心雕龙》曰："三极彝训其书曰经，经也者，恒久之至道，不刊之鸿教也。"可见，汉以来的典籍均把经看作是圣人之作，永恒的真理。至于史，其定义亦非常明确，那只不过是记事之书。《周礼》曰："外史掌四方之志。"郑玄注曰："志，记也，谓若鲁之《春秋》，晋之《乘》，楚之《梼杌》。"(《十三经注疏》卷二六《周礼·春官·宗伯》)《说文》曰："史，记事者也。"《文心雕龙》曰："史者，使也。执笔左右，使之记也。古者，左史记言，右史书事，言经则《尚书》，事经则《春秋》也。"各国史官记录之政事，后世就成了史籍。经被定为从政者必须尊崇的最高原则，史则只是记事的书策。经、史的地位有着天壤之别。

　　据皮锡瑞《经学历史》载，汉代尊经的风尚是自文景时代开始的，到武帝始昌盛。汉初原来崇尚黄老无为思想，刑名之术，提倡君主专制。这对于大乱之后安定国内统治局面是起了作用的。但是，随着统治地位的逐渐巩固，统治者更需要以仁义来欺骗臣下与人民，而黄老是反对仁义的，讲刑名之术的法家又"刻薄寡恩"，如果单纯以利作为维系君臣关系的手段，那就难以欺骗被压迫被剥削的人民为君主卖命。而儒家所尊崇的经学是主张尊君抑臣、定名分、正纪纲的，这些东西很迎合统治者的口味。为了将统治者神化，西汉的儒学大师们又将阴阳五行学说渗入经学。这样一来，西汉经学就成了统治者最得力的工具。文帝开始提倡经学，设置《诗经》博士。景帝时出现《春秋公羊传》，宣扬"大一统"，"为尊者、贤者、亲者讳"的微言大义。武帝时的董仲舒利用《春秋公羊传》讲君权神授，天人感应，宣扬"《春秋》之义，以贵诏贱"，向武帝倡议"罢黜百家，独尊儒术"，被武帝采纳，开始设立五经博士，专讲授五经。五经博士有弟子五十人，成绩优良者给以仕进。公孙弘治《春秋》，为丞相封侯。于是，五经博士成为重要的"利禄之路"。凡得博士经说的才得仕进，否则一概排斥于仕进之外。自元、成至后汉，经学的发展更是达到极盛时代。儒生能通一经者皆复其身，公卿之位，未有不从经术进者。儒生只要通明经术，即使要做丞相、太尉、御史大夫等三公官，也易如俯拾地上之草芥，故当时有"遗子黄金满籝，不如一经"（《汉书·韦贤传》）之语。人们竞相读经，是以四海之内，学校如林，汉末太学生至三万人，为古来未有之盛事。汉王朝就是用读博士经的办法搜罗知识分子为其所用，使知识分子热衷于五经的研究，从而有利于它的统治。

汉崇经术，还能见之施行。元、成以后，皇帝诏书，群臣奏议，莫不援引经义，以为依据，国有大疑，辄引《春秋》为断。董仲舒就曾以《春秋》取代法律，作为审理案件之准绳。《汉书·艺文志·春秋家》载有董仲舒《春秋折狱》十六篇。《后汉书·应劭传》曰："董仲舒老病致仕，朝廷每有政议，数遣廷尉张汤，亲至陋巷问其得失，于是作《春秋决狱》二百三十二事。"赵翼在《廿二史札记》卷二就有"汉时以经义断事"一条。这些史实说明，经在汉代不仅一般地作为指导思想，言行准则，而且直接取代政府的典章制度和法律。其作用之大，由此可见。

经也是封建社会的教科书。王侯的读物《太平御览》引《淮南子》卷二〇《泰族训》曰："五行异气而皆和，六艺异科而皆道。温惠淳良者，《诗》之风也。纯元敦厚者《书》之教也。清净条达者，《易》之义也。恭俭揖让者，《礼》之为也。宽和简易者，《乐》之化也。刺讥辩议者，《春秋》之靡也。故《易》之失也鬼，《乐》之失也淫，《诗》之失也愚，《书》之失也劫，《礼》之失也乱，此六者，圣人兼用而裁制之。"① 这就是说，六经可以教育人民温惠纯良、恭敬礼让，使他们服服帖帖地作臣民，不思犯上作乱。相反地，如果失去了六经的精神教育，那么尊卑贵贱就要失去秩序，天下就不能太平了。为此，汉、唐、宋、元、明、清各代的统治者都非常重视读经，"汉朝《论语》首立学官，光武令虎贲之士皆习《孝经》"（《旧唐书·薛放传》）。东汉建初四年（79）汉章帝亲自召开了白虎观会议，讲论五经同异，章帝亲自裁决，制成定论，确定了解释五经的标准答案，在全国推行五经教育。上至公卿、下逮掾吏，莫不通经。唐太宗亦自称喜好尧舜周孔之道，声称此道"如鸟有翼，如鱼有水，失之则死，不可暂无耳"（《资治通鉴》卷一九二，贞观二年六月）。他下令在京师国子学立孔子庙，尊孔子为

---

① 有些字与今本《淮南子》稍异。

"先圣",亲临国子学听讲,并诏国子祭酒孔颖达与诸儒撰定五经义疏,名曰《五经正义》,颁行天下,每年明经依此考试,出现了"儒学之盛,古昔未有"的盛况(《旧唐书·儒学传上》),明朝永乐十二年,敕胡广等修《五经大全》颁行天下。清康熙御纂《周易折中》二十二卷,钦定《书经传说汇纂》二十四卷,《诗书传说汇纂》二十卷,《春秋传说汇纂》三十八卷。乾隆时代,御纂《周易述义》、《诗义折中》、《仪礼义疏》、《春秋直解》等。直至近代的袁世凯还高唱尊孔读经的调子。六经实为封建社会最基本的教育内容,是统治人民的精神支柱。

我们再从目录学发展看经史地位的轻重。西汉末学者刘歆所撰的《七略》,将图书分为六类,此为我国最早的图书分类目录。《七略》中,将"六艺"列为第一位,史部根本没有地位。班固作《汉书·艺文志》,基本因袭刘歆之书。晋初秘书监荀勖与中书令张华整理书籍,著《中经新簿》,总括群书分为四部,一曰甲部,记六艺及小学等书;二曰乙部,记古诸子及近世子家;三曰丙部,记史记旧事,皇览籍杂事;四曰丁部,记诗赋图赞及汲冢书。四部第一次将史学著作独立分类,但位居第三。后来李充因荀勖四部分类,造《四部书目》,始易荀氏之旧例,定五经为甲部,史籍为乙部,诸子为丙部,诗赋为丁部。史部虽升居第二,经部仍居首位。唐朝官修之《隋书·经籍志》,根据学术发展,亦采用四部分类,从此以后四部分类遂成为千百年来图书分类不变之成法。乾隆年间修《四库全书》亦用经、史、子、集四部分法,经部始终居于首位。这绝不是编纂者任意的排列,而是经被定于一尊的结果。且看《四库全书总目提要·经部总叙》对经所下的定义:"经禀圣裁,垂型万世,删定之旨,如日中天。""盖经者非他,即天下之公理而已。"这就充分说明了中国自古以来的目录学总是将经部置于首位的道理。

封建统治阶级通过各种途径巩固经学的统治地位,致使经学成了中国的正统思想。在中国历史上,即使是革新的、进步的人士,亦不得不披上宣传经学的外衣。比如宋代改革家王安石,撰写了《三经新义》,打着颂扬《周礼》、《诗》、《书》的旗号,为政治改革服务。近代资产阶级的改良主义者康有为也以《新学伪经考》、《孔子改制考》、《春秋董氏学》等书作为变法维新的张本。很明显,在经学统治的时代,离经叛道是最大的罪名,不披上经学的外衣,任何革新都寸步难行。

在封建社会里，谁要是背离了经学的宗旨，谁就要遭到厄运。汉代伟大的史学家司马迁，以"先黄老后六经"的指导思想写《史记》，遭到班固父子为代表的正统派史家的非议，他们指责司马迁"是非颇谬于圣人"。东汉思想家王充的《论衡》，因有《问孔》、《刺孟》之论，遭到攻击。唐刘知幾的《史通》，因有《疑古》、《惑经》，因而被指斥为谤书。宋代王安石指责《春秋》为"断烂朝报"而废弃之，另作《三经新义》，亦遭到时人抨击，以为"以意说经，诋毁先儒"。南宋初陈公辅上疏云："臣谓安石学术之不善，尤甚于政事。政事害人才，学术害人心。《三经》、《字说》，诋诬圣人，破碎大道，非一端也。"（《宋史·陈公辅传》）明代的思想家李贽，因非议孔子与六经，竟遭逮捕入狱，以致身死。统治阶级将离经叛道者视同洪水猛兽，以为人心之变易，比政事之败坏更为危险。

综上所述，经在封建社会中的地位，绝不是史可以比拟的。作为史书，即使是官方编纂的，得到钦定的，也并不是上自公卿、下至掾吏都必须诵习的。比如宋代司马光奉旨编纂的《资治通鉴》，也只是供皇帝借以吸取历代统治经验的借鉴，而不是士子的必读书。所以，经与史绝不是称谓不同、实质一致，而是存在着实质性的重大区别。

二、经之地位的起落反映封建统治之兴衰

经是封建社会的精神支柱，这根支柱是建立在封建的经济基础之上的，但它又反过来为封建的经济基础服务，并受经济基础所制约。所以经的地位之起落往往反映封建统治的兴衰。

自汉以来，经学的地位有过起落。经学第一次衰落是魏晋时代。鱼豢的《魏略》云："正始中，有诏议圜丘，普延学士。是时郎官及司徒领吏二万余人……而应书与议者，略无几人。又是时朝堂公卿以下四百余人，其能操笔者未有十人，多皆相从饱食而退。嗟夫！学业沉陨，乃至于此。"（《三国志·魏书·王肃传》注）魏初，读经通经的人少到这样可怜的程度，其原因是多方面的。大致说来，一方面是汉代经学烦琐的注疏必然要走向反面。这一点古人早有定评，班固说："古之学者，耕且养，三年而通一艺，存其大

体，玩经文而已。是故用日少而畜德多，三十而五经立也。后世经传既已乖离，博学者又不思多闻阙疑之义，而务碎义逃难，便辞巧说，破坏形体，说五字之文至于二三万言，后进弥以驰逐。故幼童而守一艺，白首而后能言。安其所习，毁所不见，终以自蔽。此学者之大患也。"（《汉书·艺文志·六艺类小序》）桓谭的《新论》也说："秦近君能说《尧典》，篇目两字之说，至十余万言，但说'曰若稽古'三万言。"班固与桓谭对烦琐经学的批评，十分深刻地说明了经学由于教条化，无以致用，所以遭到毁灭性的厄运。不过，三国时经学衰落尚有更重要的原因。杜恕说："今之学者，师商、韩而上法术，竞以儒家为迂阔，不周世用。此最风俗之流弊。"（《三国志·魏书·杜畿传》）董昭上疏云："窃见当今少年，不复以学问为本，专更以交游为业。国士不以孝弟清修为首，乃以趋势游利为先。"（《三国志·魏书·董昭传》）杜恕与董昭从反面提供了当时轻视经学的情况。东汉末年军阀混战之后，封建政权遭到打击，分崩离析，旧的统治制度难以维持下去，三国的君主为了富国强兵，遂用商韩刑名之术，废弃儒家学说，这是经学衰落的政治原因。它的衰落，也就反映了统一的封建的中央集权制的一度破坏。

经学经过魏晋南北朝的衰落，到了唐朝有所复兴。这是由于唐朝出现了一个全国统一的局面，为了巩固中央集权，需要再度重视经学。但到了宋代，又出现了一种奇特的衰落现象。这次的衰落，并不是取缔经学，放弃穷经，而是保留经学的形式，在内容上加以篡改。近人周予同称北宋庆历之后的经学家为怀疑学派（皮锡瑞《〈经学历史〉序》）。

北宋王朝建立不久就潜伏着危机，阶级矛盾与民族矛盾都十分尖锐。在这样的历史条件下，要循规蹈矩地按照经学办事是难以做到的。北宋的改革家王安石，企图挽救北宋王朝的危机，提出改革，他的政治改革就从经学改革着手，他和他助手编修了《三经新义》，对《诗》、《书》、《周礼》作了新解。他将新法的内容如青苗法、保甲法、均输法、市易法等统统归之于仿效《周礼》而订立的，以此证明他的改革不过是恢复周公之制。可见王安石的《三经新义》实以己意解经，篡改经的本意，因而遭到经学正统派的非议。南宋末年学者王应麟曾指出，"自汉儒至于庆历间，谈经者守训诂而不凿，《七经小传》出而稍尚新奇矣。至《三经新义》行，视汉儒之学若土梗"（《困学纪闻》卷八）。

北宋时期篡改经义的不独王安石和刘敞，可说是当时的一种风气，王应麟曾引陆游的话来证明："陆务观曰：唐及国初，学者不敢议孔安国、郑康成，况圣人乎！自庆历后，诸儒发明经旨，非前人所及；然排《系辞》、毁《周礼》、疑《孟子》、讥《书》之《胤征》、《顾命》，黜《诗》之序，不难于疑经，况传注乎！"（《困学纪闻》卷八）排《系辞》者指欧阳修，他大胆提出《易》之《系辞》非孔子之作，就连"《文言》、《说卦》而下，皆非圣人之作，而众说淆乱，亦非一人之言也"（《欧阳文忠全集》卷一八《易童子问》）。他认为《十翼》系后世研究《易》者之作，不成于一时，非出于一手。怀疑《周礼》的有欧阳修、苏轼、苏辙及洪迈等，洪迈说："《周礼》一书，世谓周公所作，而非也。"（《容斋续笔》卷一六）吴棫、苏轼怀疑《尚书》中的《胤征》等篇系后人伪作。宋人既怀疑这些经典非出于圣人之手，当然经典也就不成其为权威了，于是对经学的神圣性产生怀疑。

宋代庆历以后疑经学者的出现，说明所谓"恒常不易"之道，在矛盾重重的封建社会已行不通，但长期的尊经观念又束缚着人们的思想，这才出现了以解经为名行篡经之实的怀疑派。到了南宋，经学出现了三派。以朱熹为领袖的"归纳派"，以陆九渊为领袖的"演绎派"，以陈傅良、叶适为领袖的"批评派"。这三派都以不同的方式毁坏经学。朱熹的归纳法，不仅任意解经，甚至开创任意造经的手法，他作《大学章句·补格物传》则为一例。陆九渊的演绎法，实际上是将六经作为"我"的"注脚"，即"六经注我"。陈傅良、叶适则整个儿地怀疑、否定六经的正确性。宋代经学衰落正是封建社会由鼎盛转向衰落的反映。而这些思想的出现，亦是明代提出"六经皆史"的先兆。

三、"六经皆史"说是封建社会后期的进步思潮

大抵说来，"六经皆史"说是明以来才大为宣扬的一个命题。有人说，"六经皆史"早在先秦的老子就提出来了。不错，老子是说过那样的话。就连孟子也有这种意思。隋朝的王通在《文中子·中说》、《王道》中亦有类似的说法。元代的著名学者刘因亦有"古无经史之分"的提法，认为"《诗》、

《书》、《春秋》皆史也，因圣人删定笔削，立大经大典、即为经也"（《静修先生文集·叙学》）。明清之际的学者利用这些思想资料，提出"六经皆史"说，并赋予它崭新的含义。这时，它才成了离经叛道之论。

明清之际提出"六经皆史"的当首推王阳明。他继承宋代心学家陆九渊的"六经注我"的思想，十分反对拘泥经传的学风。他的理论特点是"反求诸己"，"不假外求"。所谓"不假外求"，就是不提倡诵习经典。他说："徒弊精竭力，从册子上钻研，名物上考索，形迹上比拟，知识愈广，而人欲愈滋，才力愈多，而天理愈蔽。"所以"吾辈用功，只求日减，不求日增"。他要弟子们从本心良知出发做事，而不要遵循经传去行，经典学得越多，越不明真理。所以他说："天下之大乱，由虚文胜而实行衰也。使道明于天下，则六经不必述。"（《王阳明全集》卷一《传习录上》）他甚至于说，秦始皇焚书要是更彻底一些，倒反而更好，"春秋以后，繁文益盛，天下益乱，始皇焚书得罪，是出于私意，又不合焚六经，若当时志在明道，其诸反经叛理之说，患取而焚之，亦正暗合删述之意"（《王阳明全集》卷一《传习录上》）。他认为死死地抓住六经，以之作为恒久之至道，加以繁文注训，这种做法最违背天理，圣人之道不是万古不变的真理。一切真理都要随世而变，所以不可拘泥于古圣王之道。他的学生徐爱问："如三坟之类，亦有传者，孔子何以删之？"王阳明答：

> 纵有传者，亦于世变渐非所宜。风气益开，文采日胜，至于周末，虽欲变以夏、商之俗，已不可挽，况唐、虞乎？又况羲皇之世乎？然其治不同，其道则一……文、武之法，即是尧、舜之道。但因时致治，其设施政令已自不同，即夏、商事业，施之于周，已有不合，故周公思兼三王，其有不合，仰而思之，夜以继日。况太古之治，岂复能行？斯固圣人之所可略也。

> 周公制礼作乐以文天下，皆圣人所能为，舜、尧何不尽为之，而待于周公？孔子删述《六经》以诏万世，亦圣人所能为，周公何不先为之，而有待于孔子？是知圣人遇此时，方有此事。（《王阳明全集》卷一《传习录上》）

王阳明所讲的道理就是"世变则事异",治世的法则也是因时制宜的,绝不是一切都依古圣贤预先制订好的法则办事的,圣贤也是"遇此时方有此事"。既如此,后人就不能将古圣人的著作奉为万世不变的经典来崇拜,更不能拘泥于经典教条。隋王通模拟经典作《文中子》,主张儒、佛、道三家合流,世人批评王通"有拟经之失"。可是王阳明却说:"拟经恐未可尽非。""不知文中子当时拟经之意如何?某切深有取于其事,以为圣人复起,不能易也。天下所以不治,只因文盛实衰,人出己见,新奇相高以眩俗取誉,徒以乱天下之聪明,涂天下之耳目,使天下靡然争务修饰文词,以求知于世,而不复知有敦本尚实,反朴还淳之行,是皆著述者有以启之。"(《王阳明全集》卷一《传习录上》)他认为将经典作繁文注训,反而背离了经典。他对于王通的"拟经","深有取于其事",以为它能启发人的思想。

王阳明从维护封建王朝出发,生怕拘守经典的学风会致使王朝的毁灭,为挽救统治危机,他要求挣脱六经的束缚,自由创立新的思想体系,故有"六经皆史"之说。他揭示了六经本来只是古先王时代的史迹。他说:"以事言谓之史,以道言谓之经,事即道,道即事,《春秋》亦经,五经亦史,《易》是包牺氏之史,《书》是尧、舜以下史,《礼》、《乐》是三代史,其事同,其道同,安有所谓异?"又曰:"五经亦只是史,史以明善恶,示训戒,善可为训者时存其迹以示法,恶可为戒者存其戒而削其事以杜奸。"(《王阳明全集》卷一《传习录上》)以上就是王阳明关于"六经皆史"的论述。在他看来,六经不过是古代不同时期的历史记载,圣人之道就体现在历史事实中,它明善戒恶,对今人自然有借鉴作用,但不是抽象的理论,更不是万古不变的教条。他由"六经注我",演变出"六经皆史",主观上的目的是创立心学体系,以与汉学、宋学相抗衡。但是,客观上却破除了自汉以来封建统治者树立起来的六经的权威,在封建的思想锁链中打开了一个缺口,这对思想解放起了很大的作用。这在思想禁锢的中世纪,未免是骇俗之论。

王阳明之后,"六经皆史"说风靡一时,有代表封建地主阶级利益的思想家、史学家、文学家,也有代表下层人民的思想家或进步的反封建的思想家,赞同这一观点。他们宣扬"六经皆史"的目的不甚相同,但在社会上产生的客观效果却有共同之处。

明代史学家王世贞沿用了"六经皆史"之说，认为"天地间，无非史而已"，"六经，史之言理者也"（《弇州山人四部稿》卷一四四）。他还说："得其要则六经为吾用，其语皆筌蹄，不得其要则吾为六经役，老死而汩汩于章句。"（《弇州山人四部稿》卷一一四）这就是说，你能得其要领，六经就可以为我所用，否则你就被它牵着鼻子走，一生一世埋头于章句。王世贞的观点在史学领域产生了很大的影响。明清之际的大学者顾炎武在考据上很重视对历史源流的探讨，即使对于经书，也是从辨析历史源流出发，并从而得出了"六经皆史"的观点，他说："《春秋》书公，书郊禘。亦同此义，孟子曰'其文则史'。不独《春秋》也，虽六经皆然。"（《日知录》卷三《鲁颂商颂》）

清代史学家章学诚对此作了大量的发挥。他说："六经皆先王之政典。"本无神圣的意义，孔子"表章六艺，以存周公之旧典也，不敢舍器而言道也"（《文史通义新编新注》内篇二《原道中》）。古代"未尝有著述之事"，更不曾有"专称为载道之书"，有的只是"官师守其典章，史臣录其职载"（《文史通义新编新注》内篇一《诗教上》）。孔子删订而成的六经是古代政教、典章、历史事实的记录。他把六经看作是历史资料，而不是空疏的理论教条。当然，他也承认孔子删订六经的目的在于"存道"、"明道"、"以训后世"，让后人从先王的政典中得知治国平天下的道理，但绝不是要让它作圣经来敬奉。因为"事变之出于后者，六经不能言，固贵约六经之旨而随时撰述以究大道"（《文史通义新编新注》内篇二《原道下》）。人们只能根据六经的精神，随时势之变去求治世之道。章学诚大谈"六经皆史"，是要把学术研究从脱离现实生活，无裨国计民生的古董，变为切合实际、切合实用，有益于当前社会风教的活的学问。因此，重发挥、贵创造，反对死守经句，力主通经致用。这种主张对学术发展是有作用的。特别应指出的是，在乾嘉时代思想专制甚严的条件下，重提"六经皆史"说，是要有一点勇气的。清代史学家钱大昕批评"经精史粗"说，同样含有重史的精神。清代文学家袁枚也说："古有史而无经，《尚书》、《春秋》，今之经也，昔之史也。《诗》、《易》者，先王所存之言，《礼》、《乐》者，先王所存之法，其策皆史官掌之。"（《小仓山房文集》卷一〇《史学例议下》）明清两代众多的史学家、思想家，甚至文学家都围绕这一问题发议论，这些事实说明，"六经皆史"说在中国封建社会后期已形成一股思潮，人们有了新的觉醒，逐渐从"经"的迷信中解脱出来了。

"六经皆史"的命题也适应下层人民反封建的进步思想家的需要。代表下层人民的思想家、泰州学派的创始人王艮，就有离经叛道的倾向。他"讲说经书，多发明自得，不泥传注"（《王心斋先生遗集》卷三《年谱》），实际上就是跳出了经学的正统的圈子，用自己发明的新意作异端说教。王艮之学，不事《诗》、《书》，唯贵心悟，唯重实际，认为"百姓日用是道"。王艮明确表示"经所以载道，传所以释经，经说明，传不复用矣。道既明，经何足用哉。经传之间，印证吾心而已矣"（《王心斋先生遗集》卷一《语录》），公开宣扬经传不足为用，只不过可以作为"我"的理论根据。他曾表示，他不必研究六经，只需治"总经"即可。实际上，"总经"是子虚乌有的东西，他巧妙地以"总经"抵制六经。王艮的离经叛道思想反映了封建社会后期市民阶级开始抬头的时代思潮，反映了下层人民自发的反封建统治思想的倾向。王艮受王阳明的影响很大，这种异端思想与王阳明贬低经学的"六经皆史"说是不无关系的。泰州学派的后学李贽，比王艮更激烈地反对封建正统思想。他的反封建性集中地表现在对六经和《论语》、《孟子》的批判。他尖锐地指出："六经、《语》、《孟》，乃道学之口实，假人之渊薮也。"（《焚书》卷三《童心说》）这就是说，学了六经、《论语》、《孟子》，必然会成为道貌岸然的伪君子。所以，他对儒家经典十分轻蔑，把它们与"稗官小说，野史国乘"相提并论，说《论语》不过是"迂阔门徒，懵懂弟子记忆师说，有头无尾，得后遗前，随其所见，笔之于书"的东西，"纵出于圣人，要亦有为而发，不过因病发药，随时处方"，"岂可遽以为万世之至论乎？"（《焚书》卷三《童心说》）。李贽在理论上反对独尊儒学的传统，为诸子百家翻案。他说："申、韩何如人也？彼等原与儒家分而为六。既分为六，则各自成家；各自成家，则各各有一定之学术，各各有必至之事功。"墨子、商鞅、申子、韩子、张仪、苏秦等，"皆有一定之学术，非苟苟者，各周于用，总足办事"，"独儒家者流，泛滥而靡所适从"，六家要旨以"博而寡要，劳而少功"八字盖之，"可谓至当不易之定论矣"（《焚书》卷五《孔明为后主写申韩管子六韬》）。在诸子百家中，他尤为推崇墨子，对儒家荀孟学派取崇荀抑孟态度，因为荀子"更达通而不迂"。他指斥后世的道统说甚为荒谬，声言"道统"无非是道学家"好自尊大标帜",认为"道之在人,犹水之在地",如果说,从秦朝到宋朝,中间千数百年,"人尽不得道,则人道灭矣,何能长世也?"如果说,直到宋儒才得道统之传,则"何宋室愈以不竞,奄奄如垂绝之人,而反不如彼之失传者哉"(《藏书》卷三二《德业儒臣前论》)。他一针见血地指出,在南宋国势危亡的时刻,享有盛誉的朱熹,"当必有奇谋秘策,能使宋室再造,免于屈辱,呼吸俄顷,危而安,弱而强,幼学壮行,正其时矣。乃曾不闻嘉谋嘉猷,入告尔后,而直以内侍为言,是为当务之急与?"(《藏书》卷三五《赵汝愚传》)得到道学正宗的朱熹又于国何补?李贽贬抑儒学,指斥道学,否定六经,实质是反对封建的思想专制。值得一提的是近代资产阶级思想家章炳麟亦持此论,他说:"六经皆史之方,治之则明其行事,识其故制,通其时言。"(《国故论衡下·明解诂》)这些非圣、非经的思想,无疑是对封建正统思想的挑战。

"六经皆史"说流行于明清时代并不是偶然的。这个时代正是我国资本主义开始萌芽,封建制度走向没落腐朽的时代,虽然主张"六经皆史"说者多数是地主阶级的思想家、史学家,但是,他们是一些较有远见的人,意识到旧的正统的封建思想已经落后于现实,无法按常规进行思想统治了。因此,他们自觉不自觉地企图突破旧的思想枷锁,寻求真理。然而,明清的统治者违背历史的潮流,死命地提倡理学,高唱尊孔读经,但时代的潮流不可抗拒,士人的思想终于无法钳制,"六经皆史"的思潮与批判儒家经典、反对八股取士、视理学为砒霜的反封建思想仍然应运而生。这一思潮的出现,有不可轻视的社会影响,它是挣脱经学束缚、追求思想解放的先声,也可以说是近代资产阶级改良主义思想的先导。它也为学风的转变开创了范例。中国传统的学风是训诂、解经,这个传统将千千万万的知识分子引向故纸堆,而轻视了对现实问题的关切和研究,这是使我国积贫积弱的原因之一。持"六经皆史"论者,大抵反对"从册子上钻研,名物上考索",他们主张把视线转向社会现实。这是有深远的社会意义的。"六经皆史"说对史学的发展亦有重要的作用,正如侯外庐所指出的那样,"六经皆史"说将六经作为古代典章制度的源流演进来处理,这不仅扩大了史学的视野,而且启发史学家用科学的态度研究历史,使史学科学化。

现在我们归结到本文所讨论的主题,假如"六经皆史"是一个称谓问题，那么怎么会形成一种思潮呢？怎么能被李贽等思想家利用来作反封建的斗争呢？有人引了《谈艺录》，论证"六经皆史"说在先秦就已有之。《谈艺录》一书我们也拜读了。它对"六经皆史"说的发展作了考证，搜集了秦汉以来的有关资料，这当然是有价值的。但《谈艺录》也有局限性，它对"六经皆史"说的考证是脱离社会历史条件的，他论述"'六经皆史'之旨实肇端于此（指道家）"，以此来贬低章学诚提倡"六经皆史"的意义。现在有些同志又拿出《谈艺录》来，论证"六经皆史"说古已有之，不足为奇。因此，我们不得不对此种观点略作分析。关于"六经皆史"说肇端于道家之说，我们应持科学的态度去分析它。春秋战国时期，正是封建制产生、发展的时期，道家持倒退的历史观，对现实不满，诋毁一切礼义，否定儒家经典，并没有进步意义。老子提出"夫六经先王之陈迹也"，如实地反映了历史事实，有一定的科学价值，但他对儒家经典的否定是属于学派之间的争论，虽然亦有政治意义，但不具备明清时期思想家的反封建性。明清时代，统治者大力倡导尊孔读经，因此，王阳明、章学诚等人提出"六经皆史"说就有否定独尊儒术的意义。这是道家所不能比拟的。再说，章学诚讲"六经皆史"，虽不是首创，可是在乾嘉时代思想专制甚严的社会条件下，重提"六经皆史"的口号，是有新的意义的。《谈艺录》断定章学诚提"六经皆史"不过是为了掩饰自己学术空乏"沾沾焉以识力自命，或有先人怵我，掩蔽隐饰"。那倒不尽然，不过，我们在此不作辩论。总之，用以上一些理由来否定"六经皆史"说的意义，是没有说服力的。相反，《谈艺录》中所列出的持"六经皆史"说者，大多属于明清之际的人物，这就进一步证明我们的论断是有一定根据的。"六经皆史"说确实是封建社会后期的社会思潮，也可以说是近代启蒙思想的一个来源吧！正如有些同志的著作中论及，近代大思想家魏源、龚自珍、章太炎等人的改良思想，都直接或间接地受到章学诚思想的影响，这就是明证。所以，我们认为，实事求是地分析这一命题产生和发展的社会意义，对我们认识、了解封建社会后期的思想动态是不无裨益的。

（本文系与夏瑰琦合撰。原载《历史研究》1983年第6期；又载人大报刊复印资料《历史学》1984年第1期；收入仓修良：《史家·史籍·史学》；又见仓修良：《史志丛稿》）

明代大史学家王世贞

明代著名学者王世贞,长期以来以文学著称于世,因此近代以来文学史方面的论著,对他大都有所论及。其实,他在明代历史上,同时又是一位著作等身的大史学家。但知道的人并不多,评论的那就更少了。笔者在1983年出版的《中国古代史学史简编》里将他在史学上的成就第一次向读者作了介绍。后来,我便写了题为《明代大史学家王世贞》一文。不久朋友来信,要我为《中国历史学家续传》写篇文章,于是便将此稿按评传要求作了修改后奉上。近年来读书中有些发现,特别是有的文章已经提出,《纲鉴会纂》乃后人假托而编,而我那篇评传有些立论正是出自该书,所以很想抽回作些修改。但有关先生告知,此书早已打好纸型,只待上机付印,已无法修改,我就只好另写文章了。不过需要指出的是,我对王世贞史学成就的认识,正是导源于《纲鉴会纂》一书,由于我自己有这部书,其观点比较新鲜,久而久之便驱使我对王世贞的所有著作进行探索,这才使我逐渐认识到王世贞原来还是一位了不起的历史学家。

一

王世贞(1526—1590),字元美,号凤洲,又号弇州山人,太仓(今江苏太仓)人。嘉靖二十六年(1547)进士,授刑部主事,历官至南京刑部尚书。他是一位很有才华的学者,又是一位忠于职守的良吏,任官期间,廉洁奉公,刚正不阿,尤注意裁抑墨吏巨室,革除社会不良风气,都收到良好的效果。对于当权者贪赃枉法,他也绝不轻易放过。李贽在为他写的传中记载了这样一件事:"方陆炳贵幸用事,受巨珰指,匿奸狡阉某,欲贷其死。世贞搜炳家得之,炳宛转请脱,既复因执政以请,卒不许,当时无不侧目世贞者。"这个执政,正是严嵩,这位庞然大物的说情,世贞丝毫也不给他留情面,所以当时"无不侧目"。这么一来,自然就"不能安其位于朝矣"。(《续藏书》卷二六《尚书王公世贞传》)据史书记载,他平日为人正直,自出仕以来,从不愿与严嵩同流合污,宁愿退出政界。因此,他虽以名门之子,早年得中科第,由于备受严嵩的压抑和排挤,长期得不到升迁,最后父亲受迫害致死,自己也被迫休官。直至隆庆二年(1568)再次出仕,这时他已经四十三岁了。他也从不居功自傲,生活俭朴,"家无姬侍",待人接物,尤能急人所急,奖掖后进,衣食寒士,惓惓如自己出。对于这样一位学者,社会舆论却是毁誉参半,这也很自然,但李贽在传中却为之愤愤不平。在评论王世贞一生功过之时,应当说这是一篇很重要的史料。因为李贽与王世贞是同时代人,所记皆出于自身见闻,比之后世作史之追记,自然要来得真切,况且他们之间也不存在恩怨关系。

从文学史角度来看,王世贞是当时文坛上复古主义代表人物,诗文与李攀龙(1514—1570)齐名,世称"王李",是"后七子"的领袖,有的论著称"主宰当代文坛达三四十年之久"。《明史》本传则称:"世贞始与李攀龙狎主文盟,攀龙殁,独操柄二十年,才最高,地望最显,声华意气笼盖海内。一时士大夫及山人词客、衲子羽流,莫不奔走门下。片言褒赏,声价骤起。"他在《艺苑卮言》中提出"文必西汉,诗必盛唐,大历以后书勿读"的主张,在他看来,唐宋八家不足追秦汉,欧苏之虚又不若韩柳之实,大有一代不如一代的浩叹。他的复古主义思想,在文学上产生了很坏的影响。不过到了晚年,由于生活阅历和社会实践的增加,他逐渐对自己早年"是古非今"有追悔之意,这不仅表现在言论上,而且在实际的评论中也确实有所转变。因此,钱谦益《列朝诗集小传》丁集卷六《王世贞传》云,世贞"迨乎晚年,阅世日深,读书渐细,虚气销歇,浮华解驳。……其论《艺苑卮言》则曰:'作《卮言》时,年未四十,与于麟辈是古非今,此长彼短,未为定论。行世已久,不能复秘,惟有随事改正,勿误后人。'元美之虚心克己,不自掩护如是。今之君子,未尝尽读弇州之书,徒奉《卮言》为金科玉条,之死不变,其亦陋而可笑矣"。这个评论是很有道理的,因为我们评论任何历史人物,无论是其文学思想、史学思想,还是其哲学思想,都必须做到知人论世,统观一生,并且必须持发展观点,因为每个人的学术观点总是在发展变化的，特别是对于像王世贞这样影响较为深远的一些大家，尤其应当如此。比如王世贞的文学观点，晚年与早期就有着显著的变化。

王世贞是一位学问渊博、著作繁富的学者，一生博通经史，长于诗文，这在当时和后世都为大家所公认。《四库全书总目提要》就曾这样说：

> 考自古文集之富，未有过于世贞者。其摹秦仿汉，与七子门径相同。而博综典籍，谙习掌故，则后七子不及，前七子亦不及，无论广续诸子也。惟其早年，自命太高，求名太急，虚憍恃气，持论遂至一偏，又负其渊博，或不暇检点，贻议者口实。……平心而论，自李梦阳之说出，而学者剽窃班、马、李、杜，自世贞之集出，学者遂剽窃世贞。故艾南英《天佣子集》有曰："后生小子不必读书，不必作文，但架上有前后《四部稿》，每遇应酬，顷刻裁割，便可成篇。骤读之，无不浓丽鲜华，绚烂夺目，细案之，一腐套耳云云。"其指陈流弊，可谓切矣。然世贞才学富赡，规模终大，譬诸五都列肆，百货具陈。真伪骈罗，良楛淆杂，而名材瑰宝，亦未尝不错出其中。知末流之失可矣，以末流之失而尽废世贞之集，则非通论也。（《四库全书总目提要》卷一七二《别集类》二五）

清乾隆时代学者王鸣盛，自恃学问渊博，十分骄矜，近人有的文章说他"骂古代史学家，可以不留余地"。然而他却自比于王世贞。道光二十一年（1841），吴江沈懋德在《蛾术编》跋里说："西庄先生著述富有，同时后进称其远侪伯厚（王应麟），近匹弇州，而先生自任亦曰：'我于经有《尚书后案》，于史有《十七史商榷》，于子有《蛾术编》，于集有诗文。以敌弇州《四部》，其庶几乎！'"这就是说，他认为自己学问既精且博，可与王世贞相匹敌。徐朔方先生在《王世贞年谱引论》中说："他的狂热崇拜者胡元瑞甚至认为王世贞比司马迁和杜甫一起加起来还要强得多。他们的不可企及处，王世贞都比得上；他们的不足，王世贞却具备。钱谦益责骂胡元瑞的吹拍作风，比作是文坛上的'行乞'手段。其实司马迁不写诗，杜甫很少文章传世。如同乾隆帝是中国产量最高的诗人一样，他一个人的作品同《全唐诗》所收的篇数不相上下，以诗文合计，王世贞无疑是中国数一数二的高产作家。胡元瑞的错话当中也包含着部分真实。"以上事实从不同角度说明王世贞的学问确实渊博。他的著作除《弇州山人四部稿》和《续稿》外，在史学方面的著作就有《嘉靖以来首辅传》、《谥法通纪》、《觚不觚录》、《弇山堂别集》、《明野史汇》、《弇园识小录》、《权幸录》、《朝野异闻》、《皇明名臣琬琰录》等，有的虽属笔记性质，但其内容大多记有明一代朝章典故，具有很高史料价值。著作如此繁富，在有明一代，似乎很少有人能与他相比拟。

二

王世贞在史学上的贡献，不仅有大量的著作，而且有丰富的史学理论，博古通今，尤谙于当代。他对当代历史专心研究，并曾想独自编写一部纪传体明代历史。他在《弇山堂别集小序》中说：

> 王子弱冠登朝，即好访问朝家故典与阀阅琬琰之详，盖三十年一日矣。晚而从故相徐公，所得尽窥金匮石室之藏，窃亦欲藉薜萝之日，一从事于龙门兰台遗响，庶几昭代之盛不至忝忝尔。甫欲命管而病妒之。既而自惟材力绵浅，一不称也；所睹章奏，竿尺赋颂之类鲜足裹者，二不称也；是非小有不当，流祸后世，三不称也。而是时倡道者谓王子毋受役于笔研以凿性灵，自是绝意不复作。

这里提出"三不称"，故"绝意不复作"。其实推求其意，主要还是最后一点。自身既不为史臣，而编纂的又是当朝国史，所以顾虑重重。他的好友陈文烛在《弇山堂别集序》中讲得就十分明确："夫元美千秋轶才，而不得一登史馆，目击朝家掌故，犁然有概于心，不容不置一喙。乃又以流祸隐忧，故自斧扆以至貂珰，孅醲悉陈，无所衮钺，以俟夫后世君子。同心者易寻，吹毛者难见，顾其中藏三尺之严，毫不可夺，不亦隐而直乎？"这些史实充分反映出王世贞当时的矛盾心理，他深深感到明代建国以来国史记载失实十分严重，从历史上来看，"国史之失职，未有胜于我朝者也"（《弇山堂别集》卷二〇《史乘考误》一）。众所周知，明代实录不实，这是许多史家都有指出的，而王世贞对此更深感不安，他所讲的"国史"，其实就指的"实录"。《太祖实录》凡经三次修改，其真实程度可想而知，建文一朝四年，荡然无存，景帝虽附《英宗实录》，无奈曲笔太多。他自己想作有明一代史书，却又得不到合法地位，这种矛盾心理，直到晚年仍不时地有所流露。他在为凌际叔《汉书评林》所写的序文中就这样说：

> 我高皇功德隃胜汉祖万万，文献即小未称，亦不下武宣叔季。昔孟坚之所草创私史耳，县官弗忍置于理，而更褒借之给笔札兰台，进而为公史。今世号称古文极治，而金匮石室之副，宁无一二流人间者，有能整齐其业，以上接班氏，亦奚不可！余发种种矣，无能为，际叔其竢之，勿令后世以明无人哉！（《弇州山人续稿》卷四四）

字里行间仍流露出自己在修史方面被埋没的失落感，叹惜自己在这方面的才能未能得到很好的发挥，在他看来修一部与班固《汉书》齐名的明代历史是完全有可能的。而《汉书》以后的所有正史，他都不在话下，这种思想，其友陈文烛在《弇山堂别集序》中就明确替他讲了："范蔚宗以下，一解不如一解，宋、辽、金、元卑哉，栾邰之后降为皂隶矣。"基于上述思想，到了晚年独修明史已经无望，他便将多年来积贮的史料，编次成《弇山堂别集》一百卷。

这部书成于何时，无确切记载，他自己为该书所写小序和友人陈文烛所作之序均未说明，而陈文烛作序落款是万历庚寅，这正是世贞去世之年，但序文最后有"兼质于元美云"，无疑又是作于世贞生前。钱大昕所著《弇州山人年谱》，在他三十三岁这年载："是夏作《艺苑卮言》，至乙丑始成，又撰次朝廷典故为《丁戊小识》，后更为《识小录》，即《弇山堂别集》之初稿也。"此说恐不太确切，第一，陈文烛为其作序时，还说曾见世贞尚有《弇园识小录》、《三朝首辅》等书，若是该书之初稿，显然不会如此论列。第二，与世贞小序所言精神不符，他说"王子弱冠登朝，即好访问朝家故典与阀阅琬琰之详，盖三十年一日矣。晚而从故相徐公，所得尽窥金匮石室之藏"。可见世贞是五十左右写此小序，三十年如一日不间断搜集，原为撰写有明一代历史，后因名不正而言不顺，深感不便于作。而故相徐公实指徐阶，是在嘉靖四十一年严嵩罢相后方任首辅，这才有"晚而从故相徐公"云云，这时世贞也已三十七岁了，只有"尽窥金匮石室之藏"后，才能得到许多宝贵材料。根据上述情况看，此书显然应是成于晚年。至于何以称"别集"，他在该书《小序》中说："名之别集者何？内之无当于经术政体，即雕虫之技亦弗与焉，故曰别集也。"陈文烛在序中则说："盖元美诗文有《弇山堂正集》（即指今所流传之《弇州山人四部稿》和《续稿》），而此则国朝典故，比一代实录云。"就是说这是部史书而不是文集。既然不是文集，何以又能称别集呢？长期以来许多人不得其解，因而清代有人便讥讽他"不知诗文之当称别集"。对此问题，徐朔方先生在《王世贞年谱引论》一文中是这样说的："明代文人对文学的看法仍然沿袭古代的传统看法，他们把一切文字记载和论述，也即一切文献都看作是文学。与其说王世贞弄不懂别集的性质，不如说他是有意纠正大多数人的看法，他们把'雕虫之技'之类的作品看作是别集。实际上他是借此重申文即是史、文史不分的司马迁的观点。这并不偶然，在此以前他出版的《弇州山人四部稿》即不以集为名。"许多人的误解、困惑在读了这个说明之后，自然都可得到解除。

对于《弇山堂别集》，我在拙著《中国古代史学史简编》中是这样介绍的："是他编撰纪传史的一种素材，它是史书而不是文集，分'述'、'考'、'表'三大类，'述'是记载明朝有关重大事件；'考'是记载典章制度，就是纪传体史书里的书志部分；'表'即纪传体史书里的表。"前两年有位先生在文中不指名地对此作了批评："它的'述'并不像有的论著所说，都是'记载明朝有关重大事件'的，它的'考'也绝不是'纪传体史书里的书志部分'，它的'表'更不同于'纪传体史书中的表'。"这个批评无疑是针对拙著的，因为对于王世贞的这部著作，此前还无人作过介绍。本着追求真理的原则，这里有必要作些辨正。遗憾的是，批评者只是说不是什么，不同什么，而正确的应当是什么却只字未向读者交代。"述"究竟记载什么？我们不妨看看魏连科先生为该书所写的《点校说明》："卷一至卷十九，包括《皇明盛事述》五卷、《皇明异典述》十卷、《皇明奇事述》四卷。这十九卷书是笔记体史料，内容比较杂，举凡朝章典故、君臣事迹、社会经济、人物轶事、民族关系、中外关系等都有所记述。"《点校说明》是专谈此书，关于这个内容已列了那么多项，尚且还要加"等"字来概括，而作为一部史学通史，自然就无法如此论列，只能用概括性语言来说明，而这三个"述"的内容，又确实"记载明朝有关重大事件"，但我并没有讲"都是"，"都"字乃批评者所加。我那样说，并不排斥其中有许多事件并不"重大"，正像我们说二十五史记载了我们中华民族发展的历史，难道说其中字字句句都是吗？看来谁也不会这样来问，因为今天谁也不愿再来做文字游戏了。其实只要将此三述稍加翻阅，我们便可以知道所记之事确实是很重要，这里不妨试举几则：《皇明盛事述》有"英宗再正位"、"再正东宫"、"藩国之盛"、"宗室之盛"等。特别是后两则，将自朱元璋以来，各帝之子所封之国一一列出，最后还指出："今天下存者，大国凡二十四，盛哉！无论唐以后不世胙土，即汉中叶所余无几，宁能媲美于我明也。"此条能说不重要吗？而后者开头便道："隆庆、万历之际，宗室蕃衍，可谓极矣。"此条之后，接着便是"庆成王百子"，内容则曰："自封长子外，九十九人并封镇国将军。"再看《皇明异典述》，有"天子别号"、"天子爵封"、"内阁次序互异"、"阁臣不预事"、"大学士非内阁"等。《皇明奇事述》有"再登大位"、"再立东宫"、"大臣姓名同"、"父子同名"、"户口登耗之异"、"烈妇俱妾媵"等。所记内容对研究明代历史都很重要。"它的'考'也绝不是'纪传体史书里的书志部分'。"讲得多么肯定，难道真的是这样吗？我的回答自然也是否定的。看来有些人对明清以来正史书志内容与名称的变化太不清楚了。我们还是先从该书所列诸考内容入手吧。该书计有《亲征考》、《巡幸考》、《亲王禄赐考》、《命将考》、《谥法考》、《赏赉考》、《赏功考》、《科试考》、《诏令杂考》、《兵制考》、《市马考》、《中官考》，共十二种三十六卷，这些内容，除了《中官考》外，我们从历朝会要、纪传史书志中都可看到类似记载。《亲征考》、《巡幸考》二考，记载了皇帝亲征、巡幸的规模、路线、号令、行军、作战等内容，它保存了许多不见于它书记载的重要史实。特别是《亲征考》所载永乐八年北征的军令，各项内容具体而详细。《命将考》记载洪武至万历时的重大军事活动。《谥法考》自然无须说明，郑樵《通志》便有《谥略》。《赏赉考》和《赏功考》，记载皇帝的各种赏赐及数目、等级、被赏人的功绩等，此等内容自然入志比较合适。《诏令杂考》则记载了明太祖和明成祖有关军事行动的指令和檄文。《科试考》入志，其来已久，《通典》、《通考》均有《选举》。《兵制考》记载永乐八年北征后兵制变化及全国军士、马匹等数字。

这个内容入志，自然也无可非议，《通典》、《通考》亦有此内容。《市马考》，记载洪武至隆庆明王朝与边地及邻国马匹交易情况，这是明清时期所特有的社会现象。对于该考之作，王世贞曰："高帝时，南征北讨，兵力有余，唯以马为急，故分遣使臣以财货与四夷市马。而降虏土目来朝，及正元万寿之节，内外藩屏将帅，皆用马为币，自是马渐充实矣。其互市之详，《会典》与志皆不载，故记之。"此考之性质自然就无须再说明了。就这些内容而论，所以我说"考是记载典章制度，就是纪传体史书里的书志部分"，绝非胡说八道！还要指出的是，史学评论家章学诚对"考"的性质就是书志还有过评论："考之为体，乃仿书志而作，子长《八书》，孟坚《十志》，综核典章，包函甚广。"（《文史通义新编新注》外篇四《答甄秀才论修志第二书》）他又在《修志十议》一文中说："典故作考，人物作传，二体去取，均须断制尽善，有体有要，乃属不刊之书，可为后人取法。"（《文史通义新编新注》外篇四）他不仅有理论，而且自己也在实践，他主持编纂的大型方志著作——《湖北通志》，其中就有《府县》、《舆地》、《食货》、《水利》、《艺文》、《金石》六考。值得注意的是，他是要用纪传史体来编修方志，他在《方志立三书议》中就明确提出"仿纪传正史之体而作志"（《文史通义新编新注》外篇四）。如果我不指出这点，也许有人会说，章氏所言乃方志理论，与史书无关。还值得注意的是，明清时期，由于中国封建社会发展已进入晚期，所以这时产生的不少纪传体史书，为了反映这个时期的社会特点，因而便不断扩大书志的内容，如查继佐的《罪惟录》就有志达三十二个之多，除传统的内容外，还加了《九边》、《漕》、《陵》、《经筵》、《科举》、《直阁》、《典牧》、《茶法》、《锦衣》、《宗藩》、《学校》、《将作》、《盐法》等。而张岱的《石匮藏书》志的内容，亦新增《马政》、《盐法》、《漕运》等项目，这都是适应社会发展的需要，而无须大惊小怪。根据以上所述，还有什么理由能否定《弇山堂别集》中的"考"不是纪传体史书中的书志呢？当然，王世贞也曾以志名称写过不少内容，如《旧丞相府志》、《锦衣志》、《庚戌始末志》、《倭志》、《北房始末志》、《安南志》、《哈密志》、《三卫志》等，尽管都称志，我们却不能都把它们看作纪传体史书中的书志，无论从篇名还是内容来看，都不属于书志性质。我们应当注意，志的本意乃指记事之史，而志与记又相通，郑樵在《通志·总叙》中说："古者记事之史谓之志……太史公更志为记，今谓之志，本其旧也。"可见在科学研究上必须审慎，而不能简单地对号入座。至于说"它的'表'更不同于'纪传体史书中的表'"，显然还是只看形式而不顾其实质。所谓不同，只不过少了表格而已，就是《四库全书总目提要》也只批评它"多不依旁行斜上之体"，但绝不影响它作为史表的价值。我们还是看看魏连科先生的《点校说明》吧："卷三十七至卷六十四为史表，上而功臣公侯伯，下而督抚守备，共分七十二目。虽然《四库提要》批评它'多不依旁行斜上之体'，所列各官的任罢时间也间有失实。但它毕竟把明代的中央职官表列出来，为后来作史表提供了方便。如果拿它和清修《明史》相比，那么《明史》的史表远不如它完备。"

《弇山堂别集》除了上述三种内容外，还有关于明代帝系及宗藩的记述六卷以及《史乘考误》十一卷。综观全书的内容和体例，它虽不是纪传体史书，但的确还颇具一定独创性，所以陈文烛在序中说："元美推而不居，以为自有主者，我以其才，为所欲为，纵横自放，于史例之外，别立一体，其于子长，以意师之，不可称龙门之大宗乎！"此话相当有道理，他用五种内容组成一部与众不同的史书。我们知道，他对司马迁的《史记》极为推崇，他在《史记评林序》中说："世贞曰：余读《史记》者三，当掩卷而叹其未逮也。"(《弇州山人续稿》卷四〇)唯其如此，他曾想模仿《史记》的体例来编写有明一代的历史，并已为徐达、常遇春诸人作了"世家"(《弇州史料》卷一九—二二)，还为许多人都作了传，看来原计划撰写之书，内容涉及非常广泛，而这些内容显然都是根据明代社会特点而写的。随着年岁的增长、阅历的加深，他遂感私人修国史之绝不可为，因而采用了分而治之的办法。除该书以外，还有上文所述多种著作，都是记载当代之事。以此看来，真是"其志似推而实任"也。名义上对于国史是"绝意不复作"，实际上要作的是大多都写了，只不过改变了形式和名称罢了。就是《弇山堂别集》，也正像陈文烛所言，"其于子长，以意师之"，即师其意而不袭其迹也，虽称《别集》，其实史也。王世贞去世以后，其门人杨汝成会同陈继儒，将散见于《四部稿》、《续稿》和《别集》中有关当代史事，汇编成《弇州史料》一百卷(前集三十卷，后集七十卷)，这虽不是出于作者本人意图，但对研究明代历史和王世贞的史学思想无疑是创造了方便条件。这里需要指出的是，有的论著笼统地将《四部稿》说成是关于明代史学的著作，是很不妥当的。因为《四部稿》的内容分赋部、诗部、文部、说部四类,并因此而得名,说它都是明代历史显然不对。

关于《弇山堂别集》的价值,《四库全书总目提要》有这样的评论:"盖明自永乐间改修《太祖实录》,诬妄尤甚。其后累朝所修实录,类皆缺漏疏芜。而民间野史竞出,又多凭私心好恶,诞妄失伦。史愈繁而是非同异之迹愈颠倒而失其实。世贞承世家文献,熟悉朝章,复能博览群书,多识于前言往行,故其所述,颇为详洽。虽征事既多,不无小误。又所为各表,多不依旁行斜上之体,所失正与雷礼相同。其《盛世》、《奇事》诸述,颇失谈谐,亦非史体。然其大端可信,此固不足以为病矣。"这是比较符合实际的,对于一部史书来说,评价不可谓不高。因为内容是否丰富,记载是否可信,乃是评价史书价值高低的重要标志。就该书内容而言,"考"的分量最重,几占全书五分之二,自然就成为全书价值重点之所在,也是体现王世贞治当代史功力深厚之所在。自古以来,许多史家一直把作好书志看成是撰好纪传体史书的关键,郑樵《通志·总叙》曰:"江淹有言,修史之难,无过于志。诚以志者,宪章之所系,非老于典故者不能为也。"王世贞从青年时代开始,便对朝章典故留心搜集,"累朝之副草,旁及六曹九镇畿省之便利要害,大家委巷之旧闻,文学掌故之私记,皆网搜札录"(《弇州史料叙》)。正因如此,到了晚年才有可能得心应手地撰写这些内容丰富并能反映明代社会风貌的诸"考"。由于他掌握的资料极其广泛,所作诸考,无法容纳,故还分别编纂了《觚不觚录》、《权幸录》和《朝野异闻》诸书。《觚不觚录》在《四库全书》中虽被分编在《子部·小说类》,但《提要》在介绍时,却并未将它当作小说看待,认为"是书专记明代典章制度,于今昔沿革尤详。自序谓伤觚之不复旧觚,盖感一代风气之升降也。虽多记事故,颇涉琐屑,而朝野轶闻,往往可资考据……盖世贞弱冠入仕,晚成是书,阅历既深,见闻皆确,非他人之稗贩耳会者可比。故所叙录,有足备史家甄择者焉"。可见它仍属于史料范畴之书,所记内容,多可与《弇山堂别集》内容相互参证。

鉴于明代国史记载严重失实,实录一再遭到篡改,如建文一朝,就全被删削。为了保证明代历史的真实面貌得以留传后世,王世贞还在该书中作《帝系·帝历·帝统》一卷,将明朝建国以来历朝皇帝承继统系加以叙述,以补正国史实录之缺误。《帝统》在太祖之后,接着便叙建文帝之事迹,通过记载，人们可以知道在太祖与成祖之间尚有建文一朝，并可以从中了解到成祖是用武力取得帝位的。对于英宗和景泰帝的关系，也都如实作了叙述，在这本书中来记载此等内容，足见王世贞用心之良苦。

众所周知，明代学术界有个奇特现象，即个人写史风气特盛，因而野史数量之多，为其他朝代所不能比拟。正如《四库全书总目提要》所说："明人学无根柢，而最好著书，尤好作私史。"（《史部·传记类》二《今献备遗》）这样所写之史，自然错误百出。针对这种情况，王世贞在《弇山堂别集》中特作《史乘考误》十一卷，前八卷考国史、野史之误，后三卷考家乘之误。魏连科先生的《点校说明》云："这一部分，对史料考辨相当精辟，是王世贞的史学力作。"此说绝非虚语！事实上这部分内容，不仅体现王世贞治当代史之功底，而且反映了他那求真求实的可贵史学思想。他在《史乘考误序》中，备述了野史存在的三大弊病，同时从史家眼光出发，对国史、野史、家史三者长短得失都作了实事求是的评论。他认为三者虽然各有不同程度的弊病，又都具有不同的价值，但只要在使用时力避三者之短，兼取三者之长，则史料来源就可以更为丰富了。他说："虽然国史人恣而善蔽真，其叙章典、述文献，不可废也；野史人臆而善失真，其征是非、削讳忌，不可废也；家史人谀而善溢真，其赞宗阀，表官绩，不可废也。"（《弇山堂别集》卷二〇《史乘考误》）他还编纂过《明野史汇》一百卷，可惜失传。以上事实说明，王世贞对当代史的研究做了大量的工作，也作出了很大贡献，虽未撰成一部纪传体当代历史，却留下了极为丰富的史料和半成品，特别是对于许多重要人物，还都写了世家和列传。所有这些，对于研究明代历史都有着不可忽视的重要价值。

三

王世贞在文学思想上是复古派的代表，但在史学思想上却有不少值得肯定的内容。首先，他接受了"六经皆史"这一思想并加以发挥。他说："天地间，无非史而已。三皇之世，若泯若没，五帝之世，若存若亡，噫，史其可以耶，六经，史之言理者也。"（《弇州山人四部稿》卷一四四《艺苑卮言》

一）他明确提出天地间无非是史，而六经只是史之言理者。此说真乃前无古人，后来章学诚便进一步提出"盈天地间，凡涉著作之林皆是史学"（《文史通义新编新注》外篇三《报孙渊如书》）的论断。这就说明王世贞已经没有再把六经作为神圣的经典而加以推崇。他甚至还说："吾读书万卷，而未尝从六经入。"（《续藏书》卷二六《尚书王公世贞传》）可见六经在他的心目中是毫无神圣可言的。他还提出，研究六经，必须要为吾所用，而绝不能做六经的奴隶。他说："得其要，则六经为吾用，而其语皆筌蹄。不得其要，则吾为六经役，老死而汨汩于章句。"（《弇州山人四部稿》卷一一四）这个观点，可视为宋代陆九渊那种"六经注我"的进一步发展。既然六经作为"我"的"注脚"，要为吾所用，当然绝无神圣可言。众所周知，六经原是中国封建社会的精神支柱，它在封建社会中，不仅一般地作为指导思想，而且作为言行准则。可是到了明清时期，由于封建社会已进入晚期，随着社会各种情况的变化，"六经皆史"说也形成了一种社会思潮，它反映了作为封建统治思想的经典已经发生动摇（关于这点，笔者已撰《论明清时期"六经皆史"说的社会意义》一文）。就连正宗史家王世贞也意识到这点，大力宣扬"六经皆史"说，强调史的作用，从客观上来说是具有进步意义的。因为它在冲击封建社会统治思想基础上，也起到推波助澜的作用。当然就王世贞个人主观意图而言，仍是出于维护封建统治，只不过想用史学来取代已经失去灵验的经书而已。这里有一点必须说明，有的学者以为在章学诚以前，提出"六经皆史"说最早的似乎便是李贽了。就现有材料来看，这个说法恐怕不妥。的确，李贽在《经史相为表里》一文中，确曾提出"六经皆史"的论断，他说："经史一物也。史而不经，则为秽史矣，何以垂戒鉴乎？经而不史，则为说白话矣，何以彰事实乎？故《春秋》一经，春秋一时之史也；《诗经》、《书经》，二帝三王以来之史也；而《易经》则又示人以经之所自出，史之所从来，为道屡迁，变易非常，不可以一定执也。故谓六经皆史可也。"（《焚书》卷五）总的来说，在"六经皆史"这一主张上，两人的思想是一致的。当然这种一致性并非出于偶然的巧合，这是由于他们生活在同一个时代，但王世贞要比李贽早死十二年。看来李贽对王世贞是很推崇的，他在《续藏书》中很多地方都引用了王世贞的史论，来作为自己对某些人物、事件评价的结论。在书中他不仅为王世贞写了传，而且评价很高，并为其鸣不平。可见王世贞的史学思想,特别是"六经皆史"的思想对李贽显然有很大的影响,他虽出自王学左派,但其史学思想很多地方受王世贞的影响。

王世贞史学思想中另一表现突出的地方,便是力主据事直书,认为史书若做不到这点,那么既称不上信史,更无法取信于后人,自然也就失去了史学的教戒作用。这可以看作是他治史的指导思想。因为他之所以要研究编写明史,就是有感于国史记载失实过于严重,他花了那么多精力去考证许多史书记载的不实,"高帝末年,大将有功名者,诛僇几尽",可是史书记载总称"卒"或"病卒",因而考证中他深有感触地说:"史之曲讳甚多,不可枚举。"(《史乘考误》一)他发现许多被朱元璋及其子孙所诛杀的功臣事迹,大多被修史者所隐讳了。于是他便以考证作为手段,对统治者诛杀大臣的罪恶加以无情的揭露,经过他的细致考察,发现傅友德、王弼、冯胜等人的"暴卒",实际上就是"赐死"的代称。经过考证他还发现"例凡暴卒者,俱赐自裁者也"。可是修史者为了掩盖统治者暴行,仍为之立传,且"备言其功",其目的自然为了掩人耳目。这种揭露,不仅表现在《史乘考误》之中,而且在其他内容的叙述中亦有揭发,如在《皇明奇事述》三中,以《五元功皆不利》为题,对李善长、丘福、于谦等人被杀作了正面叙述,在《高帝功臣公侯伯表》的小序中,有一段议论,很发人深思:

> 余读高皇帝洪武之三年功令,未尝不三复而叹也。曰:呜呼,厚而裁则贵而可久矣。当是时,封公者六人,而魏公功最大,禄秩亦最重。中山侯宿将也,以一言之悖而不获公,德庆侯钜勋也,以一事之纰而不获公。永城封而贬,东胜封而夺,训词盖凛乎斧钺焉。夫孰敢有恣睢而陨于法者?……夫以冯宋公、傅颍公之雄,而卒不免死嫌,谓其不蔽法也而讳之,即讳之犹不为置后,呜呼,可叹也!(《弇山堂别集》卷三七)

他以激愤的心情揭露明初统治者的凶残,为被迫害的众多功臣鸣不平。王世贞认为,作为一个史家,必须自尊自重,绝不能利用自己秉笔之权而任情褒贬,肆意曲笔,是非自有公论,绝不可主观臆断,否则将成为千古之罪人。他对于张耒仪所撰《滁阳王(郭子兴)碑》很不满意,原因在于"耒仪于辞,多避少遂,不得称信史"(《续藏书》卷一《开国诸臣缘起》附论)。唯其如此,他对许多史书的记载不仅作了细致考证,恢复了事实的真相,而且对于那些故意歪曲、篡改历史事实的作者,都毫不留情地加以批评,斥之为"不读书"、"不习朝典"、"不学无术"的小人。让这些人执笔写史,自然是历史的一大悲剧。

明初统治者一方面诛杀有功之臣,一方面则对子孙在全国大封诸王,使他们皆"据名藩、控要害,以分制海内"。以为这么一来就可保住大明江山的长治久安,朱氏子孙便可永为人上之人而不做"齐民"。然而事与愿违,行之不久,全国便形成了尾大不掉的局面。王世贞在《同姓诸王表序》中,不仅如实记载了这一事实,而且表示了不满,感叹诸王之权势"可谓隆崇之极矣","推恩可谓广矣"。与开国功臣之被诛杀,实在是个鲜明的对比。行封的结果如何?王世贞在序中指出:"高皇帝既厌群臣,太孙御历,而二十三王者皆叔父行,以意行中国自如,礼乐刑政,几不自上,裁之则伤恩,纵之则伤法。于是齐、黄以晁大夫之谋进,而掩袭时下,僇辱继之,诸叔惴惴,人不自保。"这就是分封所造成的恶果。最后燕王起兵夺取政权,废除诸王军政之权,"护卫不设,不得臣一切吏民,进止机宜,一切不预,百口之命,仰给于县官"。但经济上国家却仍背着一个沉重的负担。王世贞认为,国家总不能老是养活他们,因此在序中竟大胆提出处置的办法,即与庶民同等待遇,"材者听其补博士弟子,取科第;不材者习四民之业以自给"(《弇山堂别集》卷三二)。这显然是针对诸王支庶"不为齐民"而提出,这实际上是对长期以来一直认为帝王子孙乃是龙种思想的批判,无疑宣布帝王子孙与庶民并无两样,自然也意味着对"皇权神授"思想的否定。基于这些思想,王世贞认为,要治理好一个国家,并不是只靠皇帝及其家族就能办到,而是要靠一大批才德兼备的官吏,因此其关键就在于选拔和重用人才。他认为在用人问题上,三代以后,只有汉代处理得最好。对于官吏,一般都做到有职有权,人尽其才。他说:"三代而后称治者独汉然,非其才之独高也,所以用才者简易而无不尽。当是时,天子所寄以共事者,内不过丞相、太尉、御史大夫、九卿、诸将军,外不过守令而已。即举守而言,其狱讼、军兴、钱谷、辟召、赏罚,靡不悉推而付之,不以私人察也,不以文法牵也。……故汉之才有过尽而无不尽之累。"(《弇州山人四部稿》卷一一四)

这就是说，君主在选拔好官吏以后，必须充分予以信任，使他们有职有权，让他们放手去做，君主不要横加干涉，更不要多方牵制，才有可能把他们的才能充分发挥出来。办法虽然简单易行，但真正做起来又谈何容易。这些论述，虽无独特创见，又确实都是经验之谈，是从千百年来王朝兴亡的历史分析中得出的经验教训。王世贞如此论述，自然是有其针对性了。

在封建社会里，礼教乃是统治者用以奴役人民的重要精神枷锁，对于它的虚伪性，王世贞曾一再予以揭露和斥责。他在"衍圣真人同坐事"条，揭露"衍圣公孔弘绪坐奸淫乐妇女四十余人，勒杀无辜四人，法当斩，诏以宣圣故，削爵为民，以弟弘泰代，没后，弘绪子闻诏袭爵"（《弇山堂别集》卷一八《皇明奇事述》）。作为封建统治者维持纲常名教的代理人衍圣公，竟然是个衣冠禽兽，统治者为了自身利益，只将他处以"削爵为民"，而爵位照样不废，名教的虚伪性，自然暴露得淋漓尽致。又同卷"烈妇俱妾媵"条，揭露得更为深刻，他首先指出："国家令典，于妇人女子能殉夫死者，俱有旌异。"接着便列举了李思齐、吴复、费愚、郭亮等十三人死后，他们的"妾"都殉夫而死，朝廷一一给予旌典，俱赠"淑人"、"德人"，谥"贞烈"等。对于此事王世贞提出了这样的疑问，为什么"勋戚大臣之妻殉死者无一二也，岂妾独厚而妻独薄耶？意者有吕后、袁绍夫人之妒，而出于不得已也"。一语道破，这些节烈行为，全是出于不得已也。这些所谓烈妇，实际上全是统治者用以宣扬纲常礼教的牺牲品。这些事实的揭露，使人们进一步看出封建礼教的虚伪性和欺骗性。至于王世贞反对宗教迷信，揭露统治者迷信佛道鬼神的思想表现得也很突出，限于篇幅，这里就不再论述了。

我们在论述王世贞史学思想具有某些进步性的积极因素的同时，也要指出其思想中的局限性和保守性。总的来说，他还是属于正宗史学，因此，他的史学理论还是为巩固封建统治服务的，从时代来说，我们在认识其实质以后，自然也无须过分苛求。在他的思想中，天命论观点表现得比较明显，如在评论明成祖夺取政权之顺利，归之于"天助"。他说："文皇因燕之成资奋戈南向，仅三载而易大物，虽神武绝伦，猛将僇力，盖亦有天助焉。"（《同姓诸王表序》）又如他认为英宗由塞外驾还及也先被刺败死，"皆天意也，非人力所能为也"（《史乘考误》五）。再如在论述于谦的遭遇时，最后他则说："天命所舣（归），大宝中夺，小人贪功，伏机焱发，元勋甫就，膺此祸烈，智不及避，勇不及决。"（李贽《续藏书》卷一五《于忠肃公传》附论）诸如此类，一律归之于"天命"。这样，尽管他反对佛道神鬼，但在这个根本问题上未能得以解决，这种反对，自然也就不可能彻底了。另外，我们还可以看到，王世贞对明初统治分封诸王之举尽管持否定态度，但对封建与郡县的优劣毕竟还有模糊不清的观点，他在《同姓诸王表序》中说："自秦私天下，孤立自雄，诸公子无尺寸之地，拱手以成关东诸侯之势。"这无疑是说，秦之所以灭亡，就在于没有分封诸子，显然还没有认清封建与郡县的本质，与贾谊《过秦论》相比那就差得远了。

综上所述，我们不难看出，王世贞的史学思想是比较复杂的，既有值得肯定的积极因素，又有落后保守的成分。必须加以具体分析，绝不能简单地全盘肯定或全盘否定。他在明代史学上是一位有理想、有贡献的历史学家，他对明代历史研究之深刻，对明代史料掌握之丰富，在明代历史上是不多见的。然而由于多种原因，他在史学上的理想、才能未能得到充分发挥。这在当时已有人议论。陈继儒在《弇州史料序》中说："王弇州负两司马之才，若置之天禄石渠，而以伯王诸君子为副，其史必可观，而老为文人以殁，皆本朝大恨事也。"又由于他在文学上名气太大，影响深远，是明代文学史上"后七子"之首，曾独操文坛达三四十年之久，因而当时的人都只把他视为文学大师而加以推崇和效法。这就掩盖了他作为历史学家的另一面。所以就在王世贞去世后不久，董复表在《纂弇州史料引》中说："王弇州先生好言史，自入仕以至三事撰构种种，当代史学之富无逾先生，而不及成史，一二梓行之者，漫置诗文集中，卒为诗文所掩，海内拱璧先生之诗文而莫举其史笔，其他传录，又以避忌秘之，遂使先生一代大业若存若亡，一生苦心，几为乌有。"这就说明，他在史学上的作为与贡献，在当时早就为其文学声浪所湮没。直到今天，除了文学史上他有一定的地位外，他在史学上的贡献，仍然没有引起人们足够的重视。现在我们应该多作研究和评论，不能再让他的史学贡献长期被忽视下去了。

（本文原载《文献》1997年第2期；收入仓修良：《史家·史籍·史学》；又见仓修良：《史志丛稿》）

《藏书》和《续藏书》评介

一

李贽（1527—1602），原姓林，名载贽。后因三世祖叔林广齐被当时统治者所杀害，林姓家族中有的就改姓李。他小时还是姓林，他的祖父为林义方，父亲林白斋。他是何时改姓，已不得而知，但他在嘉靖三十一年（1552）中举时，已经姓李了。他们宗族后来编的宗谱，便叫《清源林李宗谱》。到明穆宗朱载垕即位后，为避皇帝讳，便去掉"载"字，单叫李贽，号卓吾。福建泉州晋江人。泉州有泉山，曾是温陵禅师住地，因号温陵居士。后来曾到河南辉县做过官，因此地苏门山上有百泉，故又称百泉居士。晚年寓居湖北麻城龙湖，自号龙湖叟，因去发又号秃翁。为了追念死去的父亲，还曾号思斋居士。

李贽小时，家境贫寒，父亲大约是以塾师为业，为人正直，乐于助人，给李贽留下深刻印象。七岁开始便跟父亲读书，十二岁时已能为文了，十四岁便读完《易》、《礼》，又改治《尚书》。但对科举并无兴趣，而为生活计，却又不得不走这一条路，二十六岁那年考取了举人，便没有再去应高一级的考试。嘉靖三十五年，出任了河南辉县教谕，这是一个不上品级的下等文官。由于其性格与县令、提学都合不来，故除不得已与外界接触外，五年时间他便闭门读书。嘉靖三十九年，调到南京任国子监博士，仅两个多月，因父亲去世，便回乡奔丧。嘉靖四十一年，李贽守制期满，便离开泉州去北京，到北京后，先是借馆教书为生。嘉靖四十三年，又出任北京国子监博士，然而，生活上的不幸，却又接二连三地袭来，祖父去世的消息刚到，身边的二儿子又病死。于是他怀着悲痛心情二次奔丧，为此他只得将夫人和三个女儿暂时安置在河南辉县。更不幸的是，这年辉县大旱，官吏又从中营私，造成大饥荒，李贽的两个女儿，也因病饿交加而相继死亡，这个无情的现实，对李贽的精神打击自然是可想而知的。嘉靖四十五年，李贽又回到北京，补缺礼部司务。这又是个穷官，但李贽并不在乎，他觉得京师是士人集中之处，正是求师访友的好机会。正是在京师他接触到王阳明的学说，思想上受到了王学的影响。

隆庆五年（1571），李贽到南京任刑部员外郎，他与上司刑部尚书、大理寺卿都相处得不好，因为他们都是道学先生，所以他说官做得很苦。但南京也是全国著名的学术活动中心，因而他在这里结识了学者焦竑、耿定理，并都成为最知己的朋友。他还结识了王阳明弟子王畿和王艮的再传弟子罗近溪（汝芳），又拜王艮的儿子王襞为师，于是便进一步受到泰州学派的影响。在南京期间，他又开始研究佛教经典，并对佛教经典中的"众生平等"、"人人皆可成佛"的说法产生了兴趣。他把这些与自己反对理学、反对封建等级秩序结合起来，从"人人皆可成佛"演变为"人人皆可为圣贤"。因此，佛教经典的研究，扩大了李贽在哲学领域的视野。

万历五年（1577），李贽出任云南姚安知府，这是个四品官。为政期间，坚持一切从简，尽量不去扰民，强调以德化人，重视公益事业。任满三年，政绩显著，民众安乐，本当继续升迁，他却坚决辞官，最后朝廷也只得让其致仕归隐。由于为官政清事简，深得民众爱戴，他离开姚安时，除简单行李外，还有图书数卷，"士民遮道相送，车马不能前进"（光绪《姚安县志》卷五《循吏》）。这就是一位清官所受到的最好待遇。

万历九年（1581），李贽离开姚安，到湖北黄安（今红安），从此开始归隐著述生涯。由于他不愿与地方官无聊应酬、浪费岁月，故决计不回故里，这样可以一心一意做学问。在黄安他寄居在好友耿定理家中，因为两人之间不仅情谊深厚，而且学术见解相契，有说不尽的共同语言这一点非常重要。然而与其兄耿定向在学术观点上却十分相左，在相互论学中总是针锋相对。初到耿家，他先住在天窝书院，教授耿家子弟，并开始了对历史的研究，同时还对《老子》作进一步研究，并于此时著成《解老》二卷。可是，不久因耿定理病逝，加之与耿定向论学矛盾加大，他便离开耿家。在周思久、周思敬兄弟帮助之下，他于万历十三年（1585）住到麻城的维摩庵，三年后又从维摩庵搬到麻城龙潭湖的芝佛院，在这里一住就是十年。他的主要著作《藏书》、《焚书》等，大多在这里开始编写，他在给焦竑的信中曾有明确讲述：

"《李氏藏书》，谨抄录一通，专人呈览"；《李氏焚书》，"见在者百有余纸，陆续则不可知"；再一种"名曰《李氏说书》"（《焚书》卷一《答焦漪园》）。可见三种主要著作，《藏书》已基本完成，《焚书》、《说书》都正在编写之中。到这里的第一年，他还完成了第一部著作《初潭集》的编写，此书是以评论历史人物和事件为主题，借以发挥批判理学和理学家。

万历十八年，《焚书》在麻城刻印，由于书中揭露了当时封建统治的腐败无能、社会的丑恶现象、理学家们的伪善嘴脸，特别是对儒家经典的批判，因此该书一问世，便引起了封建统治者的重视和理学家们的恐慌，于是他们便千方百计对李贽进行围攻和迫害。在万历十九年，李贽到武昌游黄鹤楼时，竟然遭到统治者雇人的围攻与驱逐，他们给李贽加的是"左道惑众"罪名。统治者料想不到的是，他们这样做，反而扩大了李贽的影响，提高了他的声誉。在武昌遭遇围攻时，时任湖广左布政使的刘东星，便将李贽邀请到自己的官署加以保护。当时文坛上著名的公安派湖北三袁——袁宏道、袁宗道、袁中道三兄弟，也都是这时和李贽亲密地交往起来。可见真正做学问的人还是很希望能与李贽多交往的。

万历二十四年秋天，刘东星丁父忧居家，邀请李贽到山西做客，并特地派其子刘用相前往邀请。在刘用相陪同下，李贽来到山西沁水坪上村。在这里他终日闭门读书，夜晚就与刘东星谈论学问，探讨人生哲理，也不时回答刘用相等所提之问题，在此基础上，后来便形成了《明灯道古录》一书。这一年他已经是七十高龄了。次年夏天，又应大同巡抚麻城人梅国桢的邀请，李贽到了大同。在此他除了修订《藏书》外，还编著了《孙子参同》十三篇。同年九月，李贽到了北京，住在西山极乐寺。

万历二十六年春，李贽在焦竑陪同下，沿运河乘船南下，至夏初到了南京，途中还编定了《龙谿王先生文录抄》一书，并于这年冬天出版。到南京后，寄居永庆寺。这次在南京住了将近两年，在此期间，除了与焦竑等人研讨《周易》外，他最后完成《藏书》的修订工作，并于次年秋，在焦竑主持下，刻印于南京。在这两年中，他还要经常接待一些问学者，诸如余永宁、吴世征、方伯雨等。特别要指出的是，李贽还三次会见了意大利传教士利玛窦。《焚书》中还存有《赠利西泰》诗一首，或许就作于此时。至于《续藏书》作于何时，没有明确记载，从焦竑为《续藏书》所写的序来看，在南京这两年已经开始撰写了，而在通州马经纶家完成。《序》曰："李宏甫《藏书》一编，余序而传之久矣。而于国朝事未备，因取余家藏名公事迹绪正之，未就而之通州。久之，宏甫殁，遗书四出，学者争传诵之。其实真赝相错，非尽出其手也。岁己酉，眉源苏公吊宏甫之墓，而访其遗编于马氏，于是《续藏书》始出。余乡王君维俨梓行之，而属余引其简端。"这段序文，不仅明确地说明该书开始撰写时间和地点，而且确切的最早刻书时间也有了，"岁己酉"，乃是万历三十七年（1609），离李贽告别人世已经七年了。这件事也说明，李贽生前所结交的朋友，确实都是"莫逆"，尽管他遭受封建统治者迫害而死，但朋友们并没有将其遗忘，照样到墓前祭扫，想方设法把他的著作搜集整理，刊刻问世，使之得以传之后世。他的这些朋友所具有的这种高尚品德，同样也值得后人称颂。

万历二十八年春，刘东星接李贽到他总理漕运的济宁（今属山东）官署，在这里李贽完成了《阳明先生道学钞》和《阳明先生年谱》。当李贽从济宁再回到麻城时，一批道学先生竟与麻城地方官勾结，组织打手，对李贽加以迫害，以"逐游僧"（因李贽剃去头发，并非和尚）、"毁淫寺"、"维持风化"为名，对李贽诬蔑中伤。为了使李贽无落脚之地，他们还拆毁芝佛院，毁了李贽自己修的准备将来埋骨之塔，迫使李贽不得不离开麻城，在学生杨定见的帮助下，到了黄蘖山（在今河南商城）中。同年冬，马经纶不顾路途数千里之遥远，从北京通州冒雪赶到黄蘖山来陪伴李贽。第二年春，李贽在马经纶陪同下到了通州，并住在马经纶家中。在这里他完成了《续藏书》的编修工作（根据焦竑所作的《序》推算，应当是在这里完成），又对已经刻印过的《易因》进行修改，并根据马经纶的建议，最后定名为《九正易因》。在这两部著作完成后，他深感自己已经时日不多了，因此便草了《遗言》，对自己的后事作了安排，要求死后不用棺木，而采用回族的丧葬习俗。正当李贽想平安地了此一生，而封建统治者却还是不放过他。万历三十年（1602），礼科给事中张问达上了奏章，对李贽加以弹劾。这个奏章极尽诬蔑陷害之词，竟然说李贽"明劫人财，强搂人妇，同于禽兽而不之恤"，说他的著作"流行海内，惑乱人心"，特别是在《藏书》等著作中"以卓文君为善择佳偶，以司马光论桑弘羊欺汉武帝为可笑，以秦始皇为千古一帝，以孔子之是非为不足据"等。奏章上后，明神宗竟然很快就作了批示："李贽敢倡乱道,惑世诬民,便令厂卫五城严拿治罪。其书籍已刊未刊者,令所在官司尽搜烧毁,不许存留。如有党徒曲庇私藏,该科及各有司访参奏来并治罪。"(《明神宗万历实录》卷三六九)就是这样的罪名,便把已经七十六岁的李贽严拿治罪了。即使在狱中,带着重病之躯,他还在读书作诗,毫无畏惧之色。最后他是趁狱吏为自己理发之际,夺下剃刀而割喉自杀。好友马经纶按李贽生前立下的《遗言》,按回族丧葬习俗,将他埋葬在通州北门外马厂村迎福寺旁。

二

李贽的书中,究竟有些什么内容,流传后竟会使道学家们惊恐万分,这些著作在道学家眼中远胜过洪水猛兽。在今天看来,正是因为李贽的思想具有非常显著的进步性,对当时来说是具有很大的叛逆性。他在书中对程朱理学和一切伪道学进行了猛烈的抨击。他在《藏书·世纪列传总目前论》中,首先提出要打破儒家长期以来相沿袭的是非标准。他说:"人之是非,初无定质,人之是非人也,亦无定论。"他认为历史之是非标准是不固定的,因此对人的评价也就无一定论。为什么无实质、亦无定论呢?他从历史更迭来看,认为不同的时期,有不同的是非。"夫是非之争,如岁时然,昼夜更迭,不相一也。昨日是而今日非矣,今日非而后日又是矣,虽使孔夫子复生于今,又不知作如何是非也。"所以他认为制定以孔子的是非为是非,那就大谬不然。他劝人们"但无以孔夫子之定本行赏罚"。这无形中就否定了在封建社会中长期被奉为"圣人"的孔子的独尊地位。他在《答耿中丞》一文中说:"夫天生一人,自有一人之用,不待取给于孔子而后足也。若必待取足于孔子,则千古以前无孔子,终不得为人乎?"(《焚书》卷一)针对道学家们盲目崇拜迷信孔子,说什么"天不生仲尼,万古长如夜",他在《焚书》中特作《赞刘谐》一文,对这些道学家们作了非常有趣的讽刺,说难怪在伏羲氏以前的社会里,人们都得整天点着纸烛在走路(《焚书》卷三)。他认为长期以来,由于"咸以孔子之是非为是非,故未尝有是非"(《藏书·世纪列传总目前论》)。这些批判在当时来说确实是非常大胆的。同时他还指出,孔子和儒家学派的声望和地位之所以有那么高，完全是历代统治者和理学家大肆宣传和吹捧的结果，一般人并不知内情，也跟着随声附和而已。他还以自己的亲身经历为例来加以揭露，他说："余自幼读《圣教》不知《圣教》，尊孔子不知孔夫子何自可尊，所谓矮子观场，随人说研（同妍，美好），和声而已。是余五十以前真一犬也，因前犬吠形，亦随而吠之，若问吠声之故，正好哑然自笑也已。"（《续焚书》卷二《圣教小引》）这一揭露和讽刺，是多么的深刻而又辛辣！从这一点出发，他提出六经、《论语》、《孟子》等书，并没有什么神奇可言，这些书"非其史官过为褒崇之词，则其臣子极为赞美之语。又不然则其迂阔门徒，懵懂弟子，记忆师说，有头无尾，得后遗前，随其所见，笔之于书。后学不察，便谓出自圣人之口也，决定目之为经矣。孰知其大半非圣人之言乎？纵出自圣人，要亦有为而发，不过因病发药，随时处方，以救此一等懵懂弟子，迂阔门徒云耳。药医假（凭借、根据）病，方（处方）难定执，是岂可遽以为万世之至论乎？然则六经、《语》、《孟》，乃道学之口实，假人之渊薮也"（《焚书》卷三《童心说》）。这些说法当然都很有道理，即使是圣人之言，也是当时对其弟子们解答问题时而发，都是"有为而发"，就如同"因病发药，随时处方"，时过境迁，又怎能作为"万世之至论"呢？

针对道学家提出的"存天理，灭人欲"的反动说教，李贽也进行无情的揭露和批判。他指出，即使圣人孔子也讲过"富与贵是人之所欲"，"谓圣人不欲富贵，未之有也"。尽管孔子也曾讲过"视富贵，如浮云"的话，也不过是说说而已，事实证明，他相鲁三月，就"素衣麑裘，黄衣狐裘，缁衣羔裘"，"御寒之裘，不一而足，裼裘之饰，不一而袭"（《明灯道古录》卷下）。这能说他不爱富贵吗？从这些事实出发，李贽认为要求物欲享受，人人都是一样，说圣人不欲富贵，那完全是骗人的鬼话，因为吃饭穿衣对于每一个人来说都是头等大事，离开这些物质要求一切都是空话，所以他说："穿衣吃饭，即是人伦物理，除却穿衣吃饭，无伦物矣。世间种种皆衣与饭类耳，故举衣与饭而世间种种自然在其中，非衣饭之外更有所谓种种绝与百姓不相同者也。"（《焚书》卷一《答邓石阳》）可见，在李贽看来，人类的物质生活，穿衣吃饭，都是直接决定着社会的伦理道德。同时，他还深刻地讥讽了那些道学家们都是一帮"脸皮三寸"，都是矫揉造作的伪君子，"本为富贵，而外矫词以为不愿，实欲托此以为荣身之梯，又兼采道德仁义之事以自盖"（《焚书》卷二《复焦弱侯》）。他们"阳为道学，阴为富贵，穿着儒雅，行如猪狗"，这些人表面上道貌岸然，实际上追名逐利，如同猪狗。而他们之所以满嘴仁义道德，装模作样，无非是由于他们这伙人并无真才实学，"无才无学，若不讲圣人道学之名要之，则终身贫且贱焉，耻矣，此所以必讲道学以为富贵之资也"（《续焚书》卷二《三教归儒说》）。因此，他们总是"口谈道德而心存高官、志在巨富"（《焚书》卷二《又与焦弱侯》），而大谈道学，只不过是他们用以欺世盗名的有力工具和手段罢了，在他看来，"欺天罔人者必讲道学，以道学之足以售其欺罔之谋也"（《初潭集》卷二《道学》）。通过这些论述，人们可以看到，在李贽犀利的笔锋下，理学家们的丑恶面目被揭露得淋漓尽致！这就是那些道学家们在看到李贽的这些著作以后，所以要暴跳如雷、惊恐万状的原因之所在，当然他们就必然要置李贽于死地而后快。而对他的著作，明朝统治者在他临死和死后就曾两次下令"尽搜烧毁，不许存留"（《明神宗万历实录》卷三六九）。直至清代仍被列入"禁毁书目"。值得庆幸的是，由于他的朋友帮助，李贽的大部分著作仍然得以流传下来。他在历史方面的著作，除上文已提到的《藏书》和《续藏书》外，还有《史纲评要》、《四书评》诸书。

三

《藏书》是李贽在史学方面的代表作，全书六十八卷，略仿纪传体史著，编为纪传，载录了战国至元末的历史人物八百名。书中史实主要取材于历代正史和《通鉴》等书，他按照自己的观点把这些历史人物加以分类，各立名目，计有《大臣》、《名臣》、《儒臣》、《武臣》、《贼臣》、《亲臣》、《近臣》、《外臣》八大类，并各写有叙论，如《世纪列传总目前论》、《后论》、《世纪总论》、《大臣总论》、《富国名臣总论》、《智谋名臣总论》等，对于一些人物、事件和某些人物言论，往往还写有专论或短评，这些评论比较集中地反映了李贽的政治思想和历史观点。值得注意的是，李贽撰写此书，材料虽然多来源于"正史"，但是，通过他的编排叙述之后，即使向来已有定评的人物面貌，也往往改变了模样。他在《答焦漪园》书中就曾明确地说过："窃以魏、晋诸人标致殊甚，一经秽笔，反不标致。真英雄子，画作疲软汉矣；真风流名世者，画作俗士；真啖名不济事客，画作褒衣大冠，以堂堂巍巍自负，岂不真可笑！因知范晔尚为人杰，《后汉》尚有可观。今不敢谓此书诸传皆已妥当，但以其是非堪为前人出气而已，断断然不宜使俗士见之。"（《焚书》卷一）这就是说，他对历史上的许多重要人物，不受"儒者相沿之是非"的束缚，而要"一切断以己意"。因为李贽编写《藏书》的目的非常明确，就是要"颠倒千万世之是非"，在《藏书·世纪列传总目前论》中他就表示了这个意愿："然则今日之是非，谓予李卓吾一人之是非，可也；谓为千万世大贤大人之公是非，亦可也；谓予颠倒千万世之是非，而复非是予之所非是焉，亦可也。则予之是非，信乎其可矣。"（《藏书》卷首）他自信，他的是非标准是当今之世的公是公非。他一人提出的"己意"，却符合当今社会的公意，因为在他看来，千百年来对历史人物的评定，全是按照孔子的是非标准而定，因此有必要作重新评定。对于他这种非常大胆的举动，他的朋友都很称赞，梅国桢在为《藏书》所写的《序》中说："余友李秃翁先生，豪杰之士也。当其时，士方持文墨，矩步绳趋，谈性命之糟粕。独一秃翁，其识趣论议，谁从而信之，故官至二千石，辄自劾免，取汉以来至金元君臣名士，撮其行事，分类定品，一切断以己意，不必合于儒者相沿之是非，知其与世不相入，而曰：吾姑书之而姑藏之，以俟夫千百世之下有知我者而已。"而另一位作《序》的刘东星也说李贽对历史"既已觑破，实不与旧时公案同"。这在当时的环境下，要"颠倒千万世之是非"，实在是难能可贵。当然，这样做是很危险的，李贽自己自然也很清楚，所以他在《答焦漪园》书的开头便说：

> 承谕《李氏藏书》，谨抄录一通，专人呈览。年来有书三种，惟此一种系千百年是非，人更八百，简帙亦繁，计不止二千叶矣。更有一种，专与朋辈往来谈佛乘者，名曰《李氏焚书》，大抵多因缘语、忿激语，不比寻常套语。恐览者或生怪憾，故名曰《焚书》，言其当焚而弃之也。见在者百有余纸，陆续则不可知，今姑未暇录上。又一种则因学士等不明题中大旨，乘便写数句贻之，积久成帙，名曰《李氏说书》，

中间亦甚可观……惟《藏书》,宜闭秘之,而喜其论著稍可,亦欲与知音者一谈,是以呈去也。

他又说:"此吾精神心术所系。"(《焚书》卷一)这一席话,既交代了他三种著作编撰的目的和内容,又说明在这三种著作中他所自负的唯在《藏书》,而对这部书,他又说"宜闭秘之",只"欲与知音者一谈",故其书之名即取"藏之名山",不以示人的意思。这在《藏书·世纪列传总目前论》中亦有说明:"《藏书》者何?言此书但可自怡,不可示人,故名曰《藏书》也。"这与何乔远的《名山藏》、张岱的《石匮书》,取义相同。由于命名的隐晦,后人往往就忽略了它们都是史学名著。后来果然不出所料,李贽被"严拿治罪"的主要一条"罪状",便是《藏书》中"以秦始皇为千古一帝,以孔子之是非为不足据"。其书既然已经刊刻,不让别人知道,当然是不可能的。封建统治者正是以此书记载内容为依据而对其"严拿治罪"。谁能相信,就是这样一部史书,竟引来了杀身之祸!

李贽编写《藏书》,评论历史人物,他要"一切断以己意",要"颠倒千万世之是非"。但是,他的做法也并不是随心所欲,而是以"良史"为鉴,以"秽史"为戒。他认真研究总结历史学家的经验和教训,特别是对史学理论的研究。他很推崇历史上那些敢于面对现实而有所作为的历史学家,如司马迁、吴兢、刘知幾等,并要从他们的作史、评史的经验中吸取有益的思想原则,这从他对这些史学家所写的传略和评论中就可以充分反映出来。

他在《藏书》的《史学儒臣传·司马迁》传中记载了司马迁的事迹,并引了班彪、班固父子对司马迁的一段评论。班氏父子从正统观念出发,批评司马迁在《史记》中"是非颇谬于圣人",说书中"论大道,则先黄老而后六经;序游侠,则退处士而进奸雄;述货殖,则崇势利而羞贫贱,此其所蔽也"。李贽对班氏父子的批评,大不以为然。他说:"班氏以此为真足以讥迁也,当也。不知适足以彰迁之不朽而已。使迁而不浅陋,不疏略,不轻信,不是非谬于圣人,何足以为迁乎?……若必其是非尽合于圣人,则圣人既已有是非矣,尚何待于吾也。夫按圣人以为是非,则其所言者,乃圣人之言也,非吾心之言也。言不出于吾心,词非由于不可遏,则无味矣。"(《藏书》卷四〇《史学儒臣传·司马迁》。本篇凡引用该书的,只注明卷数和篇名)

班氏父子认为司马迁颠倒了历史人物的主次地位，把黄老思想放在六经之上，对所谓奸雄人物加以宣扬，而对那些处士相对就有所贬低。不仅如此，司马迁居然崇仰讲求势利，这与儒家所宣扬的道德主张又是不相符的。李贽指出，班氏父子所批评的"弊病"，虽然都是事实，但是这些"弊病"正是司马迁的不朽之处。他在传中还摘引了刘向、扬雄对司马迁的赞美，说明在当时条件下，《史记》是一部空前绝后的史书。

李贽在书中对陈寿、吴兢等史学家也都有所评论。称陈寿作的《三国志》"辞多劝诫，明得失，有益风化，虽文艳不若相如，而质直过之"（《史学儒臣传·陈寿》）。而对《武后实录》的作者吴兢，书中有这样一段叙述："兢叙事简核……初与刘子玄撰定《武后实录》。叙张昌宗诱张说诬证魏元忠事，颇言说已然可，赖宋璟等邀励苦切，故转祸为忠，不然皇嗣且殆。后说为相，读之，心不善。知兢所为，从容谓兢曰：'刘生书魏齐公事，不少假借，奈何？'兢曰：'子玄已亡，不可受诬地下，兢实书之，其草故在。'闻者叹其直，说屡以情蕲改，辞曰：'徇公之情，何名实录！'卒不改。"（《史学儒臣传·吴兢》）张说受张宗昌唆使诬陷魏元忠，吴兢在《武后实录》中直书其事，这时张说已经做了宰相，他对吴兢威迫恭维，软硬兼施，蕲请吴兢改写，吴兢正气凛然，不徇私情，不畏权势，维护已不在人世的刘知幾，竟能挺身而出，承担责任，其精神实在可贵。因此被诬为"书事不当"而遭到贬谪。李贽称他"方直寡谐"，其实"寡谐"是指吴兢不朋比为奸的优秀品质。

《史通》作者刘知幾，在回答礼部尚书郑惟忠问为什么史才少时说："史有三长，才、学、识。世罕兼之，故史才少。夫有学无才，犹愚贾操金，不能货殖；有才无学，犹巧匠无楩楠斧斤，弗能成室。善恶必书，使骄君贼臣知惧，此为无可加也。"（《史学儒臣传·刘知幾》）需要指出的是，刘知幾的这段对话，已经经过李贽的概括，而非原话，可见李贽所写人物传记，材料虽来自正史，但并非照抄原文。原文是这样：郑惟忠问："自古已来，文士多而史才少，何也？"刘知幾回答说："史才须有三长，世无其人，故史才少也。三长：谓才也，学也，识也。夫有学而无才，亦犹有良田百顷，黄金满籯，而使愚者营生，终不能致于货殖者矣。如有才而无学，亦犹思兼匠石，巧若公输，而家无楩柟斧斤，终不果成其宫室者矣。犹须好是正直，善恶必书，使骄主贼臣，所以知惧。此则为虎傅翼，善无可加，所向无敌者矣。脱苟非其才，不可叨居史任。自夐古已来，能应斯目者，罕见其人。"（《旧唐书·刘子玄传》）李贽在传中概括征引以后说，"时以为笃论"，而他自己则评论说："才、学二字，发明得明彻。论识处，尚未具也。"（《史学儒臣传·刘知幾》）这个评论，虽仅两句话，但确实评到点子上了。刘知幾提出"三长"之后，对才、学都作了解释，唯独"识"未作说明，故李贽说"论识处，尚未具也"。我们当今有些学者，竟将后面"犹须好是正直，善恶必书"两句拉来，说是刘知幾用来解释"识"的，这自然是错误的，因为这两句是说，除了"三长"之外，还须加上"好是正直，善恶必书"。可见李贽的辨识见解是相当敏锐的。正如李贽所言，刘知幾对于"识"并未作任何解释。李贽在《史学儒臣传》中，还编写了《魏收传》，简略记载了魏收所以被人不齿的一些言行。由于他写史时不能做到秉笔公正，所以在北齐亡国那年，"收冢被发，弃骨于外"，得不到好的结果，这就从反面提供了教训。

刘东星在为《藏书》写的序中说，该书"包罗千古，鉴别众形"，其意是说，该书对自古以来的人物，作了一次鉴别，重新加以评定。当然，他的评定，也是有原则的，并不是原来说好的，一律改成坏的，原来说坏的，一律说成好的。我们先从他对历代皇帝的评论说起。秦始皇长期以来一直被骂为暴君，李贽却称他为"千古一帝"，称赞他"混一诸侯"的功劳，统一了各诸侯国，结束了战国以来长期纷争的局面；并接受李斯的建议，废除了分封诸侯，顺应历史发展趋势，实行了郡县制度，这是历史上一大进步。所以像隋文帝这类君主，虽然"同为混一，而不得比秦始皇称帝矣"。虽然同为统一，但作用不同，因而在历史上地位亦不相同。当然，李贽不可能了解秦始皇的统一是以建立新的封建制度为基础的，但他也看出了秦始皇所建立的秦王朝有着不同于旧时的新制度。而他在对秦始皇的评价上，却是没有偏见的，他虽然称其为"千古一帝"，但对其暴虐一面同样加以抨击。秦始皇焚书坑儒，李贽以为此事"卒自殒身灭族者宜矣"。侯生、卢生称"始皇为人，天性刚戾自用"，李贽说"画得象"（卷二《秦始皇帝》）。他对秦始皇的功过都作了评价，主次分明。

李贽在《藏书》中，对历史上有作为的君主，大多作了充分肯定。他称赞汉高祖刘邦，入关时约法三章，除秦苛法，乃是"王者之师"。特别是对刘邦能够使用有才能的人更为敬佩。刘邦自称："夫运筹帷幄之中，决胜千里之外，吾不如子房；镇国家、抚百姓、给饷馈，不绝粮道，吾不如萧何；连百万之众，战必胜，攻必取，吾不如韩信。三者皆人杰，吾能用之，此吾所以取天下者也。项羽有一范增而不能用，此所以为我擒也。"李贽在这段文字之后批曰："真英雄"，"英雄语可敬哉"（卷二《汉高祖皇帝》）。李贽自然不懂得个人与群众的关系，但他看出了刘邦能集众将之智慧，而非"匹夫之勇"，堪称"真英雄"，是有道理的，所以他称刘邦是"神圣开基"的君主。他对汉武帝征伐长期侵扰西北边境的匈奴，保障了人民生活的安定，并亲自率师，威震匈奴的伟绩，称颂为"大有伟略"，"英明君主"，作了高度评价。汉孝文帝临终遗诏，体恤百姓疾苦，认为他自己生前不能很好地帮助老百姓过上好日子，死后如要老百姓为他厚葬、重服，这对天下人作何交代。所以他遗诏规定，出丧三天之后，老百姓即可以去丧服，照常进行婚嫁、祭祀、饮酒、食肉，不必为他服丧而伤身。李贽记述了文帝的遗诏后，感慨万分，称赞文帝"身崩而念在民，真仁人哉，真圣主哉"。并且他还指出："历代诏令多文饰，惟孝文诏书，字字出肺肠，读之令人深快。"（卷三《汉孝文皇帝》）

李贽称唐太宗是"英主肇兴"，是在南北朝动乱之后，出现的振兴中华的人杰。他不但肯定了唐太宗推翻荒淫的隋炀帝、统一中国的武功，而且很详尽地记述了唐太宗善于用人、广招贤才、善于听取逆耳忠言的品行。唐太宗自称："朕于弓矢定四方，识之犹未能尽，况天下之务乎。"唐太宗曾得到过十数把良弓，总以为自己的弓箭已是天下最好的弓箭了，可是有一天给良匠一看，才发现"皆非良材"。唐太宗由这件事而推论开去，认为自己治理天下的经验还很不够，必须要听取来自各方面的意见。李贽在书中还记载了唐太宗非常重视人才及对用人十分严格。他对下属的业绩常进行考察，各地都督、刺史的名字都书于屏风，"得其在官善恶之迹，皆注于名下，以备黜陟"。因为他认识到："为朕养民者，惟都督刺史。"（卷七《唐太宗皇帝》）这些地方官都是在直接治理各个地方，因此，为官好坏都直接关系到老百姓的利益。所以，他对这些都督刺史要求甚严，这也是国家能够治理好的重要因素之一。看来李贽对于唐朝的强盛与唐太宗的治国方略与经验都很感兴趣，因此都详加记载，留给后人借鉴。从这里我们也可以看出李贽对正史记载的取舍标准，在于是否有借鉴价值。李贽对于历史上那些节俭仁恕的君主也十分敬仰。他称宋仁宗为"恭俭仁恕",在位四十二年,始终如一,可谓"圣主";称宋神宗为"求治真主",在位期间,"小心谦抑,敬畏辅相,求直言,察民隐,恤孤独,养耆老,不治宫室,不事游幸,励精图治,自始至终"(卷八《宋神宗皇帝》)。

李贽对于上述这些皇帝的评定,还是客观、公正的,一般都做到功过分明,就如他对武则天的评价亦是如此。他对武则天残杀唐朝宗室,夺取皇位,利用特务告密,伤害无数公卿,进行了无情的鞭挞,但也充分肯定了武则天的气度和政绩。武则天为了奖赏告密有功之人,滥封官爵,不问贤愚,悉为擢用,时人讥之曰:"补阙连车载,拾遗平斗量。擢椎侍御史,碗脱校书郎。"有个举人叫沈全交的再续了两句:"糊心存抚使,眯目圣神皇。"①这后续二句是直接讥讽武则天的。当政的御史纪先知道后,"劾其诽谤朝政"。可是武则天听了却笑着说:"但使卿辈不滥,何恤人言。"她倒并不加罪于言者。李贽对此作了很高评价,说她"胜高宗十倍,中宗万倍矣"。接着李贽又记述了武则天的功绩,说:"太后虽滥以禄位收天下心,然不称职者,寻亦黜之,或则加刑诛。政由己出,明察善断,故当时英贤亦竞为之用。"(卷六三《唐武才人》)这个评论可谓十分公道,一反旧时那些所谓"牝鸡司晨"之类的陈词滥调,这个反调唱得自然是很正确的。

李贽推崇和继承司马迁的"崇势利,羞贫贱"的历史观点,他总结历史上的经验教训,认为国之强弱与贫富有着直接关系。他举汉朝为例,西汉自高帝直到文景,对匈奴都是委曲求全,以至"妻以公主而纳之财",仍不免烽火连天。只是到了汉武帝时,用了桑弘羊的均输法、平准法,才使"不待加赋,而国用自足,太仓、甘泉一岁皆满"。这才有条件"募民徙边,积粟屯田",加强了边防,使汉朝出现了史无前例的强盛,汉武帝成了"大有不世出之主"(卷一七《富国名臣总论》)。他提出"不要讳言利"。宋明时期的道学家只言义而讳言利,批评王安石变法是"夺民之财",李贽则不以为然,他认为王安石想效法桑弘羊,并无过错,问题是出在他的才干不及桑弘羊,"其才之不足以生财",因此,"欲益反损,欲强反弱",以致"使神宗大有

---

① 《藏书》卷六三《亲臣传·唐武才人》。这四句话原出于《朝野佥载》卷四,原话是:"补阙连车载,拾遗平斗量。把推侍御史,碗脱校书郎。"

为之志，反成纷更不振之蔽"。一定要讲他的罪责，也仅是"非生财之罪也，不知所以生财之罪也"（卷三九《词学儒臣传·王安石》）。李贽反对理学家迂腐的观念，在史学上大力颂扬那些"强主富国名臣"，因此，《藏书》中专门设立了《强主名臣》、《富国名臣》、《武臣》，把商鞅、李悝、韩非、桑弘羊、晁错、张骞、沈括、陈亮等历代改革家都列入此类传中。他赞扬李悝推行的"取有余而补不足"的做法，"行之魏国，国以富强"（卷一七《富国名臣传·李悝》）。他称颂吴起相楚，"料敌制胜，号知兵矣"，"其废公族疏远以养战士，所以强楚者以是"（卷四七《武臣传·吴起》）。特别是对于商鞅变法，评价更高，他说秦孝公"用商鞅之法，移风易俗，民以殷盛，国以富强，百姓乐用，诸侯亲服"（卷二〇《李斯传》）。商鞅严以执法，收到了很好的效果，他在书中也作了详细的记述："令行十年，秦民大悦，道不拾遗，山无盗贼，家给人足，民勇于公战，怯于私斗，乡邑大治。"（卷一五《强主名臣传·商鞅》）对于为汉室沟通西域，加强边防的张骞，他在书中也为之立传，并给予高度评价："张骞持汉节入匈奴，十三年而不失……身所经历者，大夏、大宛、乌孙、康居诸国，不下万余里，所至戎狄皆爱而信之，以故两度得脱，无困迫忧，则其才力，固有大过人者。"（卷一五《强主名臣传·张骞》）因为他的通西域之举，不仅在加强边防上为国家作出了杰出贡献，而且在沟通中西文化交流上更有重要价值。

李贽在《藏书》中也非常重视为著名军事家立传，他认为这些军事家都为巩固自己国家边防立过汗马功劳，为自己国家的强大而出生入死，因此，对他们的功绩不应当忘记。为此，他在《藏书》中专门立了《武臣传》。他对儒家轻视军事提出了批评，特别是对孔夫子不懂军事也作了批评，说："唯夫子自以'尝学俎豆，不闻军旅'。此语，即速贫速朽之语，非定论也。"（《藏书》卷首《世纪列传总目后论》）孔子的语录《论语》中，确实是只讲礼义教化，不谈军事，自然是一大缺陷。从强国的目的出发，李贽几乎完全附和了曹操的军事思想，只求有治国用兵之术，而不需顾及礼义。他在《吴起传》后面有一段精彩的评论，吴起为了取得鲁国君主的信任，在齐鲁发生战争的时候，竟然杀了自己的妻子（其妻是齐国人）。后来他又想投奔魏文侯，魏文侯向李克了解吴起的为人，李克实事求是地作了推荐："起贪而好色，然用兵司马穰苴不能过也。"魏文侯得知吴起兵法如此高强，就不顾吴起的品行如何，竟封其为将。李贽对此评论说："李克亦可人哉！使访之程正叔辈，必以贪财好色见杀矣，熟与富国强兵乎！"（《武臣传·吴起》）程正叔是北宋学者程颐的字，其兄程颢，因为是洛阳人，世称其兄弟二人之学术为"洛学"，并成为道学的代表人物，故李贽列举其名。吴起后来之所以能在军事上发挥其才能，与李克的如实推荐自然是分不开的，这也说明李克确实是目光远大，在李贽看来，道学家们与其相比，简直是望尘莫及。对于岳飞的抗金战功，李贽在书中作了详细的记载，歌颂了他的爱国主义，同时也揭露了秦桧的卖国行为。但对他的愚忠思想作了否定，对其"尽忠报国"批道："何用？"（卷五二《武臣传·岳飞》）李贽在军事上重战略胜于战术，他曾论道："战非圣人之得已也。上兵伐谋，不战而自屈矣。"他批评项羽虽百战百胜，最后却被刘邦所打败，就在于没有远大的谋略。在这一点上，他最推崇司马懿，认为司马懿对诸葛亮的谋略了如指掌，"诸葛氏固自以算无遗策，不知仲达已逆知其必不能久也"，故司马氏"无损兵费粮之失，而诸葛亮已困矣"（卷四七《武臣总论》）。李贽说，可以与语不战之胜者，唯有司马懿。

李贽对于那些为发展我国科学技术、文化艺术有重大贡献的人士，亦都分别在书中列了传，可见他对于科学文化是相当重视的。科学家沈括，天文学家李淳风、僧一行，音律学家万宝常，书法家王羲之、怀素、褚遂良，画家顾恺之等，他均在传记中歌颂了他们对中华民族科学文化的创造。他记载了沈括利用水利科学，治理江河。"得上田千顷"，称赞他懂得工商事务，为宋神宗出谋划策，深得神宗信任，并且记述了沈括的《梦溪笔谈》对天文、历算等科学所作的贡献。

特别要指出的是，李贽还把农民起义领袖陈胜、项羽、李密、窦建德也列入了世纪，和历代帝王并列，称陈胜为"匹夫首创"，项羽为"英雄草创"，并赞扬项羽"自是千古英雄"。虽然他也把农民领袖有时称为"盗贼"、"妖贼"，但在叙述过程中对他们还是给予一定的同情和赞扬，有关农民起义军的纪律和政策措施也都作了大量的介绍和称赞。这也反映了李贽不以成败论英雄的历史观。

从上述评介中可以看到，《藏书》中所收八百名历史人物，涉及了历史上各类人物，史料虽然大多来自正史，但李贽是用自己的观点进行了分类和评论。对于许多人物，他确实提出了不同于前人的一些结论，这都值得我们作进一步研究。

四

《续藏书》是专门记载明代人物的一部史书。李贽生活在明代中叶，他以当代人写当代历史，却能做到无所顾忌，充分体现了他那种大胆直书的精神。全书二十七卷，载录了明神宗（万历）以前明代人物约四百名，取材于明代的人物传记和文集，按照自己的观点加以分类，卷一有《小引》、《开国诸臣总叙》、《开国诸臣缘起》、《开国诸臣本根》。以下则分《开国名臣》、《开国功臣》、《逊国名臣》、《靖难名臣》、《靖难功臣》、《内阁辅臣》、《勋封名臣》、《经济名臣》、《清正名臣》、《理学名臣》、《忠节名臣》、《孝义名臣》、《文学名臣》、《郡县名臣》等类。在这些类目中，引人注目的自然是《逊国名臣》、《靖难名臣》了。李贽对于当朝所发生的两大事件，即"靖难之役"和"夺门之变"，在书中不仅毫无顾忌和回避，而且专门列出类目，对"靖难之役"有关人员的事迹一一加以介绍和表彰。而对于"夺门之变"中的许多人物，虽未专列类传，但对他们的贡献在各人的传记中也都作了如实的记载和表扬。每个人物传长短不一，有些传后还附有自己或别人的评论。

在《逊国名臣》之前有个简短的小序，讲述这个类传排列顺序的理由："李贽曰：《逊国臣记》，首方、黄，见逊国之事所由以成，次张昺，见靖难之师所由以起，故以此二项人为卷之一。"方、黄是指方孝孺和黄子澄。但在书中排列顺序则是齐泰、黄子澄、练子宁、方孝孺、张昺……从这些人的传记来看，《文学博士方公》之传最长，李贽在传中把"靖难之役"的死难者方孝孺忠贞不屈的事迹，描绘得有声有色，可歌可泣：

> 靖难兵起，日召谋议，诏檄皆出孝孺手。建文逊去，文皇（即明成祖）以姚广孝言，召用孝孺，不肯屈，系狱。一日遣人晓谕再三，终不从。又召草诏，及见，悲恸彻殿陛。上降榻劳曰："先生无自苦，吾欲法周公辅成王耳。"孝孺曰："成王安在？"文皇曰："彼自焚死。"孝孺曰："成王不在，何不立成王之子？"文皇曰："国赖长君。"孝孺曰：

"何不立成王之弟？"文皇又曰："先生无过劳苦，此朕家事耳！"置之，左右授笔札。曰："诏天下，非先生草不可。"孝孺大批数字云云，投笔于地，又大哭，且骂且哭曰："死即死耳，诏不可草！"文皇大怒，命磔诸市。孝孺为绝命词曰："天降乱离兮，孰知其由。奸臣得计兮，谋国用犹。忠臣发愤兮，血泪交流。以此徇君兮，抑又何求！呜呼哀哉兮，庶不我尤。"时年四十六，复诏收其妻郑，郑先自经死。宗族坐死者八百七十三人。

这段叙述，尤其是通过对白，把方孝孺大义凛然、视死如归、忠贞不屈的性格，充分地体现了出来。李贽在这篇传记的最后还说："孝孺死节后，至今百六十年，人皆历历能言，虽人人殊，其成仁取义，之死靡悔，断然不可泯灭。而同时文学柄用之臣，际会功名，史有别书。以故魏惠公泽《哀江南》词有曰：'后来奸佞儒，巧言自粉饰，扣头乞余生，无乃非直笔。'"（《续藏书》卷五《逊国名臣·文学博士方公传》）可见他对方孝孺忠贞不屈的行为是何等的敬佩！虽然这也反映了他的忠君思想，但他敢于无所顾忌地把这一历史真相如实地记载下来，这种直书的精神无疑是可贵的。

我们再看他对"夺门之变"的许多人物的记载。于谦是这次事变的主要受害者，一位有功于国家社稷的重要大臣。对于这样一个人物，李贽把他放在《经济名臣》里加以表彰。他在传中颂扬了于谦的廉洁奉公、不谋私利的高尚品质，说他还在地方官任上，每次入朝议事，从不请客送礼，"人谓'即不橐金往，宁无一二土物充交际耶？'谦笑而两举其袖曰：'吾惟有清风而已。'"调到中央后，因抗击瓦剌等多次立大功，景帝"赐谦阙西甲第，谦辞曰：'匈奴未灭，何以家为！'"帝"不许"。不得已谦"乃置上前后所赐玺书袍铠冠带弓剑之属于堂，而加封识，岁时一谨视而已"。在他当政期间，"号令明审，动合机宜，虽宿旧勋臣，小不中程，即请旨切责，究治不贷。片纸行万里外，电耀霆击，靡不惴惴效力，毋敢饰虚辞以抵者，以故天下咸服谦"。可是，就是这样一位忠心耿耿、敢作敢为的有功大臣，最后竟为权奸昏君所害，"坐以谋反律"，"遂论弃市"。对此，李贽在传中沉痛地指出："谦死之日，阴霾翳天，行路嗟叹。"对于谦表示了极大的同情。在传的最后，李贽又作了这样一段论述："俄，西北边报甚急，上（指英宗）忧之。时恭顺侯吴瑾侍，进曰：'于谦在，不令虏至此。'上为默然。"(《续藏书》卷一五《经济名臣·太傅于忠肃公传》)实际上这是对英宗听从小人之言，杀害国家栋梁，自坏长城的有力谴责。在杨善之后，李贽有一段评论，再次论述了于谦的功劳，"事势至此，社稷为重，君为轻，身又为轻焉者也。于忠肃公之功，千载不可诬也。故论社稷功，则于谦为首"(《续藏书》卷一三《勋封名臣·兴济侯杨忠敏公传》)。可见他对有大功于国家的人总是那么念念不忘。

从《续藏书》来看，李贽对于王世贞是相当推崇的，书中很多地方都引用了王世贞的史论，来作为自己对某些人物、事件评价的结论，有的还加以附和，如在王越传后面的评论就是如此："弇州外史曰：'当越时，天下咸贵其才，至于今西北边称良将，毋如越者。杨一清、王琼方之，蔑如也。'卓吾曰：'此妙绝人才，难有难逢，弇州识之，当称具眼。'"而李贽在《焚书·经史相为表里》一文中提出的"六经皆史"的论断，看来也很可能受到王世贞的"六经皆史"说的启发，因为他们生活在同一个时代，而王世贞要比李贽早去世十二年，况且对于他的主要著作李贽都十分了解，所以在书中，他不仅为王世贞写了传，而且评价很高，并为其鸣不平，如在传中说："大抵天下但知世贞为文章大家，而不知精于吏事；但知触祸严氏，而不知与新郑、江陵实相左；但知正位六卿，而不知其老卧闲曹，有才而不竟其用；但知少年跌宕，而不知其言动务依邹鲁家法；但知其气笼百代，意不可一世，而不知其奖护后进、衣食寒士、悁悁如自己出。呜呼贤已。所著曰《弇州四部稿》、《续稿》、《弇州别集》、《觚不觚录》若干卷。"(《续藏书》卷二六《文学名臣·尚书王公传》)可见他对王世贞的了解是相当深刻的，他受其史学思想的影响，也自然就在情理之中了。

总之，从《续藏书》对明代两大政治事件的记载来看，他在编写当代历史时，不怕触犯权贵忌讳，敢于仗义直书，把当时事件的真实情况尽可能地如实记载下来，以存一代信史，这种精神自然值得称颂。

五

李贽在他的两部史学代表作中，主要是记载和评论人物。从其评论中我们可以归纳出他的评论标准大体有这样几点：一是忠于祖国，热爱自己的国家，对于祖国的统一与繁荣富强作出过贡献者；二是对于振兴中华，发展我国科学文化艺术事业作出过贡献者；三是能够荐贤和任用贤能，于国于民均有益者；四是无论君主还是大臣，都能勤俭从政，励精图治者。特别是对于君主，他曾提出"天之立君，本以为民"，所以地方官也好，国君也好，首先要有爱护民众之心。

在李贽的史学思想中有很多进步和值得肯定的地方，他反对以封建统治者的是非为是非，反对以理学来束缚和奴役人民。他也提出"六经皆史"的观点，来对抗封建统治者用它来统治人民大众。他说："经、史一物也。史而不经，则为秽史矣，何以垂戒鉴乎？经而不史，则为说白话矣，何以彰事实乎？故《春秋》一经，春秋一时之史也；《诗经》、《书经》二帝三王以来之史也；而《易经》则又示人以经之所自出，史之所从来也，为道屡迁，变易非常，不可以一定执也。故谓六经皆史可也。"（《焚书》卷五《经史相为表里》）在理学家看来，经是载道之书，是神圣不可侵犯的圣人之言，史只是记载事实而已。李贽的"经史一物"说，正是对理学家陈词滥调的有力批驳，关于这些我们在前面已经作了介绍。

但是，我们也应当看到，李贽作为封建时代的叛逆者、儒学的叛徒而著称，然而他并没有也不可能完全摆脱封建传统观念的束缚，这是时代与阶级的局限所造成的。我们虽然不必作过分的苛求，但也还必须认识到他史学思想的局限性。他把君臣关系作为社会关系的总括，把"君父"之大义看得很重，在《藏书》和《续藏书》中宣扬忠君的思想还是比较突出的，这就与他否定岳飞的"尽忠报国"思想是相矛盾的。他对叛逆封建国家的行为深恶痛绝，尤其对"篡逆"的行为表示了强烈的不满，这样他虽然同情和歌颂了农民起义的领袖，但也与其他统治者一样把农民起义军骂为"盗贼"、"妖贼"。对于历史人物的评价，他尽管冲破了历来所作的定论，否定了以往"儒者相沿之是非"标准，可是在自己的评论中同样也存在着不少错误和偏颇。最明显的是，他根据孟子的"民为贵，社稷次之，君为轻"的思想，反对忠于一姓的封建伦理，这是进步的，是应当肯定的，但他却以此为借口，替五代时曾投降契丹、做过汉奸的冯道辩护，甚至恭维他为五代一人，这显然是失去了民族大义，分不清一姓之王朝与民族利益的关系。在历史观上，他还有循环论和宿命论的观点及浓厚的天命史观,特别是在其著作中,还夹杂有神鬼迷信的内容。凡此种种也都有必要加以指出,不能因为他在政治思想和史学思想上的进步而忽视了他在历史观上的局限和错误。

(本文原载仓修良:《中国史学名著评介》第2卷,山东教育出版社2006年第2版)

顾祖禹和《读史方舆纪要》

《读史方舆纪要》是明末清初杰出的历史地理学家顾祖禹的代表作,作者用了毕生的精力,研读了祖国丰富的舆地著作及有关书籍,总结前人的知识,参以自己的实践和研究所得著成此书,系统精详地叙述了祖国地理沿革的历史,为我国历史地理学的发展作出了杰出的贡献,在当时的学术界已经享有很高的声誉,有的称之为"海内三大奇书",有的则誉之为"千古绝作"。即使在今天,此书仍是一部不可多得的历史地理学方面的重要文献,故研究历史地理方面的问题仍旧少不了它。

一

顾祖禹,字瑞五,号景范,江苏无锡宛溪人。因居处面对宛溪,又别号为宛溪,学者尊称他为宛溪先生。生于明崇祯四年(1631),卒于清康熙三十一年(1692),享年六十二岁。其父柔谦,年轻时为赘婿常熟谭氏,年二十而生祖禹,故祖禹生于常熟,有时自署常熟顾祖禹。顾柔谦是一位学识渊博的有识之士,又精通史学,对历史地理也颇有研究,认为科举无益于当世,故立志著书立说,这些对于顾祖禹的成长都有着深远的影响。顾祖禹幼年就很聪明,在父亲的教导下,能背诵经史如流。"稍长,博极群书,尤好地理之学。"(《文献征存录》卷三)崇祯十七年清军入关,顾祖禹年十四,因遭亡国之变,随父徙居常熟虞山,自谓"躬耕于虞山之野,久之益穷困"(《读史方舆纪要》总序一)。顺治五年(1648)移居钓渚渡,依当地文士范贺。顺治七年至十年间,约与其弟宛湄一同远游过福建。顺治十年,又迁居无锡胶山南麓的安镇。从《读史方舆纪要》序来看,其祖上曾是吴中大家,不仅曾有人在朝中做过官,而且代有著述,故其父云:"吾家自两汉以来，称为吴中文献。"后来家道中衰，到他父亲一代，因遭战乱，愈益贫困。故在《方舆书目序》中他说："先世薄有藏书，悉已委之兵燹，此身既穷田野，无从更列缥缃。"(《方志月刊》第2期）他无钱买书，便向别人借抄借读。这种贫困的生活，迫使年方"弱冠"的顾祖禹为里塾师，"岁得脩脯止六金，以半与妇，俾就养妇翁家，余尽市纸笔灯油"（光绪《无锡金匮县志》卷四〇《杂识》）。因受父亲坚守民族气节的影响，他宁愿忍受贫困，过着"子号于前，妇叹于室"的生活，坚决"不求名于时"。甚至中年以后，他仍是过着"既无负郭之产，又乏中田之庐，寄食庑下，聊以自活"（顾祖禹《历代纪元汇考序》）的生活。从顺治十六年起，时年二十九岁的顾祖禹，便遵照父亲的教导，"掇拾遗言，网罗旧典，发舒志意，昭示来兹"（《读史方舆纪要》序），一面教书，一面撰写《读史方舆纪要》。每日立下写作计划，因故耽搁，必定补作，自云"穷年累月，矻矻不休"（《读史方舆纪要》总叙二）。他还于居处自题对联"夜眠人静后，早起鸟啼先"（黄印《锡金识小录》卷七）以自勉，其治学之勤苦于此可见。康熙十三年，他曾有过闽、浙之行，对这次远游的目的，文献记载颇不一致，因此时正值三藩起兵，故姚椿在写《顾处士祖禹传略》(《通艺阁文集》卷五）时，根据传说，怀疑顾祖禹曾参与了耿精忠幕中，想借此进行反清复明活动。此说影响较大，意思又很含糊，故笔者在1963年撰写《顾祖禹和他的〈读史方舆纪要〉》（《江海学刊》1963年第5期）一文时，便采用了这个说法。谭其骧、赵永复先生在《顾祖禹评传》（《中国史学家评传》，中州古籍出版社）中引用另外记载，加以推理分析，论证了此说不尽可信。文章说："实际上顾祖禹自有他的苦衷。据《纪要》自序可知，他对明室复亡的沉痛之情一如其父，这是毫无疑问的。但这仅是事情的一个方面，另一方面顾祖禹和他的父亲所处的时代毕竟不同，明室复亡之时，他还是年仅十四岁的少年，至三藩起兵，清朝已统治了三十年之久，民族矛盾已大为缓和，尤其是康熙即位以后，社会渐趋安定，三藩起兵不过是以反清复明为号召的封建割据，他们的活动并没有得到广大人民的支持而迅告失败。顾祖禹从闽浙回里后，随即为徐乾学所延致。据确凿的记载，至迟在康熙十九年，顾祖禹已在徐乾学馆中。徐乾学是江南地主阶级知识分子的代表，忠心为清王朝服务，深得朝廷器重。如果顾祖禹确有实际行动参与反清斗争，时隔不久，他恐怕不会立即应徐乾学之招。其实顾祖禹的这种立场是不足为怪的，是在当时特定历史条件下的产物，这和他后来一面参加徐乾学主持为清王朝编纂《大清一统志》的工作，一面又不愿列其名是一致的。这种矛盾心理是和他同时代生于明而长于清的一部分知识分子所共有的，应该说在民族矛盾已经不占主要地位的情况下，和新王朝采取合作态度，是符合当时民族团结、国家统一和社会发展需要的。"所以，顾祖禹闽浙之游返里后，便应聘"馆于昆山徐乾学家"，得以饱览传是楼之藏书（光绪《无锡金匮县志》卷二一《顾祖禹传》），复理旧业。主人"不烦以事，听自纂述"。康熙二十五年，徐乾学奉诏修《大清一统志》，因顾祖禹已在其家，故再三邀请参与其事。姚椿在《顾处士祖禹传略》中说，乾学"知祖禹精地理学，固延请，三聘乃往"。可见顾祖禹参加这项工作是十分勉强的，亦足以反映其矛盾心理。这样一来，康熙二十八年，顾祖禹便到北京，与太原阎若璩、常熟黄仪、德清胡渭同在京师志局，他们都是当时著名的地理学家。次年徐乾学请假归里，将书局迁至洞庭东山，他们依旧共事，共同研讨。[①] 胡渭在《禹贡锥指》例略中，讲到在那期间，他们之间"晨夕群处，所谓奇文共欣赏，疑义相与析者，受益宏多，不可胜道"。可以想见，他们当日相聚一道，不仅共同编书，而且进行学术研讨，他们之间的深厚情谊，还一直留在他们有关著作的字里行间。当然，京师志局对顾祖禹编好自己的《读史方舆纪要》同样是有好处的，因为在这里宋元以来郡县志书大都可以见到，这是个人力量所无法办到的。他是一位专心学术而淡于名利的学者，因此，在志局他不仅毅然谢绝了徐乾学的推荐，而且《大清一统志》成书后又拒绝列名，自然也反映了他十分矛盾而痛苦的爱国心情。他一生清贫，从不接受清王朝的任何官职，专心著作《读史方舆纪要》，不求闻达于时。志局迁至东山不到两年，这位爱国学者就与世长辞了。他身遭亡国之痛，秉承父志，坚守志节，全部精力贯注于《读史方舆纪要》一书的著述，寄心事于简编，存故国之文献。全书完成，历三十余年之久，因此他的一生精力，可谓尽于是书。此外他还著有《方舆书目》、《四书正旨》、《书经正旨》、《宛溪诗文遗稿》等书。

[①] 夏定域：《清初舆地学家黄仪传》，《浙江大学文学院集刊》第1集，古亭书屋，1969年。

二

顾祖禹身当明清之际，和一批具有卓识远见的知识分子一样，深感于晚明以来文人空言误国的隐痛，一方面对那些空言心性的文人提出了尖锐而严肃的批判，指出他们"不习六艺之文，不考百王之典，不综当代之务……以明心见性之空言，代修己治人之实学"（《日知录》卷七《夫子之言性与天道》）。另一方面他则大力提倡写文章、做学问，都不能脱离社会现实，不能无补于国计民生，必须做到"经世致用"，否则将一无价值。当时的著名学者如顾炎武、黄宗羲、王夫之等人无不如此主张。若以年岁而论，顾祖禹与他们显然是小一辈，但就学术主张而言，却与他们一致，反对空言心性，主张务实治学。他所著《读史方舆纪要》一书，就是"集百代之成言，考诸家之绪论"，"自成一书，兼括数千百年之上，使数千百年下之人不能不读，此其志岂文人经生之所能及者哉？"（《读史方舆纪要》彭士望序。本篇凡引用该书的，只注明卷数和篇名）这就是说，他所从事的著作，绝非那些空谈心性者之流所能比拟的。他奉父命而作此书，这是他著作此书的动因，至于要达到什么样的目的，这在《读史方舆纪要》总叙中讲得十分具体而明确，"垂之后世，俾览者有所考镜"。要使读它的人都能收到效益，自然并不局限于军事上的价值。诸如"天子内抚万国，外莅四夷，枝干强弱之分，边腹重轻之势，不可以不知也；宰相佐天子以经邦，凡边方利病之处，兵戎措置之宜，皆不可以不知也；百司庶府，为天子综理民物，则财赋之所出，军国之所资，皆不可以不知也；监司守令，受天子民社之寄，则疆域之盘错，山泽之薮慝，与夫耕桑水泉之利，民情风俗之理，皆不可以不知也；四民行役往来，凡水陆之所经，险夷趋避之实，皆不可以不知也。世乱则由此而佐折冲，锄强暴；时平则以此而经邦国，理人民，皆将于吾书有取耳"。由此可见，这部著作与国计民生的关系十分密切，上可为君主大臣用以治国安邦之具，下可作士农工商行旅之指南，其价值之高，确是一言难尽，无怪彭士望说："使数千百年下之人不能不读。"历史事实证明，三百年后的今天，它仍是我们研究历史地理非读不可之书。

三

　　我国沿革地理，历来就很发达，其最早著作，历来都推《禹贡》，其实它所记的九州，乃是战国时代学者对他们所知道的"天下"所作的地理区划，而不是真正的行政区划。真正最早讲行政区划的，当然还是首推《汉书·地理志》，嗣后正史，大都有地志一门，至于舆地专著，汉魏以来，几乎历代皆有，正如顾祖禹所说："方舆之书，自经史而外，彬彬成家者，魏晋以降，代有其人。"（《凡例》）因此这些著作为我们今天历史地理的研究留下了丰富的宝贵资料。不过这些著作，主要是讲疆域的变迁、政区的沿革，其中虽然也有讲水道的变迁，考镜水道的源流，但政区地理要占百分之九十的内容，这与我们今天的历史地理是不能相提并论的。现代的历史地理，虽然也要研究疆域、政区的沿革和变迁，同时它还要研究历史时期的自然地理和历史时期的经济地理之变化。所以，从严格的科学意义讲，过去那些舆地著作，只能称之为沿革地理，而不能称之为历史地理。顾祖禹的《读史方舆纪要》也就是这样性质的一部著作。但是值得我们注意的是，《读史方舆纪要》具有异乎此前诸书的许多特点。特别是在作者顾祖禹的心目中，舆地之书所应包括的内容，与今天历史地理所要研究对象已经几乎相同了，他在该书凡例中说："方舆所该，郡邑、河渠、食货、屯田、马政、盐铁、职贡、分野之属是也。"不难看出，他认为舆地志书的内容，不仅要包括历代疆域、政区（如分野、郡邑）的演变，同时还包括历史时期的自然地理（如河渠）变化和历史时期的经济地理（如食货、屯田、马政等）变化等。由此我们很难看出它与今天历史地理研究的对象、内容有什么很大的不同之处。当然，由于种种原因，他没有能将这种主张在《读史方舆纪要》中全部实现，他在凡例中非常感叹地说："余初撰次历代盐铁、马政、职贡及分野，共四种，寻皆散轶，惟分野仅存。病侵事扰，未遑补缀，其大略仅错见于篇中，以俟他时之审定，要未敢自信为已成之书也。"可见对于此书，他自己也并不满意。除他自己所述的原因之外，他写此书又有所寄托，内容就不能不有所偏重。自序在表述去取标准时曾明确表示："禹之为是书也，以史为主，以志证之。形势为主，以理通之。河渠沟洫，足备式遏，关隘尤重，则增入之。

朝贡四夷诸蛮，严别内外，风土嗜好，则详载之。山川设险，所以守国，游观诗赋，何与人事？则汰去之，此书之立体者也。"（彭士望序引顾祖禹语）什么内容当写，什么内容不当写，他表述得非常清楚。他认为有关国计民生的则写，无关的则不写，要做到详人之所略，略人之所详，必须有用，这就是他详略取舍的标准。所以，我们说《读史方舆纪要》是具有自己特色的一部沿革地理巨著。

《读史方舆纪要》与历来舆地志书最大的不同点，是具有极为浓厚的军事地理特色，经世致用思想贯穿始终。前人所撰之舆地志书，内容大多偏重于名胜古迹的记叙，至于山川攻守之利不是略而不书，就是书而不详。而《读史方舆纪要》则不然，因作者有经世致用的目的，他的父亲曾沉痛地对他讲述："尝怪我明《一统志》，先达推为善本，然于古今战守攻取之要，类皆不详，于山川条列，又复割裂失伦，源流不备。"而"园陵宫阙，城郭山河，俨然在望，而十五国之幅员，三百年之图籍，泯焉沦没，文献莫征，能无悼叹乎？"（《总序一》）因而才有著作此书之遗命，既然如此，自然有必要加强这部分内容，加之写此书时，郑成功等领导的抗清斗争方兴未艾，不少爱国志士尚在奔走以谋匡复，他痛心于明朝统治者不会利用山川形势的险要，不会记取古今用兵成败的教训，因而最后遭致亡国。这种思想感情，在书的字里行间，随处可见。他要用"一代之方舆，发四千余年之形势，治乱兴亡，于此判焉。其间大经大猷，创守之规，再造之绩，孰合孰分，谁强谁弱，帝王卿相之谟谋，奸雄权术之拟议，以迄师儒韦布之所论列，无不备载"（《凡例》）。可见他宗旨十分明确，加之有所寄托，言有所指，故于山川险易古今用兵战守攻取之宜，兴亡成败之迹最详，而于景物游览之胜则多从略。正因如此，张之洞的《书目答问》将此书列入兵家，并说："此书专为兵事而作，意不在地理考证。"梁启超则说："景范这书，专论山川险隘，攻守形势，而据史迹推论得失成败之故，其性质盖偏于军事地理，殆遗老力谋匡复所将有事耶。"（《中国近三百年学术史》八《清初史学之建设》）又说："景范之书，实为极有别裁之军事地理学，而其价值在以历史事实为依据，其著述本意，盖将以为民族光复之用，自序所言，深有隐痛焉。"（《中国近三百年学术史》十五《清代学者整理旧学之总成绩》三）这些评论，对全书评价尽管有其片面性，但就此而言，还是相当有道理的。的确，我们打开

《读史方舆纪要》，不论哪一卷中，都贯穿着很珍贵的军事思想。每叙一城一镇，一山一水，一关一隘，无不列其位置，叙其沿革，然后从历史上穷源探本地备述其军事上的价值，每有所得，必发议论。每省首卷，均以疆域、山川险要开其端，而对各省形势及军事上的重要性，皆有总序一篇进行论述。他很注意各地形势，因为他觉得地利是"行军之本"，历史上一些著名的军事家，无不十分重视地利，如"管子曰：不知地利者，不能行军；孙子曰：地形者，兵之助；晁错曰：用兵临战，合刃之急者三，一曰得地形"。在备引诸家之说以后，他自己总结性地指出："盖地利之用兵，如养生者必藉于饮食，远行者必资于舟车也。《孙子》十三篇，大都推明地利，不特《九变攻》、《九地》之文而已。"（《凡例》）所以"先知地利，而后可以行军。以地利行军，而复取资于乡导，夫然后可以动无不胜"（《总序三》）。唯其如此，他于各地形势特点，都备述无遗。其于直隶曰：

> 直隶雄峙东北，关山险阻，所以隔阂奚戎，藩屏中夏，说者曰：沧海环其东，太行拥其右，漳卫襟带于南，居庸锁钥于北，幽燕形胜，实甲天下。又曰文皇（即明成祖）起自幽燕，莫涿鹿而抚轩辕之坂，勒擒狐而空老上之庭。前襟漕河，北枕大漠。川归毂走，开三面以来八表之梯航；奋武揆文，执长策以扼九州之吭背。秦晋为之唇齿，而斥堠无惊；江淮贡其囷输，而资储有备。鱼盐枣栗，多于瀛海碣石之间；突骑折冲，近在上谷渔阳之境。修耕屯而塘泊之利可兴，振师干而开宁之疆在握。此真抚御六合之宏规也。然而居庸当陵寝之旁，古北在肘腋之下。渝关一线，为辽海之噤喉；紫荆片垒，系燕云之保障。近在百里之间，远不过二三百里之外，藩篱疏薄，肩背单寒。老成谋国者，早已切切忧之。（卷一○《直隶方舆纪要》按语）

直隶形势要害，于此历历在目。对于江南的形势，他认为更加重要，因为"以东南之形势，而能与天下相权衡者，江南而已"（卷一九《江南方舆纪要序》）。他并进一步指出，若据江南，则江、淮两道天然防线必不可少。长淮又为大江之蔽，他引宋王德的话说："淮者，江之蔽也，弃淮不守，是为唇亡齿寒。"他又引杨万里的话说："固国者，以江而不以淮，固江者以淮而不以江也。"(《淮河》)他又在《江南方舆纪要一》的按语中，反复强调这一观点，认为"自古未有欲守长江而不保淮甸者，淮甸者，国之唇，江南者，国之齿，叶氏适曰：自古保江，必先固淮，曹操不能越濡须，苻坚不能出涡口，魏太武不能窥瓜步，周世宗不能有寿春，以我先得淮也"。这一系列论述都入情入理，反映了他的军事思想非常杰出，而类似这样的论述，可以说遍布在全书的每卷之中，而他对每省的地理形势都分析得十分周详，使人可以一目了然地了解其利弊得失。

综上所述，顾祖禹对地理形势是相当重视的，因为他认识到地理条件对社会的政治、军事诸方面往往都起着重要的制约作用，故他在书中不厌其烦地进行论述。但另一方面我们又看到，顾祖禹虽然强调"地利"的重要，但他并不是地理环境决定论者，他更重视人的主观能动作用，注意时间、条件等的变化。因为地理形势的好坏，对于战争取得胜负固然有很大关系，而指导战争的将领之主观能动性对于战争能否取得胜利则关系更为重要。因而顾祖禹在《读史方舆纪要》中论述"地利"的同时，对于将领如何善于利用"地利"一项也非常注意，他认为即使同样的"地利"在不同的历史条件下所起的作用也不尽相同。书中一再指出，同样的关险在不同时期作用大不一样，他说：

> 夫地利亦何常之有哉？函关剑阁，天下之险也，秦人用函关，却六国而有余；迨其末也，拒群盗而不足。诸葛武侯出剑阁，震秦陇，规三辅；刘禅有剑阁，而成都不能保也。故金城汤池，不得其人以守之，曾不及培塿之丘，泛滥之水；得其人，即枯木朽株，皆可以为敌难。是故九折之阪，羊肠之径，不在邛崃之道，太行之山；无景之溪，千寻之壑，不在岷江之峡，洞庭之津；及肩之墙，有时百仞之城不能过也；渐车之浍，有时天堑之险不能及也。知求地利于崇山深谷，名城大都，而不知地利即在指掌之际，乌足与言地利哉！……不变之体，而为至变之用；一定之形，而为无定之准。阴阳无常位，寒暑无常时，险易无常处。知此义者，而后可与论方舆。使铢铢而度之，寸寸而比之，所失必多矣。(《总序二》)

这里他非常明确地告诫人们，对待"地利"必须做到灵活应变，切不可机械地死守"地利"，否则即使有好的"地利"，同样要遭致失败。他还举弈棋种田为例："布子同而胜负不同，则存乎弈者心思而已矣；垦辟同而获否不同，则存乎田者之材力而已矣。"（《历代州域形势纪要序》）因此，他主张作为一个将领，不仅要胆大果断，而且必须具有奇正应变之术，要善于权衡利弊，做到随机应变，"攻则攻敌之所不能守，守则守敌之所不能攻。辨要害之处，审缓急之机。奇正断于胸中，生死变于掌上，因地利之所在，而为权衡焉。此固大将之任"（《总序三》）。所有这些都说明一点："虽然攻守万端，巧拙异用，神而明之，亦存乎其人而已矣。"（卷九三《浙江五》）除此之外，书中还有许多宝贵的战略思想。如论战争当中攻守二者关系时说："以战为守，守必固；以守为战，战必强。战守不相离也，如形影然。"（卷六六《四川方舆纪要序》）又说："以江西守，不如以江西战，战于江西之境内，不如战于江西之境外。"（卷八三《江西方舆纪要序》）而在用兵方面，"用多用少，用分用合，用实用虚之处"（《总序三》），必须做到心领而神会，指挥上要注意用奇兵，要做到"攻其无备，出其不意"，"守剑阁者不以剑阁守；守瞿塘者不以瞿塘守"（卷六六《四川方舆纪要序》），"欲出此途，而不尽出此途者，乃善于出此途者也；欲攻此城而不即攻此城者，乃善于攻此城者也"（《总序三》），所有这些都要看大将的本领了。至于历代用兵之策略，凡是有所涉及者，书中亦都详加论述。因此梁启超称赞它为"极有别裁之军事地理"，是很有道理的。

当然，《读史方舆纪要》毕竟不是一部纯粹的军事地理著作，它的内容，除了那些涉及军事形势方面的详细叙述外，凡是有关国计民生的都很注意。他在《江南方舆纪要序》里就曾这样指出："自古未有不事民生而可以立国者。"可见其指导思想是多么明确。在撰写此书之前，他曾对历代有关经济进行过研究，并"撰次历代盐铁、马政、职贡及分野共四种，寻皆散失，惟分野仅存。病侵事扰，未遑补缀，其大略仅错见于篇中"。因此，尽管该书没有专列历代经济地理变化一项，但它仍可为我们研究各个历史时期的经济地理，若交通的变迁、城市的兴衰、漕运的增减以及经济中心的转移等提供许多宝贵资料。农业是国民经济的基础，这在任何时期皆然。一个地区农业生产有了发展，随之而来的会出现交通的发达，城市的兴起乃至经济的繁荣。书中对于各省区农业生产的特点，往往能扼要地、画龙点睛式地予以点出，使我们可以了解这些地区在历史上农业生产发展的特点、概况及在全国所处的地位。如对江南省他说："扬州富庶，常甲天下，自唐及五季，称为扬一益二。今鱼盐谷粟布帛丝絮之饶，商贾百工技艺之众，及陂塘堤堰耕屯种植之宜，于古未有改也。用以聚糗粮，厚资储，则奔走天下不患无具矣。"（《江南方舆纪要序》）于苏州府则曰："苏州枕江而依湖，食海王之饶，拥土膏之利，民殷物繁，田赋所出，吴郡常书上上，说者曰：吴郡之于天下，如家之有府库，人之有胸腹也。门户多虞而府库无恙，不可谓之穷；四肢多病，而胸腹尤充，未可谓之困。盖三代以后，东南之财力，西北之甲兵，并能争雄于天下。"（卷二四《江南六》）其于两湖曰："今者荆土日辟，沃野弥望，再熟之稻，方舟而下，吴会之间，引领待食。"（卷七五《湖广一》）其于四川曰："志称蜀川，土沃民殷，货贝充溢，自秦汉以来，迄于南宋，赋税皆为天下最。"（卷六七《四川二》）另外，城市的兴衰、垦田数的增减、交通路线的兴废，都反映着当时农业生产的发展和经济文化的繁荣。通过这些研究，可以进一步探求出它在历史时期农业生产上的地位及其升降之趋势。

《读史方舆纪要》一书，对于与人民群众生活有密切关系的江、河、湖、海的沿革、变迁及其利弊也相当重视，不仅在各省区均有分论，还特别专列章卷《川渎》，用六卷的篇幅，对几条重要的江河，穷原竟委地加以叙述。我们知道，河流的改道、湖沼的变迁，都直接影响着当地经济各个方面，与人民生活息息相关，正如顾祖禹在书中所说："夫三江（松江、娄江、东江）之通塞，系太湖之利病，太湖之利病，系浙西之丰歉，浙西之丰歉，系国计之盈缩，未可置之度外也。"（卷一九《江南一·三江》）历代统治者对于三江采取不同的态度，因而带来了不同的后果。黄河，是我们中华民族的摇篮，千百年来，她给我们民族带来了幸福的生活，同时也带来过不少灾难。对于这条大河，顾祖禹在书中用两卷的篇幅，对她的发源、经过、变迁、河患等，作了详尽的叙述。他在书中指出："自禹治河之后，千百余年，中国不被河患。河之患，萌于周季，而浸淫于汉，横溃于宋。自宋以来，淮济南北，数千里间，岌岌乎皆有其鱼之惧也。神禹不生，河患未已，国计民生，靡所止定矣。"（卷一二五《川渎二·大河上》）千百年来，劳动人民曾不断与河患展开斗争，积累了丰富的治河经验。可是为什么千百年来河患无法治好，甚至有时严重到"御河如御敌"的程度呢？这与历代统治者只顾盘剥人民而对黄河不很好加以治理是分不开的。如明代统治者，一贯是消极治河，积极保运，只求南粮能够北运，而不顾黄河两岸人民的死活。顾祖禹对于统治者这些罪恶行为，都给予无情的斥责。他驳斥明代那一伙主张"别穿漕渠，无藉于河"的保运派的荒谬论调，气愤地指出："夫漕渠纵无藉于河，河可任其横决乎？淮、济诸州之民何罪，而尽委之溪壑乎？且自《禹贡》以至于今，大河常为转输之道，置河而言漕，不犹因噎而废食乎？"（卷一二六《川渎三·大河下》）由此可见，他对广大人民遭受的灾难是极表同情的。他反对那种置人民生命财产于不顾的做法，赞同潘季驯的既要保证漕运的畅通，又要维护人民生命财产安全的积极治河主张。唯其如此，书中对于潘季驯的治河方略、治河主张作了大量的介绍。他在书中还大量辑录前人治水的主张，每有所感，必发议论。这种做法，在历来舆地志书中间是非常少见的。

我们知道，历史政治地理研究的主要内容是历代王朝政区的沿革、国家疆界的变迁，以及政治中心（首都位置）的转移等。沿革地理所长正是这些。《读史方舆纪要》是一部杰出的沿革地理著作，比较全面而又系统地讲述祖国舆地沿革的历史，对地理沿革变迁，都能做到旁征博引，叙述详明，真可谓"自《禹贡》、《职方》、《桑经》、郦注而下一大归宿也"（乾隆本《无锡县志》）。它不但是研究历史地理极重要之著作，亦是研究祖国历史必不可少的重要典籍。当然，它同历来那些沿革地理著作一样，只讲了疆域政区的变化，而没有指出所以变化的原因，更没有也不可能推求这种变化的发展规律，也正因为如此，沿革地理还不能成为一门科学。不过，在研究政治中心（国都）的时候，顾祖禹却又表现了他那种"发前人所未发"的独创精神。为什么这个朝代建都在此，而另一个朝代则建都在彼？同样，各个地区的政治中心也在不断变更，这是地理位置（地理形势）所决定的吗？显然不是那么简单。顾祖禹认为，所谓建都位置是否"险固"，绝不能单纯把它理解为"山川纠结，城邑深阻"。他批判了那种地理险固决定建都的论调，果若如此，那么"使弃关河之都会，远而求之奥窔之乡，是犹未见虎之入市，而先自窜于槛穽，知水之可以溺人，而坐槁于岩嵎也，岂所语于形势之常也哉！"（卷四六《河南方舆纪要序》）一个朝代都城的建立，由这个时期历史形势和社会情况所决定，因此，此地是否适合于此时建都，不仅要看它所处的形胜是否险要、交通是否方便，而且还要看它的生产是否发达，以及对敌斗争的形势是否有利等因素，而绝不是单由地理位置是否险固所决定的。魏禧在读了这部书后，认为最大的收获之一，便是认识到"天下之形势，视乎建都，故边与腹无定所，有在此为要害，而彼为散地，此为散地，彼为要害者"（《魏禧序》）。这就是说，此时可以建都之地，而到彼时则不一定适合于建都，因为各种条件变了。他还列举历代建都事实加以论证。有人认为，"建都之地，关中为上，洛阳次之，燕都又次之"。对于这种论断，他很不以为然。他辩论说：

  洛阳吾无论矣。汉都长安，则置朔方之郡，列障戍于河南，又开河西五郡，以绝羌与匈奴相通之路。唐人筑三受降城，则守在河北，又置安西、北庭都护，则西域尽为臣属，故关中可以无患。及至德以后，河陇之地，尽没于吐蕃，而泾阳、渭北，戎马且充斥焉。然则朔方不守，河西不固，关中亦未可都也。都燕京而弃大宁，弃开平，委东胜于榛芜，视辽左如秦越，是自剪其羽翼，而披其股肱也，欲求安全无患，其可得哉？（卷一〇《直隶方舆纪要序》）

他还列举自辽及元，三代必以燕京为都，皆出于形势所趋，故某处可否适宜于建都，"形胜未可全恃也"。当然，关中、洛阳亦非任何时候都可以建都，无须多辩亦已明矣。首都既是当时的政治中心，在封建时代来说，一般也就是全国经济中心和交通枢纽。长安和洛阳、开封之所以成为当时的都城，生产的发展和交通的便利不能不说是很重要的因素。"都关中者，以漕运为主，而尤以耕屯为主。夫关中形胜，自古建都之极选也，其便漕利屯之策，不班班可考欤？"（卷五三《陕西二》）"都汴者，以河汴流通，挽输便易为美谈。宋张方平曰：京师所谓陈留八达之地，国依兵而立，兵以食为命，食以漕为本，漕运以河渠为主。"（卷四七《河南二》）非常明显，一个朝代建都何处，是由许多因素所决定的，而这些因素随时都在变化，因此，历代建都位置亦经常在变动之中。顾祖禹能在当时从多方面辩证地论述历代政治中心变化的原因，实在是难能可贵的。

综上所述，我们可以得出这样的结论，顾祖禹在论述人地关系问题上，观点表现得比较正确，并且相当杰出，他承认地理条件在社会政治、军事诸方面有着相当重要的制约作用，但他又反复强调这个作用只是从属的，而人的主观能动作用则是主要的，他认为所有事件发展的进程都可以表明人和社会才是真正的决定因素。尤其可贵的是，他在书中还论述到地理环境的变化，除了自然因素外，还有人类活动所发生的影响。所有这一切都说明，在顾祖禹的地理学观点中，其辩证的思想是很突出的。

最后，值得一提的是，顾祖禹的文学才能也相当卓绝。《读史方舆纪要》原为舆地之作，而非文艺之书，然其中文字清新，声调抑扬，叙述生动，沁人心脾之篇章颇多，使人有不忍释手之感，无怪乎梁启超在《中国近三百年学术史》中称赞它"是一百三十卷几百万言合成一篇长论文"。总之，从以上所述之内容，已经足以窥见《读史方舆纪要》全书之梗概，它确实是一部具有自己特色的优秀的历史地理巨著。

四

《读史方舆纪要》之命名，作者在凡例中作了解释："是书以古今之方舆，衷之于史，即以古今之史，质之于方舆，史其方舆之向导乎，方舆其史之图籍乎，苟无当于史，史之所载不尽合于方舆者，不敢滥登也，故曰《读史方舆纪要》。"这就是说，他把历史和历史地理两者结合起来进行研究和叙述，把历史事件放到它产生的特定时期和地点进行一道记载和研究，这种叙述研究方法无疑是顾祖禹所首创。正因有这个特点，所以我们说《读史方舆纪要》不仅是历史地理研究工作者必读之书，而且是历史研究工作者不可缺少的重要典籍。全书共一百三十卷（后附《舆图要览》四卷），前九卷为历代州域形势，中一百一十四卷为两京十三司及所属府州县分叙，山川原委异同及分野七卷以殿其末。关于卷次排列，作者都有一定用意，《凡例》云："是书首以列代州域形势，先考镜也；次之以北直（原文'北直'，疑当作'两直'或'两京'，似不应漏列'南直'即'南京'也。'南直'今本改作'江南'——引者注），尊王畿也；次以山东山西，为京室之夹辅也；次以河南陕西，重形胜也；次之以四川湖广，急上游也；次以江西浙江，东南财赋所聚也；次以福建广东广西云南贵州，自北而南，声教所为远暨也；又次以川渎异同，照九州之脉络也；终之以分野，庶几俯察仰观之义与。"每省卷首都冠以总序一篇，论其在历史上关系最重要之诸点及其形势特点，务使全省形势了然。每府亦仿此例，而所论更分析详密。一县则纪辖境内主要山川、关隘、桥、驿及城镇等。各卷论述，均采朱子纲目之法，自撰纲要，自为之注。编写体裁，则独创一格，历代州域，以朝代为经，地理为纬，京省形势，以地理为经，朝代为纬，经纬互持，纵横并立，构成一部眉目清晰、体例新颖的舆地著作。

《读史方舆纪要》在编纂上还有一个明显的特点，那就是它的编纂主要以文献资料为基础。虽然他所到之处也作过一些调查，有所谓"舟车所经，亦必览城郭，按山川，稽里道，问关津，以及商旅之子，征戍之夫，或与从容谈论，考核异同"（《总序二》）。但这毕竟是很有限的，因为他一生所到过的地方很少，南方只到过福建、浙江，北方也仅到过北京。正如作者在该书《总序一》所讲："贫贱忧戚，杂乱其中。上之，不能涉江逾河，登五岳，浮沅湘，探禹穴，穷天下之形势；次之，不能访求故老，参稽博识，因以尽知天下险易陀塞之处。"《总序二》又说："予也未尝泝江河，登恒岱，南穷岭海，北上燕冀，间有涉历，或拘于往返之程，或困于羁旅之次，不获放旷优游，博观广询，间尝按之图画，索之典籍，亦举一而废百耳。"这些叙述都是实话，贫困加之其他条件的限制，使他没有可能从事大量的实地考察，因而只有以大量的历史文献为依据，"远追《禹贡》、《职方》之纪，近考春秋历代之文，旁及稗官野乘之说，参订百家之志，续成昭代之书"（《总序二》）。他搜集了大量的有关地理方面的书籍和资料，为此他还特地编了《古今方舆书目》。对于历代传下来的主要地理著作，他不仅基本收齐，而且能够做到研究得相当透彻，可以随口说出各书的特点和长短得失，在《凡例》中说：

余尝读《元和志》，善其敷陈时事，条列兵戎，然考古乃太疏；《寰宇记》自谓远轶贾、李之上，而引据不经，指陈多误；《纪胜》山川稍备，求其攻守利害则已迂；《广记》考核有余，而于形势险夷，则未尽晰也；《胜览》以下，皆偏于词章之学，于民物远犹无当焉。国家著作之材，虽接踵而出，大都取裁于乐史祝穆之间，求其越而上之者，盖鲜也。

可见对于这些著作，作者都已全部收在"胸中"。由于他治学十分谨严，所用材料都经过精心选择和审订，因而书中所载一般较少错误。他深深感到"寡陋之过小，缪戾之罪大"。然而他又亲眼看到"近世方舆者，依据失伦，是非莫主，或一事而彼此相悬，一说而前后互异，称名偶同，漫为附会"。对于这些，他表示自己一律"不敢妄为附和"。对于前人著作中所有记载，他认为"引据不诬，义类可据者"，方且采入，至于"传闻互异"，虽"千里毫厘，未敢忽也"，必须"力为考订"。其做学问的认真精神于此可见，他对知识学问认真负责的高贵品德实在令人敬佩！正因为他考订精详，故书中有些记载，竟比经过实地考察所得的结论还要精确。众所周知，徐霞客以实地考察而著称，如于西南诸川的源流，他就曾实地进行考察，却没有能纠正《大明一统志》有关记载的错误，而顾祖禹没有身历其境，目所未及，就靠他依据文献记载所作精详考订，所作结论反比徐霞客身历其境进行实地探索的记载来得正确。[①] 这是历史事实，可是当我1963年的那篇《顾祖禹和他的〈读史方舆纪要〉》发表后，即遭到了批判，有人硬说这种说法"是违反实践论的"。如何看待这个问题，我认为有必要稍加论述，因为这是涉及历史科学研究中如何对待历史文献使用的大问题。谭其骧先生在1982年历史地理学年会上所作的报告中，对这个问题作了十分精辟的论述，指出：

> 我们若因此便认为研究历史地理只需要多做野外考察，只需要学会地理学的研究方法，或者说，依靠这些方法就可以解决所有历史地理的问题，那可是绝对错误的。历史时期的地理，换句话说，就是过去了的地理情况。这种情况少数是有遗迹保留到今天的，可以通过实地考察进行研究。但那只是极少数，大多数却不可能有遗迹留下来，都随着时

---

① 详见谭其骧：《论丁文江所谓徐霞客地理上之重大发见》，《徐霞客先生逝世三百周年纪念刊》，国立浙江大学文科研究所史地学部丛刊第四号，1942年。

间的消逝而过去了,消失得无影无踪了。要研究这些已经过去了的消失了的地理情况,那就非得依靠历史学的方法不可。因此,我们可以这样说,历史地理学就其科学性质而言虽然属于地理科学,但就其研究方法而言,却既不能说只需要运用地理学的方法,也不能说要以地理学的方法为主,至少应该说运用历史学方法的重要性不下于运用地理学的方法。①

可见研究历史地理,采用大量的文献资料为依据,不仅是可能的,而且是必须的、应当的,因为历史时期的地理,时间一久,经过千变万化,早已面目全非,要靠实地考察是难以解决问题的,只有依据文献资料,而事实上许多文献资料正是前人实践经验之记录,对这一事实许多人往往就忽略了,实际上这就无疑只承认自己的调查访问,而否定人家实践经验之总结,这自然是不应当的。

主要依据文献资料编写成的《读史方舆纪要》,它的学术价值奇迹般地展现在人们面前,经过作者辛勤劳动,还纠正了前人许多记载上的错误。如马长寿先生在《南诏国内的部族组成和奴隶制度》一书中已经提出的,汉代长安西南的昆明池,本来是昆明国的叶榆泽(今云南洱海)而凿的,晋代臣瓒《汉书音义》却把今昆明市的滇池当作洱海去解释。接着许多史志,如《三辅黄图》、《资治通鉴》(汉纪)之类都把昆明池认为滇池了。这一问题迷惑了许多学者长达一千三百多年,直到顾祖禹在《读史方舆纪要》里才把汉代长安的昆明池和昆明国的关系弄清楚。《纪要》卷一一三"西洱河"条云:"西洱河亦曰洱水,以形如月抱洱也;一云如月生五日。亦曰洱海,亦曰西洱海。杜佑谓之昆明弥川。汉武帝象其形凿之,以习水战,非滇池也。古有昆明国,亦以此名。"这一记载,纠正了上述各注疏家解释昆明池的谬误。又如谭其骧、赵永复先生在《顾祖禹评传》中说:"辽代二百一十年(916—1125),前期九十年的都城在上京临潢府(故址在今内蒙古巴林左旗南波罗城),后期一百一十多年,即圣宗统和二十五年(1007)以后,尽管没有正式宣布过迁都,事实上的都城已移在中京大定府(故址在今内蒙古宁城县西

---

① 谭其骧:《在历史地理研究中如何正确对待历史文献资料》,《学术月刊》1982年第11期。

大名城），这个问题直至晚近还没有人明确指出，而顾祖禹早在《纪要》的《历代州域形势》中说得十分清楚明白，其文云：'宋景德四年，隆绪城辽为中京，府曰大定，自上京徙都焉。'景德四年即辽统和二十五年，隆绪即辽圣宗。顾祖禹在这里明确指出中京建城之年，也即上京迁都中京之年。"

  以上的事实充分说明，顾祖禹主要依据文献资料而写成的《读史方舆纪要》，并不因为未进行大量的实地考察而影响了它的学术价值，相反，由于认真负责，考订周详，竟还解决了许多长期悬而未决和记载错误的重要问题。正因为它的学术价值很高，故问世以后，读者无不为之赞叹。江藩认为："读其书可以不出户牖而周知天下之形胜，为地理之学者，莫之或先焉。"（《汉学师承记》卷一）魏禧在为该书写的序中引了北平韩子孺的评论，说此人"从余案上见此书，瞪目视余曰：何哉，吾不敢他论，吾侨家云南，出入黔蜀间者二十余年，颇能知其山川道里，顾先生闭户宛溪，足不出吴会，而所论攻守奇正荒僻幽仄之地，——如目见而足履之者，岂不异哉！"因而魏禧则推之为"数千百年所绝无而仅有之书"。刘继庄在其所著《广阳杂记》中说："方舆之作，诚千古绝作。"后来之梁启超在《中国近三百年学术史》中亦极为推崇，认为是书"体裁组织之严整明晰，古今著述中盖罕其比"，"这一部书已足令这个人永远不朽了"。这些评价自然是很高的，然而并非全是溢美之词。当时人还曾将此书与同时李清的《南北史合抄》、马骕的《绎史》合称为"海内三大奇书"。其实李氏之功仅在抄撮，而马书亦不好与之相比。《读史方舆纪要》乃是集以往的地志学发展之大成，它是我国文化遗产中一份宝贵的财富，是研究祖国历史地理极重要之典籍。顾祖禹以他那渊博的学识、一丝不苟的研究态度和创造的才能，通过长期的艰苦的复杂劳动，以一个人有限的精力，发凡起例，贯通古今，为我们留下了一部体大思精的历史地理巨著。只要将前乎此书的《元和郡县志》、《太平寰宇记》、《舆地纪要》、《方舆胜览》等书作一比较，即可发现无论是取材之丰富、考订之精详，还是结构之严整、实用价值之大等都超过了它们。即使与后乎此书而成的《大清一统志》相比，尽管用官府之力，集众手而修，但从总的价值来看，仍未超过此书。两者相较，互有长短得失。因此《大清一统志》修成后，《读史方舆纪要》非但没有废，且仍为学者所重视，至今仍为治历史地理者非读不可之书，也是历史研究工作者必备之典籍。当然，我们也必须看到，由于时代和科学发展水平所限，他还不可能写出一部科学的历史地理著作。即使在地理沿革方面，书中错误仍在所难免，因他生当明末清初，考据之风尚未盛行之前，用一个人有限的精力，要把祖国全部山川河流的原委名称、各地的城池关塞、地理形势等兴废演变都考证得一清二楚，当然是非常困难的。因此，即使还存在一些疵点，但绝不会掩盖掉他在学术发展史上所作出的杰出贡献。

（本文原载《江海学刊》1963年第5期；又载香港商务编辑部选编：《名家谈历史要籍》，香港商务印书馆有限公司2001年版，题名改为《顾祖禹及其〈读史方舆纪要〉》；收入仓修良：《史家·史籍·史学》；又见仓修良：《史志丛稿》，题名改为《顾祖禹和〈读史方舆纪要〉》）

《读通鉴论》述评

王夫之（1619—1692）是我国封建社会末期一位重要的思想家，也是一位杰出的史学评论家。他晚年所写的《读通鉴论》和《宋论》，是他史论著作中的代表作，对秦以后中国封建社会的历史进行了系统的分析和评论，是人们熟知的史论名著。

在我国古代史学领域里，史论向来比较发达，先秦时期《左传》里的"君子曰"已发其端，秦汉之际则出现了贾谊《过秦论》这样的长篇史论著作。唐代刘知幾的《史通》，主要也是对史家、史著和历史编撰方法进行评论的史论著作。唐宋以后，撰写史论的人就更多了，司马光、苏轼兄弟、陈亮、叶适、郑樵、王世贞、李贽等，都是著名的史论作者。不过他们所写的史论，都还是比较片段和零碎的。对古代历史进行系统分析评论并写成专著的，那还只有王夫之和他的《读通鉴论》。

《读通鉴论》三十卷，其中评论秦史的一卷，两汉史八卷，三国史一卷，两晋史四卷，南北朝史四卷，隋史一卷，唐史八卷，五代史三卷。每卷根据《资治通鉴》所列帝王世系，又分为若干篇；每篇则选择这一时期的历史事件和历史人物若干，进行分析和评论。卷末附《叙论》四篇，集中说明该书的写作意图和指导思想。这是一部根据《资治通鉴》所载史事、用评论历史的形式来阐发自己的政治主张和历史哲学的史学论著。

一、"贵乎史者，述往以为来者师"

王夫之写作《读通鉴论》，目的是要从历代史事的演变中，找出"经世之大略"，吸取历史上的经验教训，以为当前的现实斗争服务。他说："所贵乎史者，述往以为来者师也。为史者，记载徒繁，而经世之大略不著，后人欲得其得失之枢机以效法之无由也，则恶用史为？"（《读通鉴论》卷六《光武十》。本篇凡引用该书的，只注明卷数和篇名）这一段话，可以说是他研究历史、评论历史最终目的之自我表白。他在解释《资治通鉴》这部书名、阐释"资治"两字的含义时，对于"经世致用"的史学思想又作了进一步说明，提出"'资治'者，非知治知乱而已也，所以为力行求治之资也"。这就是说，研究历史不仅在于"知治知乱"，更重要的必须以此作为"力行求治之资"。如果读了历史而起不了任何作用，那就势必变成"玩物丧志"。所以他说："览往代之治而快然，览往代之乱而愀然，知其有以致治而治，则称说其美；知其有以召乱而乱，则诟厉其恶；言已终，卷已掩，好恶之情已竭，颓然若忘，临事而仍用其故心，闻见虽多，辨证虽详，亦程子所谓'玩物丧志'也。"但是要从历史研究中获得"资治"，也不是一件简单的事。尤其是历史上的善恶是非、成败兴亡，往往互相依伏，变化多端，因此必须用心推敲，认真剖析，掌握其精神实质之所在，要"设身于古之时势，为己之所躬逢；研虑于古之谋为，为己之所身任。取古人宗社之安危，代为之忧患，而己之去危以即安者在矣；取古昔民情之利病，代为之斟酌，而今之兴利以除害者在矣。得可资，失亦可资也；同可资，异亦可资也。故治之所资，惟在一心，而史特其鉴也"。这就说明，能否从历史研究中得到"资治"，关键在于人的主观能动性。只有充分发挥人的主观能动作用，才能做到"得可资，失亦可资"，"同可资，异亦可资"，左右逢源，运用自如。因为历史毕竟只是一面镜子，"照之者"还是在人。对待历史上的经验教训，必须有一个正确的态度，要在充分了解其精神实质的前提下，再加以学习借鉴，切忌教条主义的生搬硬套，否则就只能作形式的模拟而失去其精髓，结果只能是貌同而心异，形合而神离。"故论鉴者，于其得也，而必推其所以得；于其失也，而必推其所以失。其得也，必思易其迹而何以亦得；其失也，必思就其偏而何以救失；乃可为治之资，而不仅如鉴之徒悬于室、无与照之者也。"这里明确提出，要真正从历史上吸取经验教训，必须做到两个"所以"，两个"必思"，只有这样，才能真正发挥历史这面镜子应有的借鉴作用，提供丰富有益的经验教训和学习榜样，从中使人们看到"君道在焉，国是在焉，民情在焉，边防在焉，臣谊在焉，臣节在焉，士之行己以无辱者在焉，学之守正而不陂者在焉。虽扼穷独处，而可以自淑，可以诲人，可以知道而乐"（以上引文均见《叙论四》），而不至于使它成为"徒悬于室"的装饰品。正因如此，所以研究历史绝不是一桩可有可无之事。

《读通鉴论》是王夫之晚年的一部作品，成书于康熙二十六年（1687），当时他是怀着亡国之隐痛撰写此书的，因此书中所选择的评论和批判的史事与实例，都是针对着明末清初各种社会政治流弊而发的，正如他自己在《叙论三》所说，"此编所述"，"刻志兢兢，求安于心，求顺于理，求适于用"。鉴于明末党争误国，凡书中涉及前代党争者，无不予以反复贬斥，说他们"寻戈矛于不已"，"导人心于嚣讼而不可遏"（卷二六《文宗五》），结果使得当时的人们"皆知有门户，而不知有天子"（《文宗一》）！他愤慨地指出："朋党兴，而人心国是如乱丝之不可理，将孰从而正之哉？"（《文宗二》）要是这种弊端不加制止，任其自流，则"朋党恶得而禁，士习恶得而端，国是恶得而定乎？"（《文宗八》）这类议论，书中屡见不鲜。只要把这些议论和晚明统治集团内部党派斗争的风气相对照，我们就不难明白他反对朋党的用心之所在了。又如他痛于明朝的灭亡，对于清初征服者的仇恨，有时竟超过了他的阶级偏见，所以书中涉及少数民族统治中原的历史事件时，对"夷夏"之辨特别用力，大谈其"夷夏之大防"。他说："呜呼！天下之大防，夷夏之大辨，五帝、三王之大统，即令桓温功成而篡，犹贤于戴夷狄以为中国主。"（卷一三《成帝十四》）对于历史上那些民族投降主义者，他则一概加以无情地痛斥。他谴责了割让燕云十六州给契丹贵族以换取儿皇帝地位的石敬瑭和为石敬瑭出谋划策的桑维翰，谴责了宋代的汉奸张邦昌和刘豫之流，指出这伙人"称臣称男，责赂无厌，丑诟相仍，名为天子，贱同仆隶"（卷三〇《五代下六》），并把他们斥之为"祸及万世"的"万世之罪人"（卷二九《五代中十六》）。相反，那些曾为保卫边疆作出过贡献的人，则都一一予以称颂。对于历代封建统治者，王夫之是既反对他们"弃土"，也反对他们"拓土"，而在当时的现实条件下，他更为强调的是反对"弃土"。虽然，他所强调的"夷夏之辨"，在今天看来，纯粹是狭隘的种族主义思想，毫无可取之处。不过从历史的条件来说，却是不宜苛责的。王夫之亲眼看到明朝亡于清人之手，这在当时的汉族士人看来，文明远为落后的满族征服汉族，无疑是奇耻大辱。特别是清兵所到之处，野蛮、残暴的杀掠，在历史上又属少见，"扬州十日"、"嘉定三屠"，曾激起了强烈的民族仇恨。因此，在当时的历史条件下，起而号召抗清斗争，自然是属于进步的行为。正是基于这种思想认识，王夫之在书中对于历代统治者借用少数民族兵力镇压农民起义的暴行，都严正地加以抨击。唐末统治者借沙陀兵镇压黄巢起义，书中作了反复的评述，显然他是借此历史题材以抨击吴三桂等人"借清兵"的罪恶行径。

以上事实足以看出，王夫之评论历史绝不是泛泛的空论，而多是从"经世致用"这一目的着眼，是有所为而发的。他不但在《叙论四》中明确表示"编中所论，推本得失之原，勉自竭以求合于圣治之本"，而且还在书中一再强调，对于历史上治乱兴衰、成败得失的经验教训，必须善于学习，切忌形式模仿，更不能泥古不化。他提出："善法三代者，法所有者，问其所以有，而或可革也；法所无者，问其何以无，而或可兴也。跬遵而步效之，黠民乃骄，朴民乃困，治之者适以乱之。宽其所不可宽者，不恤其所可恤，恶足以与于先王之道乎？"（卷二八《五代上五》）"鉴古酌今，以通天下之志而成其务，非循名责实泥已迹者之所与知久矣。"（卷二〇《唐高祖八》）这一切都充分表明，王夫之所以重视历史的研究和评论，其目的就在于"述往以为来者师"。

二、"论史者有二弊"

王夫之在《读通鉴论·叙论三》中，还提出了论史方面普遍存在着的两大弊端，他说："论史者有二弊焉：放于道而非道之中，依于法而非法之审，褒其所不待褒，而君子不以为荣，贬其所不胜贬，而奸邪顾以为笑，此既浅中无当之失矣；乃其为弊，尚无伤于教、无贼于民也。抑有纤曲诡琐之说出焉，谋尚其诈，谏尚其谲，徼功而行险，干誉而违道，奖诡随为中庸，夸偷生为明哲，以挑达摇人之精爽而使浮，以机巧裂人之名义而使枉；此其于世教与民生也，灾逾于洪水，恶烈于猛兽矣。"这里一方面批判了貌似正经而实属迂腐的庸俗史论，另一方面又反对了那种"纤曲诡琐之说"的诡异史论。在王夫之看来，前者还只是属于肤廓无聊、"浅中无当之失"，无害于世道人心，无损于社会风俗；而后者那种"卑污之论"，则导人脱离正轨，走向邪路,"于世教与民生","灾逾于洪水,恶烈于猛兽",这种情况如果听之任之,必将贻害无穷。为此,他主张评论历史一定要针对具体史实,进行实事求是的分析,做到有的放矢,切忌千篇一律、空洞无物的说教和歪曲事实、主观唯心的臆断。同时,对于那些人所共知的人和事,虽"极词以赞而不为加益,闻者不足以兴;极词以贬而不为加损,闻者不足以戒"的,也没有必要重复前人再作繁词累说的褒贬。他自己写作《读通鉴论》一书时,就是按照这个主张实践的。他说:"故编中于大美大恶、昭然耳目、前有定论者,皆略而不赘。推其所以然之由,辨其不尽然之实,均于善而醇疵分,均于恶而轻重别,因其时,度其势,察其心,穷其效。"(《叙论二》)因为历史事件是千变万化的,历史人物也是千差万别的,如果不进行深入具体的分析,而是简单地"以一言蔽千古不齐之事变",这样的结论,则"适以自蔽而已"(卷二六《武宗五》),是不可能符合于"万世不易之公理",达不到"经世致用"之目的的。所以同样一个"义",而"有一人之正义,有一时之大义,有古今之通义;轻重之衡,公私之辨,三者不可不察。以一人之义,视一时之大义,而一人之义私矣;以一时之义,视古今之通义,而一时之义私矣;公者重,私者轻矣,权衡之所自定也。三者有时而合,合则亘千古、通天下;而协于一人之正,则以一人之义裁之,而古今天下不能越。有时而不能交全也,则不可以一时废千古,不可以一人废天下"。桓温和刘裕二人同是抗表伐敌,对两者的评论就不能作一样的要求:"桓温抗表而伐李势,讨贼也。李势之僭,溃君臣之分也;温不奉命而伐之,温无以异于势。论者恶其不臣,是也,天下之义伸也。刘裕抗表以伐南燕,南燕,鲜卑也。慕容氏世载凶德以乱中夏,晋之君臣弗能问,而裕始有事,暗主不足与谋,具臣不足与议,裕无所可奉也。论者亦援温以责裕,一时之义伸,而古今之义屈矣。"(以上引文均见卷一四《安帝十四》)

基于上述主张,王夫之还提出对于历史人物,不仅要"因其时,度其势,察其心,穷其效",来评论其为人之邪正、立言之是非、做事之功罪,而且还要注意不能盲目地全盘肯定或否定,好之中往往有坏,坏之中也许有好,要做到瑕瑜不掩,功过分明,既不以人废言,亦不以言废功,并举例作了具体的说明。他说:"谋国而贻天下之大患,斯为天下之罪人,而有差等焉。祸在一时之天下,则一时之罪人,卢杞是也;祸及一代,则一代之罪人,李林甫是也;祸及万世,则万世之罪人,自生民以来,唯桑维翁当之。"(卷二九《五代中十六》)奸邪者如此,正面地肯定人物也同样如此。这就说明,评论历史人物,必须通过具体分析,作出恰如其分的评论,而不能绝对化。作为封建史学家的王夫之,能够提出这样的看法和主张,应该说是很可贵的。不仅如此,他在书中还指出,一个人的所作所为,往往有这样的情况:"以一时之利害言之,则病天下;通古今而计之,则利大而圣道以弘。"如"汉武抚已平之天下,民思休息。而北讨匈奴,南诛瓯、越,复有事西夷,驰情宛、夏、身毒、月氏之绝域。天下静而武帝动,则一时之害及于民而怨讟起。……然因是而贵筑、昆明垂及于今而为冠带之国"(卷三《武帝十五》);匈奴则"垂及哀、平,而单于之臣服不贰"(卷五《王莽二》)。可见王夫之在评论历史人物和历史事件时,还注意到暂时的利益与国家民族的长远利益相结合之原则。只要对国家、民族有长远利益的,即使"以一时之利害言之,则病天下",也仍然应当予以积极的肯定。正因如此,他对许多历史事件和历史人物的评论,能够大胆突破前人的传统看法。唐朝中叶以王叔文、王伾为首的"二王八司马"政治集团的革新活动,向来是"以邪名古今",而历史学家没有辨清事实真相,就随声附和地加以记载,于是"恶声一播,史氏极其贬诮,若将与赵高、宇文化及同其凶逆者"。王夫之认为这是极不公道的。他说:"平心以考其所为,亦何至此哉!自其执政以后,罢进奉、宫市、五坊小儿,贬李实,召陆贽、阳城,以范希朝、韩泰夺宦官之兵柄,革德宗末年之乱政,以快人心、清国纪,亦云善矣。"(卷二五《顺宗》)王夫之的这个结论,显然是符合历史的真实情况的。又如他对司马光"牛、李维州之辨"错误论断的批评,也是很令人信服的。他说:"牛、李维州之辨,伸牛以诎李者,始于司马温公。公之为此说也,惩熙丰之执政用兵生事,敝中国而启边衅,故崇奖处锊之说,以戒时君。夫古今异时,强弱异势,战守异宜,利害异趣,据一时之可否,定千秋之是非,此立言之大病,而温公以之矣。"(卷二六《文宗四》)这个批评不仅合情合理,而且还深刻地揭示了司马光之所以作出违背历史真实的评论,根源在于他以当前的政治斗争需要为标准,来论定前人的功过是非,利用历史事件大做政治文章,达到反对王安石变法之目的。这个批判确是一针见血,击中了司马光的要害。对于刘晏的理财,王夫之也曾尽力为其辩白:"言治道者讳言财利,斥刘晏为小人。晏之不得为君子也自有在，以理财而斥之，则倨骄浮薄之言，非君子之正论也。"他还指出，刘晏理财之时，正当"兵兴之日"，"非宇文融、王𬭎、元载之额外苛求以困农也"。而其理财的目的，则是为了"使自有余息以供国，而又以蠲免救助济民之馁瘠"，"仁民也，非以殃民也"。再察其理财的效果，又是户口大增，"兵兴以来，户不过二百万，晏任财赋之季年，增户百万，非晏所统者不增"。于是他得出结论说："晏体国安民之心，不可没矣"，"晏之于财赋，君子之用心也，不可以他行之瑕责之也。"最后，对于那些斥刘晏为小人的所谓"君子"们则进行了有力地反驳："晏死两年，而括富商、增税钱、减陌钱、税间架，重剥余民之政兴，晏为小人，则彼且为君子乎？"（卷二四《德宗五》）这一批驳确是入木三分、深刻有力。

作为封建史学家的王夫之，评论历史能够提出这些独到的主张，确是很有见识的。尽管有些评论并不完全确当，但从总体来看，王夫之仍不愧为一位别具史识的卓越的史学评论家。

三、"知人安民，帝王之大法"

一个国家能不能治理得好，关键在于君主能否抓好治国的方针政策，这是王夫之在《读通鉴论》一书中所反复强调的重要思想。他明确提出："纲纪者，人君之以统天下，元戎之以统群帅，群帅之以统偏裨者也。"（卷一三《东晋元帝四》）在纲纪不乱的前提下，君主只要能够牢牢掌握住几大要害性措施，做到"择得其人"、"知人安民"，那么大权就不至于旁落了。他说："国之大政，数端而已；铨选也，赋役也，刑狱也，乃其绪之委也，则不胜其冗，择得其人而饬之以法，士不废，民不困，而权亦不移。"（卷一五《文帝三》）又说："安民也，裕国也，兴贤而远恶也，固本而待变也，此大纲也。大纲弛而民怨于下，事废于官，虚誉虽腾，莫能掩也。"（卷一〇《三国二三》）这就是说，君主治国，必须抓住大纲，而大纲之精意，在于"安民"而"固本"、"兴贤而远恶"。做国君的，唯有懂得"知人"、"安民"，一切问题才能迎刃而解。所以他明确提出："知人安民，帝王之大法也。"（卷二一《高宗八》）

王夫之深深懂得，一个国家，如果没有一批有才有识、富有治国经验的得力人才，这个国家的寿命就不可能长久；而对于国君来说，首要的任务便是"知人"，即必须善于发现、识别和使用人才，特别是要善于识别和防止野心家操纵国家大权。因为用人的好坏，直接关系到千家万户的生活，更密切关系到国家的命运和君主本人的安危，因此绝不能掉以轻心。"自唐以来，人主之速趋于亡者，皆以姑息养强臣而倒授之生杀之柄，非其主刚核过甚而激之使叛也。"（卷三〇《五代下三》）因此，"用人行政"，必须"交相扶以国治"，否则，"失其一，则一之仅存者不足以救；古今乱亡之轨，所以相寻而不舍也"（卷一一《晋五》）。反之，如果用得其人，政治清明，则民不受害，而国家的命运自然也就可以久长了。

　　不仅如此，王夫之还进一步认识到"民为邦本、本固邦宁"的重要性，指出要使天下太平，政权巩固，做国君的同时必须懂得治民之术，让人民得以安居乐业。他说："古之称民者曰'民嵒'。上与民相依以立，同气同伦而共此区夏者也，乃畏之如嵒也哉？言此者，以责上之善调其情而平其险阻也。"（卷二七《懿宗二》）这就说明，君主与百姓本应相依为命，要是老百姓无法生活下去，做君主的也就不可能有安宁的日子。那么怎样才能做到"安民"呢？王夫之认为，这倒并不需要做国君的该向百姓赐予什么，而只是要求他们做到"轻徭薄赋，择良有司以与之休息"，使百姓"自得其生"，这样，社会自然也就"辑宁"了（卷一九《隋文帝十一》）。

　　可是，在长期的封建社会里，绝大多数的封建帝王都达不到这个"知人安民"的要求，劳苦大众经常处于饥寒交迫的困境之中。对此，王夫之是深表同情的，他说："民之可悲者，聂夷中之诗尽之矣。其甚者，不待二月而始卖新丝，五月而始粜新谷也。君之愚也，促之甚，则民益贫；民益贫，则税益逋；耕桑之获，止有此数，促之速尽，后虽死于桁杨，而必无以继；流亡日苦，起为盗贼，而后下蠲逋之令，计其所得，减于缓征者，十之三四矣；何其愚也！迫促之令，君憯而不知计，民惴而不敢违。墨吏得此以张其威焰，猾胥得此以仇其罔毒，积金屯粟之豪民得此以持贫民之生死，而夺其田庐子女。乱世之上下，胥以迫促为便，而国日蠢、民日死，夫谁念之？"（卷二四《德宗三十五》）因此，他提倡"王者之爱养天下，如天而可以止矣，宽其役，薄其赋，不幸而罹乎水旱，则蠲征以苏之，开粜以济之。而防之平日者，抑商贾，禁赁佣，惩游惰，修陂池，治堤防，虽有水旱，而民之死者亦仅矣"（卷一九《隋文帝六》）。并主张实行"惩有司之贪，宽司农之考"（卷五《哀帝二》）。在他看来，这便是达到"安民"的唯一良策。所以他说："以治民之制言之，民之生也，莫重于粟；故劝相其民以务本而遂其生者，莫重于农。"（卷一四《孝武帝四》）

基于上述的思想认知，王夫之在评论统治者的政治作风和治国方略时，反对严刑峻法，主张宽柔之策。他批评道："曹操以刻薄寡恩之姿，惩汉失而以申、韩之法钳网天下……士困于廷，而衣冠不能自安；民困于野，而寝处不能自容。故终魏之世，兵旅亟兴，而无敢为萑苇之寇，乃蕴怒于心，思得一解网罗以优游卒岁也，其情亟矣。"而赞扬"汉之延祚四百，绍三代之久长，而天下戴之不衰者，高帝之宽，光武之柔，得民而合天也"（卷一〇《三国三十一》）。他还特别赏识和敬佩汉光武以"柔道"治理百姓的经世之略，认为光武帝之所以得天下，"岂有他哉？以静制动，以道制权，以谋制力，以缓制猝，以宽制猛而已"（卷六《光武八》）。"自三代而下，唯光武允冠百王矣。"（卷六《光武十》）十分明显，在王夫之的心目中，唯有实行宽柔之策的人，才能得民心而使"本固邦宁"；相反，凡是严刑峻法、"趋利徼功"的人，则如同"锻铁者，急于反则折"一样（卷一二《怀帝六》），是不可能达到这个目的的。

王夫之还进一步指出，"天下者，非一姓之私也"（卷一一《晋一》）。因此，要求做国君的必须目光远大，切不可做专事聚敛钱财的守财奴，并以历史上号称"小贞观"的唐宣宗统治为例，说明由于一意"搜括"，不顾人民死活，结果种下了亡唐的严重祸根，他说：

> 宣宗非有奢侈之欲，而操综核之术，欲尽揽天下之利权以归于己。……于是搜括无余，州郡皆如悬磬，而自诩为得策，曰：吾不加敛于民，而财已充盈于内帑矣。乱乃起而不可遏矣。唯其积之已盈也，故以流艳懿宗之耳目，而长其侈心。一女子之死，而费军兴数十万人之资。帛腐于笥，粟陈于廪，钱苔于砌。狡童何知，媚子因而自润，狂荡之情，泰然自得，复安知天下之空虚哉？（卷二七《懿宗三》）

唐朝末年为什么会爆发规模巨大的农民起义，以至"君之身弑国亡，子孙为戮"，王夫之认为"非必民之戕之也，自有戕之者矣"（卷二七《僖宗九》）。所谓"自有戕之者"，就在于君主本身不正，政令不行，"上崇侈而天下相习以奢"，"懿、僖之世，相习于淫靡，上行之，下师师以效之，率土之有司胥然"，"是纵千百暴君贪主于天下，而一邑之长皆天子也，民其能不死，国其能不乱乎？"（《僖宗一》）因此，若要真正实现"本固邦宁"的局面，除了反对暴政，反对行申韩之术，实行轻徭薄赋等政策之外，还得大力要求"为政者，廉以洁己，慈以爱民，尽其在己者"（卷一九《隋文帝十》）。也就是说，做国君的首先必须严于律己，身体力行。因为在王夫之看来，"天子者，化之原也；大臣者，物之所效也。天子大臣急于功，则人以功为尚矣；急于位，则人以位为荣矣。俭者，先自俭也，让者，先自让也，非可绳人而卑约之者也"（卷一二《愍帝二》）。又说："身教立，诚心喻，德威著，塞蒙心之贪戾，而相沐以仁让。故曰：'蒙以养正，圣功也。'身之不正，何以养人哉？"（卷六《光武三十七》）他把君主的言传身教看得比任何政策法令都来得重要。其次是对于整个国家的各级官吏，也必须加以严肃认真地整治。而要整顿好官吏队伍，就得从"严之于上官"做起。他说：

> 将责上官以严纠下吏之贪，可使无所容其私乎？此尤必不可者也。胥为贪，而狡者得上官之心，其虐取也尤剧，其馈献也弥丰；唯琐琐箪豆之阘吏，各纤芥以封殖，参劾在前而不恤，顾其为蠹于民者，亦无几也。且有慎守官廉，偶一不检而无从置辩者矣。故下吏之贪，非人主所得而治也，且非居中秉宪者之所容纠也，唯严之于上官而已矣。严之于上官，而贪息于守令，下逮于簿尉胥隶，皆喙息而不敢逞。

这一番议论，真可谓经验之谈，他抓住了封建社会官吏贪赃枉法的普遍规律，即："上官之虐取也，不即施于百姓，必假手下吏以为之渔猎"，而下吏则阿谀逢迎，处处投上官之所好，上下勾结，于是"其虐取也尤剧，其馈献也弥丰"（以上引文均见卷二八《五代上十七》），而百姓则遭殃更甚。针对这一社会弊端，他提出了"严纠下吏之贪"、"唯严之于上官而已"的解决办法。但事实上，在封建社会里要扫除这一不正之风是根本办不到的，这一点当然是王夫之所不可能认识到的。

另外，王夫之还一再告诫君主，自己的一言一行事关重大，切忌随心所欲，因为"君操宗社生民之大命，言出而天下震惊，行出而臣工披靡，一失而贻九州亿万姓百年死亡之祸"（卷一二《怀帝八》）。所以他要求君主在治国过程中，必须从实际出发，"平其情以听物之顺逆"，而不能主观地违背事物的发展规律，"挟意以自居于胜"（卷二三《肃宗十一》）。他明确提出："成天下之务者，因天之雨旸，就地之险易，任人之智力，为其所可为，不强物以自任；则以理繁难、试艰危、通盈虚、督偷窳、禁盗侵，无不胜也。自宋以后，议论猥多，而不可用者，唯欲以一切之术，求胜于天时、人事、物力，而强以从己而已矣。"（卷二二《玄宗十四》）无数的历史事实证明，凡是不从实际出发，不顾客观条件，一切"唯意以乱法"、"强以从己"者，没有不遭到惩罚的。而王夫之在他那个时代，就能从理论上阐述做工作、治国家，必须顺应"天时、人事、物力"，适应事物发展规律，"为其所可为，不强物以自任"，不主观臆断，"不挟意以自居于胜"，要求遇事头脑冷静，做到"平其情以听物之顺逆"，是非常可贵的。这些论断，不仅在当时具有现实意义，就是在今天也同样大有裨益。

王夫之之所以把"知人安民"视为君主巩固政权的关键和"帝王之大法"，显然与他的君民观有着密切的关系。在他看来，君主与百姓之间是互相依存的，"'君非民，罔与立；民非君，罔克胥匡以生。'名与义相维，利与害相因，情自相依于不容已"。因此他说，君"'作善，降之百祥；作不善，降之百殃。'……君惟纵欲，则忘其民；民惟趋利，则忘其君。欲不可遏，私利之情不自禁，于是乎君忘其民而草芥之，民忘其君而寇仇之，夫乃殃不知其所自生，而若有鬼神焉趋之而使赴于祸"（卷二七《僖宗九》）。为此，他对于"李罴戒子"的一段话十分赞赏："罴之戒诸子曰：'从政者审慎赏罚，勿任爱憎，折狱必和颜任理，用人无间于新旧，计近不足，经远有余。'是说也，岂徒其规模之弘远哉？内求之好恶之萌以治其心，与天相顺，循物以信；三代以下不多得之于君子者，而罴以偏方割据之雄，能自求以求福；推此心也，可以创业垂统、贻百世之休矣。"（卷一四《安帝十一》）不仅如此，他甚至还说："苟有知贵重其民者，君子不得复以君臣之义责之，而许之以为民主可也。"（卷二七《僖宗九》）可见他对于那些能够"贵重其民"的君主，是何等的称颂！但是，王夫之理想中的这种所谓"民主"，与其说是中国封建社会专制主义统治末期的思想产物，倒不如说是儒家传统"仁政"思想的集中反映。

四、"明君之治，择守令而已"

在中国长期的封建社会里，许多著名的政治家和史学家，都非常重视人才的培养和任用。千百年的历史事实证明，凡是有作为的国君，总是在自己的周围集结着一大批各有所长的人才。一个国家能否治理得好，关键固然决定于治国的方针政策如何，但在很大程度上也取决于是否拥有一大批富有才识、经验的人才，因为方针政策总得要有人去执行。唐朝前期所以能够出现"贞观之治"，其中一个很重要的因素，就因为唐太宗李世民非常重视并且善于用人，他把"为官择人"视为治国安邦的根本。北宋大史学家司马光不仅在《进修心治国之要札子》中明确提出"致治之道有三：曰任官，曰信赏，曰必罚"（《司马文正公传家集》卷四六），而且在《资治通鉴》一书中，对举贤用能、信赏必罚的史实，给予极大的注意和突出的叙述，强调"为治之要，莫先于用人"（《资治通鉴》卷七三）。同样，王夫之在《读通鉴论》中，对人才问题的评论也非常重视，他把人才的教育和培养看成是"固国之根本"（卷一四《孝武帝七》），若"国无可用之人则必亡"（卷二六《宣宗八》）。秦王朝之所以短祚，王夫之认为主要就是由于用人不当，坏人篡权。他说："秦始皇之宜短祚也不一，而莫甚于不知人。非其不察也，惟其好谀也。托国于赵高之手，虽中主不足以存，况胡亥哉！"（卷一《秦始皇三》）而他对于曹操之善于用人则非常赞赏，并曾先后把他与诸葛亮、刘裕作对比，说明善于团结、选择和培养人才，是曹操取得成功的重要因素。他说："夫大有为于天下者，必下有人而上有君。"诸葛亮虽是一位杰出的政治家，可是他由于"上非再造之君，下无分猷之士，孤行其志"（卷一〇《三国五》），不能很好地施展自己的才能，因此要想取得成功，自然是很难想象的了。曹操则不然，他"推心以待智谋之士，而士之长于略者，相踵而兴"（卷一〇《三国十一》），加之"曹操又能用人而尽其才，人争归之"

（卷一〇《三国五》），结果是"魏足智谋之士，昏主用之而不危"。从这对比中，王夫之得出结论说："故能用人者，可以无敌于天下！"（卷一〇《三国十一》）刘裕的情况也一样，由于他"起自寒微，以敢战立功名，而雄侠自喜，与士大夫之臭味不亲。……当时在廷之士，无有为裕心腹者"，加之"裕又无驭才之道"，因此尽管"裕之为功于天下，烈于曹操，而其植人才以赞成其大计，不如操远矣"。和刘裕相反，曹操"方举事据兖州，他务未遑，而亟于用人；逮其后而丕与睿犹多得刚直明敏之才，以匡其阙失"。于是王夫之又得出结论说："曹操之所以得志于天下，而待其子始篡者，得人故也。岂徒奸雄为然乎？圣人以仁义取天下，亦视其人而已矣。"（卷一四《安帝二十一》）可见在王夫之看来，即使是一个有作为的君主，如果不善于"得人"、"用人"，在自己周围聚集一大批有才识之士，要想治理好国家也是不可想象的。

王夫之在论述用人的过程中，还特别强调宰相人选的重要性，因为下级官吏都要通过宰相来选拔，国家大政也得依靠宰相去推行。他说："明君之治，择守令而已；守令不易知，择司铨司宪者而已。司铨司宪者，日在天子之左右，其贤易辨也。而抑得贤宰相以持衡于上，指臂相使，纲维相挈，守令之得失，无不可通于密勿，则天子有德意而疾通于海内，何扞格之有乎！"（卷三〇《五代下十六》）宰相选定之后，他认为就要做到"既任而信之，坦衷大度以临之"（卷一五《明帝五》），切忌猜疑之心。若"上多猜，则忠直果断之士不达；上多猜而忠直果断者诎，则士相习于茸靡，虽有贞志，发焉而不成"（卷一五《顺帝》）。同时还要授之以实权，不能徒拥虚名，他说：

> 宰相无权，则天下无纲，天下无纲而不乱者，未之或有。权者，天子之大用也。而提权以为天下重轻，则唯慎于论相而进退之。相得其人，则宰相之权，即天子之权，挈大纲以振天下，易矣。宰相无权，人才不由以进，国事不适为主，奚用宰相哉？奉行条例，画敕以行，莫违其式而已。宰相以条例行之部寺，部寺以条例行之镇道，镇道以条例行之郡邑，郡邑以条例行之编氓，苟且涂饰以应条例，而封疆之安危，群有司之贤不肖，百姓之生死利病，交相委也，抑互相容以仇其奸也。于

是兵窳于边，政弛于廷，奸匿于侧，民困于野，莫任其咎，咎亦弗及焉。宰相不得以治百官，百官不得以治其属，民之愁苦者无与伸，骄悖者无与禁，而天子方自以为聪明，遍察细大，咸受成焉，夫天子亦恶能及此哉？……上揽权则下避权，而权归于宵小。天子为宵小行喜怒，而臣民率无以自容。……无权则焉用相哉？（卷二六《宣宗四》）

这一番议论，把天子独揽大权、宰相徒具虚名的种种弊端备述无遗，说明君主即使"得人"，但不能"用人"，最终仍将大权旁落，入于小人之手，害己害民。可见在王夫之看来，一个国君若要达到"本固邦宁"的治国目的，首先必须做到宰相得其人，守令获其选，同时还要坦诚大度地信任他们，并授之以实权，使他们真正起到布宣君主德意、下情上达的桥梁作用。所以他把"择守令"视为"明君之治"的重要措施之一。

但是，要真正做到选得其人，还得广开才路，强调任人唯贤。他说："惟用人之途广，而登进之数多，则虽有诡遇于悻门者，而惜廉隅、慎出处之士，亦自优游以俟，而自不困穷以没世。"（卷一一《晋十一》）又说："夫以族姓用人者，其途隘；舍此而博求之，其道广；然而古之帝王终不以广易隘者，人心之所趋，即天叙天秩之所显也。"（卷一五《文帝十一》）他特别对那种替用人唯亲找借口，认为荐举富家子弟任官可以避免贪暴的荒谬论调，进行了尖锐有力的批驳，他说："举富人子而官之，以谓其家足而可无贪，畏刑罚而自保，然则畏人之酗饮，而廷醉者以当筵乎？富而可为吏，吏而益富，富而可贻其吏于子孙。毁廉耻，奔货贿，薄亲戚，猎贫弱，幸而有赀，遂居人上，民之不相率以攘夺者无几也。自非嬴氏为君、商鞅为政，未有念及此以为得计者也。"（卷三《景帝六》）这一批驳，确属真知灼见，令人信服。当然，若是真有才识，并且出于公心，王夫之也并不反对推举自己的亲友出来任职："人臣以社稷为己任，而引贤才以共事，不避亲戚，不避知旧，不避门生故吏，唯其才而荐，身任疑谤而不恤，忠臣之效也。"（卷二五《宪宗十三》）

王夫之鉴于历史上许多朝代亡于朋党的事实，特别是明末党争误国的惨痛教训，深深感到"国家之大患，人臣之巨蠹，莫甚于自相朋比，操进退升沉于同类之盈虚，而天子特为其酬恩报怨、假手以快志之人"（卷二六《文宗一》)。为了防止这种弊端的出现,他主张用人必须审慎,即不能光听其言,因为"听言以用人,不惑于小人,而能散朋党以靖国,盖亦难矣",更重要的还应观其行,"听之而试之察之,验其前之所已效,审其才之所可至,而任之也可以不疑。假不如其言,而覆按之、远斥之,未晚也"。同时他还特别批驳了那种在用人问题上恤私忘公、论资排辈的论调:"有人于此,而或为之言曰:是久抑而宜伸者也;是资望已及,当获大用而或沮之者也;是其应得之位禄与某某等,而独未简拔者也;是尝蒙恩知遇,而落拓不偶,为人所重惜者也。如此,则挟进退以为恩怨,视荣宠为己应得,以与物竞,而相奖于富贵利达,以恤私而不知有君父者矣,不待辨而知其为朋党之奸、小人之要结矣。"(卷二六《文宗八》)不过要真正做到消除朋党,不拉关系,国君本人必须以身作则,否则"天子而欲收贡士为私人,何怪乎举主门生怀私以相市也。此朋党之所以兴,而以人事主之谊所由替也"(卷二一《中宗八》)。为此,他大声警告统治者:"人苟于天伦之际有私爱而任私恩,则自天子以至于庶人,鲜不违道而开败国亡家之隙,可不慎哉!"(卷六《光武三十二》)

五、"人君之待谏以正,犹人之待食以生"

如果说广开才路、选拔大批才华出众的有识之士充当官吏,是君主能否把国家治理得好的一个很重要的因素,那么广开言路、采纳来自各方的合理意见,就更成为君主治国必不可少的基本条件之一。因为君主独断专行,不能倾听大臣们的有益意见,即使人才搜罗再多,也起不到集思广益、共成政道的作用。在某种意义上说,广开言路往往比广开才路显得更为紧要。这一点,王夫之也是有充分认识的。他说:"言路者,国之命也,言路芜绝而能不乱者,未之有也。"(卷一四《安帝二》)他还说:"人君之待谏以正,犹人之待食以生也。绝食则死,拒谏则亡。"(卷二五《宪宗六》)他把国君的求谏、纳谏视同一日三餐,天天不可缺少。不仅如此,他还进一步强调,求谏、纳谏不能只是局限于谏官的进言,而必须做到广泛地听取各方意见。他说:"谏必有专官乎?古之明王,工瞽、庶人皆可进言于天子,故《周官》

无谏职，以广听也。……谏有专官，而人臣之得进言于君仅矣。"（卷一一《晋二》）这就是说，只要君主真心求谏，则"无人不可谏，而何待于所举之人；何谏不可纳，何必问之考官之选"（卷二五《宪宗六》）。可是在封建社会中，真正能够认识到求谏、纳谏的重要性，做到"从谏如流"的君主却是少得可怜，大多数总都是拒听大臣之忠谏，而喜闻阿谀奉承之赞词，其结果往往加速了自己的覆亡。秦始皇就是个典型。所以他说："拒谏者，古今之所谓大恶也。"（卷一〇《三国三十六》）"好谀者，大恶在躬而犹以为善，大辱加身而犹以为荣，大祸临前而犹以为福；君子以之丧德，小人以之速亡，可不戒哉！"（卷一二《愍帝四》）但是，一个国君要做到真正的纳谏，绝不是一件容易的事，既要奖励大家踊跃进言，又需善于鉴别、选择，所以王夫之说："纳谏之道，亦不易矣。君无爵赏以劝之，则言者不进；以爵赏劝之，言者抑不择而进；故纳谏难也。"（卷七《章帝五》）这是因为进谏者中间，"有爱君无己而谏者，有自伸其道、自不忍违其心而谏者"（卷二七《懿宗五》）。因此，君主纳谏，必须审慎选择。特别是"人君当嗣位之初，其听言也，尤不容不慎也。臣下各怀其志于先君之世，而或不得逞，先君没，积愤懑以求伸，遂若鱼之脱于钩，而唯其洋洋以自得。斯情也，名为谋国，而实挟怨怼君父之心，幸其死以鸣豫者也"（卷七《章帝二》）。这说明对谏者们的进言，也并不是可以全部不加辨别地采纳的，其中有的人怀着不可告人的目的，以上言劝谏为名，企图使君主按照他们的意图去办，若不谨慎而使奸计得逞，必然祸及宗社。这种教训在历史上是不乏其例的。但是在王夫之看来，还有一种更为普遍的情况，由于社会上的种种因素，在大臣们中间真正能够做到秉公不阿、犯颜直谏的并不多见，以致出现"苟为欲治之君，乐其臣之敢言者有矣，而敢言之士不数进"（卷六《光武二十四》）的反常现象。造成这种不敢直谏的原因究竟是什么？王夫之曾作过十分深刻的分析，他指出：

> 受谏之难也，非徒受之之难，而致人使谏之尤难也。位尊矣，人将附之而恐逆之，然附尊位者，非知谏者也；权重矣，人将畏之而早已惮之，然畏权重者，非能谏者也；位尊而能屈以待下，权重而能逊以容人，可以致谏矣，而固未可也。所尤患者，才智有余，而勤于干理，于

是乎怀忠欲抒者，夙夜有欲谏之心，而当前以沮，遂以杜天下之忠直，而日但见人之不我若，则危亡且至而不知。(卷一二《愍帝六》)

他把封建社会的那种上下级关系揭露得清清楚楚。事实的确如此，在阶级社会里，凡是"位尊"、"权重"的人，难得有"屈以待下"、"逊以容人"的作风的，因此臣下那些"怀忠欲抒者"，即使"夙夜有欲谏之心"，也难免顾虑重重而不敢犯颜直谏了。只有极少数"轻宠辱、忘死生"的人，才敢"言之无忌"(卷二〇《太宗九》)。为此，王夫之从维护整个地主阶级封建统治的长远利益出发，一方面勉励大臣们应以宗社为重，秉公无私，尽忠进言，指出："身为大臣，有宗社之责焉，缄口求容，鄙夫而已矣。"(卷二一《高宗三》)另一方面他又告诫君主："谏者以谏君也。迩声色，殖货利，狎宦戚，通女谒，怠政事，废学问，崇佛老，侈宫室，私行游，媟威仪，若此者谏官任之。大小群臣下逮于庶人，苟有言焉，则固天子所宜侧席而听者也。即言之过，而固可无尤也。"(卷一一《晋二》)王夫之认为，若能真正做到在上者乐于受谏，在下者敢于进谏，则"上下相亲，天下之势乃固"(卷六《光武十二》)。

六、"法贵简而能禁，刑贵轻而必行"

王夫之在统观历代治乱兴亡史实的基础上，于《读通鉴论》一书中，还提出要治理好国家则"政莫善于简"的主张，反对严刑峻法。他说："治天下以道，未闻以法也。道也者，导之也，上导之而下遵以为路也。……上以各足之道导天下，而天下安之。"(卷五《哀帝二》)可见他在国家的治理上，是反对高压、力主教化的，因此对于立法量刑，他一再强调从简从宽、从柔从轻："法不可不简，而任之也不可不轻，此王道之所以易易也。"(卷一六《武帝四》)"苛刻一行，而莫之知止，天下粗定，而卒召吏民之叛以亡。"(卷二六《宣宗二》)而书中对杨相如上言的评论，则更足以反映他的这一立政思想。他说："玄宗初亲政，晋陵尉杨相如上言曰：'法贵简而能禁，刑贵轻而必行。小过不察，则无烦苛；大罪不漏，则止奸慝。'斯言也，不倚于老氏，抑不流于申、韩，洵知治道之言乎！"（卷二二《玄宗一》）他还列举了历史上许多王朝的统治为例，说明凡是采用申、韩之法者，法密律繁，结果都没有好下场。因此他深有感触地说："君愈疑，臣愈诈，治象愈饰，奸蔽愈滋，小节愈严，大贪愈纵，天子以综核御大臣，大臣以综核御有司，有司以综核御百姓，而弄法饰非者骄以玩，朴愿自保者罹于凶，民安得不饥寒而攘臂以起哉！"（卷二六《宣宗六》）这一议论的确很有见识，凡斤斤于细枝末节者，必然视朝廷中无一好人，而真正的大奸大愿反而难以辨识，使之逃脱法网。但是，更为严重的恶果还在于："律令繁，而狱吏得所缘饰以文其滥，虽天子日清问之，而民固受罔以死。"（卷四《宣帝四》）"法愈密，吏权愈重；死刑愈繁，贿赂愈章；涂饰以免罪罟，而天子之权，倒持于掾吏。南阳诸刘屡杀人而王莽不能问，皆法密吏重有以蔽之也。"（卷一《二世六》）由此他得出的结论是：以法治天下则天下乱，以德治天下则天下安。

"治人"和"治法"是我国封建社会里政治家、史论家长期争论不休的老话题。作为史论家的王夫之，在这个问题上，也曾发表过许多议论，而在以往的研究中，有的说王夫之是主张"治法"的，有的则断言是主张"治人"的。我们认为后一种说法更符合王夫之的思想实际，他在《读通鉴论》里就曾明白地指出："古今之大害有三：老、庄也，浮屠也，申、韩也。三者之致祸异，而相沿以生者，其归必合于一。不相济则祸犹浅，而相沿则祸必烈。"（卷一七《梁武帝二十五》）我们只要通读全书，就可明白看出，王夫之对于申、韩的法治几乎是一骂到底，从不说一句好话的。他指出："夫申、韩之以其术破坏先王之道者，岂不以为情理之宜，诛有罪以恤无辜乎？而一倚于法，天下皆重足而立。君子之恶其贼天下而殄人国脉者，正以其近于情理，易以惑人也。"（卷二六《宣宗二》）曹操的才能，诸葛亮的为人，都很受王夫之的钦佩和敬仰，但是对于他们两人之流于申、韩，又毫不掩饰地进行严厉的指斥，他说曹操"以申、韩为法，臣民皆重足以立；司马氏乘之以宽惠收人心，君弑国亡，无有起卫之者"（卷一一《晋五》）；"王道息，申、韩进，人心不固，而国祚不长，有自来也"（卷一〇《三国七》）。

关于"治法"还是"治人"，可以说王夫之是完全继承了荀子的主张。荀况在《君道》篇开宗明义便提出"有治人，无治法"，认为治理好国家的关键是人而不是法。尽管法对于治理好国家具有非常重要的作用，但它毕竟是人制定的，最终还是决定于统治集团的人。王夫之在书中直接引用了荀子的这个观点，并进行了评述："语曰：'有治人，无治法。'人不可必得者也，人乃以开治，而法则以制乱。"（卷一七《梁武帝九》）"天下之将治也，则先有制法之主，以使民知上有天子、下有吏，而己亦有守以谋其生。"（卷三〇《五代下十三》）他还一再强调："治惟其人，不惟其法。"（卷二〇《太宗三》）"吏人之得失，在人而不在法。"（卷二《文帝十七》）"法者非必治，治者其人也。"（卷一九《隋文帝四》）"先王不恃其法，而恃其知人安民之精意。"（卷二一《高宗八》）在王夫之看来，即使有了良法，也还得靠人去掌握和贯彻。唐太宗时所制定的一系列律令制度，就因为上有"太宗之明，足以折中群论而从违不爽"（卷二〇《太宗三》），下有魏徵、房玄龄等得力大臣的贯彻和执行，才取得显著的成效。如果说，"使天下而可徒以法治而术制焉，裁其车服而风俗即壹，修其文辞而廉耻即敦，削夺诸侯而政即咸统于上，则夏、商法在，而桀、纣又何以亡？"（卷二《文帝十一》）他还说："治之敝也，任法而不任人。夫法者，岂天子一人能持之以遍察臣工乎？势且仍委之人而使之操法。"（卷六《光武二十一》）十分明显，王夫之正是把"治人"视为治理好国家的关键的。而这种思想的产生，我们认为又与他所处的那个时代有其密切的关系。王夫之生活的明清时期，已经是中国封建社会的后期，封建的专制主义中央集权达到了顶峰。而封建的专制集权，又突出地表现在法治主义上。就以明朝的末代皇帝崇祯而言，号称励精图治，其实正是一个任法使权、"沈机独断"的人物，史书记载他在政治上的作风是："性多疑而任察，好刚而尚气。任察则苛刻寡恩，尚气则急剧失措。"（《明史·庄烈帝纪》）至于"东厂"、"诏狱"、"锦衣卫"、"镇抚司"等特务统治，更是明代封建专制主义实行法治的突出表现。这种统治方式，使得人人自危，最后走上了君弑国亡的道路。作为政治家的王夫之，从地主阶级的长远利益着想，在政治上要求尽可能地兼顾其他阶级的某一些利益，所以他不主张法治，并对"任法"进行了批评。

当然，王夫之也并不完全否定法律的作用，而是强调要有一个主次先后。他说："法不可以治天下者也，而至于无法，则民无以有其生，而上无以有其民。"（卷三〇《五代下十三》）"法未足以治天下，而天下分崩离析之际，则非法不足以定之。"（卷二三《代宗十一》）不仅如此，他还承认："治道之裂，坏于无法。"（卷一七《梁武帝二六》）不过需要指出的是，王夫之虽然肯定法的作用，但更重视教化，他认为在行法之前，先要进行教育，行其风教，养其廉隅，而反对以法律惩办为万能。所以他说："治之不隆，教之不美，天子不自惭恧而以移罪于刺史乎？民犯大逆，而劾及刺史，于是互相掩蔽，纵枭獍以脱于网罟，天下之乱，风俗之坏，乃如河决鱼烂而不可止。"（卷二〇《太宗十八》）可见他对教育这个环节是多么看重。

赏与罚，是治国行法过程中的一个重要手段，政策法令能否顺利推行，除了平时施以教化之外，就靠赏与罚了。所以王夫之说："好恶赏罚，治乱之枢机，持之一念，岂易易哉！"（卷二一《高宗二》）同时他还指出，君主实行赏罚，一定要按章办事，切忌凭一时之喜怒而以私意乱法，否则就会失去赏罚的重大作用。他说："法者，非以快人之怒、平人之愤、释人之怨、遂人恶恶之情者也。"（卷二一《中宗十三》）又说："帝王之诛赏，奉天无私，犹寒暑之不相贷也。"（卷二三《代宗八》）尽管在封建社会里，真正做到赏罚分明是很难办到的，但王夫之能够提出这一要求，无疑仍然是很可贵的。正因为在治国行法过程中，赏罚起着重大的作用，所以王夫之告诫封建帝王必须慎重其事，罚既不宜过重，赏也不应过滥，罚要做到"小惩而大诫"、"惩一人而天下诫"（卷三《武帝二十一》）；赏要做到"慎重其赏：则一缣亦足以明恩，一级固足以昭贵；如其泛滥无纪，人亦何用此告身以博酒食邪？……爵冗名贱，欲望天下之安，必不可得之数也"（卷二四《德宗十六》）。这就说明，罚不在重而应抓住要害，方可起到"惩一人而天下诫"的作用；赏不在多而要得当，才能收到"天下之安"的效果。

尤其值得注意的是，王夫之还批判了"刑不上大夫"的传统观念。他说："先王之制法，所以沮不肖者之奸私，而贤者亦循之以寡过。"（卷二四《德宗二》）"刑者，非大辟之谓也，罪在可杀，则三公不贷其死，而况大夫？"（卷三〇《五代下二》）他主张在刑法面前，不论职位多高，应当一视同仁。又因为"法"是用来衡量功过、决定刑赏的客观标准，所以在定罪、给赏时，必须按罪定刑、论功行赏，不能轻重不一，更不可随心所欲，贪图一时之痛快。如果没有一个客观的标准可资遵循，"为相臣者，不能平静以审法，持法以立断，徒挟恶恶之心，大声疾呼，颊颜奋袂，与小人争邪正，以自祸而祸国也有余"（卷二一《高宗二》），那就必然会造成很大的混乱。

但在事实上，国家大事又是非常复杂和经常变化的，"天下之大，田赋之多，人民之众，固不可以一切之法治之也"（卷一六《武帝四》）。这就说明，所有法制，虽有其可因，但必须根据时代特点而加相应的变更，一成不变的法是没有的。

综上所述，王夫之的观点是非常明确的，他所主张的是"治人"，但是他的"治人"也并不是不要法，而是强调一切之法皆由人而立，因人而行，人的好坏起着决定性作用。所以他得出结论说："非法之难，而人之难也。"（卷四《宣帝十七》）

七、"一代之治，各因其时"

《读通鉴论》一书，不仅反映了王夫之的政治思想和他的历史方法论，同时也比较集中地反映了他的进化论的历史观。在书中，他通过对历史事实的评论，批驳了唐宋以来的各种复古主义思潮，肯定了历史是发展进化的。他曾明确指出：

> 唐、虞以前，无得而详考也，然衣裳未正，五品未清，婚姻未别，丧祭未修，狉狉獉獉，人之异于禽兽无几也。……若夫三代之季，尤历历可征焉。当纣之世，朝歌之沈酗，南国之淫奔，亦孔丑矣。……春秋之民，无以异于三代之始。帝王经理之余，孔子垂训之后，民固不乏败类，而视唐、虞、三代帝王初兴、政教未孚之日，其愈也多矣。

及至李唐建国以后，则"伦已明、礼已定、法已正之余，民且愿得一日之平康，以复其性情之便，固非唐、虞以前茹毛饮血、茫然于人道者比也。以太宗为君，魏徵为相，聊修仁义之文，而天下已帖然受治，施及四夷，解辫归诚，不待尧、舜、汤、武也。垂之十余世而虽乱不亡。事半功倍，孰谓后世之天下难与言仁义哉？"（卷二〇《太宗八》）王夫之用我国历史发展的进程，有力地说明人类社会的历史从来就是在不断发展进步的，并且后世胜过前世的，绝不是一代不如一代。唐、虞以前，人类过的是"异于禽兽无几"的生活，经过夏、商、周三代"帝王经理"，孔子"垂训"，而后人类才真正进入了文明时代。他的这一番论述，是基本上符合我国历史发展实际的。尤为可贵的是，他在探讨中还能认识到历史的发展由分裂逐步走向统一的趋势："古之天下，人自为君，君自为国，百里而外，若异域焉，治异政，教异尚，刑异法，赋敛惟其轻重，人民唯其刑杀，好则相昵，恶则相攻，万其国者万其心，而生民之困极矣。尧、舜、禹、汤弗能易也。"这里生动地指出了在古代邦国林立、"国小而君多"、政教不一，统治者互相争斗、攻杀掠夺，从而给人民造成了极大的痛苦。但是自从周朝建立以后，"则渐有合一之势，而后世郡县一王，亦缘此以渐统壹于大同，然后风教日趋于画一，而生民之困亦以少衰"（卷二〇《太宗二》）。由于国家的统一，废除分封，设立郡县，全国有了统一的法令制度，人民的生活也得到了相对的安定，从而充分肯定了由分裂到统一，乃是划时代的大进步。

同时，王夫之还指出，随着历史的发展，时代的进步，以及社会情况的不断变化，后代的文明肯定超过前代，因而各个时期的典章制度、政治措施，也必须随之而发生相应的变化。他说："一代之治，各因其时，建一代之规模以相扶而成治。"（卷二一《高宗八》）他还列举了"汉承秦之法而损益之，故不能师三代；唐承拓跋、宇文之法而损益之，故能不及两汉；宋承郭氏、柴氏之法而损益之，故不能逾盛唐"等历史事实，说明创法立制的人，必须按照时代的特点和需要，做到"损其恶，益之以善"，而后"天下遂宁"（卷三〇《五代下十三》）。切不可泥古不化，把一代之制视为万世之大经。所以他又说：

> 至于设为规划，措之科条，《尚书》不言，孔子不言，岂遗其实而弗求详哉？以古之制，治古之天下，而未可概之今日者，君子不以立事；以今之宜，治今之天下，而非可必之后日者，君子不以垂法。故封建、井田、朝会、征伐、建官、颁禄之制，《尚书》不言，孔子不言。岂德不如舜、禹、孔子者，而敢以记诵所得者断万世之大经乎？（《叙论四》）

同样，若对各种制度进行评论，也必须注意"因时因地而各宜，不能守一说以为独得者"(卷一九《隋文帝五》)。比如"割地以封功臣,三代之制也,施之后世,则危亡之始祸矣"(卷一四《安帝三》)。一句话:"事随势迁,而法必变。"(卷五《成帝八》)这就是他的结论。所以不论何人,硬"就今日而必法尧、舜也,即有娓娓长言为委曲因时之论者,不可听也。诚不容不易也,则三代之所仁,今日之所暴,三代之所利,今日之所害,必因时而取宜于国民,虽有抗古道以相难者,不足听也"(卷二四《德宗三十三》)。

王夫之又指出,随着社会不断向前发展,人类的物质文化生活也在不断地发展、丰富着,故"世益降,物益备"。而社会风俗、科学文化等,也无一不是如此。"历虽精,而行之数百年则必差。夏、商之季,上敖下荒,不能厘正,差舛已甚,故商、周之兴,惩其差舛而改法,亦犹汉以来至于今,历凡十余改而始适于时,不容不改者也。"(卷一九《隋文帝二》)

总之,在王夫之看来,一切事物都是在不断发展进步的,一成不变的东西是没有的。基于这一思想,他竭力主张革除那些不合时宜的社会制度,提出君主治理天下"无定法"。所谓"无定法者,一兴一废一繁一简之间,因乎时而不可执也"(卷六《光武十九》)。

王夫之的这种历史进化论观点,是在与各种复古守旧、今不如昔的形形色色谬论的斗争中建立起来的。他对魏徵驳斥封德彝的一段话倍加赞赏:"魏徵之折封德彝曰:'若谓古人淳朴,渐至浇讹,则至于今日,当悉化为鬼魅矣。'伟哉其为通论已。"(卷二〇《太宗八》)而对历史上那些主张恢复古制的人物,在书中则无不予以痛骂,"谓三代之制——可行之今,适足以贼民病国,为天下僇,类此者众矣。不体三代圣人之心,达其时变,而徒言法古者,皆第五琦之徒也"(卷二三《代宗六》)。即使对唐太宗,他也没有轻易放过,指出:"柳宗元之论出,泥古者犹竞起而与争;勿庸争也,试使之行焉,而自信以必行否也?太宗曰:'割地以封功臣,古今通义,而公薄之,岂强公以茅土邪?'强人而授之国,为天下嗤而已矣,恶足辩?"(卷二〇《太宗十五》)由此可见,王夫之对于"泥古过高而菲薄方今"的退化论思想的揭露和批判,是相当重视的。

至于谈到社会发展、制度变化的根源时,他则用一个"势"字来说明,即所谓"事随势迁"。十分明显,他的这种思想,正是由继承并进一步发展刘知幾、柳宗元等人重"势"之进步史观而来的。古代为什么实行封建制,王夫之认为那是"时会然也";同样,后来郡县制之取代封建制,也是时势发展的必然产物。他还以历史发展的事实,说明"封建之必革而不可复也,势已积而俟之一朝也",而那些复古者之倒行逆施,其错误根源皆在"不明于时故也"(卷三《武帝十》)。所以他一再指出:"封建之不可复也,势也。""封建之尽革,天地之大变也。"(卷二《文帝十六》)"风会之所趋,贤者不能越也。"(卷一三《康帝一》)可见任何一个政治家,无论他有多大的能量,要想逆转历史,违背时势,都是绝对办不到的。他们必须认识时代,顺乎潮流,适应天地之大变,才能有所作为,这也就是王夫之所说的"智者因天,仁者安土,俟之而已"(卷二《文帝十六》)。

八、"名教之于人甚矣"

《读通鉴论》一书,比较全面、系统地反映了王夫之的政治思想和主张,也比较集中、明显地体现了他的历史方法论和历史进化观,同样地,他的哲学思想也在本书中得到了充分的体现。《读通鉴论》不仅是王夫之史论方面的代表作,也是他晚年一部成熟的作品,书中所反映的思想和观点,都可以视为他最后的定论,我们研究王夫之的政治观点和学术思想,当然可以本书中所反映的思想为依据。不过由于这是一部内容广泛而又丰富的史论专著,要在短短一篇文章中加以全面地评述,自然是比较困难的,加之有些内容,诸如哲学思想、民族思想以及有关反对佛教方面的言论等,前人又都已有过较多的评论,因此在上面,我们只就几个重要问题,提出了自己的粗浅看法,其他就都略而不谈了。

王夫之在史论方面曾提出了不少有价值的看法,在政治观点上也有过不少可资借鉴的主张,在哲学思想方面更有其重大贡献,而这些成就又远远超过同时代的许多学者,他不愧是明清之际一位非常重要的思想家和杰出的史论家。但是由于种种原因,他的政治思想和主张,又大大落后于黄宗羲和顾炎武,对此,不少同志都有比较一致的看法。可是关于王夫之思想的阶级属性问题,却是众说纷纭,有的说他代表中小地主阶级立场,有的说他代表地主阶级反对派,有的说他代表新兴市民阶层,有的甚至说他代表农民或自耕农民阶级。我们认为，要解决这一争论的分歧，首先应当剖析王夫之的思想基础，也就是说要看一看他论述一些问题的指导思想。要是把这一问题搞清楚了，那么他的阶级属性问题自然也就迎刃而解了。

《读通鉴论》一书告诉我们，王夫之把"大礼"、"大乐"看成社会统治的基础，而仁、义、名教则是衡量、评价一切人物和事件的准绳，他甚至提出了"名教之于人甚矣"（卷一八《后主二》）的论断。在他看来，一个君主的统治，只要做到"名教兴而风俗雅，虽中材苴之，亦足以戢其逸志，而安其恒度"（卷二一《高宗》五）。那么"名教"如何才能得以"兴"呢？他认为首先是要大兴礼乐之教：

夫礼之为教，至矣大矣，天地之所自位也，鬼神之所自绥也，仁义之以为体，孝弟之以为用者也；五伦之所经纬，人禽之所分辨，治乱之所司，贤不肖之所裁者也；舍此而道无所丽矣。故夷狄蔑之，盗贼恶之，佛、老弃之，其绝可惧也。有能为功于此者，襃其功、略其疵可也。（卷一七《梁武帝十》）

可见在王夫之的心目中，礼乐之教是高于一切、大于一切的，它是维护封建社会纲常人伦的必不可少的重要武器。正因如此，所以他对"鲁两生责叔孙通兴礼乐于死者未葬、伤者未起之时"的批评，斥之为"非也"，并指责鲁两生"以为休息生养而后兴礼乐"，是贩卖管子"衣食足而后礼义兴"的邪说，同时他还引用孔子的话大发议论："子曰：'自古皆有死，民无信不立。'信者，礼之干也；礼者，信之资也。有一日之生，立一日之国，唯此大礼之序、大乐之和，不容息而已。"他又引用晏子"唯礼可以已乱"的话为依据，论述礼乐乃立国、治国之根本，如果背离这个根本，要想治理好一个国家是绝对不可能的。他说：

立国之始，所以顺民之气而劝之休养者，非礼乐何以哉？譬之树然，生养休息者，枝叶之荣也；有序而和者，根本之润也。今使种树者曰：待枝叶之荣而后培其本根。岂有能荣枝叶之一日哉？

他高度赞扬了孔子所说"礼乐不兴，则刑罚不中，民无所措手足"的话为"务本教也"，而批评鲁两生的错误是"非不知权也，不知本也"（卷二《汉高帝十二》）。以上事实充分说明，王夫之把礼、乐、仁、义等封建伦理原则看作为立国、治国的根本，而其他一切都只不过是由此而派生出来的枝叶，衣食住行自然也不例外，所以他说："帝王立法之精意寓于名实者，皆原本仁义，以定民志、兴民行，进天下以协于极，其用隐而化以神，固不在封建井田也。"（卷二二《玄宗十五》）他的这个论断，显然是已深深陷入到唯心主义的泥坑中去了，他颠倒了经济基础与上层建筑的关系，过分强调封建伦理的教化作用，无视解决人们吃饭穿衣的大事，否定经济基础的作用，这自然是十分错误的。正是在这个错误理论的指导下，他极力赞扬汉光武帝为三代以后最理想的君主，因为他能于"天下未定，战争方亟，汲汲然式古典，修礼乐，宽以居，仁以行，而缘饰学问以充其美，见龙之德，在飞不舍，三代以下称盛治，莫有过焉"（卷六《光武十五》）。同时，他还进一步提出了实行礼乐之教的具体依据和内容，他说："先王之政，纪于《尚书》，歌于《雅颂》，论定于孔、孟，王者之所宜取法，儒者之所宜讲习，无得而或欺，亦无得而自欺者也。语虽略，而推之也，建天地、考三王、质鬼神、俟后圣，无不在矣。"（卷一八《文帝五》）他又说："诗书礼乐之化，所以造士而养其忠孝，为国之桢干者也。"（卷一七《梁武帝二十一》）这就是说，儒家的经典、学说，乃是帝王推行礼乐仁义之教的根本教材，治国平天下的道理无不包含于其中。唯其如此，所以必须保持它的纯洁性，对于那些所谓异端邪说，他是深恶痛绝的，因而不仅李贽等人横遭指责，就连司马迁也免不了受到他的讥刺，他说："司马迁挟私以成史，班固讥其不忠，亦允矣。"（卷三《武帝三十》）"司马迁之史谤史也，无所不谤也。"（卷三《武帝十七》）所谓"不忠"，表面看是因为司马迁在《史记》中批评了汉武帝，于是《史记》也就被指斥为"谤史"。其实不然，关键还是在于司马迁"论大道则先黄老而后六经"，"序游侠则退处士而进奸雄"（《汉书·司马迁传》）。在王夫之看来，这些思想不仅离经叛道，更重要的是其"危言耸听"，成为日后传播异端邪说的祸源。他说："若近世李贽、钟惺之流，导天下于邪淫"，"溯其所由，则司马迁、班固喜为恢奇震耀之言，实有以导之矣"（《叙述三》）。这样，他把众口誉为实录的《史记》，错误地作了全盘的否定，认为"迁之书为背公死党之言，而恶足信哉？"(卷三《武帝三十》)相反，对于孔子的《春秋》，则奉若神明，甚至把"为尊者讳，为亲者讳"的曲笔，也视为理所当然，他说："《春秋》之法，'为尊者讳，为亲者讳'。《春秋》以正乱臣贼子之罪，垂诸万世者也。桓、宣弑立而微其辞，尊则君，亲则祖，未有不自敬爱其尊亲而可以持天下之公论者也。"(卷四《宣帝二》)可见他之所以推崇《春秋》笔法，一则在于它能"正乱臣贼子之罪"，再则便是"尊君"、"亲祖"，两者都符合他所提倡的"君臣、父子，人之大伦"的主张(卷二八《五代上二十》)。这就进一步说明王夫之对于儒家的经典，不单是推崇扶持，而且还加以大力地宣扬。就这个问题而言，他是个十足的儒家正统思想的卫道士，这就难怪他要力辟"异端邪说"，再三强调"辟异端者，学者之任，治道之本也。乃所谓异端者，诡天地之经，叛先王之宪，离析六经之微言，以诬心性而毁大义者也。非文辞章句度数沿革之小有合离，偏见小闻所未逮而见为异者也"(卷七《和帝八》)。明乎此，则王夫之论政、论史的思想基础，不也就很显然了吗！

正是在上述思想的指导之下，王夫之在《读通鉴论》一书中，宣扬封建纲常，强调封建名教，自然也就理所当然了。他曾一再声称"三纲绝，人道蔑"(卷一六《武帝六》)；"名不正，义不直"(卷三《景帝一》)；"名不正，义不伸"(卷一五《文帝二》)，"君臣、父子，人之大伦"，并大肆宣扬"天子者，天所命也"(卷一四《安帝六》)，他是代天而统治万民，"代天而行赏罚"(卷六《光武三》)，并把君臣、父子的名分，视为伦常之大者，要是"民彝泯矣"，则"天理绝矣"(卷一八《文帝三》)。为此，他提出"君臣者，义之正者也"(卷一四《安帝十四》)，"君臣之义，上下之礼，性也"(卷一五《文帝六》)。这就是说，君臣上下之间的从属关系，乃是人的本性，臣子事国君是天经地义的职责，因此，"为臣子者，有死而无降，义存焉耳"(卷九《献帝三十二》)。这样一来，君臣名分关系便成了世上衡量一切事物好坏的最高准绳，"善不善之分歧不一矣，而彝伦为其纲。彝伦攸叙，虽有不善者寡矣；彝伦攸斁，其于善也绝矣。君臣者，彝伦之大者也"。因此，王夫之把"匡维世教以救君之失，存人理于天下者"，看成为做臣子者应尽的职责，即使"从君于昏以虐民者"，皆可"勿论"(卷二七《僖宗九》)，而只要能够保存君臣之义就可以了。所以在王夫之看来，"唯弑君之罪为神人所不容"（卷一五《文帝二》），"恶莫大于弑君"（卷二八《五代上十八》）。可是对于劳动人民，则又完全是另一种腔调，他说："君子之与小人，所生异种，异种者，其质异也；质异而习异，习异而所知所行蔑不异焉。"（卷一四《哀帝三》）很明显，王夫之把"君子"与"小人"说成是"所生异种"，即生来就是禀赋不同，并以此为论据，进一步说明广大劳动人民天生就应当受统治者的压迫和奴役。同时，他还说："是以古之为法，士之子恒为士，农之子恒为农，非绝农人之子于天性之外也，虽欲引之于善，而噎霾久蔽，不信上之有日，且必以白昼秉烛为取明之具，圣人亦无如此习焉何也。故曰：'民可使由之，不可使知之。'"（卷一〇《三国二》）唯其如此，所以他在《读通鉴论》一书中，污蔑、辱骂劳动人民的地方也还是相当普遍的。这就足以说明，他是坚定地站在封建统治阶级的立场上的。而在对劳动人民的权利问题上，他的封建专制主义思想又是十分顽固，等级名分思想更是相当严重。所以我们说，王夫之的政治思想与历史观点，比之黄宗羲和顾炎武，是明显地要落后得多。因此，在评论王夫之的政治思想、历史观点乃至哲学思想时，我们认为都必须掌握分寸，注意他的思想基础，因为这是他用来看待事物、评论历史的指导思想和衡量准则。不然的话，就难免会不恰当地过分夸大他的进步性而有失于历史的真实。

（本文系与魏得良合撰，原载中国历史文献研究会秘书处编：《古籍论丛》第二辑，福建人民出版社1985年版；收入仓修良：《独乐斋文存》）

谈迁的生平和在史学上的贡献

　　谈迁原名以训,字观若,明亡后改名迁,字孺木,并自署"江左遗民"。盐官(今浙江海宁)人,他在《枣林杂俎》中说:"吾上世以宋靖康(1126)之难,自汴徙于杭者四传。德祐末(1275)避兵徙盐官之枣林。"生于明万历二十二年(1594),卒于清顺治十四年(1657),享年六十四岁。关于他的生卒年,史书无明确记载,大多根据他自己所作《北游录·纪文·六十自寿序》推算,因而常有一岁之差。他是明末清初著名的历史学家,但其一生则是在穷困潦倒的环境中度过,直到晚年,仍靠充业昔友、办些文墨事务、代写应酬文章来维持生活。其父、祖皆为儒生。父于庭是位老秀才,终身未仕。故谈迁出生时,家道已经败落,生活困窘。然而他贫而有志,平生于世味无所嗜好,只爱读书,尤爱治史,特别是有明一代史事,更是专心搜集。贫困的生活,造就了他那耿介廉直的性格,培养了他那高风亮节的品德,正如《海宁县志·隐逸传》所称颂的那样:"处士操行廉,虽游大人先生之门,不妄取一介,至今家徒四壁立。"他的书斋曰"容膝轩",可见这个书斋很小。《北游录·纪邮》里就记载了他多次拒绝了别人赠送的礼物,更拒绝拿钱买他的文章,甚至1656年从北京返回时,也不肯请人家写封信予以方便。《北游录·后纪程》后记曰:"余北游倦矣,得返为幸。……在燕时,或修贽广谒,略可自润,而余不能也。别居停竟长揖出门,不更求他牍。道中蹶一敝屣,殆于决踵。余岂不忧日后耶,忧日后又不如忍目前。余归计决矣。担簦而往,亦担簦而回。箧中录本,殆千百纸,余之北游幸哉!余之北游幸哉!"这段文字充分体现出他贫而有志的坚强性格,除书籍资料外,他既不请托任何人的帮助,更不求取任何人的馈赠,宁可艰难地过着清贫的生活,默默地来完成自己的伟大志向。他的生平,由于史籍很少记载,这就给后人研究带来了很大困难,尤其是青少年时代的情况,材料就更加奇缺,基本上是空白,从他自己的一些著作中我们还可以发现零星的记载,可证实他早年曾经做过塾师，《枣林杂俎·和集》"苇舟"条曰："崇祯乙亥（崇祯八年，1635），予馆海盐横山张氏。"又《北游录·纪程》开头便曰门人包令孺云云，可见他早年确实曾以教书为生。

明天启元年（1621），谈迁二十八岁，因母亲去世而居家守孝，于是集中地阅读了陈建所作的《皇明通纪》，发现该书写得很差，不仅内容有很多错误，而且见解也很肤浅，真可谓见既不多，识又不广，自然无法写出一部有价值的明代历史。而当时所写的明代史书尽管很多（全祖望在其文集《鲒埼亭集》中就曾讲了"明野史，凡千余家"），而能令人满意的并不多见，关键在于真正称得上史家的人很少，因为史家要具备"三长"，而作者则大多为缙绅士大夫，想借此留名于世而已。所以黄宗羲在《谈孺木墓表》里已经指出："余观当世，不论何人，皆好言作史，岂真有三长，足掩前哲？亦不过此因彼袭，攘袂公行。……夫作者无乘传之求，州郡鲜上计之集，不能通知一代盛衰之始终，徒据残书数本，谀墓单辞，便思抑扬人物，是犹两造不备而定爰书也。以余所见，近日之为□□者，其人皆无与乎文章之事，而公然长篇累牍，行世藏家，辄欲与五经方驾，三志竞爽，岂以后世都可欺乎？"（《黄宗羲全集》第10册）因而这些人往往有一得之见，一隅之闻，甚至道听途说，便着手编写史书。什么史才、史学、史识，什么史家笔法，全然不顾，要编写一部有价值的史书岂不难哉！实录不实，野史失真，面对这种状况，谈迁决心自己动手编写出一部真实可信的明代历史。黄宗羲在《谈孺木墓表》里说他"好观古今之治乱，其尤所注心者在明朝之典故。以为史之所凭者实录耳。实录见其表，其在里者已不可见，况革除之事，杨文贞（士奇）未免失实；泰陵之盛，焦泌阳（芳）又多丑正，神熹之载笔者皆宦逆奄之舍人，至于思陵十七年之忧勤惕厉，而太史遁荒，皇威烈焰，国灭而史亦随灭，普天心痛。于是汰十五朝之实录，正其是非；访崇祯十七年之邸报，补其阙文，成书名曰《国榷》"。这就把谈迁编写《国榷》的动因，交代得清清楚楚。

写一部史书的先决条件便是要占有丰富的史料，这对谈迁来说，尤其是一大难题。因为他家境贫寒，并无多少藏书，况且要写的乃是当代历史，更需要搜集第一手材料，因而他长年累月四处奔走，向藏书之家借抄借读，常常是步行百里，其中甘苦是人们难以想象的。晚年他在给某些友人的信中就

曾吐露了某些真情,在《上太仆曹秋壑书》中说:

迁本寒素,不支伏腊,购书则夺于饘粥,贷书则轻于韦布。又下邑褊陋,薄视缃纭,问其邺架,率资帖括。于是问一遗编,卑词仰恳或更鼎致,靳允不一,常形梦寐。即携李鼎阀间,亦匍匐以前矣。(《北游录·纪文》)

又在《上吴骏公太史书》中说:

迁自恨绳枢瓮牖,志浮于量,肠肥脑满,妄博流览。尤于本朝,欲海盐(郑晓)、丰城(雷礼)、武进(薛应旂)之后,尝鼎血指。而家本担石,饥梨渴枣,遂市阅户录,尝重跰百里之外,苦不堪述。条积匦藏,稍次年月,矻矻成编。(《北游录·纪文》)

我国古代,外出访书乃是常事,就如藏书近数万卷的黄宗羲,尚且每天带着书童,四处访书,晚上归来,总是肩挑一担书而回,看完送还。谈迁当时条件显然比不上黄宗羲,家境既贫,又无声望,因而借书之中往往遇上许多不顺心的事情,尽管如此,为了能看到书,还是"卑词"恳请,耐心等候。他在《北游录》中,还为我们留下了在北京寻访故迹、登门借书遇到的不愉快的片段,在《北游录·后纪程》序中说:"盖追访旧事,稍非其人,则不敢置喙。至于贷书则余交寡,市书则余橐耻。"又在给友人李楚柔的信中,讲得更具体了:"口既拙讷,年又迟暮,都门游人如蚁,日伺贵人门,对其牛马走,屏气候命,辰趋午俟,旦启昏通,作极欲死,非拘人所堪,于是杜门永昼。而借人书重于卞氏璧,不可复得,主人邺架,颇同故纸,目翳不开,五步之外,飞埃袭人,时塞口鼻。"(《北游录·纪文·寄李楚柔书》)这段文字反映了当时借书的心情与精神状态,他本来口才就不是很好,年岁又大了,为了能看到所需之书,抄得所需之材料,还不得不时时去看人家的脸色,听别人的安排,耐着性子静心等待,至于碰壁之事自然也就在所难免了。可见登门借书,采访旧事,寻访故迹,其中饱含着多少甘苦与辛酸!

天启元年(1621)他开始着手编撰之事,经过五年的辛勤劳动,终于完成了《国榷》的初稿，这是他在天启六年三月所写的自序中所说的。四年后，崇祯三年（1630）正月，喻应益在为《国榷》所写的序中，就已经盛赞《国榷》内容丰富，谈迁有良史之才。序中曰：

> 三代而后……野史之繁，亦未有多于今者，然见闻或失之疏，体裁或失之偏，纪载或失之略。……盐官谈孺木，乃集海盐（郑晓）、武进（薛应旂）、丰城（雷礼）、太仓（王世贞）、临朐（冯琦）诸家之书凡百余种，苟有足述，靡不兼收，勒为一编，名曰《国榷》。

接着便称颂此书"洵一代之鸿业"，而谈迁"本盖良史才"，"故成其大志"。由于崇祯一朝没有实录，故初稿仅写至天启。为了完成一代全史，初稿完成后，谈迁便继续搜集资料，不停地补充和修订。南京是明初建都之处，后又为南明王朝之都城，要写好有明一代历史，这里自然必须前去采访。所以崇祯十一年（1638）他便毅然到了南京，并在此先后结识了南京兵部尚书高弘图、吏部尚书张慎言，二人深慕谈迁"为奇士，颇折节下之"（《谈孺木墓表》）。谈迁后来在写《六十自寿序》时，对当时的情景还有片段的回忆，他们从此乃为布衣之交。崇祯十七年四月中旬，李自成领导的农民起义军攻入北京，崇祯帝自杀。是年五月，在南京便建立了南明王朝，福王由崧为监国，继而称帝，改元弘光。高、张二人仍任要职（高为礼部尚书兼东阁大学士，张仍为吏部尚书），"凡新政之得失，皆就咨于处士，多所裨益"。后谈迁入为高弘图幕室书记，更为高、张出谋划策，力图恢复，还曾为兵部尚书史可法起草誓师檄文。但谈迁眼看南明王朝之昏暗腐败，振兴明王朝幻想破灭，乃力辞高弘图之推荐，不愿出任中书舍人及参与修史，不仅如此，他还力劝高、张二人辞官引退，以避免"将任误国之咎"。可见他们之间往来之密切。在南京期间，他有机会查阅南都内阁藏书，看到了以前尚未见到的有关实录和崇祯邸报，搜集到大量遗闻轶事，并将数年读书所得，编为《枣林杂俎》一书，高弘图于崇祯十七年九月为该书所作序中云："谈子孺木有书癖，其在记室，见载籍相饷，辄色然喜。或书至猥诞，亦过目始释，故多所采掇。时于坐聆途听，稍可涉笔者，无一轻置也。铢而积，寸而累，故称杂焉。"可见他是何等喜爱读书，而阅读之中，凡有心得，必做笔记。对于道听途说、街谈巷议，凡是有意义的亦必记录。他在给吴伟业信中曾讲到，他"性好涉猎，过目易忘"，因而便用笔记来弥补自己的缺陷。至于这本书为什么要叫《枣林杂俎》，特别是"系以枣林何也？"他在该书《题词》中深有感触地说："吾上世以宋靖康之难，自汴徙于杭者四传。德祐末避兵徙盐官之枣林，今未四百祀，又并于德祐！吾旦暮之人也，安所避哉？求桃源而无从，庶以枣林老耳，书从地，不忘本也。"这就是说，他对于生他养他的这块地方，终身不会忘记，故用它来命名自己的著作，这是多么意味深长！这是一部"杂记有明一代典制掌故，下及小说遗闻，足补史事之缺"。全书分智、仁、圣、义、中、和六大部分，十八子目，一千三百余条，民国时期上海进步书局曾有石印本六册。如《逸典》中之《金陵对泣录》、《定策本末》、《史相国督师》等，都是重要史料。又如"食盐"条，则揭露了当时的苛政：

　　官吏食盐，每人十二斤，市民六斤，纳钞一贯，乡民每人二斤二两五钱。每斤纳米四升三合二勺二秒五撮。景泰中，官纳至三十口，吏至十五口，成化二年，官定十五口，吏七口为率。又永乐二年，大口钞十二贯，小口六贯，盖以盐给民，故征钞，今官不给盐，而钞征如故，其弊不知所始。南唐昇元初，赋正苗一斛，别输三斗，授盐二斤，曰盐米。元宗交泰初，淮甸盐场入于周，遂不支盐，而输米如初。南唐偏安何足论，而全盛如今日，何流弊至不复问也？

再如《富春谣》更反映了富阳人民的哭诉：

　　富阳江之鱼，富阳山之茶，鱼肥卖我子，茶香破我家。采茶妇、捕鱼夫，官府拷掠无完肤。昊天何不仁！此地亦何辜！鱼胡不生别县？茶胡不生别都？富阳山何日摧？富阳江何日枯？山摧茶亦死，江枯鱼始无。于戏！山难摧，江难枯，我民不可苏。按察佥事朝邑韩邦奇疏载之，削籍。

韩邦奇是正德、嘉靖年间一员清官，在任浙江佥事期间，有中官王堂等在浙江任镇守，四处扰民，他因屡加裁抑并作歌哀民，被逮下狱，斥为民。谈迁是从其奏章中抄得此民谣，这就看出谈迁所看之书是十分广泛的，而摘录之内容又大多关系着国计民生，再如《江南民运》、《南京贡船》乃是记载苏、松、常、湖、嘉等地运粮数字、船只数字、贡品种类及数字等。

谈迁在崇祯六年（1633）完成《国榷》初稿以后，经过二十多年的努力，不断补充和修改，至顺治二年（1645）续成崇祯、弘光两朝事，其间"六易其稿"，成百卷之书。他在《跋》中说："此丙寅旧稿，嗣更增定，触事凄咽，续以崇祯、弘光两朝，而序仍之。"他是怀着十分悲痛的心情在撰写此书，可以说一部《国榷》，和泪而成，充分反映了他对故国怀有深厚的感情，国家虽然亡了，但国史必须流传下去，这就是这位明末遗民的决心。也正因如此，他的爱国主义思想，充满在该书的字里行间。令人痛心的是，两年后，即顺治四年（1647）八月，凝聚了谈迁二十六年心血的《国榷》竟然被人盗去了，这对于年过半百的老人无疑是个巨大的打击。为什么会发生这样的事情呢？黄宗羲在《谈孺木墓表》中说：

> 当是时，人士身经丧乱，多欲追叙缘因，以显来世，而见闻窄狭，无所凭借。闻君之有是书也，思欲窃之以为己有。君家徒四壁立，不见可欲者，夜有盗入其室，尽发藏稿以去。君喟然曰："吾手尚在，宁遂已乎！从嘉善钱相国借书，复成之。"

书被盗窃，对他精神上打击是可想而知的，但他虽已年迈体弱，却并不灰心，为了保存故国的历史，便振作精神，决心再写。他在《国榷·义例》中说：

> 丁亥（顺治四年，1647）八月，盗胠其箧。扪膺流涕曰："噫，吾力殚矣！"居恒借人书缀辑，又二十余年，虽尽失之，未敢废也。遂走百里之外，遍考群籍，归本于实录。其实录归安唐氏为善本，樵李沈氏、武塘钱氏稍略焉。冰毫汗茧，又若干岁，始竟前志。田夫守株，愚人刻剑，予病类之矣。

他这种矢志不移的惊人的毅力和爱国的热情,永远值得人们敬重和学习。"吾手尚在,宁遂已乎!"这是多么坚定有力的声音。事情发生后,他尽快地使自己悲愤的心情平静下来,又背着干粮行李,奔走于嘉善、归安、吴兴、钱塘等地,向各处藏书家借抄借读,顾不上严寒酷暑、饥饿疲劳,历经五个寒暑,终于又完成了第二次编写的初稿。但是,要作进一步修改,工作量还很大,其中最困难的莫过于补充材料,尤其是崇祯一朝,尽管有些记载,大多得之于传闻,不仅要查找更多的有关记载,而且更需要找往年那些当事人当面核实,这就非去北京不可。然而对于一位朝不保夕的穷儒生来说,去北京谈何容易,因为不仅去北京路费无法筹措,即便到了北京,吃住又如何解决,况且去的目的毕竟不是游山玩水。为了更好地完成编修一代信史的大业,多年来却一直在作"东京梦华之思"。顺治十年(1653),这年正是谈迁花甲之年。居丧在家的义乌朱之锡,是清朝弘文院编修,服满欲进京供职,聘他做书记,从而使他获得了多年来梦寐以求的去北京的机会,这年闰六月,他便担着简单行李和《国榷》书稿,随朱之锡从嘉兴坐船沿运河北上。在北京朱家住了两年半,除了替朱之锡办些文墨工作外,他便将全部精力用于搜集史料和访问有关史事的人物,对《国榷》进行补充和修改。

在北京期间,他跑得最多的自然是那些藏书家,而去的次数最多的就是秀水曹溶、太仓吴伟业、武功霍达。曹溶因是同乡,自然容易交往,后两人可能是通过曹溶介绍而认识的。这三个人都是崇祯进士,都是藏书家,都熟识明朝掌故,当时又都在清朝做官。从《北游录·纪邮》中可以看出,他几乎每隔几天就要与此三人彼此来往,讨论有关史事。他还四处访问明朝的降官、贵族子孙、官僚、太监、门客、城市和乡村有关居民,只要有点线索,他从不放过。他还亲自访问察看历史遗迹,如景泰帝和崇祯的坟墓、金山明代皇族丛葬地区,香山和西山的古寺庙等,凡是和写史有关的,哪怕是断墙残碑,也要亲自去走一走、看一看,并跟有关人员进行详细交谈,然后将看到的和听到的都详细作了记录。朱之锡在《北游录序》中如实地叙述了谈迁访求遗闻轶事的辛劳情况:

> 盐官谈孺木,年始杖矣,同诣长安(北京),每登跂蹑屩,访遗迹,重趼累茧,时迷径,取道于牧竖村佣,乐此不疲,旁睨者窃哂之不

顾也。及坐穷村，日对一编，掌大薄蹄，手尝不辍，或复故纸背，涂鸦紫蚓，至不可辨。或途听壁窥，轶事绪闻，残楮圮碣，就耳目所及无遗者，其勤至矣。

北京两年多的生活使他对明代历史知识更加丰富了，特别是许多直观见闻，增加了感性认识，大大充实了《国榷》的内容。此外，他还将两年多时间所作之诗文、在北京的笔记、往返北京沿途见闻等，汇编成《北游录》一书，内容分《纪程》、《纪邮》、《纪咏》、《纪闻》、《纪文》五个方面，《纪程》和《后纪程》是去北京来回路上见闻的纪录，《纪邮》则是在北京时每日活动的日记，《纪咏》、《纪文》是这两年多时间所作之诗文，《纪闻》乃是典故之类。这部书给人以深刻印象的是，这位可敬的老人，对于每天的日程安排得非常紧凑，而朝思暮想的乃是如何完成这部故国的史书。此时他曾作《梦中作》五绝一首："往业倾颓尽，艰难涕泪余，残编催白发，犹事数行书。"可见他夜里做梦也在想着此书，头发一天天白了，神形也憔悴了。在旅途中，每到一处，他都要寻访古迹，凭吊英雄人物，搜集遗闻轶事。特别是对国家对民族有过贡献的英雄人物，如在镇江，他亲临韩世忠大败金兀术的战场，并有七律一首。在扬州，他去凭吊了"明督师太子太师兼兵部尚书中极殿大学士可法史公墓"，还特地记上"墓草且宿，不胜饮恨"之句，流露出老人爱国之隐痛，诸如此类，不胜枚举。在北京两年半时间，除了采访明代史事外，每当无法出门时，他又在阅读前朝史书，《纪邮》上有这样一条记载，甲午（清顺治十一年，1654）正月丙午，"寅刻雪，寻止，薄暮微雨，阅《元史》竟"。其精心于史学研究，如何能不令人敬佩！他受聘朱之锡为幕友，意在去北京为修订《国榷》补充材料，当此任务完成后，便执意要离开北京。顺治十三年（1656）搭漕船历时四个月回到家乡，回来时他依旧是担着简单的行李，只是"箧中录本"多了"殆千百纸"，自然可称得上"满载而归"，尽管在北京调查访问时遇到许多不顺心的事情，但此时早已抛之九霄云外，留下的只有满腔的喜悦，因而在《后纪程》后序末了连声说："余之北游幸哉！余之北游幸哉！"可见他所追求的既不是金钱，更不是虚名，而是崇高的事业。次年，应同乡好友山西平阳府推官沈仲嘉（贞亨）之邀请，北上平阳，后又打算去平阳城外数百里处拜谒友人张慎言墓，中途中风邃逝，终年六十四岁。《国榷》一书虽已完整地流传下来，但他生前还曾计划撰写一部明代纪传体史书却未实现，这是在给友人李楚柔的信中所透露的："顷者益究先朝史，凡片言只行，犁然有当于心，录之无遗。拟南还后作纪、传、表、志，三年为期，不敢辄语人，私为足下道也。"（《北游录·纪文·寄李楚柔书》）看来所有资料均已准备齐全，故只需三年时间，即可完成。他的著作，除上面已介绍的三种外，尚有《枣林集》、《西游录》、《枣林外索》、《枣林艺簣》、《海昌外志》等。《海昌外志》台湾出的方志丛书已收入。这是谈迁个人所修的海宁县志，全书分《舆地志》、《食货志》、《职官志》、《建置志》、《选举志》、《人物志》、《丛谈志》、《艺文志》共八个门类，四十三目，前有自序和《缘起》各一篇，对保存地方文献有很大价值。另外四种均无刻本，《枣林全集》据《晚明史籍考》称"六巨册，稿本旧藏平湖金氏，存明代史料颇多，今不知流传何所矣。至其《枣林外索》，仅有抄本流传"。据张宗祥《国榷·题记》云："《外索》一书未分卷，前有顺治甲午（十一年，1654）自叙，似未为定稿。"可知张氏是见过此书的。中国社会科学院历史研究所图书馆藏有清"师石山房抄本"六册，实际上也是一部读书笔记，内容多为历代典故和人物轶事，间有简要考证。涉及时间上自盘古，下迄明代。前有顺治十一年（1654）七月在北京所写自序一篇，可见此书亦为在京期间整理而成。而北京图书馆则收藏有《枣林集》和《枣林诗集》两种。全部著作中只有《枣林杂俎》、《枣林艺簣》和《海昌外志》三种为《四库全书总目提要》所著录。

修明史而名之曰《国榷》，这是有其意义的。他在《义例》第一条开宗明义便说："横木水上曰榷，汉武帝榷商税，今以榷史，义无所短长也，事辞道法，句榷而字衡之，大抵宁洁毋靡，宁塞毋猥，宁裁毋赘，若亥豕之讹，雌黄之口，尤其慎旃，不敢恣臆于百祀之下。"这就是博采诸家故老之言说，鉴定平衡而约取之，力求正确允当，以订正列朝实录之不实，便是他著书之宗旨。

《国榷》是一部记载有明一代历史的编年体史书，全书原为百卷，现在的本子是近人张宗祥先生根据蒋氏衍芬草堂抄本和四明卢氏抱经楼藏抄本互相校补后重分的，故为一百零四卷，加上卷首四卷，共一百零八卷，四百二十八万字，卷首四卷，汇辑有明一代朝章典制，分门别类，作综合性叙述，计有大统、天俪、元潢、各藩、舆属、勋封、恤爵、戚畹、直阁、部院、甲科、朝贡等。正文纂辑史事，按年月日编载，上起元文宗天历元年（1328），终于南明弘光元年（1645）。叙述过程中，间附许多史家及自己评语，以阐述其事实，辨明其得失。行文上要求以简洁为主，但又不能流于"兔园册"或"断烂朝报"；史实上要求做到阙疑传信，力戒信口雌黄。唯其如此，《国榷》一书很早就获得了好评。黄宗羲称赞《国榷》的成书，"按实编年，不衒文采，未尝以作者自居"，"非徒为盗名之秘经而已"（《黄宗羲全集》第10册《谈孺木墓表》）。而邵念鲁则在《明遗民所知传》里称："明季稗史虽多，而心思漏脱，体裁未备，不过偶记闻见，罕有全书。惟谈迁编年，张岱列传，两家俱有本末，谷应泰并采之以成《纪事》。"（《黄宗羲全集》第10册《谈孺木墓表》）尽管新中国成立前尚无刻本，但抄本一直在流传，原因在于它确有价值。需要指出的是，该书1958年由原古籍出版社首次排版发行，共六厚册，后中华书局再用此版印刷时，最后加上谈迁的《上钱塞庵相国书》、钱朝玮《谈孺木先生传》、黄宗羲《谈孺木墓表》等文作附录。现在有些论著都认为1958年首次由中华书局排印出版，实为误解。此书价值以今天眼光看，约有如下诸方面：

一、史料丰富

一部史书是否有价值，首先自然要看它的史料是否丰富，若是空洞无物，文字再好也无价值。《国榷》成书首尾达三十五年之久，可以说谈迁一生精力尽耗于此书。编撰过程中，以实录为基础，遍考群籍，广征文献。明亡以前，除实录外，主要是搜集诸家著述及方志，明亡以后，则又大量搜集邸报、公文、私家著述，再加上广泛地访问和实地考察，他从北京回来时，尚带有史料"千百纸"。因此，该书的编写是占有极为丰富的史料的。当年吴晗先生曾作过统计，仅从前三十二卷引书看，就征引明人著作达一百二十多家，全书参阅私家著述及方志等共三百余种，而采用最多的首推海盐郑晓的《吾学编》、《今言》，丰城雷礼的《大政记》、《列卿记》，太仓王世贞的《弇山堂别集》，武进薛应旂的《宪章录》，秀水屠叔方的《建文朝野汇编》，江宁焦竑的《献征录》，嘉定徐学谟的《世庙识余录》，南城邓元锡的《明书》和京山高岱的《鸿猷录》等。

《国榷》的编写，虽以实录为基础，但史实记载却又不完全依据实录，如永乐几次和蒙古战争，来往行程用的是金幼孜的《北征录》《后北征录》和杨荣的《后北征记》，在永乐八年六月"庚子，次澄清河"条，小注曰："实录云青杨戍"，可见正文记载并非依据实录。又如永乐十年九月记载大理寺卿耿通被杀事实后，接着就说："《实录》不载，岂有所讳耶？事具南院故牍，不可不存。"这就说明，实录中对此事本无记载，他是根据档案为之补上。再如永乐十四年七月乙巳在记载杀署锦衣卫都指挥佥事纪纲时亦云"读其爰书，未尝不三为之太息也"。可见谈迁是读过处纪纲死刑判决书的。以上数例，足以证明谈迁写此书时是掌握着非常丰富的史料的。这就说明，他以实录为本，但对实录并不盲目信任，对于诸家著述，更是谨慎选择。面对着成百上千种野史家传，怎么样应用，他在《国榷义例》中还特地立了一条史料取舍的标准："《实录》外，野史家传，汗牛充栋，不胜数矣，往往甲泾乙渭，左轩右轾，若事鲜全瑜，人寡完璧，其何途之从？曰：人与书当参观也。其人而贤，书多可采；否则间征一二，毋或轻徇。"这就是他对待野史家传的态度和采摘标准："人与书当参观"，这一见解十分可贵，在决定史料取舍时，绝不能单纯地因人废言，其人贤而其书固可多采，作者不贤亦不能尽废其书，应从实际出发。可见他对史事的记述，态度是非常慎重的，做到了取材广博，择善而从。他在阅读了大量有关明代历史的著作以后，就分门别类，一条一条地将史料摘录整理出来，从中逐一核对，然后慎重地选择其中可信的材料进行编写，确实做到了旁征博引，翔实丰富。

二、直书求实

据事直书是我国史学领域的一个优良传统，许多历史学家，为了把信史流传后代而献出了宝贵的生命。谈迁继承了这一优良传统，他对伟大的历史学家司马迁十分敬佩，并且提出编撰历史要真正做到据事直书，就必须学习司马迁写作《史记》的"实录"精神，既学习他忠于史实的高尚品质，又学习他如实反映历史事实的笔法。他在《义例》中说：

> 司马子长于汉初曰"沛公"、曰"汉王",据实以书,后人或概从帝号,颇乖其素。今特如本称,庶明历履。
>
> 国初如汉陈友谅、吴张士诚、夏明玉珍之类,或书入寇,云"伪汉"、"伪吴"、"伪夏",大非孝陵逐鹿之意。秦初未尝臣六国,汉初未尝抑西楚也。孝陵诏敕不讳为元民,而诸家辄以成败责一时敌国,得毋早计。

这一主张和议论,充分反映了一位优秀历史学家所具有的史识和品质。如以成败论英雄,就不可能如实反映历史事实,自然也就谈不上据事直书了。凡是阅读过《国榷》者皆可发现,该书确实体现了作者的直书精神。众所周知,《明太祖实录》曾经过三次大的删改,许多事实都被隐没或改掉了,就以朱元璋晚年杀戮功臣而言,实录只记某年某月某日某人死,至于为何而死,绝无记载。谈迁在《国榷》中毫不隐讳地如实记上,不仅将杀戮事实详加记载,而且都有实质性的评论,并反复指责"上春秋高,多所猜忌"、"帝晚益振厉,刑威黩矣"。对于其他皇帝,他亦多有不同程度的揭露,如武宗(正德)之荒淫,神宗(万历)之贪婪,思宗的刚愎与伪善,弘光的愚昧腐朽等,尤其对亡国之君崇祯帝,作为遗民虽口口声声称"先帝",但对其缺点书中却能和盘托出,仅在崇祯十七年中,他就多次议论,崇祯死后,在一段长篇议论中最后指出:

> 先帝之患,在于好名而不根于实,名爱民而适痛之,名听言而适拒之,名亟才而适市之;聪于始,愦于终,视举朝无一人足任者,柄托奄尹,自贻伊戚,非淫虐,非昏懦,而卒与桀、纣、秦、隋、平、献、恭、昭并日而语也,可胜痛哉!传有之曰:君以此始,必以此终,帝宠信常寺,竟同王承恩对缢,是则晏子之所谓非其亲昵,谁敢任之也。噫,可慨也已!

这与同时代史家张岱对崇祯的评论大体相同。又如关于建文帝的记载,《明太祖实录》第三次修改本,根本不承认建文帝这一朝的存在,取消建文年号,代之以洪武纪年。《国榷》不但恢复建文年号,而且记载史事也站在建文朝的立场,在起兵以前,把明成祖称燕王,到起兵以后,建文帝削除了燕王的封号，便直称为"燕庶人"了。明成祖为了抬高自己的地位，硬说自己是马皇后所生，故《明实录》和《明史》都作如是记载，而谈迁经过考证，根据《太常寺志》，从祭祀典礼的研究入手，辨明成祖乃是碽妃所生。再如凡涉及明与后金之事，均为他书所不及。清修《明史》，隐去了建州女真事迹，从猛哥帖木儿直到努尔哈赤这段历史，几乎是空白，因为清朝对这段历史讳莫如深，而《国榷》则毫不避讳，从头据实而书，从建州女真族之兴起，考证其原委，评述其世系，建州诸卫和努尔干都司的设置年月，以及往后各卫首领的承袭，都一一予以记载，足补清史之缺。如永乐元年（1403）十一月："女真野人头目阿哈出等来朝，设建州卫军民指挥使司。"永乐八年八月乙卯："建州卫指挥使释家奴为都指挥佥事，赐姓名李显忠……"小注曰："释家奴，指挥阿哈出之子。"这些内容在清初来说，若被发现将有灭门之罪，而谈迁为了留信史于人间，早将一切都置之度外。要做到直书，史料必须真实，在对待史料的态度上，谈迁是非常严肃的，在处理张春史事上是最能说明问题的。明末张春被建州俘虏，最初他根据传闻，在《枣林杂俎·智集》记载了张春变节："庚午三月（应为辛未八月），永平道参政同州张春出关陷穹庐中，误闻殉难，赠都察院右副都御史，居无何，春从塞外求款，始追削，春妾□氏，年二十一，自经客舍，春愧其妾多矣，盖洪承畴之前茅也。"

他到了北京以后，在访问吴伟业过程中，才搞清张春并未降敌，于是他又将这一事实写在《北游录》中："乙未八月丁卯（清顺治十二年，1655），过吴太史所，语崇祯初，蓟州道张春陷于建州，抗节不屈，以羁死，清史甚称之，余因曰：往时谓张春降敌，追削其秩，夺赠荫，流闻之误如此。"最后又十分慎重地将事件原委记在《国榷》之中，崇祯四年（1631）八月戊辰，"遇敌于长山，襄营先乱，我师败绩，监军太仆寺少卿参政张春被执，……春被执不屈，愿求一死。……因幽之某寺中，日给馔，春终不屈。……后数年，以疾卒，至今东人言之无不叹服"。接着他又加了按语："谈迁曰：张春被陷，时报以殉难闻，诏赠右副都御史。无何书上，追夺秩。夫春实未尝诎膝，流离殊域，其志有足悲者……宋王继忠陷契丹，上书言款，即张春之前茅也，继忠见原，春见疑，势有固然，无俟言之毕矣。"（《国榷》卷九一）

三、详近略远

详近略远,是我国史学领域又一优良传统。司马迁的《史记》记载了上下三千年历史,但其重点仍在当代,全书一百三十篇,专记汉代的就有六十二篇,兼记汉代及秦代十一篇,直写到当今皇上汉武帝。司马光的《资治通鉴》,写了一千三百六十二年历史,全书二百九十四卷,而写唐五代三百七十一年,共用一百一十八卷,约占全书百分之四十。因此略古详今便成为编写史书的一个原则。因为前代之事一般都已有了各类著作。而近世之事,今人若不详细记载,则后人就毫无根据了。谈迁所写《国榷》,虽记载有明一代历史,但并不是平均分配,全书六大册,而万历以后七十多年就占两册,天启、崇祯两朝,加弘光一年,二十多年就占一册。尤其是崇祯一朝,没有实录,仅根据邸报、方志、私人著述及官吏、遗民访问所得材料,若不是及时整理成书,时间一久,资料散失,老人过世,时过境迁,再写自然就难了。诸如建州史事,崇祯、弘光之记载,使有明一代历史更加完整。本朝人写本朝历史,往往存在最大缺点便是不完整,如王世贞卒于万历十八年(1590),他的著作所载只能在此之前,而郑晓则更卒于王世贞之前(1566),他们的著作,即使内容都很丰富,万历年间的事情也不可能记载,可见时代越近,所能依据的现成著作或资料也就越少,这就给谈迁编写一部有明一代完整的历史增加了难度。而谈迁作此书时明已灭亡,他较详细记载晚明历史也就是情理之中了。黄宗羲在《谈孺木墓表》中也特别强调这点,"访崇祯十七年之邸报,补其阙文",可见其功之大,不容抹杀。当然,需要指出的是,写当前之事,往往要触犯忌讳,既要有胆量,又要有勇气。防不胜防,往往会有灭门之祸。如康熙年间在浙江归安(今吴兴)所兴的"明史案",就因书的内容涉及李成梁与建州卫的关系及抗清事迹,惨遭杀害的竟达七十二人之多,被充军者更不计其数。

四、引众家之说评论得失

　　史书有评论，可以说开创于《左传》"君子曰"，后司马迁作《史记》则有"太史公曰"，司马光的《资治通鉴》则称"臣光曰"，大多限于史家一人议论而已。谈迁的《国榷》不仅对一些历史事件、历史人物发表议论，而且遇一些重大事件和人物，还常常引用许多人的看法和评论，这种做法虽不是他首创（如王世贞的《纲鉴会纂》就已采用此种做法，这部著作尽管有人提出是别人托王世贞之名而编的，但它在谈迁著书之前已出现了），但他在书中采用，无疑为后人研究提供了很大方便，因为读他这部书，就可以了解到许多历史学家对某件事情或人物的看法或评价。就如明代历史上一大悬案，关于建文帝的下落问题，历来有"焚死"、"出亡"两种说法，书中引了崔铣、郑晓、王世贞、李维贞、冯时可等十四家共十五条议论，连谈迁自己共十五家，王世贞等主张"出亡"，冯时可等主张"焚死"，谈迁本人则与王世贞同，各家意见，一一罗列，读者根据这些不同看法，可以得出比较合理的结论。又如明成祖掌权以后，杀害了齐泰、黄子澄、方孝孺、陈迪、毛泰等人，谈迁在书中记载了这些人的事迹及被杀，接着就引用了《群忠事略》、许相卿、朱国祯、钱士升、王世贞、何乔远等十五家，连谈迁十六家二十四条评论，分别对被杀诸人表示不平，论其是非，指责国史记载失实，抨击明成祖杀害忠臣，为后人研究这段历史提供了许多宝贵材料，尤其是所引诸家言论，有的著作今已不存，自然就更加可贵了。在诸多议论中，有的是谈迁和大家一道议论，有的则是借别人议论以表达自己的观点，当然更多的还是谈迁本人的议论。这些议论，一方面可以点出历史事件精神实质之所在，一方面也为我们研究谈迁的史学思想和历史观提供了很好的条件，因此它绝不是一般的空论。

　　综上所述，谈迁的一生是贫困的一生，是奋发进取的一生。他的全部精力，都毫无保留地贡献给祖国的学术文化事业，特别是在史学上作出了杰出贡献。他那不为困难所吓倒的顽强的治学精神，忠于祖国的爱国热情，永远值得我们学习和发扬。正如吴晗先生在1959年所写的《谈迁和〈国榷〉》一文中指出："谈迁这种忠于学术研究，忠于国家民族的坚贞不拔、不为困难所吓倒的精神气节，是非常值得后人崇敬和学习的。"可是他去世以后，他的事迹和著作一直被埋没而鲜为人知，直到 1958 年，其代表作《国榷》方才正式出版，第二年吴晗先生接连发表两篇文章对其生平及著作作了详尽的评介。以前出版的史学史著作，也从不将他的史学成就载入其中，1979 年我在撰写《中国古代史学史简编》时，第一次将他的事迹和史学贡献写入史学史著作之中，后来出版的各类史学家评传、小传和史学要籍评介遂大都有其人其书一席之地。然而令人感到遗憾的是，他的大部分著作至今尚未整理出版，这只有寄希望于他故乡的人民了。因为谈迁的著作，为我们中华民族文化遗产中非常宝贵的财富，是我国人民珍贵的精神财富，这自然是他故里人民的荣誉，我们应当十分珍视和爱惜。我们今天纪念他，就是要学习他顽强的治学精神，弘扬他学术著作、学术思想中优秀的内容，为繁荣社会主义文化事业服务，为建设社会主义精神文明服务。

（本文原载海宁市政协文史资料委员会编：《纪念谈迁诞辰四百周年文集》，《海宁人物资料》第七辑，1995 年版；收入仓修良：《史家·史籍·史学》）

历史学家黄宗羲

《明儒学案》为我国封建社会晚期杰出的启蒙思想家和史学家黄宗羲所著，是我国封建社会中最早、最完备的一部学案体学术思想史著作，在中国史学史和思想史上都具有重要的地位。

一

黄宗羲，字太冲，号南雷，又号梨洲，学者称南雷先生或梨洲先生。浙江余姚人，生于明万历三十八年（1610），卒于清康熙三十四年（1695），是明末清初著名的学者，与顾炎武、王夫之齐名。其实他的学术思想与政治主张无论在当时或对后世的影响，都远在顾王两人之上。正如《黄梨洲先生年谱序》所说："国初所称三大儒者，北则容城孙夏峰先生，西则盩厔李二曲先生，东南则我遗献文孝公也。维时三峰鼎立宇内，景从无所轩轾于其间，然身世之迍邅，著述之宏富，声气之应求，公视孙李有加焉。"然而新中国成立以来，学术界对王夫之、顾炎武两人著作的整理和研究已经做了不少工作，而对黄氏著作的整理和研究，尚未引起足够的重视。黄宗羲之父尊素，东林名士，天启间官御史，看到太监魏忠贤越职专权，上书弹劾，故遭魏忠贤阉党所害，当时黄宗羲只十七岁。两年后，即崇祯元年（1628），他袖长锥，草疏入京讼冤，至则逆阉已磔，会讯其党许显纯、崔应元，乃与对簿，遂出所袖锥，打中奸臣许显纯，流血遍体，又打伤崔应元胸部，并拔下其须发，卒论两人斩。父冤既白之后，归益发愤读书。

黄宗羲自幼读书，即不守章句。年十四，补诸生，随学京邸，其父科以举业，他却毫无兴趣。其后遂致力于史学，自云亦受其父遗志的影响："先忠端公就逮时，途中谓某曰：'汝近日心粗，不必看时文，且将架上《献征录》涉略可也。'自后三年，始读二十一史，因先公之言也。"父亲途中还告诉他，"学者不可不通知史事"。于是他十九至二十岁时，读完二十一史和明十三朝实录，"每日丹铅一本，迟明而起，鸡鸣方已"，用功之勤，于此可见。他回忆当时自己读书："赋性鲁钝，一传未终，已迷其姓氏者，往往有之。朱子云：'思虑计划者，魂之为也；记忆辨别者，魄之为也。'固知余之魄弱也。"（《黄宗羲全集》第 10 册《历代史表序》；《黄宗羲全集》第 11 册《黄梨洲先生年谱》上）他自知记忆力较差，可这却丝毫没有影响或动摇他的学习积极性，反而加倍努力，勤奋好学，使他最终成为一位伟大的学者，一代之宗师。

明末以来的社会学术风气，使黄宗羲深深感到史学的危机，这也可以说是促使他立志于史学研究的另一个重要原因。他在《历代史表序》一文劈头便说："自科举之学盛，而史学遂废。昔蔡京、蔡卞当国，欲绝灭史学，即《资治通鉴》板亦议毁之，然而不能；今未尝有史学之禁，而读史者顾无其人，由是而叹人才之日下也。"可见，在黄宗羲看来，史学是一门十分重要的学问，"二十一史所载，凡经世之业，亦无不备矣"。所以要培养起能够肩负起治国安邦的国家栋梁之材，离开史学，那就无从谈起，这已为古往今来的历史事实所证明。当然，明王朝的灭亡，抗清斗争的失败，也就成了他研究历史的动力，他要通过历史的研究，探索明朝灭亡的原因，总结明朝灭亡的教训，所以他研究历史的重点便落在明代。

是时刘宗周讲学蕺山，宗羲从之游。"而越中承海门周氏（汝登）之绪余，援儒入释……宗周忧之，未有以为计也。……宗羲约吴、越高才六十余人，共侍讲席，力排其说。"求学期间，除经史百家之说无不饱览外，并穷究律历之学，如此他声誉渐高，俨然成了东林子弟的领袖。福王即位南京，魏忠贤党人阮大铖、马士英等人，再度得势，黄宗羲乃与同学一百四十人联名发表《留都防乱揭》，痛斥权奸阮大铖、马士英等的罪行，阮大铖等恨之入骨，因为《揭》文影响甚大，诚如全祖望在《梨洲先生神道碑文》中所说："庄烈帝十七年中，善政莫大于坚持逆案之定力，而太学清议，亦足以寒奸人之胆，使人主闻之其防闲愈固，则是揭之功不为不巨。"（《鲒埼亭集》卷一一）于是那批权奸们便按《揭》文所具名单，逐一加以逮捕杀害，黄宗羲也险遭毒手。清军南下后，宗羲与钱肃乐等人组织地方抗清武装，时人称之为"世忠营"，曾议由海宁以取海盐，因入太湖招吴中豪杰，百里之内，牛酒相迎，前来劳军，直抵乍浦。后因清军防守严密，无可乘之机，乃入四明山结寨防守，待机进取。不久乃跟鲁王到舟山，和张煌言等人共同图谋匡复计划，经常秘密奔走内地，为反清复明而四处奔走呼号。在鲁王政权里他历任兵部职方司主事、监察御史、左副都御史等职。当时清政府曾于通衢张榜，首列宗羲之名，捕者益急，而他早把生死置之度外，东徙西迁，屡濒于危。晚年在回忆此种遭遇时说："自北兵南下，悬书购余者二，名捕者一，守围城者一，以谋反告讦者二三，绝气沙坤者一昼夜。其他连染逻哨之所及，无岁无之，可谓濒于十死者矣。"（《黄宗羲全集》第10册《怪说》）他奔走国难，真是九死一生。在反清复明事业失败后，他便回到家里，侍奉老母，一面讲学，一面"闭户著述，从事国史，将成一代金石之业"（《南雷文定》附录《李逊之与黄氏书》）。

其实，黄宗羲的后半生，主要做了三件事，即讲学、读书和著述。尽管清政府一再以高官、厚禄，以礼敦请，他始终固辞不就。他曾先后主讲于绍兴之证人书院、余姚之姚江书院等处，因有感于明季学风之衰敝，好为游谈，束书不观，以致最后亡国，因此他教育中要求生员们必须博览经史，从事核实之学，以挽救被长期破坏的社会风气。全祖望在《梨洲先生神道碑文》中说："公谓明人讲学，袭语录之糟粕，不以六经为根柢，束书而从事于游谈，故受业者必先穷经。经术所以经世，方不为迂儒之学，故兼令读史。又谓读书不多，无以证斯理之变化，多而不求于心，则为俗学。"并尝戒学者曰："当以书明心，无玩物丧志也。"又在《甬上证人书院记》里说："自明中叶以后，讲学之风，已为极敝，高谈性命，直入禅障，束书不观，其稍平者则为学究，皆无根之徒耳！先生始谓学必原本于经术，而后不为蹈虚，必证明于史籍，而后足以应务。元元本本，可据可依。前此讲堂锢疾，为之一变。"（《鲒埼亭集外编》卷一六）这就是说，针对当时的社会现实，黄宗羲在讲学中不仅内容上有所规定，而且在学习目的上也提出具体要求，学了必须"足以应务"，因此学风为之一变。于是四方求学的人，一时云起影从，且多父子相传，兄弟相继，其高座皆得携其子听讲，或有以生徒来者，学风之盛，可谓空前。全祖望在叙述黄宗羲在甬上讲学之影响时说："先生自言生平师友，皆在甬上。及风波稍息，重举证人之席，虽尝一集于会稽，再集于海昌，三集于石门，而总不甚当先生之意。尝曰：'甬上多才，皆光明俊伟之士，足为吾薪火之寄。'而吾甬上，当是时，经史之学蔚起，雨聚笠，宵继灯，一振前辈之坠绪者，亦以左提右挈之功为大。"（《续甬上耆旧诗》）尤其值得人们敬佩的是，他的讲学所以能产生那么大的影响，不单由于他学问渊博，更重要的是他讲学中能够做到深入浅出，条理清晰，触类旁通，左右逢源，使得听讲的人，无论知识高低，都可做到各得其所。正如汤斌所说："黄先生论学，如大禹导水导山，脉络分明。"（转引自《黄梨洲先生年谱》下）这一比喻，生动地说明了黄宗羲的讲学，不仅能做到发前人所未发，而且其效果确实令人信服。由于他讲学时间很长，前来受业者甚众，因而人才辈出，为浙东培养出一大批有才有识之士。正如《黄梨洲先生年谱》所云："公讲学遍于大江以南，而瓣香所注，莫如江东。门下士如陈夔献、万充宗、陈同亮、仇沧柱、陈介眉之经术，王文三、万公择之名理，张旦复、董吴仲之躬行，万季野之史学，郑寒村之文章，其著焉者也。"而其中最著名者，应为万氏兄弟，他们直接承继了黄宗羲经史之业。万斯大专治经学，万斯同则博通诸史，尤熟于明代掌故，且以发扬黄氏之学为己任。他说："吾辈既及姚江之门，当分任吾师之学。"（《万季野先生年谱》）在他看来，当今其师黄氏之学乃学术之大宗，必须予以发扬光大。与万氏同时，尚有邵念鲁，亦尝问业于黄宗羲，而传其文献之学。继邵氏之后，又有全祖望，私淑黄、万，向慕其风，于晚明文献，搜罗贡献尤大。至于邵晋涵、章学诚，虽未直接受业黄氏，但却承继黄氏学术之统系。人们可以明显地看出，从黄宗羲到章学诚，在浙东地区形成了一个很有特色的学术派系，他们的学术宗旨一脉相承。所以章学诚说："梨洲黄氏，出蕺山刘氏之门，而开万氏兄弟经史之学，以至全氏祖望辈尚存其意。"又说："世推顾亭林氏为开国儒宗，然自是浙西之学。不知同时有黄梨洲氏出于浙东，虽与顾氏并峙，而上宗王、刘（王守仁、刘宗周），下开二万，较之顾氏，源远而流长矣。"（《文史通义新编新注》内篇二《浙东学术》）这就说明，在黄宗羲的精心教育培植之下，浙东地区不仅出现了许多著名的学者，而且形成了一个学派，这个学派是有源有流、"源远而流长"的。

黄宗羲的一生中，一项重要的活动内容就是读书，从其一生经历来看，他之所以能够成为一位杰出的思想家、史学家和爱国学者，那是与他勤奋刻苦的读书分不开的。他的著作十分繁富，多至六十余种，并且许多都是大部头的巨著，如《明儒学案》、《明文海》诸书，取材极广，非遍读有关书籍是无法完成的。还在青年时代，他就已发愤读完了二十一史和有明一代十三朝实录。在读书中，他既不是死记硬背，生吞活剥，又不浮光掠影，而是字斟句酌，分析排比，力求做到字句理解，融会贯通。他自己曾说："余初读十三经，字比句栉，《三礼》之升降拜跪，宫室器服之微细，《三传》之同异义例，氏族时日之杂乱钩稽考索，亦谓不遗余力。"（《黄宗羲全集》第10册《前乡进士泽望黄君圹志》）读了他的自述，当日他那种勤奋读书，细心探索的精神也就可想而知了。自己藏书不足，便到那些著名的藏书家借抄借读。他早年尝住南中黄明立家，明立家有千顷堂藏书楼，藏书达六万卷，他则"翻阅殆遍"。当时江南藏书名家，几乎都留有他的足迹。如同里世学楼钮氏，澹生堂祁氏，南中则千顷堂黄氏，天一阁范氏，歙溪丛桂堂郑氏，禾中倦圃曹氏，吴中则绛云楼钱氏，传是楼徐氏。全祖望说他"穷年搜讨，游屐所至，遍历通衢委巷，搜鬻故书，薄暮，一童肩负而返，乘夜丹铅，次日复出，率以为常"（《梨洲先生神道碑文》）。可见他阅读过的书籍是非常可观的，而当时读书的条件又是那么艰难，每天得外出寻求，像这样的求学精神实在令人钦佩！他曾写过一篇《天一阁藏书记》，既叙述了江南一些藏书家书籍聚散的情况，亦反映他平生阅读书籍的概况，此文可视为他求学精神的真实写照。既喜欢读书，必然喜欢藏书，因而逛书肆也就成为他的一种乐趣。每当得知有书欲出售者，"急往讯之"。在五十七岁那年，听说祁氏旷园之书因乱后欲出售，他即"与书贾入山翻阅三昼夜，余载十捆而出。经学近百种，稗官百十册，而宋元文集已无存者，途中又为书贾窃去卫湜《礼记集说》、《东都事略》"（《黄宗羲全集》第10册《天一阁藏书记》）。已是年近花甲的人，选购书籍，竟是如此精神饱满，不难看出他对精神食粮的重视达到何等程度。全祖望曾作《二老阁藏书记》一文，叙述了黄宗羲藏书之丰富，并介绍其藏书之宗旨，是研究黄宗羲学术思想的一篇重要文章，文中说：

> 太冲先生最喜收书，其搜罗大江以南诸家殆遍。所得最多者，前则澹生堂祁氏，后则传是楼徐氏，然未及编次为目也。垂老遭大水，卷

轴尽坏；身后一火，失去大半。吾友郑丈南溪，理而出之，其散乱者复整，其破损者复完，尚可得三万卷。而如薛居正《五代史》，乃天壤间罕遇者，已失去，可惜也。

虽经一水一火，仍有三万卷之多，藏书之富可以想见。文中还转引郑南溪的话来说明黄氏并不是一位单纯的藏书家，也不以藏书之多来显耀自己。他藏书的目的，在于利用这些丰富的典籍从事学术研究。这些书籍，既是他治学的工具，又是他从事创作的原料。所以郑南溪说：

太冲先生之书，非仅以夸博物示多藏也。有明以来，学术大坏，谈性命者迂疏无当，穷数学者诡诞不精，言淹雅者诒讥杂丑，攻文词者不谙古今。今先生合理义、象数、名物而一之，又合理学、气节、文章而一之，使学者晓然于九流百家之可以返于一贯。故先生之藏书，先生之学术所寄也。试历观先生之《学案》、《经说》、《史录》、《文海》，睢阳汤文正公以为如大禹导山导水，脉络分明，良自不诬。末学不知，漫思疵瑕，所谓蚍蜉撼大树者也。古人记藏书者，不过以蓄书不读为戒，而先生之语学者，谓"当以书明心，不可玩物丧志"，是则藏书之至教也。（《鲒埼亭集外编》）

从这一记载中可以看到，黄宗羲一反明末空疏之陋习，四处奔走，如饥似渴地寻求阅读了大量文献典籍，从事切切实实的学术研究工作，并教育学生既要读经，又要读史，勤奋学习，注重实用。对于那种束书不观、空谈理论的学风深恶痛绝。即使是自己的朋友，他也毫不客气地进行批评，特别是对那些专喜诽谤人者更加反感。他说：

昔之学者，学道者也；今之学者，学骂者也。矜气节者则骂为标榜，志经世者则骂为功利，读书作文者则骂为玩物丧志，留心政事者则骂为俗吏。接庸僧数辈，则骂考亭为不足学矣；读艾千子定待之尾，则骂象山、阳明为禅学矣。濂溪之主静，则曰盘桓于腔子中者也；洛下之持敬，则曰是有方所之学也。逊志骂其学误主，东林骂其党亡国。相讼

不决，以后息者为胜。东坡所谓墙外悍妇，声飞灰火，如猪嘶狗嗥者也。(《黄宗羲全集》第 10 册《七怪》)

这一评论，把明末学术界那种古怪离奇的学风和社会现象活脱脱地刻画了出来。这就是说，在当时只有那些说空话说大话而不负责任者可以吆三喝四，凡是有志于真正做些实际工作和研究学问的人，无不被扣上帽子而加以骂倒，这正是当时社会的一种病态。黄宗羲认为对这些不正之风，必须坚决予以扫荡，所以他针锋相对地提出必须认真读书，关心朝政，积极提倡学术研究必须"经世致用"的新学风。

作为一代大师的黄宗羲，其学识之博大精深早有人论定。上下古今，天文地理，九流百家，无不精研，阮元说他"博览群书，兼通步算，能古文词，尤工为诗"(《畴人传》)。全祖望则说他"于书无所不窥"，"兼通九流百家，则又轶出念台之藩，而窥漳海之室，然皆能不诡于纯儒，所谓杂而不越者是也。故以其学言之，有明三百年无此人，非夸诞也"(《鲒埼亭集外编》卷四四《答诸生问南雷学术帖子》)。特别是历史，自二十一史以至明十三朝实录所载史事他都很熟悉，而对历史上各个学派诸家思想流变离合他更是了如指掌，自云："自濂洛至今日，儒者百十家，余……皆能知其宗旨离合是非之故。"(《黄宗羲全集》第 10 册《前乡进士泽望黄君圹志》)正因为他学识渊博，见解超人，所以他不仅著作繁富，而且大都具有独创精神，确实做到了发前人所未发。如，《明夷待访录》是我国最早宣传近代民主思想、反对君主专制的重要启蒙著作；《明儒学案》的写作，为我国学术思想史开了先河，至于对当代文献的整理，成绩更是卓著。

尤其难能可贵的是，他的读书、著作，做到了持之以恒，即使在抗清斗争形势处于十分危急紧张的时候，他仍能坚持研究和著作。如《黄梨洲先生年谱》在清顺治四年（1647）载曰："公在穷岛空山，古松流水间，布算籔籔，自谓屠龙之技，无可与语者，所著有《春秋日食历》、《授时历故》、《大统历推法》、《授时历假如》、《回回历假如》、《西历假如》、《气运算法》、《勾股图说》、《开方命算》、《测圆要义》诸书，约在此数年中。"而在六年载曰：《日本乞师纪》、《海外恸哭纪》、《赣州失事》、《绍武争立纪》、《舟山兴废》、《沙定洲纪乱》、《赐姓本末》，"皆此数年间所纪，后合《隆武》(纪)、

《鲁监国》(纪)、《永历纪年》为《行朝录》",又有《汰存录》一卷。在兵荒马乱的岁月里,他自己一面投身于火热的抗清斗争,一面还能写出内容如此丰富、数量如此众多的著作来,若没有坚强的毅力是万万办不到的。人们只要了解到当时的处境,再看到这样一张书单,有谁能不肃然起敬呢!

当反清复明的活动失败以后,他深感已无补于故国的灭亡,便从事明代历史的编纂和研究,总结明朝覆灭的历史教训。他先搜集南明经营恢复之事迹,续成《行朝录》九种的纂辑,后又编纂《明史案》二百四十四卷。而对那些为国献身的爱国之士,则用墓志碑铭的形式予以表彰,对此他自己曾说:"余多叙事之文,尝读姚牧庵、元明善集,宋元之兴废,有史书所未详者,于此可考见。然牧庵、明善皆在廊庙,所载多战功。余草野穷民,不得名公巨卿之事以述之,所载多亡国之大夫,地位不同耳。其有裨于史氏之缺文一也。"(《黄宗羲全集》第11册《南雷文定·凡例》)可见在黄宗羲看来,不管是名公巨卿,还是亡国之士大夫,只要对自己的祖国作出过贡献,都应当使他们名垂青史。言语之中,饱含着对故国的眷恋之情和为国而献身的勇士们无限的敬仰。在七十岁那年,他还不辞劳苦到杭州南屏山麓拜谒民族英雄张苍水之墓。他钩稽忠良们之遗闻旧事,蔚为新篇,稽旧事于已亡,存忠良于千古,实有寄心事于简编,存故国之文献,用心可谓良苦。他曾熟读有明一代实录,访问朝家典故,尤留意于当代文献及乡邦掌故,隐然有自任裁定国史之志,《行朝录》的编纂,《明史案》的撰写,都应视作他为撰写国史的重要组成部分。当然,《明史案》一书是否成稿,已很难查考,因前人对此均无确切记载。据笔者愚见,该书应已成初稿,后多散佚,不过其体十分松散,如《行朝录》之类则是如此,而《行朝录》亦就是《明史案》之内容。何况《行朝录》究竟几种,说法也并不一致,目前大多说九种,但李慈铭《越缦堂日记》则云:

> 是编卷一为《隆武纪年》、《赣州失事》、《绍武之立》。卷二为《鲁纪年上下篇》、《舟山兴废》、《日本乞师》、《四明山寨》。卷三为《永历纪年》。卷四为《沙定州之乱》、《赐姓始末》。卷五为《江右纪变》、《张元箸先生事略》。卷六为《郑成功传》。首有自序。梨洲自言著此录

至数十种，今此本仅六卷凡十三种，自非完书。①

原来著作时有数十种，而现今只有八九种，可见散佚十分严重，因为该书和《明史案》等都被清朝列入禁毁书目，因此失传是完全可以理解的。全祖望在《明夷待访录跋》中就曾说过："徵君著书兼辆，然散亡者什九。"从前有人曾怀疑此书未必写成，可能仅定义例，并未成书。特在此作一简单说明，笔者还将另作考证。康熙十八年（1679），开明史馆，黄宗羲本人虽不应聘，但为了使故国历史真实面貌得以完整保持，如实反映有明一代贤奸治乱之迹，他竟毅然同意其得意门生万斯同以布衣参与其事，将《大事记》、《三史钞》授之（注：有的著作将《大事记三史钞》作为一部书，恐误。据《黄梨洲先生年谱》记载，《大事记》乃宗羲之父"忠端公所记"），并作诗以送其行，其中一首云："三叠湖头入帝畿，十年鸟背日光飞。四方声价归明水，一代贤奸托布衣。良夜剧谈红烛跋，名园晓色牡丹旗。不知后会期何日？老泪纵横未肯稀。"(《黄宗羲全集》第11册《南雷诗历》卷四《送万季野北上》) 这首诗充分反映了他们师生的宏伟愿望与故国之情。对他们当时这种矛盾心理与宏愿，自非一般人所能理解。直到晚年他在为万斯同《历代史表》补作序时还曾十分感慨地说："嗟乎！元之亡也，危素趋报恩寺，将入井中，僧大梓云：'国史非公莫知，公死，是死国史也！'素是以不死。后修《元史》，不闻素有一辞之赞。及明之亡，朝廷之任史事者甚众矣，顾独藉一草野之万季野以留之，不亦可慨也夫！"(《黄宗羲全集》第10册《补历代史表序》) 可见他对万斯同参与故国文献之整理，定一代贤奸兴亡之事迹，是何等的器重！由于万斯同以布衣参史局，而史馆编修中又有好多是黄宗羲的门生，因此编写中凡遇重大疑难问题，往往"总裁千里贻书，乞公审正而后定"(《梨洲先生神道碑文》)。其后《明史》历志亦多赖其审正而后定，而地理志则强半采其所著《今水经》之原文，因为他的所有著作，凡涉及明代史事者皆被抄送史馆。黄炳垕在《黄梨洲先生年谱》里说："又奉特旨，'凡黄宗羲有所论著，及所见闻有资《明史》者，着该地方官钞录来京，宣付史馆'。李方伯士贞因招季子主一公至署，校勘如千册，使胥吏数十人

---

① 黄宗羲《行朝录》各版本内容不尽相同。

缮写进呈。公长于史学，尝欲重修《宋史》而未就。有《丛目补遗》三卷，又辑《明史案》二百四十四卷，故虽不赴征书，而史局大案，总裁必咨于公。"至于史料经他鉴别的那就更多了。因此，黄宗羲虽未身赴史局，而对于《明史》编修之贡献，"实非浅鲜"。难怪全祖望在《梨洲先生神道碑文》中意味深长地说："盖自汉唐以来大儒，惟刘向著述，强半登于班史……而公于二千年后起而继之。"这一结论确实不是虚夸之词。

《明夷待访录》是黄宗羲在抗清斗争失败后所写的一部重要著作，卷数虽然不多，影响却很大，近年来研究该书的文章甚多，但都把它看作是单纯的"政治专著"来研究，这种看法似欠妥当。他抗清失败后，便总结封建专制主义的历史，总结东林、复社的思想，从而树立了富有启蒙色彩的反封建的民主思想，这种思想确实体现在《明夷待访录》一书之中。但我们应当看到，此书既是反映黄宗羲政治、经济思想的代表作，也是反映他历史观的重要代表作，书中所有结论，基本上都是从封建专制主义的历史研究中提出的，而所涉及的问题非常广泛，所以把它作为"政治专著"显然是不妥当的。当时作为一代"儒宗"的顾炎武已对此书十分推崇，他在给黄宗羲的信中说："大著《待访录》，读之再三，于是知天下之未尝无人，百王之敝可以复起，而三代之盛可以徐还也。天下之事，有其识者未必遭其时，而当其时者或无其识，古之君子所以著书待后，有王者起，得而师之。……圣人复起而不易吾言，可预信于今日也。"(《顾亭林诗文集·亭林佚文辑补·与黄太冲书》)还要指出的是，有的同志说此书是黄宗羲"晚年写成"，这是误解。《黄梨洲先生年谱》在"康熙元年壬寅，公五十三岁"条下云："著《明夷待访录》，次年笔削二老阁校梓。"而黄氏本人在《明夷待访录》自序末署"癸卯，梨洲老人识"。对此，全祖望在为该书所作的跋中说："是岁为康熙癸卯，年未六十，而自序称梨洲老人。万西郭为余言：徵君自壬寅前，鲁阳之望未绝，天南讣至，始有潮息烟沈之叹，饰巾待尽，是书于是乎出。盖老人之称所自来已。"是书既作于五十三岁之年，而作者又享年八十六岁，正是中年时期，何以能说成书于晚年呢？我们不能因作者自序称"梨洲老人"而就说此时他已是晚年，况且全祖望对于何以如此称呼已早有说明，自然就更不应当有如此错误。

康熙七年戊申，年近花甲的黄宗羲开始选辑《明文案》，历时八年，成

书二百一十七卷。他一反以往选文之成例,从史学角度出发,而不津津于文辞之华丽。他在序中说:

> 前代古文之选,《昭明文选》、《唐文粹》、《宋文鉴》、《元文类》为最著。《文选》主于修辞,一知半解,文章家之有偏霸也;《文粹》掇菁撷华,亦《选》之鼓吹;《文鉴》主于政事,意不在文,故题有关系而文不称者,皆所不遗;《文类》则苏天爵未成之书也,碑版连椟,删削有待。若以《文案》与四选并列,文章之盛,似谓过之。夫其人不能及于前代而其文反能过于前代者,良由不名一辙,惟视其一往深情,从而捃摭之。巨家鸿笔,以浮浅受黜,稀名短句,以幽远见收。今古之情无尽,而一人之情有至有不至,凡情之至者,其文未有不至者也。则天地间街谈巷语,邪许呻吟,无一非文。而游女田夫,波臣戍客,无一非文人也。试观三百年来,集之行世藏家者不下千家,每家少者数卷,多者至于百卷,其间岂无一二情至之语?而埋没于应酬讹杂之内,堆积几案,何人发现?即视之,而陈言一律,旋复弃去,向使涤其雷同,至情孤露,不异援溺人而出之也。有某兹选,彼千家之文集庞然无物,即尽投之水火不为过矣。由是而念古人之文其受溺者何限,能不为之慨然!(《黄宗羲全集》第10册《明文案序上》)

这就说明,黄宗羲选文之标准,是看文章是否言之有物,性情出于自然之流露,贵独创而不主模仿。因此,凡空洞无物之文,即使出于"巨家鸿笔",亦在所必去。若是能够反映一代风物,社会风尚,即使"稀名短句,以幽远见收"。这就是他的可贵之处。李梦阳、何景明、王世贞和李攀龙,四人都是在明代文坛上有影响的人物,李、何是"七才子"之要人,他们皆"卑视一世",但是他们的文学创作走上盲目尊古的道路,作品一味以模拟古人为能事。而王世贞亦是"后七子"之一,独主文坛二十年,但他的拟古主义影响很大。这些人尽管在文坛上很享声誉,而黄宗羲却认为此"四子枉天下之才亦已多矣!"他们对有明一代的文风学风起了很大的破坏作用,所以他们的文章自然也就排不上号了。在《明文案》编选完成后,黄宗羲更以此为基础,进一步编选《明文海》,又经过十八年的辛勤劳动,终于在八十四岁那年，完成了四百八十二卷的《明文海》编选工作。《四库全书总目提要》卷一九〇曾评论说：

> 明代文章自何、李盛行，天下相率为沿袭剿窃之学，逮嘉隆以后，其弊益甚。宗羲之意，在于扫除摹拟，空所依傍，以情至为宗。又欲使一代典章人物，俱藉以考见大凡，故虽游戏小说家言，亦为兼收并采，不免失之泛滥。然其搜罗极富，所阅明人集几至二千余家……其他散失零落，赖此以传者，尚复不少，亦可谓一代文章之渊薮。考明人著作者，当必以是编为极备矣。

从简单数语就可以看出，《明文海》所包含内容之广泛及其在学术上的重要地位。由于黄宗羲遍阅了有明一代的文集和著作，了解到了每个学者学术思想的渊源和师承关系，加上他在学术上的概括组织能力，于是在这个时期他著成了我国历史上第一部学术史专著——《明儒学案》。他对明代历史发展的大势、文学发展的变化和学术思想的演变了如指掌，这就使他在著作上可以做到运用自如，左右逢源，这也充分体现了他一举而收多效之功的才能。

黄宗羲一生著作很多，不可能全部在此列举，但还有几种著作在清代学术发展史上曾产生过很大影响，自然还需略加说明。他对历算之学很有研究，曾著有《授时历故》、《开方命算》等八种著作，全祖望说："梅文鼎本《周髀》言天文，世惊为不传之秘，而不知宗羲实开之。"（《梨洲先生神道碑文》）阎若璩作《古文尚书疏证》一书，确切地证明了《古文尚书》之伪，这在经学研究上是一大突破，解决了学术界长期争论的一大悬案。其实阎氏曾游黄宗羲之门，受读《尚书》，黄宗羲的《授书随笔》，正是答阎氏《古文尚书》之问，因此，实开阎若璩疏证《古文尚书》之先河。又如所著《易学象数论》六卷，力辩河洛方位图说之非，《四库全书总目提要》称其"宏纲巨目，辨论精详，与胡渭《易图明辨》，均可谓有功《易》道矣"。而胡著成之于后，对于黄宗羲之书，尝备引之。其晚年所作之《今水经》，成为修《明史·地理志》之重要依据。它的价值，诚如黄宗羲自序所云："余读《水经注》，参考之以诸图志，多不相合，是书不异《汲冢》断简，空言而无事实,其所以作者之意,岂如是哉!乃不袭前作,条贯诸水,名之曰《今水经》,穷源按脉,庶免空言。"至于《律吕新义》,亦为后来乐律的研究开了端绪。以上事实说明,黄宗羲在学术研究上,既尊重前辈学者们的劳动成果,又不为前人立论所束缚,他敢于怀疑,勇于创新,在开创清初学术研究一代新风中起着极为重要的作用。

综上所述,爱国学者黄宗羲一生的学术生涯——读书、讲学、著作,如同春蚕,到死方止,确实做到了活到老、学到老、著述到老。他不仅为我们留下了许多宝贵的著作,更为我们留下了高尚的品德:为了国家的危亡曾奋不顾身、四处奔走,为了学问而奋斗终身。他从不把知识看作是个人私有财产,所以四处讲学也从不为钱财。他把做学问看作是大家的事,应当大家来做。《明儒学案·凡例》中有这样一段话:"是书(指《明儒学案》)搜罗颇广,然一人之闻见有限,尚容陆续访求,即羲所见而复失去者,如朱布衣语录,韩苑洛、南瑞泉、穆元庵、范栗斋诸公集,皆不曾采入,海内有斯文之责者,其不吝教我,此非末学一人之事也。"这种治学精神,今天仍值得我们很好地学习。黄宗羲著作虽然繁富,但由于遭到禁毁,许多重要著作得不到流传,散佚十分严重,直到清末,吴江薛凤昌才广为搜集,得诗文七种,历史十五种,杂著八种,共计三十种五十七卷,编辑成《梨洲遗著汇刊》。浙江古籍出版社已于1994年出齐了《黄宗羲全集》十二册,将黄氏所有著作全部收进,为研究黄氏之学提供了方便。

二

《明儒学案》是黄宗羲历史著作中的代表作。自云成书于"康熙丙辰之后"(即康熙十五年),开始编纂的年代,无确切记载。由于作者曾编选《明史案》、选录《明文案》、汇编《明文海》,此书与之同时交叉进行,收相得益彰之效,因此不必单以成书年代的长短来衡量其所花功力和价值。因为古人做学问,并非单打一,上面所列,均为大部头巨著,取材极广,非遍读有关书籍是无法完成的。况且《明儒学案》中所选各人语录,都是直接抄自各人的文集,作者在《凡例》中曾有说明:"是编皆从全集纂要钩玄,未尝袭前人之旧本也。"这也足见其治学态度十分严谨。所以我们认为，黄宗羲所以能著成这样一部具有独创性的学术史著作，除了他那超人的学术组织能力和创造精神外，很重要的还在于他对明代三百年历史和学术发展的大势十分了解，对文学发展的起落特点、学术流派的分合斗争也了如指掌。他说，明代"三百年人士之精神，专注于场屋之业，割其余以为古文，其不能尽如前代之盛者，无足怪也"。这可以说是对明代文学发展总的看法。接着他又说：

> 有明文章正宗，盖未尝一日而亡也。自宋、方以后，东里、春雨继之，一时庙堂之上，皆质有其文。景泰、天顺稍衰。成、宏之际，西涯雄长于北，匏菴、震泽，发明于南，从之者多有师承。正德间，余姚之醇正，南城之精炼，掩绝前作。至嘉靖，而昆山、毗陵、晋江者起，讲究不遗余力，大洲、浚谷，相与犄角，号为极盛。万历以后又稍衰。然江夏、福清、秣陵、荆石，未尝失先民之矩矱也。崇祯时，昆山之遗泽未泯，娄子柔，唐叔达、钱牧斋、顾仲恭、张元长，皆能拾其坠绪；江右艾千子、徐巨源、闽中曾弗人、李元仲，亦卓荦一方，石斋以理数润泽其间，计一代之制作，有所至不至，要以学力为浅深，其大旨固有不同，固无俟于更弦易辙也。（《黄宗羲全集》第10册《明文案序下》）

这就将有明一代文学正宗发展的起落特点和代表人物都写了出来。对明代学术界情况，他也多次有所论述，如说：

> 举业盛而圣学亡，举业之士，亦知其非圣学也，第以仕宦之途寄迹焉尔。而世之庸妄者遂执其成说以裁量古今学术，有一语不与相合者，愕眙而视曰："此离经也，此背训也。"于是六经之传注，历代之治乱，人物之臧否，莫不各有一定之说。此一定之说者，皆肤论瞽言，未尝深求其故，取证于心，其书数卷可尽也，其学终朝可毕也，虽然其所假托者朱子也，盍将朱子之书一一读之乎？（《黄宗羲全集》第10册《恽仲升文集序》）

他还说：

科举盛而学术衰，昔之为时文者，莫不假道于《左》、《史》、《语》、《策》、《性理》、《通鉴》，既已搬涉运剂于比偶之间，其余力所沾溉，虽不足以希作者，而出言尚有根柢，其古文固时文之余也。今之为时文者，无不望其速成，其肯枉费时日于载籍乎？故以时文为墙壁，骤而学步古文，胸中茫无所主，势必以偷窃为工夫，浮词为堂奥，盖时文之力不足以及之也。为说者谓，百年以来，人士精神尽注于时文，而古文亡。余以为古文与时文分途而后亡也。自余为此言，已历一世矣。风气每变而愈下，举世眯目于尘羹土饭之中，本无所谓古文，而缘饰于应酬者，则又高自标致，分门别户，才学把笔，不曰吾由何李以溯秦汉者也，则曰吾由二川以入欧曾者也。党朱陆，争薛王，世眼易欺，骂詈相高。(《黄宗羲全集》第10册《李杲堂文钞序》)

这些论述不仅指出了科举之业束缚了有明一代三百年文学和学术的发展，而且指出了学术界各种流弊。由于科举之业，士人疲精劳神于仕宦之途，使他们目光短浅，知识狭隘，一旦有了一知半解，便指手画脚，乱发议论，各树门户，相互争骂。整个学术风气每况愈下，这便是有明一代学术发展之大势。正因为黄宗羲能够对明代学术发展之大势、流派门户，洞若观火，所以才有可能有条不紊地写出一部超越前人的一个朝代的学术史著作。这就绝非偶然。单就这部著作，就足以看出他思虑见识之超人、学问之渊博和功力之深厚，自非等闲之士所可比拟。

《明儒学案》刚一问世，还在作者生前，就已广为流传，不仅广为传抄，而且已有三种刻本。黄宗羲在八十四岁时所作的自序中就曾说：

书成于丙辰之后，中州许酉山暨万贞一各刻数卷，而未竣其事。然钞本流传，颇为好学者所识。往时汤公潜庵有云："《学案》宗旨杂越，苟善读之，未始非一贯。"此陈介眉所传述语也。壬申（康熙三十一年）七月，一病几革，文字因缘，一切屏除。仇沧柱都下寓书，言北地隐士贾若水者，手录是书而叹曰："此明室数百年学脉也，可听之埋没乎？"亡何，贾君逝，其子醇庵承遗命刻之。嗟乎！温公《通鉴》成，叹世人首尾毕读者少，此书何幸，而累为君子所不弃乎？暂彻呻吟，口授儿子百家书之。

这就说明，黄宗羲在世的时候，除抄本流传外，已有许氏刻本、万氏刻本和贾氏刻本三种了。不过前两种均未刻全，贾氏刻本虽全，而黄宗羲本人却未曾见过。至于抄本流传之多，那就可想而知了。乾隆四年（1739），慈溪郑性，承接万氏刻本，"续完万氏之未刻"，这就是后来流传比较广的二老阁本。光绪八年（1882），冯全垓再刻二老阁本，并在所作跋中说，对该本仅作了"修其疏烂，补其缺失"的工作，所以内容并无不同。道光元年（1821），会稽莫晋，根据家藏抄本，参照万氏原刻，重加订正。他在序中说："予家旧有钞本，谨据万氏原刻，重加订正，以复其初，并校亥豕之讹，寿诸梨枣。"光绪十四年，南昌又根据莫氏刻本刊刻。这样一来，万氏刻本就形成了两个系统流传下来。这两个系统的刻本在内容上也确实有些不同。范希曾在《书目答问补正》中说："会稽莫晋刻本善。"故这个刻本流传最广。而流传于北方的便是贾氏刻本。这个刻本问题较大，一直被认为有失黄氏原意。郑性在序中说："康熙辛未，鄞万氏刻其原本三分之一而辍，嗣后故城贾氏一刻，杂以臆见，失黄子著书本意。"（均见中华书局版《明儒学案》卷首）莫晋在序中说："是书清河贾氏刻本行世已久，但原本首康斋，贾本改为首敬轩。原本王门学案，贾本皆改为相传学案。与万五河原刻本不同，似非先生本旨。"万贞一与黄宗羲关系密切，刻本自属可信。《四库全书》所收《明儒学案》，用的是山东巡抚采进本，从《提要》介绍可知是贾氏刻本。《提要》曰：

> 初周汝登作《圣学宗传》，孙钟元又作《理学宗传》，宗羲以其书未粹，且多所缺遗，因搜采明一代讲学诸人文集、语录，辨别宗派，辑为此书。凡《河东学案》二卷，列薛瑄以下十五人。《三原学案》一卷，列王恕以下六人。《崇仁学案》四卷，列吴与弼以下十人。《白沙学案》二卷，列陈献章以下十二人。《姚江学案》一卷，列王守仁一人，附录二人。《浙中相传学案》五卷，列徐爱以下十八人。《江右相传学案》九卷，列邹守益以下二十七人，附录六人。《南中相传学案》三卷，列黄省曾以下十一人。《楚中学案》一卷，列蒋信等二人。《北方相传学案》

一卷,列穆孔晖以下七人。《闽越相传学案》一卷,列薛侃等二人。《止修学案》一卷,列李材一人。《泰州学案》五卷,列王艮以下十八人。《甘泉学案》六卷,列湛若水以下十一人。《诸儒学案》上四卷,列方孝孺以下十五人。《诸儒学案》中七卷,列罗钦顺以下十人。《诸儒学案》下五卷,列李中以下十八人。《东林学案》四卷,列顾宪成以下十七人。《蕺山学案》一卷,列刘宗周一人。而以《师说》一卷冠之。

很明显,这个编排顺序,确如莫晋所说,与万氏刻本不同,自然也就有违于黄宗羲著作之本意。因为黄宗羲原著之排列,不仅考虑到时代之顺序,而且注意到学术思想的流派发展分合关系(详见下文)。《四库提要》在学术界影响较大,故在这里有必要加以说明,若研究《明儒学案》,不可以这个版本为依据(笔者在修改《中国古代史学史简编》书稿时,就轻信了《四库》本,因而书中对《明儒学案》研究的结论也就错了。由于拙著没有再版机会,因而也就无法进行修订,只有在这里向广大读者表示歉意。注:拙著1983年由黑龙江人民出版社出版)。新中国成立前商务印书馆出的"国学基本丛书"本的《明儒学案》,乃是据万氏刻本莫氏系统刻本所排印,除少数地方缺略外,大体上符合原著本意。最近中华书局和浙江古籍出版社都先后出版了标点本,读者可以参考。

《明儒学案》记载了有明一代近三百年学术思想之发展概况,为我国封建社会中最早、最完备的一部学术思想史著作。全书六十二卷,把明代二百一十四名学者按时代顺序,分各个学派组织起来,采集有明一代学者文集、著作、语录,分析宗派,成立学案十九个。其编次顺序是,每一学案之前,均有一小序,简述这个学派的源流和宗旨。接着就是学者的小传,对各人生平经历、著作情况、学术思想以及学术传授,均作扼要述评。这些小传,一般都写得朴实、动人、自然、逼真,不事雕琢、模拟,重视内容事实,充分体现出优秀史学家所特有的风度,坚持史家笔法。小传之后,便是学者本人著作节录或语录选辑,间有作者自己的按语。在著作中,作者本意是不以爱憎去取,尽量反映各家学术思想的真实面貌和独特见解,为了达到这一要求,他在编书凡例中还明确规定了此书编纂的原则和方法,其主要精神可归纳为四个方面:第一,充分体现每个学派、学者的学术宗旨。学者各家有各家的宗旨，而这些宗旨，正是"其人之得力处，亦是学者们之入门处"，"讲学而无宗旨，即有嘉言，是无头绪之乱丝"；同样，学者不能得其宗旨，即读其书，亦不能得其要领。因此，他规定是书的编纂一定要体现出各人的学术宗旨，做到"分别宗旨，如灯取影"。第二，所有原始材料，皆从每人的全集中纂要钩玄，不袭前人之旧本，力求做到通过所辑之原始资料透露其人的一生精神和思想特色。第三，肯定独立见解，兼取众家之说。全书虽按学问的传授系统分立不同学案，但对那些"有一偏之见，有相反之论"的，亦同样为之各立学案，因为这些人在做学问上"深浅各得，醇疵互见，要皆功力所至，竭其心力之万殊者，而后成家，未尝以懵懂精神冒人糟粕"。第四，提倡自得，贵于创见，"凡倚门傍户，依样葫芦者，非流俗之士，则经生之业也"(《明儒学案·发凡》)，自然没有价值，一概不取。以上四点，既是他编纂方法的说明，也是该书内容取舍的标准。

全书内容大致可分为三个时期、四个部分，明初九卷，以程朱之学为主，陆象山派次之，故先立崇仁、白沙两学案，如同摆开两方之阵势。崇仁以吴与弼为首，胡居仁、娄谅等附之。其小序云：

> 康斋倡道小陂，一禀宋人成说，言心则以知觉而与理为二，言工夫则静时存养，动时省察，故必敬义夹持，明诚两进，而后为学问全功。其相传一派，虽一斋、庄渠，稍为转手，终不敢离此矩矱也。白沙出其门，然自叙所得，不关聘君，当为别派。于戏！椎轮为大辂之始，增冰为积水所成，微康斋，焉得有后时之盛哉！

此论即为饮水思源，说明吴与弼乃是有明一代学术思想之先导，上承宋人成说，有继往开来之功，"微康斋，焉得有后时之盛哉！"所以把《崇仁学案》列为首位，自然是名正言顺。只此一点就足以说明《四库全书》所采的贾氏刻本确实有违于作者之本意。《白沙学案》以陈献章为主，此则为陆学一派，开后来王学之基，故其小序言："有明之学，至白沙始入精微……至阳明而后大"，又《姚江学案》小序曰："无姚江，则古来之学脉绝矣。"在黄宗羲看来，陈献章实际上是陆王之学的中介人，是启陆学在明代开始传播之端，所以这个学案就被列在第二。至于《河东学案》的人物薛瑄、吕柟等,皆属程朱之学。初期九卷之中,另外还立有《三原学案》,小序云:"关学大概宗薛氏,三原又其别派也。其门下多以节气著,风土之厚,而又加之学问者也。"这就是说,这个学派,本出河东薛氏,但其学术宗旨又不尽相同,乃成为它派生出来的别派。这些事实说明,此书对于各个学派的源流委曲,是条理得非常分明的。而在分立学案之时,既照顾到各学派各家之间的相互联系与影响,又尽量区分出各派各家之间的学说宗旨之不同,如果对于这些学者的著作、思想,特别是对其学说宗旨不是了如指掌,要做到这样脉络分明是不可能的,这也足见作者学问的博大精深。中期则专述王学,首立《姚江学案》,叙述这一学派创始人王守仁的学术思想。以下依次分立浙中、江右、南中、楚中、北方、粤闽各学案,并皆冠以"王门"二字,以见其传授之统系。同时还另立止修、泰州、甘泉三个学案,虽都出于王学,但各有其不同宗旨,故别立学案以示区别。如《止修学案》的李见罗,"从学于邹东廓,固亦王门以下一人也,而别立宗旨,不得不别为一案。今讲止修之学者,兴起未艾,其以救良知之弊,则亦王门之孝子也"(《止修学案·序》,中华书局版中无此序)。可见这个学派与王学是同中有异,另立宗派。如众所知,泰州学派亦出于王学,但对王学提出了重大的修正,别立宗旨,成为王学中的左派,对此黄宗羲在《泰州学案·序》中说:

> 阳明先生之学,有泰州龙溪,而风行天下,亦因泰州龙溪而渐失其传。泰州龙溪时时不满其师说,益启瞿昙之秘而归之师,盖跻阳明而为禅矣。然龙溪之后,力量无过于龙溪者,又得江右为之救正,故不至十分决裂。泰州之后,其人多能赤手以搏龙蛇,传至颜山农、何心隐一派,遂复非名教之所能羁络矣。

既然已另打旗号,与王学宗旨分道扬镳,自然也就不能再统属于王学之门下了。其实这个学派从其创始人王艮开始,已经表现出明显的"离经叛道"倾向了。至于《甘泉学案》之立,黄氏认为,湛若水亦曾从学于白沙,而"王、湛两家,各立宗旨,湛氏门人,虽不及王氏之盛",但"其后源远流长,王氏之外,名湛氏学者,至今不绝,即未必仍其宗旨,而渊源不可没也"(《甘泉学案·序》)。以上三个学案,尽管渊源都与王学有过不同程度的关系，但因各自别立宗旨，已不同于王学，因此学案之上皆无"王门"字样。末期则立东林、蕺山两学案。东林以顾宪成、高攀龙为首；蕺山则仅刘宗周一人，此人为黄宗羲之本师。在中期与末期之间，又另立《诸儒学案》，以收各学派以外之学者。黄宗羲在该学案序中说："《诸儒学案》者，或无所师承，得之于遗经者，俱列于此。"这正与他在发凡中所说："此编所列，有一偏之见，有相反之论"者，"正宜着眼理会"的原则是一致的。

书中每个人的小传，虽然长短不一，却都能表达出各个人物的个性、特长及一生之功过，不仅表现了作者的史家笔法，对于明代历史的研究，亦有很大价值。如《诸儒学案·文正方正学先生孝孺》传中，只用了简短数语，就刻画了方孝孺对于明成祖朱棣不义之举敢于当面怒斥的坚强性格，方孝孺持浩然之正气，大义凛然，视死如归，使人读了无不为之动情。传文曰：

> 金川失守，先生斩衰，哭不绝声。文皇召之不至，使其门人廖镛往，先生曰："汝读几年书，还不识个是字！"于是系狱。时当世文章，共推先生为第一，故姚广孝尝嘱文皇曰："孝孺必不降，不可杀之，杀之天下读书种子绝矣！"文皇既惭德此举，欲令先生草诏，以塞天下之人心。先生以周公之说穷之，文皇亦降志乞草，先生怒骂不已。磔之聚宝门外，年四十六，坐死者凡八百四十七人。

由于方孝孺在全国享有很高声誉，朱棣想加以利用，拉拢不成，仅希望能得其草诏，"以塞天下之人心"，即使如此，所得到的仍是"怒骂不已"。尤其是这里用了方孝孺怒答门人那两句话，更是起到了画龙点睛的作用，人们读了，感到十分痛快。传中对其学术思想渊源则说：

> 固为有明之学祖也。先生之学，虽出自景濂氏，然得之家庭者居多，其父克勤，尝寻讨乡先达授受源委，寝室为之几废者也。故景濂氏出入于二氏，先生以叛道者莫过于二氏，而释氏尤甚，不惮放言驱斥，一时僧徒俱恨之。

传中对朱棣穷凶极恶地迫害方孝孺还予以抨击，说"成祖天性刻薄，先生为天下属望，不得其草，则怨毒倒行，何所不至！"最后还引了蔡虚斋的评论，方孝孺道德文章"盖千载一人也"。

综上所述，像《明儒学案》这样全面而有组织特色的学术思想史专著，在中国封建社会自然属于首创。综观全书内容，讲阳明学派的占一半，有人认为这是黄宗羲的一种偏见，其实这完全是一种误解。应当知道，明代中叶以来，王学在社会上风靡一时，成为当时的显学，时代精神既然如此，编写史书，也就应当能够反映出这个时代的特点和社会精神面貌，特别是学术思想史，尤应理所当然地把占统治地位的学术思想全面反映出来，这对研究当时社会各方面的历史都是很有必要的。何况该书对于阳明以外的各学派，也都分别立有各自的学案，给予一定的位置。而书中的许多小传、按语，对理学弊病也都作了不同程度的批判。就如他在发凡中说的"尝谓有明文章事功，皆不及前代，独于理学，前代之所不及也，牛毛茧丝，无不辨晰"。表面看去，似乎在称颂，其实亦是在批评，因为黄宗羲主张学术研究必须"经世致用"，对于束书不观、空谈心性以及反对"文章事功"的学风，是深恶痛绝的，而明代理学家们，对"天崩地解"般的国家大事置而不问，对"牛毛茧丝"般的东西却百般"辨晰"。结果是越辨析越细致，逃避现实也就越巧妙。关于这点，他在《留别海昌同学序》中已经有过说明，他说：

> 尝谓学问之事，析之者愈精，而逃之者愈巧。三代以上，只有儒之名而已。……夫一儒也，裂而为文苑，为儒林，为理学，为心学，岂非析之欲其极精乎？奈何今之言心学者，则无事乎读书穷理。言理学者，其所读之书，不过经生之章句，其所穷之理，不过字义之从违，薄文苑为词章，惜儒林于皓首，封己守残，摘索不出一卷之内，其规为措注，与纤儿细士不见长短。天崩地解，落然无与吾事。犹且说同道异，自附于所谓道学者，岂非逃之者之愈巧乎？（《南雷文定》前集卷一）

当然，发凡那段批评是非常巧妙的，若是不了解黄宗羲的治学宗旨，又不知这篇文字，自然也会把它理解为对明代理学的颂扬了。

《明儒学案》是黄宗羲一生治学心血的结晶，此书的写作，不仅表明了他学识的渊博，也说明了他的独创精神，特别是全书编辑内容的取舍，更反映了他的治学精神及为学宗旨，因此，书成后不仅为人们所交口称赞，就是作者本人也非常自负。莫晋在所作序中说：

> 黄梨洲先生《明儒学案》一书，言行并载，支派各分，择精语详，钩玄提要，一代学术源流，了如指掌。要其微意，实以大宗属姚江，而以崇仁为启明，蕺山为后劲，凡宗姚江与辟姚江者，是非互见，得失两存，所以阐良知之秘而防其流弊，用意至深远也。

这一评论，基本上将该书的特色点了出来。后来梁启超从近代学术发展的要求作了评论，他说：

> 著学术史有四个必要的条件：第一，叙述一个时代的学术，须把那个时代重要各学派全数网罗，不可以爱憎为去取。第二，叙某家学说，须将其特点提挈出来，令读者有明晰的观念。第三，要忠实传写各家真相，勿以主观上下其手。第四，要把各个人的时代和他一生经历大概叙述，看出那人的全人格。梨洲的《明儒学案》，总算具备这四个条件。（《中国近三百年学术史·阳明学派之余波及其修正——黄梨洲》）

梁启超提出的四个条件都很重要，尤其是一、三两点，要真正做到是很不容易的。《明儒学案》的编纂，能够基本上做到反对宗派不树立门户，不从主观上下结论，这一精神值得称颂！当然，我们说"基本上做到"，就意味着做得并不彻底，还不全面，有些重要的学者、思想家应当立案而未立，如王世贞和李贽等人，无论从文学思想、史学思想，还是政治思想来说，对当时和后世都产生过较大的影响。黄宗羲之所以不给他们立传，是因为全祖望曾有过批评："先生不免余议者则有二：其一，则党人之习气未尽，盖少年即入社会，门户之见，深入而不可猝去；其一，则文人之习气未尽，不免以正谊明道之余枝，犹留连于枝叶。"（《鲒埼亭集外编》卷四四《答诸生问南雷学术帖子》）这就是说，在黄宗羲的学术思想中，那些习气的残余还很难一下除尽，既有残余存在，势必有所反映。他在学术上提倡独创，反对模拟，而王世贞则是当时文坛上倡导拟古的旗手，所以，尽管王世贞还做过文坛上的盟主,《明儒学案》仍没有他的位置。至于李贽,看来也许就是因为他好"骂先贤","生平喜骂人,且其学术偏僻"(《黄宗羲全集》第1册《破邪论·骂先贤》)①。在黄宗羲看来,这些言论恐有损于"名教",自然不宜收入。他在《泰州学案》小序中,也有所表白:

> 泰州之后,其人多能以赤手搏龙蛇,传至颜山农、何心隐一派,遂复非名教之所能羁络矣。顾端文曰:"心隐辈坐在利欲胶漆盆中,所以能鼓动得人,只缘他一种聪明,亦自有不可到处。"羲以为非其聪明,正其学术也,所谓祖师禅者,以作用见性。诸公掀翻天地,前不见有古人,后不见有来者,释氏一棒一喝,当机横行,放下拄杖,便如愚人一般。诸公赤身担当,无有放下时节,故其害如是。

唯其如此,就连颜、何诸人也仅在小序中略加叙述而不单独立传,当然李贽也就不可能被收入学案。这就说明,对于黄宗羲的学术思想及其著作的研究,也必须要用两分法的观点,在肯定其贡献的同时,还应当看到他的不足之处。因为他毕竟是封建社会的一位学者,尽管他能提出他同时代人所不曾提出的进步思想和政治主张,但他却跳不出所处的那个时代和那个阶级,这就不能不在他的思想和著作中打上时代和阶级的烙印。

三

黄宗羲编著《明儒学案》,其贡献不仅在于为我们留下了一部完善的学术思想史专著,而且还在于创立了一种新的史体——学案体。这是我国封建社会史学家所创立的最后一种史书体裁,也是史学发展的必然产物,在中国史学发展史上有着重要的地位。遗憾的是,自诞生以后,由于种种因素,学案体一直未得到学术界应有的重视,以致时至今日,在史书分类上还未得到应有的独立地位,大多将这类著作附在传记一类,甚至许多史学史专著,连

---

① 《破邪论》是一部独立著作,有人将它说成是《明儒学案》的内容,这是不对的。

这种体裁也只字不提，这显然是不确当的，实际上是无视这种史体的存在。众所周知，根据社会历史发展的需要，自司马迁创立纪传体以后，唐代杜佑编著《通典》，为典章制度的文化史编写开辟了一条新路，在中国史学发展上产生了重大的影响，最后便有政书体一类出现，自己另立门户。宋代袁枢的《通鉴纪事本末》成书以后，形成了纪事本末体，目录学也取得了一定的地位。我国封建社会进入宋代以后，社会上州县学校纷纷兴起，讲学之风盛行，书院林立，通过讲学，形成了许多学派，学派之间相互交流和竞争，促进了学术思想的发展和学术文化的繁荣。在当时的学术界，很讲究学术渊源和社会上各学派的师承关系，这一社会现象是以前各朝代所不多见的。历史是要反映社会现实的，对这一新出现的社会现象，自然无例外地也要反映。至于什么时候反映，用什么形式反映，那就是历史学家的责任了。中国的历史学家向来有着优良的传统，许多优秀的历史学家，总是站在时代的高度对历史进行总结，直接或间接地满足反映时代的要求。还在宋代，就有许多学者纷纷采取不同形式来总结反映这一现象。有的用传记，有的写年谱，有的编言行录。关于这点，章学诚曾有过论述：

> 魏晋以还，家谱图牒，与状述传志，相为经纬，盖亦史部支流，用备一家之书而已。宋人崇尚家学，程朱弟子，次序师说，每用生平年月，以为经纬。而前代文人，若韩柳李杜诸家，一时皆为之谱，于是即人为谱，而儒杂二家之言，往往见之谱牒矣。孟子曰："颂其诗，读其书，不知其人可乎！"以谱证人，则必阅乎一代风教，而后可以为谱。盖学者能读前人之书，不能设身处境，而论前人之得失，则其说未易得当也。好古之士，谱次前代文人岁月，将以考镜文章得失，用功先后而已；儒家弟子谱其师说，所以验其进德始终，学问变化。（《文史通义新编新注》外篇二《刘忠介公年谱叙》）

可见当代年谱之作，目的在于记载其师承关系和学术源流变化。南宋朱熹作《伊洛渊源录》一书，企图记述一个学派的学术发展和渊源，但它只是一种材料杂凑汇编，无严格体例，如卷一《濂溪先生》是由《事状》和《遗事》组成，前者看来是朱熹自撰。卷二《明道先生》则由《行状》与《门人朋友叙述》组成，前者是"伊川先生"所撰。卷三仍是《明道先生》，而由《书行状后》（游酢作）、《哀词》（吕大临作）、《墓表》（文彦博题）、《赞》（陈怡作）、《遗事》五个部分组成。卷四《伊川先生》，由《年谱》、《祭文》、《奏状》、《遗事》四部分组成。卷五《康节先生》，由《墓志铭》（程颢作）、《行状略》（张崏作）、《遗事》三部分组成。而且全书只是反映一个学派的学术渊源而已。明代万历年间（1573—1620），冯从吾作《元儒考略》一书，其实仅将元代诸儒各立一小传而已，正如《四库全书总目提要》所说："是编乃集元代诸儒事实，各为小传，大抵以《元史·儒林传》为主，而备采志乘附益之。"因此它不过是一部传记体史书。后来周汝登虽作过《圣学宗传》，孙奇逢作过《理学宗传》，但是这两部书从内容来讲，不仅疏略粗陋，而且也未能反映各家的学术宗旨。黄宗羲在《明儒学案·发凡》中，对这两部书都提出了批评，指出：

> 从来理学之书，前有周海门《圣学宗传》，近有孙钟元《理学宗传》，诸儒之说颇备。然陶石篑《与焦弱侯书》云："海门意谓身居山泽，见闻狭陋，常愿博求文献，广所未备，非敢便称定本也。"且各家自有宗旨，而海门主张禅学，扰金银铜铁为一器，是海门一人之宗旨，非各家之宗旨也。钟元杂收，不复甄别，其批注所及，未必得其要领，而其闻见亦犹之海门也。

可见，数百年来，两易朝代，尚无一人能圆满地完成宋代以来社会发展向史学家所提出的任务。就在这种情况下，作为历史学家的黄宗羲，便总结各种史体的编纂经验，要创立一种能够反映出一个时代各个学派的学术渊源和学术宗旨的学术思想史体例，于是《明儒学案》便伴随着新的史体——学案体而诞生了。在《明儒学案》完稿后，年已古稀的黄宗羲又发凡起例，用这一新的史体，续纂《宋元学案》，要完成历史所赋予的重任，虽仅成十七卷便逝世，但却体现出这位史学家的崇高责任感。

长期以来，评论黄宗羲的文章虽然不少，但大多偏重于论述他的政治思想和哲学观点，而对他在史学上的贡献，很少论及，当然对于他所创立的这种学案体更是很少有人问津。既然无人专门从事研究，许多人也就很自然地把它与传记体混为一谈，这显然是很不妥当的。可喜的是，海外有些学者对此倒很感兴趣，近年来先后发表了阮芝生《学案体裁源流初探》（杜维运、黄进兴编：《中国史学史论文集》）、黄进兴《学案体产生的思想背景》（《汉学研究》第 2 卷第 1 期）等文章，对学案体产生的源流进行研究。笔者拜读之余，深感这些研究者有不足之处，即对于这种史体的源流，未能找到点子上，偏重于学术思想史的内容，把《庄子·天下篇》、《荀子·非十二子篇》、《淮南子·鸿烈篇》等一一加以罗列，很少考虑到这种学案体的结构组成，也就是说，未从历史编纂学角度进行研究，更少考虑到这种史体产生的时代背景与学术发展要求。关于后者，笔者在前面已经谈了，它是宋代以来学术发展的必然产物。至于史体结构，不作分析也就找不到它的源流。海外学者也有仅从"学案"这一名称来探源的，从而得出结论：明代万历年间的刘元卿已作《诸儒学案》，似乎这种史体首创不是黄宗羲。岂不知刘氏《诸儒学案》仅辑二十六家语录，这在《四库全书总目提要》中已经指出。故虽名曰"学案"，与黄氏所创立之学案体并不相同。黄宗羲起初创立这种史体时，显然只是由三部分组成：即概述性的小序、学者小传和学者原著摘录。这三个部分，承担着各自不同的职能，有机地组成一种新的史体。概述性的小序，唐宋以来许多重要史学著作大多有所采用，唐朝初年所修《隋书·经籍志》每一类前皆有小序一篇，郑樵《通志》的"二十略"，每略前面亦均冠小序一篇，马端临的《文献通考》每考之前也列小序一篇，都起到了提纲挈领的作用。谈到人物传记，自然应当溯源于司马迁的《史记》，因为这种以人物为中心的传记，是由司马迁所创立的，关于这一点，清代历史学家赵翼在《廿二史札记》和《陔余丛考》中已作了详尽的考证。我们无论从哪个角度来谈论人物传记，都不能离开《史记》中的有关人物传而去奢谈《高僧传》之类，否则就找不到真正的源头。至于专门节录每个人物的著作言行而汇编成书的做法，也盛行于宋代，所以后世批评那些不认真读书钻研的人是袭宋人语录习气。当然，这种言行录若是选编得当，同样可以通过原始资料揭示出各家的学术特色和思想见解，所以从实质上讲，黄宗羲亦将其视作"列传之体"。他在《明名臣言行录序》中说："史之为体，有编年，有列传，言行录，固列传之体也。列传善善恶恶，而言行录善善之意长，若是乎恕矣。然非皎洁当年，一言一行，足为衣冠之准的者，无自而入焉。则比之列传尤严也。"(《黄宗羲全集》第 10 册)可见这种语录的编选要求是很高的。

通过上述分析，学案体各个组成部分的渊源应当说是比较清楚了。当然我们要说明的是，尽管组成它的三种体裁各有渊源，但其来源的性质、用途却与在学案体中不尽相同，何况把这三种体裁有机地结合在一种史体之中，使它们相互配合，形成一个完整的新体系，发挥各自不同作用，自然要经过一番精心的安排和组织，因此它绝不是随意的组合，而是一种创造。梁启超在评论《史记》五种体裁时曾这样说过："诸体虽非迁所自创，而迁实集其大成，兼综诸体而调和之，使互相补充而各尽其用，此足证迁组织力之强，而文章技术之妙也。"(《中国历史研究法》第一章)我们认为，用这个精神来评论黄宗羲所创立的学案体也同样是适合的。这种学案体所编著的著作，并不同于一般的学术思想史，正如杨向奎先生所说，像这样的著作，实际上是肩负起学术思想史和学术思想史资料选编的双重作用，这里还要说明的是，后来全祖望在续补《宋元学案》时，对这种史体又进一步加以完善。众所周知，宋元时期，无论就学派或学者而言，都远胜于明代，要想把许多错综复杂的学派、学者在百卷之内表达清楚，诚非易事。全祖望便利用表的作用，于书中各学案前，先立"学案表"，备举该学派的师友弟子，以明其师承关系和承授情况。这就为读者了解这些学派、学者在学术上的来龙去脉提供了很大方便，实给读者入室前起一登堂的作用。另外，在学案之内，又设置"附录"二项，载录学者的遗闻轶事，尤其是记述当时和后人的评论，做到长短得失，备录无遗，为后人了解和判断某一学者的功过提供足资参考的材料。这么一来，学案体更加完善，俨然成为一种独立的史书体裁。

用这种学案体来编撰学术史有明显的四大长处：第一，由于同一个学派放在同一个学案之中，因而每个人的学术渊源、师承关系都可以得到充分反映。第二，学术思想的发展变化都得到反映，既得知师承关系，又了解发展变化。因为有的学派，往往是同中有异，异中有同；有的虽同出一源，可是发展到后来却分道扬镳。第三，由于每个人的主要著作要点均已摘录，故对每个人的学术宗旨、思想特点，都基本上得以了解。第四，便于研究一个时代学术发展的大势和学风的盛衰，全书学案的设立，基本上体现出一个时代学术思想发展的特点，自然也就便于了解一个时代学术发展的主流及主要代表人物。如《明儒学案》一书，讲阳明学派的几乎占学案总数的一半，正是因为王学"门徒遍天下，流传逾百年"，当时的历史事实就是如此。上述四个优点，如果用今天流行的时髦术语来说，用这种史体编写学术史，既可以收到宏观研究的效果，使你了解一代学术发展之大势，又可起到微观研究的作用，因为它对每个学派和每个学者学术宗旨特点都有论列。

总之，《明儒学案》的编纂和学案体的创立，在中国古代学术史上树立了一座丰碑，在中国史学发展史上也占有重要的地位。尤其是学案体，即使在今天仍有其发展前途（当然难度大，非功力深厚而不能为也）。可是，随着封建王朝的结束，似乎封建时代史家所创立的史体也就完成了历史的使命，这实际上是一种误解。清道光年间（1821—1850），唐鉴撰《清学案小识》一书，虽名曰"学案"，实际上与黄氏所创立的学案体并不相符，民国时期有人竟将其与《宋元学案》、《明儒学案》合刻为《四朝学案》。更有甚者，近来有的学者，将江藩的《汉学师承记》与《宋学渊源记》也称为《清儒学案》，这完全是牵强附会。清亡后，徐世昌曾招收一批门客，编成《清儒学案》一书，体例虽符合学案体，但无论从所费功力还是从学术价值而言，均无法与黄、全所著之两部学案相比。正如杨向奎先生所说："徐世昌主撰之《清儒学案》出，名为《学案》，主传实鲜学术思想内容，而原著选编又多失当，于所谓学术思想史及学术思想史料的双重作用，都有不足。盖徐氏显宦不通晓清代学术思想源流，而假手众人，取舍未免失当。"（《清儒学案新编》一《清儒学案新编缘起》）正因如此，他遂另撰《清儒学案新编》八卷。

（本文原载仓修良：《史家·史籍·史学》）

全祖望和《宋元学案》

一

《宋元学案》由浙东学派第三代大家全祖望最后撰定。全书一百卷，记载了宋、元两代学术思想的发展概况，是我国封建社会中卷目最大、体例最完备的一部学术思想史著作。它的出现，使黄宗羲首创的学案体史体臻于完善。

全祖望，字绍衣，号谢山，自署鲒埼亭长、双韭山民，学者称谢山先生。浙江鄞县人。生于康熙四十四年（1705），卒于乾隆二十年（1755）。全祖望私淑黄宗羲，其学术上继南雷、季野，下开实斋、二云端绪，而又自辟途径，俨成一家之学，实为浙东史学继往开来之大儒。诚如严可均在《全祖望传》中所云："余观古今宿学，有文章者未必本经术，通经术者未必具史裁。服、郑之于迁、固，各自沟浍，步趋其一，足千古矣。祖望殆兼之，致难得也……自祖望殁后至今五十余年，其遗书出而盛行。知不知皆奉为浙学之冠。"（《铁桥漫稿》七）

全氏世居浙东，明亡后，家道中衰。至其父，以经术教授里中，并兼治史，尤致力于乡邦文献的搜集整理，这对全祖望后来的学术无疑有着一定影响。全祖望四岁时，其父教其读书识字，即能粗解章句。八岁开始，于诸经之外，兼读《资治通鉴》、《文献通考》诸书。文献记其"秋社过楼外，极管弦灯火之盛，不一顾也"（《鄞县志》），足见其童年时代学习之专注勤奋。十四岁时，从里中董次欧读书于三余草堂，董氏讲学和为人最持崖岸，弟子多不敢与他接近，唯独全祖望常同他争论经史上的问题。至时，全氏益务广览，颇留心地理、田赋、历算，他自己曾说："少时就父师受《春秋》学，亦颇留心地理，乃以杜、何、范、韦，合之班、马、桑、郦之籍，古今变迁，彼此同异，迄难臆决。"（《鲒埼亭集外编》卷四一《奉慈溪冯明远先生论燕虢封国书》）十六岁应乡试，从此走上了科举求达的道路，不久即中顺天乡试，而于雍正七年（1729）充选贡入都，至乾隆元年成进士，选庶吉士，其时年已三十二岁，不久即因"忤首辅张廷玉"而未能参加当年的鸿博试。当时全祖望负气以是科试题"为《五六天地之中合赋》，拟进卷。据《唐志》以纠《汉志》，又代《汉志》答《唐志》，出与试诸人右。当事者益疾之"（蒋天枢《全谢山先生年谱》），遂于次年散词馆，列全祖望于下等，出外"以知县用"。全氏遭此变故，遂愤归故里，"捃摭陈作，定为三十二卷"。从此便绝意仕途，虽有"选部之檄屡至，友朋之车乘频催，先生之不为贫窭动心久矣"（《全谢山先生年谱》），甘自贫寂，往来大江南北，一以征遗集亡为己任。其一生著作，绝大部分都成于这后一时期。晚年曾主讲蕺山、端溪两书院。

他一生性好读书，年轻时曾登范氏天一阁、谢氏天赐阁、陈氏云在楼，凡遇稀有之本必加抄录，入都后更是读书、抄书不辍。在翰林院时与李绂一同借读《永乐大典》，"但抄其所欲见而不可得者，而别其例之大者为五：其一为经……其一为史……其一为志乘……其一为氏族……其一为艺文……而吾辈力不能多蓄写官，自从事于是书，每日夜漏三下而寝，可尽二十卷"（《鲒埼亭集外编》卷一七《钞永乐大典记》）。他们从《永乐大典》中抄录的佚书，虽然字数不多，但这种纂辑佚书的工作，对后来学术的发展曾起了相当大的影响。全祖望当时就指出："其余偏端细目，信手荟萃，或可以补人间之缺本，或可以正后世之伪书。"（《鲒埼亭集外编》卷一七《钞永乐大典记》）从此，世方开从《永乐大典》辑佚书的工作。弃官归里后，全氏读书、抄书更勤，常年往来于杭州、扬州、苏州等地，登范氏天一阁、郑氏二老阁，寓马氏畲经堂、朱氏抱经楼，广读博著。在《天一阁碑目记》中他自己说："予之登是阁者最数，其架之尘封，衫袖所拂拭者多矣，独有一架范氏子弟未尝发视，询之，乃碑也……（其前所登者皆不及此架）至予乃清而出之……予方放废湖山，无以消日，力挟笔研来阁中，检阅款识，偶有所记，亦足慰孤另焉。"（《鲒埼亭集外编》卷一七）正是由于他能广读博识，才使其年轻时就以学问名誉京师。刘光汉在《全祖望传》中称"全氏为浙东文献宗，祖望承之，其学渊博无涯诶，于书靡不穿贯"，诚非虚言。阮元也说："吾观象山、慈湖诸说，如海上神仙，虽极高妙，而顷刻可成；万、全之学，则如百尺楼台，实从地起，其功非积年工力不可。"（《经史问答·序》）

全祖望学识宏博，承浙东学脉，而其见解又多有超南雷、季野者。虽然，"当事者不善护持，至使终身放废。人既厄之，天亦厄之"（严可均《铁桥漫稿》七《全祖望传》），然而他终不因此而废著述，其一生著作，蔚为可观，据其高弟董秉纯所言有三十余种，今天我们可见、可知者尚存二十多种。诸如《鲒埼亭集》内外编、《宋元学案》、《七校水经注》、《困学纪闻三笺》、《勾余土音》、《读易别录》、《经史问答》、《鲒埼亭诗集》、《公车征士录》、《读史通表》、《历朝人物亲表录》、《天一阁碑目记》、《沧田录》、《四明族望表》、《双湖志》、《年华录》、《四明洞天旧闻》等，而尤以前四种为最。他在时常饔飧不给、羸衰多病，特别是四十六岁那年因病一目失明的境况下，尚能有如此众多的著作，更是使人惊叹。所以阮元说："经学、史才、词科三者，得一足以传，而鄞县全谢山先生兼之。"

全祖望一生用力最多的是对历史文献的整理。

浙东自宋以来，即以文献名邦著称，其间学者辈出。然自清康雍以后，逐渐衰替。全祖望在《槎湖书院记》中就感叹，"呜呼，吾乡自宋元以来，号为邹鲁……槎湖殁后，吾乡之讲堂渐替，而人物亦骤衰"（《鲒埼亭集外编》卷一六），为使"五百余年攻愧、厚斋文献之传"不致中绝，他积极刊刻乡贤遗著，阐明其学术之渊源。自北宋的"庆历五先生"直至证人书院的耆旧，皆为采录言论，著述学行，撰次碑铭传记，从而使乡贤文献得以发扬。在撰辑《国朝甬上耆旧诗》时，全祖望曾"遍求之里中故家及诸人后嗣，或闷不肯出者，至为长跪以请之"。对明末清初在浙东一带抗清的志士仁人的活动，他更是大力加以搜集、整理，表彰他们的事迹，这也成为全祖望整理历史文献的主要内容。梁启超说他"精神所托，则在浙东"，其《鲒埼亭集》内外编共八十八卷内容中，绝大部分都属于此。更为可贵的是全祖望在写作过程中能"据事直书，隐寓褒贬"，给后世研究明史，特别是研究晚明历史的人留下了足可信赖的史料。这一点，正是与他的史学观点相一致的。全氏认为，史必须纪实，"而不知史以纪实，非其实者非史也"，又说："《春秋》之旨能诛之不能削之。惟据其实则可诛之，若削之，则是天地之所不能，而书生能之，无是理也。曰，然则当如何书？曰，吾惟从其实而书之耳。"（《鲒埼亭集》卷二九《帝在房州史法论》）正因如此，遂使他在当时忌讳森严、动辄得咎的情况下，留下一代信史。至于有的同志就此断言全祖望表彰明季忠烈是出于故国之思、民族气节，则未免失之偏颇。

在考据学上，全祖望也有杰出的成就，在年轻时就享有盛誉。当全祖望大科被放时，杭世骏就说："是科征士中，吾石友三人，皆据天下之最，太鸿之诗，稚威之古文，绍衣之考证穿穴，求之近代，罕有伦比。"（蒋天枢《全谢山先生年谱》）全氏这方面的代表作主要有《困学纪闻三笺》和《七校水经注》。特别是《七校水经注》，更是他"晚年精力所注，用功最勤"的一部著作。全氏对《水经注》的校注，颇有家学渊薮，且"代有发见"，"世但知是书之经与注乱，而不知注之自相乱也。夫注何以自相乱，盖善长之注，原以翼经，故其专言水道者为大注，其兼及于州郡城郭之沿革而不关于水者，乃小注……故大注为大文，小注则皆小字……不知何时尽变钞为大文，而于是注中之文义遂多中隔不相连属……是言也……首发之先司空公，实为创获。其后先宗伯公始勾出为朱墨分其界，先大父赠公又细勘之，至予始直令缮写为大小字，作定本，虽未必一一尽合于旧，然而较若列眉矣"（全祖望《水经五校本题辞》）。同时，全祖望又"剖别《经》注，改易次第，采诸家之长，补原文之佚"（薛福成《庸庵外编》），使全书面目更为改观。

全氏考据的最大特点，他不像乾嘉学者那样为考据而考据，而是把考据学与经世致用紧密地结合起来，他晚年所以勤于校注《水经注》，正如谢国桢先生所说的："是为了疏通沟渠，发展江浙的水利事业。"（《清史论丛》第2辑《清代卓越的史学家全祖望》）在校注过程中，他又能做到条贯诸水，"穷言按脉，庶免空言"，所以《七校水经注》的价值，绝不亚于黄宗羲所作《今水经》一书。

全祖望一生，尽管穷困潦倒，但他并未因此放弃对学术的追求，始终孜孜不倦，把自己的全部心血倾注在读书、讲学、著述上，给后世留下了许多珍贵的历史文献和作品。他生前，对黄宗羲推崇备至，认为黄宗羲是汉唐以来唯一可与司马迁、班固媲美的大儒。故他在晚年曾全力搜集整理黄氏遗著，欲同他人一道编辑《黄子大全集》，对黄宗羲未成之作《宋元学案》一书的修葺，更是不遗余力，他最后修成的《宋元学案》和黄宗羲的《明儒学案》，堪称古代学术史研究上的双璧。

二

《宋元学案》在全祖望一生著作中占有极重要的地位。此书的编纂,首发于黄宗羲,当黄氏于1676年修成《明儒学案》后,虽已年近七十,然犹想完成对宋、元两代学术史的撰著工作,乃发凡起例,开始修纂《宋元学案》。全祖望在《梨洲先生神道碑文》中说,黄氏"晚年于《明儒学案》外,又辑《宋儒学案》、《元儒学案》,以志七百年儒苑门户……尚未成编而卒"(《鲒埼亭集》卷一一)。这里,全祖望别称为宋、元两个学案,好似两部著作,但从后来流传的各种残本等情况来看当为同一部书,以后也有单称《宋儒学案》的,其实是以宋统括元代,并非只言有宋一代学术,这里有必要加以说明。

黄宗羲去世前,"命季子主一公(黄百家)纂辑之",但百家也仅修成数卷就下世了。此后这个工作就中辍下来。直到全祖望编辑黄宗羲遗著,才复又继续《宋元学案》这一巨著的编纂,"以补余姚黄氏之所未及"者,时间已在乾隆十年。这年的二月,全氏到宁波半浦祭黄宗羲,当时郑性之子郑临之嘱他续成黄氏《宋元学案》,全氏欣然应允,自云:"《宋元学案》多宗旨,肯令遗书叹失传?"(《鲒埼亭诗集》)慨然把修补此书视作自己义不容辞的责任。次年他即为修葺《学案》赴扬州,途中取黄氏旧本,重为增定,编次序目。他作诗云:"关洛源流在,丛残细讨论。茫茫溯薪火,渺渺见精魂。世尽原伯鲁,吾惭褚少孙。补亡虽兀兀,谁与识天根。"(《鲒埼亭诗集》)从五月抵达扬州直到十一月南归,其间全氏一直住在马氏籥经堂编修《宋元学案》,"予方修《宋儒学案》,而竹町(马懈谷)终日苦吟诗,时各互呈其所得"(《鲒埼亭集》卷三二《宝瓻集序》)。经近半年的补葺,加之黄氏父子去世时已留下足有几十卷残稿,因此《宋元学案》此时已成大部是可以肯定的。这从下面两个事实里可以看出,首先是当他南归途经苏州时,果堂送别全祖望的诗句中可窥一斑,诗中有"学案未全窥,宏词已饱沃"之句。鉴于全氏这次在陆氏水木明瑟园只小住了五天,所以果堂不能尽阅学案内容是可以理解的。但由此也可推断,《宋元学案》这时已足大观。其次是从乾隆十二年全祖望再次抵吴谋刻《宋元学案》(据董谱)的情况,也可得知此时全书虽未成编，然若非已成大部、指日可待，以全氏治学的精神，是绝不会有谋刻之举的。这年的夏天和九月，全祖望又在杭州、扬州两地继续修葺此书。可惜的是，此后他由于贫病交加，因谋生终少宁日，很少能有较集中的时间继续进行这项工作，直延至乾隆十九年，也即是在他谢世的前一年秋天，虽在扬州马氏畲经堂中"仍治《水经注》，兼补《宋儒学案》"，但终未能在生前修成完本。

全氏前后历时十年，大体完成了《宋元学案》一书。在其将归道山时，曾将自己一生著作分嘱给学生，而"以《宋元学案》嘱之卢月船（卢镐）先生，月船抄录未完"。虽然在全氏生前此书尚无完版，但部分内容已刊刻传世，特别是作为全书纲目的《序录》已成刻本，这就给后人补缮、研究此书提供了极大方便。"谢山先生，盖又以《学案》谋刻于郑氏，第所刻止《序录》与第十七卷《横渠学案》上卷。《序录》为谢山先生定本，百卷之次，首尾完密……《横渠学案》原本完全，故《序录》而外，先以是卷付刻。其第十八卷已刻数板而辍，盖刻于谢山末年，谢山卒而其事亦寝矣。"（《宋元学案》卷首《宋元学案·考略》）其身后《宋元学案》有四种残本，然都不曾有大的流传。一是卢镐所藏底稿本，卢氏虽也曾"久思补完之"，但终究未能如愿；二是蒋樗庵所藏底稿残本；三是黄氏后人校补本，此本曾经梨洲后人多代校补、抄缮，编成八十六卷，卷首冠以全氏所定百卷序录，可见亦非全本；四为郑氏二老阁刊本。到道光十八年（1838），经王梓材等人校补修葺，此书遂得完编而印行于世。后来，"国学基本丛书"收入的《宋元学案》，即为王氏校刻本。从何凌汉给王氏本所作《原叙》中所知，先得梨洲后人补本八十六卷，而全氏原本之藏于月船卢氏、樗庵蒋氏，珍秘不示人者，亦次第出之，王先乃与冯生（云濠）合而定之，整比诋舛，修辑缺遗，谢山《序录》百卷，顿还旧观。由于在校刊过程中，能见到各种残本旧稿，加之又有全氏自定《序录》提纲挈领，因此就总的而言，这个刊本是比较符合他原意的。特别是王梓材在最后定稿刊刻中不没其真，尽量反映原作的本来面目。他在书中条析各家旧作，"有梨洲原本所有而为谢山增损者，则标之曰'黄某原本，全某修定'；有梨洲原本所无而为谢山特立者，则标之曰'全某补本'；又有梨洲原本，谢山唯分其卷第者，则标之曰'黄某原本，全某次定'；亦有梨洲原本，谢山分其卷第而特为立案者，则标之曰'黄某原本，全某补定'"。又于"每学案中所采语录文集各条，有知为梨洲原本者，则注明'黄氏原本'；有知为谢山所补者，则注明'全氏补'。至于学派诸小传，有梨洲有传而谢山修之加详者，则注'修'字；有梨洲无传并无其名，而谢山特补之者，则注'补'字。庶使一目瞭然，不至两家混淆"（《宋元学案·刊例》）。至于各学案内的各家评析之语，更是用"宗羲案"、"百家谨案"、"祖望谨案"等别之。这也给我们今天研究这部著作提供了很大便利，《宋元学案》这部重要著作能得以本来面貌流传于世，王氏之功不可淹没。

《宋元学案》虽易几人之手才最后编纂成册，其中推首之功当为全祖望是毋庸置疑的，所作内容约占十分之六七，这从书中很容易看出。为了更好地说明问题，我们把全氏所修卷目作一罗列。《学案》百卷之数，真正标以学案之名的为九十五卷，其间若除去九卷因分上下而重复者，实际的学案数是八十六卷。这中间全祖望根据宋元学术发展的实际情况，新立黄氏旧本所无的学者、学派成学案的有二十七卷，即《高平学案》、《庐陵学案》、《古灵四先生学案》、《士刘诸儒学案》、《涑水学案》、《范吕诸儒学案》、《元城学案》、《华阳学案》、《景迂学案》、《兼山学案》、《震泽学案》、《陈邹诸儒学案》、《汉上学案》、《默堂学案》、《赵张诸儒学案》、《范许诸儒学案》、《玉山学案》、《清江学案》、《说斋学案》、《徐陈诸儒学案》、《二江诸儒学案》、《张祝诸儒学案》、《丘刘诸儒学案》、《存斋晦静息庵学案》、《巽斋学案》、《师山学案》、《萧同诸儒学案》。黄氏父子在立学案时，还把许多重要的学者或学派简单地归入一些学案名下，只稍加罗列。全祖望认为这种做法既不公允，亦与事实有很大出入。如他后来修定的《紫微学案》，黄氏认为吕本中曾历从杨、游、尹之门，而在尹氏门下最久，因此把他及其门人归于《和靖学案》内。全祖望从历史事实出发，认为吕本中"先生之家学，在多识前言往行以畜（蓄）德，盖自正献以来，所传如此，原明再传而为先生，虽历登杨、游、尹之门，而所守者世传也。先生再传而为伯恭，其所守者亦世传也。故中原文献之传，独归吕氏，其余大儒弗及也"（《宋元学案》卷三六《紫微学案》），因而别立吕本中及其门人为《紫微学案》。又如薛季宣和陈傅良，黄氏编修时把他们笼统地列入《永嘉学案之二》，全祖望认为"止斋（陈傅良）实从艮斋（薛季宣）分派，而非弟子"，而且两者后来的学术又都各具个性，因此，在修补时，把他们分立成两个学案并列。在《宋元学案》

中，经全氏分立的学案卷目还有这样二十五卷，即《荥阳学案》、《刘李诸儒学案》、《吕范诸儒学案》、《周许诸儒学案》、《王张诸儒学案》、《衡麓学案》、《五峰学案》、《刘胡诸儒学案》、《水心学案》、《龙川学案》、《西山蔡氏学案》、《南湖学案》、《九峰学案》、《沧洲诸儒学案》、《岳麓诸儒学案》、《丽泽诸儒学案》、《慈湖学案》、《絜斋学案》、《广平定川学案》、《槐堂诸儒学案》、《深宁学案》、《东发学案》、《静清学案》、《静修学案》、《静明宝峰学案》。这二十八个分列的学案，从体例到内容都出自全氏一人之手，因而实际上也属全祖望所特立。

上述可知，在八十六卷之数内，全祖望自立的卷数达五十五卷之多。此外，全氏还于《宋元学案》最后特立"元祐"、"庆元"两党案，以志宋代道学之兴衰；特列"荆公新学"、"蜀学"和"屏山鸣道集说"三个略，以统括宋元时期正统道学之外的其他学术情况，不使其沦落于宋元学术史之外。其他各卷又经他大量修补，又以《序录》发凡起例，贯理全书。因此，说《宋元学案》主要出自全氏之手，是不过分的。在这部学术史巨著中，自始至终贯穿着他的学术宗旨和治史原则。

三

学术发展继两汉经学、魏晋玄学和南北朝佛学之后，到了宋代一变而为理学。理学或称道学，是把儒家经学、道教与佛教相结合孕育杂糅而成的一种哲学思想体系，"是哲学化的儒学，其中渗透了佛教和道教的思辨方法和认识论"（侯外庐等主编：《宋明理学史》上册）。理学起自北宋，至南宋进一步发展，此后经元、明，直到清前期，虽流派杂出，但其影响却经久不衰，一直成为占统治地位的哲学思想。我们说，宋元的哲学思想体系和学术活动，主要是理学的内容，因而也就决定了一部宋元学术史必然是一部以理学和理学家的活动为主体的著作。早在黄宗羲、全祖望以前，就已有人作过这方面的努力，如周汝登的《圣学宗传》、孙奇逢的《理学宗传》，他们曾都想对理学和理学家们作一总结，但这两部著作不仅体例疏略粗陋，而且也未能反映出各家的学术宗旨。因此，编纂一部宋元学术史，很有必要，而到黄宗羲、全祖望时，他们的学识也决定了有可能做好这一工作。

黄宗羲在编写《明儒学案》时，创立了学案体这一新的史体形式，这种新史体实际上是由纪传史体演变而来，不过，当时这种史体就其体裁而言并不完善，直到全祖望续修《宋元学案》时，才使这一新的史体真正臻于成熟。这首先表现在他于每一学案内设立学案表，从而开了学术史著作中设表的先例。

宋元时期学术的特点之一在于这一时期学派繁多、学者纷杂。要想把许多错综复杂的学派、学者在百卷之内表述清楚，诚非一件易事。全氏匠心独具，在黄宗羲学案体原有的基础上加以完善，于每一学案的起端，先立学案表，在表中备举该学派的师友弟子，以明其学派的师承关系和传授情况。某些学者若在书中已立案者，则于表中注明"别见其学案"；有已附于他学案者，则注曰"附见某学案"。这就给读者了解这些学派、学者在学术上的来龙去脉提供了很大方便。我们举"高平学案表"为例：此表戚同文栏后，并列戚氏所传范仲淹，再传范氏诸子纯祐、纯仁等，其中因张载已别立《横渠学案》，所以在表中标出"张载，别为《横渠学案》"，这就既告诉了我们张载师承戚氏，又使我们了解到如果要知道张载学术的更多内容，可阅读《横渠学案》。同时表中还明列与戚氏同时的"高平讲友：胡瑗，别为《安定学案》；孙复，别为《泰山学案》；周敦颐，别为《濂溪学案》"。因为欧阳修之学术实与戚氏同调，故表中又列"高平同调：欧阳修，别为《庐陵学案》"。读完这张表，我们能很快地了解到戚氏讲学的前后左右各种关系。所以说，全氏在书中对学案表的设立，实给读者入室前起一登堂的作用。

史家作表，发自司马迁《史记》，虽说这一体裁"非迁所自创，而迁实集其大成"。此后，表就被历代史家誉作必不可少之作。随着史学的发展，表的形类也日趋丰富。浙东史家历来注重表的作用，万斯同所作《历代史表》，更是被黄宗羲称作"不朽之盛事，大有功于后学"。全祖望不仅继承了这一思想，于生前修过《读史通表》、《历朝人物亲表录》、《四明族望表》等，而且还把表运用到了学术史的写作上，实为一大创获，从而也把学案体这一新史体推向成熟。如果说他书中的《序录》有统管全书的作用，那么各学案端首所立之"学案表"，就有分掌各卷之功能。"学案表"与《序录》在书中互相羽翼，相得益彰。

同时，全祖望在书中还设置了"附录"，载录学者的逸闻轶事，尤其是记述当时和后人的评论，做到长短得失，备录无遗，为后人了解和判断某一学者的得失提供了足资参考的材料。如在《龙川学案》的陈亮附录中，记录当时和后人对他的评论达八条之多，其中如朱熹所言"同甫才高气粗，故文字不明莹，要之自是心地不清和也"，"同甫在利欲胶漆盆中"等。

我们知道，陈亮的永康学派，创兴于朱学盛行之时，他反对束书不观、流于空洞的义理之谈，主张功利。他的"谈王说霸"、"专言事功"自然与朱熹的"义理之说"要发生很大冲突。正如黄百家所指出的，陈亮为学"俱以读书经济为事，嗤黜空疏，随人牙后谈性命者，以为灰埃，亦遂为世所忌，以为此近于功利"（《宋元学案》卷五六《龙川学案》）。通过附录中的言论，我们可以在一定程度上看出当时朱学与永康之学存在的分歧实质。

《宋元学案》不仅在体例上相当完备，而且在总结宋元学术思想的过程中，无论史料的发掘归纳，还是作者持论，都做得相当出色，比《明儒学案》有许多更为优越的地方。具体地说，表现在以下三个方面：

1. 不定一尊，议论持平。

全氏治学，最反对门户之见，而宋明学者大都"好附门墙……喜争同异，于宋派尤详。语录学案，动辄灾梨，不啻汗牛充栋"（《四库全书总目提要》卷五八《元儒考略》）。许多学者"皆左袒非朱，右袒非陆"，而自为门庭。全祖望对诸家弟子这种倚墙门而各尊其师，相互贬低的做法很是不满，指出他们貌似尊师而实非善尊其师。在全氏看来，学术当"去短集长"，以使"和同受益"，而决"不应各持其门户"。因此在修补《宋元学案》时，他尽力做到公允平正，从他所立卷目顺次和卷内述评中，我们可以清楚地看到这一点。书中卷一、卷二立《安定学案》和《泰山学案》。这是因为"宋世学术之盛，安定、泰山为之先河，程朱二先生皆以为然。安定沈潜，泰山高明，安定笃实，泰山刚健，各得其性禀之所近，要其力肩斯道之传，则一也"（《宋元学案·序录》）。"宋兴八十年，安定胡先生、泰山孙先生、徂徕石先生始以师道明正学，继而濂洛兴矣"（《宋元学案》卷二《泰山学案》），这是符合宋代学术发展的实际情况的。宋代理学由胡、孙、石始倡，至周敦颐、张载、二程而发展，至朱熹、张栻而完成。三先生"上承洙泗，下启洛闽"，开七百年学术之先声，作为一部宋元学术史，自然得尊之首位。而当此之际，尚有戚同文同时讲学于睢阳，"有宋真、仁二宗之际，儒林之草昧也。当时濂洛之徒，方萌芽而未出，而睢阳戚氏在宋……相与讲明正学，自拔于尘俗之中……左提右挈，于是学校遍于四方，师儒之道以立"（《鲒埼亭集外编》卷一六《庆历五先生书院记》）。戚氏之学虽然不及上面三家之盛，然而作为宋代学术大盛之前的开创者之一，其功要自卓大，而黄氏父子在修纂中都弃而不书。全祖望乃于第三卷特立《高平学案》，志明其学，同时亦补黄氏父子之失。安定、泰山并起之时，闽中陈襄、郑穆、陈烈、周希孟四先生"亦讲学海上，其所得虽未能底于粹深，然而略见大体矣，是固安定、泰山之流亚也"。可长期以来，许多学者对他们在学术发展史上起过的作用都很少提及。全氏对此深为不满，他说："宋人溯导源之功，独不及四先生，似有阙焉。"根据事实修成《古灵四先生学案》而立于卷五。到宋庆历之际，学统四起，宋代学术进入了第一个高潮，诸如建中刘颜，浙东杨杜五子，浙西吴存仁，闽中章望之、黄晞，关中的申侯二子，川中的宇文止止等，这些学者和学派，虽然在宗旨上各有异同，有的甚至处于对立冲突之中，但他们在学术上所起的筚路蓝缕的作用，用启山林之功是不能抹杀的。全祖望在《宋元学案》中对他们都能如实加以立案述评，并不以学派尊微为取舍，虽如后来学术上集大成的二程、朱、陆，亦都只按书中体例，根据他们自身的学术情况，一一作出切合实际的叙述和分析，更不因为学术宗旨上的异同而任情褒贬。

  为了更好地说明这个问题，我们再举《荆公新学略》作一简单剖析。从儒家正统的立场出发，全祖望对王安石"天变不足畏，祖宗不足法"的变法主张是不赞成的，这在全氏批评蒲宗孟的话中说得很明白，蒲曾支持变法，所以全祖望就尖锐地指责他"能知先生（指濂溪），而茫茫不能知先生之道，以至阿附新法"（《宋元学案》卷一一《濂溪学案》）。不过全祖望把王学列入杂说一类，倒不是因其政治观点的分歧，而是全氏确实认为王学中禅学的成分太浓，他说："荆公欲明圣学而杂于禅……甚矣，西竺之能张其军也！"（《宋元学案》卷九八《荆公新学略》）从这个观点出发，他把王学归为杂学而不正式立案，但对王安石及其学说的评论却仍极平心静气，丝毫没有因为政治观点的分歧而意气用事。如王安石及其门人所修的《三经新义》，反对王安石变法的学者对此都是加以攻击的，可全氏在书中却公正地指出："初，先生（王安石）提举修撰经义。训释《诗》、《书》、《周官》，既成，颁之学官。天下号曰'新义'。晚岁为《字说》二十四卷，学者争传习之。"(《宋元学案》卷九八《荆公新学略》）他又说："荆公解经，最有孔、郑诸公家法，言简意赅。"他同时对王安石在治学过程中牵缠字说的弊病也客观地作了批评。对于前人指责王安石的言论，全祖望也不随口阿附，而是通过对事实的分析，提出自己的见解。如长期以来人们一直都认为王安石曾贬《春秋》为"断烂朝报"。对此，全祖望指出："至若《春秋》之不立学官，则公（王安石）亦以其难解而置之，而并无断烂朝报之说。……予观《宋志》，荆公尝作《左氏解》一卷，则非不欲立明矣。"(《宋元学案》卷九八《荆公新学略》）他认为王氏"断烂朝报"之说，纯属后人附会，因而一再替他辩解。

综上所言，我们说，《宋元学案》比黄宗羲的《明儒学案》在持论上要公正得多。黄宗羲因不赞同王世贞的学说便不立王氏于学案。而全祖望虽然认为王安石的学说中禅学的成分过多，但同时他认为王学在宋代毕竟曾居主要地位达五十年之久，因此把它修成略而入书中。所以梁启超说："谢山于晚明文献之外，最悉宋迄清初学术思想之流别，其持论或较梨洲尤博大平恕。"从《宋元学案》看来，梁启超对全祖望的这一评价是很贴切的。

2. 所纂小传，可补《宋史》不足。

与《明儒学案》一样，全祖望在各学案中为案主纂辑小传，以明学者之生平及学术宗旨。由于全氏在年轻时就有志于改正《宋史》，"少读《宋史》，叹其自建炎南迁，荒谬满纸。欲得临川书以为蓝本，或更为拾遗补阙于其间，荏苒风尘，此志未遂"(《鲒埼亭集外编》卷四三《答临川先生问汤氏宋史帖子》)。因此他对于宋代掌故，尤其是儒林人物事迹很熟识。而在修补《宋元学案》时，他又能考虑到以此来补《宋史》之不足，"微特《学案》所关，他日有重修《宋史》者，亦将有所采也夫"(《宋元学案》卷七六《广平定川学案》)。故而所立小传，有详于《宋史》本传者，有为《宋史》所无者。全祖望的这种纂修眼光，自在黄宗羲之上。(1) 补《宋史》所遗者。如卷五九中"静春门人"下对韩氏兄弟所立小传，在《宋史》中是找不到的，而《学案》中对韩氏世系、来历、家学及地位等，都叙述得甚为明了简洁。再如《宋史》对晁景迂等都不作传，全氏乃一一加以搜集整理，求其大略而登之学案。所以全祖望自己也说："予续修南雷《宋儒学案》，旁搜不遗余力,盖有六百年来儒林所不及知,而予表而出之者"(《鲒埼亭集》卷三〇《蕺山相韩旧塾记》)。(2)补《宋史》失之过简者。如"甬上四先生之传,陆学袁杨以显达,其教大行。然较其年齿资格,则在舒沈之下,《宋史》作《舒沈传》,寥寥短简,不足以见其底蕴。梨洲始求得《广平类稿》残编,其中有足资考证者,予因据之,别为舒传"(《宋元学案》卷七六《广平定川学案》)。再如对龙川学侣倪朴,《岳麓诸儒学案》中对吴猎等人,都细加审编,"摭拾于声尘消歇之余,登之学录"(《宋元学案》卷五六《龙川学案》)。

因此蒋天枢认为全祖望的《宋元学案》,"不徒赓续黄氏之旧。发微阐幽,有为七百年来儒林所不及知者"(蒋天枢《全谢山先生年谱》)。我们说,全氏《宋元学案》一书,不仅是学术史上的一大贡献,也给后人对宋史的研究提供了许多有利条件。

3. 对案主的言论广征博采。

《宋元学案》对案主的学术思想论著,不仅采择广泛,而且一一注明出处,为读者进一步了解他们的学术思想提供了方便。如卷四《庐陵学案》中,对欧阳修的《易童子问》摘录甚详,使我们在阅读了此卷内容后,对欧阳修的哲学思想等有一个比较清晰的了解。再如在《师山学案》中对郑玉的言语采录,不仅总注所采语录出自《师山文集》,而且在各语录条目下,又都细细注出子目,有《与王真卿》、《周易大传附注序》、《春秋经传阙疑序》、《余力稿自序》、《送徐推官序》、《送葛子熙序》、《王居敬字序》、《跋太极图西铭》、《也先脱因碑》等。从上面所列,我们可以看出全氏在摘引语录时的范围既广,且出处明白,同时,作者又把自己的一些观点和看法间杂其中。《明儒学案》虽也有语录,但它的采录既不及《宋元学案》广博,而语录的来源出处也没有注得如此清楚。

综上所述,我们可以看出,全氏续修《宋元学案》,不啻其体例比黄宗羲的《明儒学案》完整,而且其持论要比黄宗羲更为持平。这不只是从理论上而言,而是有着充足的事实根据。

《宋元学案》的长处,除了上述诸点外,还值得一提的是全祖望在第九十六、九十七卷设"元祐"、"庆元"两个党案。

北宋神、哲二宗时,由于王安石变法而引起的新旧两派争论,发展到后来,就酿成了党锢之祸。从北宋元祐党祸一直延续到南宋庆元党祸,新旧党的倾轧，为历史上所仅见。《四库全书总目提要》云："宋代忠邪杂进，党祸相仍，国论喧哗，已一见于元祐之籍。迨南渡后和议已成，外忧暂弭，君臣上下，熙熙然燕雀处堂。诸儒不鉴前车，又寻覆辙，求名既急，持论弥高……遂使小人乘其瑕隙，又兴党狱以中之，兰艾同焚，国势驯至于不振。"（《四库全书总目提要》卷五七《庆元党禁》）对于这样两次党争，早在南宋时，就有学者作《庆元党禁》试图加以总结，但终不能使人满意。这两次党争，事"关道学之兴废"，就元祐党祸来看，牵涉者多达九十七人，且"多是名德之臣"。加之庆元所入党籍之数，人员之多确为历史上所少见，而所及之人又多为饱学之儒。把这两次党锢修辑成编，正如王梓材所言，可使读者"考两宋道学之兴废所由"。因此，全祖望在《宋元学案》中专门组织成"元祐"、"庆元"两个党案：一方面，它可以揭示宋代学术发展起伏过程的线索；另一方面，它也可警示后来学者不可以门户争高低。可惜的是全氏原稿中这一部分已遗佚殆尽，只在《序录》中留下简短的一段按语。今天我们见到的只是王梓材等人的修补之作，至于它较之原稿为如何，也就无从得知了。

综上所述，我们可以看出，《宋元学案》是一部在体例上极为完善，持论上力求平允的学术史巨著。梁启超曾指出，写作学术史必须要做到这样四个方面：一是在叙述一个时代的学术时，必须把那个时代重要的学派全数网罗；二是在叙述某家学说时，应当将其特点提挈出来；三是要忠实传写各家真相；四是应把各位学者的时代和他一生经历作一大概叙述。《宋元学案》在这四个方面都做得相当出色。此书的写作，不单表明了全祖望学识的渊博，而且也说明了他的独创精神，反映了他的治学态度。

当然，由于全氏未及最后修改定编就去世了，因此难免书中存在着不少问题。首先是所采资料，不少地方繁简失当，尤其是失之过繁。广征博采对于后人研究某一学者的思想和学术情况有很大好处，但这并不是说就不要精了，而书中有些地方恰恰失之求精不足，过于粗糙繁杂。其次，书中有些地方也存在史料错误、年代颠倒的毛病。如朱陆鹅湖之会当在淳熙二年（1175），白鹿洞讲学则在淳熙八年，太极之辩更在淳熙十五年，可《象山学案》中黄宗羲将其年代次序颠倒，全祖望修补时也没有加以更正。有的学者就此断言全氏故意颠倒事实，有心调和朱陆学术的矛盾。我们认为这种论点未必妥当。因为无论全祖望还是黄氏父子，他们在强调朱陆学术一致方面的同时，也指出了他们的分歧所在。他们认为："陆主乎尊德性……朱主乎道问学……二先生之立教不同，然如诏入室者，虽东西异户，及至室中，则一也。"(《宋元学案》卷五八《象山学案》) 他们批评两家弟子"不深体究，出奴入主，论辩纷纷"，而看不到朱陆两家在主体方面的一致性。这里，我们丝毫看不出所谓有调和朱陆的意图。总之，作为这样一部巨著的初稿，存在一些问题自然在所难免，这些问题恐怕也未必符合作者的本意，更不能由此而对作者的主观意愿加以臆测。

（本文系与吕建楚合撰，原载《史学月刊》1986年第2期；收入仓修良：《史家·史籍·史学》）

雅俗共赏的《廿二史札记》

赵翼和钱大昕、王鸣盛，是乾嘉时代以考史著称的三大史家，他们的治史精神及其各自的代表作《廿二史札记》、《廿二史考异》、《十七史商榷》，可以反映出这一时代学术发展的精神面貌和史学研究的基本特色。三部史著虽齐名并称，但就其影响而言，《廿二史札记》显然远远超过钱、王两书。究其原因，钱、王两书过于专门，对于考订历代正史得失，贡献自然很大，但它们却有如阳春白雪，曲高和寡。而《廿二史札记》，在内容和形式方面都具有较为通俗的特色，因此它不仅是专业研究者的重要参考之书，而且也是初学历史者的重要入门之径。所以我们说它是一部雅俗共赏的史学名著，对于传播祖国历史知识、介绍历代正史都起过相当大的作用。它的内容既评史书，又论史事，实兼有《史通》和《读通鉴论》两书的性质，它的特点则是就史书而论史事。

赵翼，字耘松（亦作"云松"），号瓯北，江苏阳湖（今常州）人。生于雍正五年（1727），卒于嘉庆十九年（1814），享年八十八岁。乾隆二十六年（1761）进士，授翰林院编修，预修《通鉴辑览》。历官广西镇安知府，贵西兵备道等职。中年即以亲老乞养归，不复出仕，除两任安定书院主讲外，便居家专心著述。钱大昕于嘉庆五年为《廿二史札记》所作的序中说："中年以后，循陔归养，引疾辞荣，优游山水间，以著书自乐。"一生著述繁富，所著有《陔余丛考》四十三卷，《廿二史札记》三十六卷，《皇朝武功纪盛》四卷，诗文集共八十五卷。其中以《廿二史札记》影响最大，其嘉惠后学，确实无可估量。

关于《廿二史札记》著作之目的、方法和内容，赵翼在该书《小引》中曾有说明："闲居无事，翻书度日，而资性粗钝，不能研究经学，惟历代史书，事显而义浅，便于流览，爰取为日课，有所得辄札记别纸，积久遂多。惟是家少藏书，不能繁征博采，以资参订。间有稗乘脞说与正史歧互者，又不敢遽诧为得间之奇。盖一代修史时,此等记载无不搜入史局,其所弃而不取者,必有难以征信之处,今或反据以驳正史之讹,不免贻讥有识。是以此编多就正史纪、传、表、志中,参互勘校,其有牴牾处,自见辄摘出,以俟博雅君子订正焉。至古今风会之递变,政事之屡更,有关于治乱兴衰之故者,亦随所见附著之。"可见他自云这部书的著述,起初只是由"闲居无事,翻书度日"开始的。积久以后,才汇集成编,自然属于读书笔记性质。但从其条理清晰、归类井然、内容充实、有考有论来看,又非一般读书笔记所能比拟,俨然已是一部自成一体的专门著作。特别就全书内容所反映的思想来看,并不像自己所说"闲居无事,翻书度日"那么悠闲自得,其实是有所为而作。而其主要方法则是"以史证史",围绕着二十四部正史做文章,考异、辨误、纠谬,是以本书证本书,"就正史纪、传、表、志中,参互勘校",就是综合归纳史事,亦多摘引正史原文来加以论述。至于全书内容,除校勘文字、史事讹误之外,对于历代"风会之递变,政事之屡更","治乱兴衰之故",亦多有汇集和评论。全书成于乾隆六十年(1795),初刊于嘉庆四年(1799),历二十余年之久。

其书名为《廿二史札记》,其定书中所考者为二十四史,只不过未把《旧唐书》和《旧五代史》两部记入内而已。这是沿明人所谓"二十一史"之习惯,另加《明史》而成的称呼。全书内容明显可分为评论每部史书和综合重要史事两大部分。现就此两个方面略抒己见,以就教于专家和诸同志。

一、评论每部史书

二十四史是二十四部纪传体史书,这些史书在封建时代一直被视为正史。这套史书记载了从黄帝到明末共四千多年的史迹,是研究我国历史的基本史料,是祖国的重要史料宝库。可是过去对其作全面系统研究的人并不多,而赵翼在《廿二史札记》中对这二十四部史书,全面、系统、逐部地进行了分析和比较,每部史书均做到以类相从、各立标题,全书共六百零九目。每部史书除校勘文字和史事之讹误外,对其编纂经过、编著人员、史料来源、体例得失、方法优劣、史料真伪等方面都作了分析和研究,并评论其高下得失。这就说明赵翼不仅遍读了这二十四部史书，而且作了分析比较、综合归纳、钩玄提要等工作，这就显然不同于一般的读书笔记，而是需要花费很大功夫的。尽管他所作的评论和分析在今天看来不一定都正确，但为我们进一步研究这些史书毕竟提供了许多重要的线索和素材，而对于初学历史的人，尤为入门之径。

（一）叙述诸史著述的经过

研究一部史书，先了解这部史书编修过程、参加人员及分工执笔情况是非常必要的，这对于研究一部史书的是非得失、价值高下都有着密切的关系。为此，章学诚曾一再提出正史应当立《史臣传》，因为就私家著述而言，有祖述渊源之法需要阐明，有了《史臣传》，"史学渊源，作述家法"均可得以流传。"明师法之相承，溯渊源于不替"，是研究古代史家史著至关重要的内容之一。"他若聚众修书，立监置纪，尤当考定篇章，复审文字，某纪某书，编之谁氏；某表某传，撰自何人。乃使读者察其臧否，定其是非，庶几泾渭虽淆，淄渑可辨，末流之弊，犹恃堤防。"（《文史通义新编新注》外篇四《和州志·前志列传序例上》）可见研究每部史书的作述经过及分工编纂情况是很有意义的。赵翼在《廿二史札记》中，对此大多列有专篇加以叙述，如"司马迁作史年岁"、"班固作史年岁"、"旧唐书源委"、"元史"、"明史"等条目，都是叙述这方面内容的。如"班固作史年岁"条就历叙班固作《汉书》之始末，指出：

> 凡经四人手，阅三四十年，始成完书，然后知其审订之密也……自永平始受诏，积二十余年，至建初中乃成，是固成此书已二十余年。其八表及《天文志》尚未就而固已卒，和帝又诏其妹昭就东观藏书阁踵成之。是固所未成，又有妹为之卒业也。《汉书》始出，多未能通，马融伏于阁下，从昭受读。后又诏融兄续继昭成之，是昭之外又有马续也。百篇之书，得之于史迁者，已居其半，其半又经四人之手而成。……益信著书之难也。

又如"元史"条，详细介绍了明初编修《元史》的情况，当时仅"得元十三朝实录，即据以修辑，此《元史》底本也"。由于元代史官作实录有所忌讳而不敢直书，"是元之实录已不足为信史，修《元史》者即据以成书，毋怪乎不协公论"。加之元建国以后，史官不备，许多记载，多为事后追述，实多舛漏。甚至"不置日历，不设起居注，独中书置时政科，遣一文学掾掌之。以事付史馆，及易一朝，则国史院即据以修实录而已"。这说明，元代留下来的史料实在太少，毫无选择余地，巧妇难为无米之炊。此种情况，实难过分责难编修人员，何况主编宋濂、王祎，无论文学、史才皆为人们所称道。修史的客观条件如此，再遇上刻薄寡恩的君主明太祖，左右都怕触犯忌讳，根本无法施展他们史学上的才能。关于这点，赵翼在"元史"条末按语中亦已指出：

> 明洪武二年，得元十三朝实录，命修《元史》，宋濂、王祎为总裁。二月开局，八月成书。而顺帝一朝史犹未备，乃命儒士往北采遗事。明年二月，重开史局，六月书成。今按《元史》列传三十一、二卷，已载元末死事诸臣泰不华、余阙等传矣。乃三十三卷以后，又以开国时耶律楚材、刘秉忠、史天倪、张柔、张弘范等传编入，几于前后倒置。盖三十二卷以前系初次进呈，三十三卷以后则第二次进呈者。诸臣以太祖威严，恐干烦渎，遂不敢请将前后两书重加编订耳。

明知编次不妥，但慑于明太祖的威严，也只好随它去了。我们只要了解到上述情况，自然也就不会去过分苛责《元史》的编修者了。可见能够比较全面地了解每部史书的编纂情况，对于准确评价每部史书及其作者关系极大，《廿二史札记》在这方面确实作了不少探索，为后人进一步研究提供了许多方便条件。

（二）指出诸史材料的来源

史料来源，是研究一部史书价值高下的重要方面。因此赵翼在《廿二史札记》中对二十四部正史的史料来源和取舍，大多作了较为深入的探索和考证，并立专篇加以论述。就以大家所熟悉的《史记》、《汉书》两书而言，在"班固作史年岁"条中，他指出"《汉书》武帝以前，纪、传、表多用《史记》文，其所撰述，不过昭、宣、元、成、哀、平、王莽七朝君臣事迹"，"百篇之书，得之于史迁者，已居其半"。但同时他又指出，在武帝以前，《汉书》也增加了不少新的内容，还增立了新传，这在"汉书增传"和"汉书增事迹"两目中都有胪列，有的还作了评论，如"汉书增传"条里载："《史记》无《苏武传》，盖迁在时，武尚未归也。《汉书》为立传，叙次精采，千载下犹有生气。合之《李陵传》，慷慨悲凉，使迁为之，恐亦不能过也。魏禧谓固密于体，而以工文专属之迁，不知固之工于文，盖亦不减子长耳。"他首先指出《史记》所以不作《苏武传》，因为司马迁作《史记》时，"武尚未归也"。班固作《汉书》为之立传，这是理所当然的。接着他便对《苏武传》作了很高的评价。我们认为，这一评价是符合实际情况的。《苏武传》在《汉书》里是写得十分成功的一篇人物传记，他表扬了苏武坚贞不屈的民族气节和高贵的品德，通过具体情节的描写，突出了苏武视死如归的英雄形象，在高官厚禄的利诱面前，苏武丝毫不为所动，他大义凛然地说："自分已死久矣！王必欲降武，请毕今日之欢，效死于前！"充分表示忠于祖国的决死信念。像这样的传记，确实千载以下，人们读了"犹有生气"。又如在"汉书多载有用之文"里，赵翼指出有些"经术之文，干济之策"，《史记》多不收入，而《汉书》"于文字之有关于学问，有系于政务者，必一一载之"。像贾谊《治安策》，《史记》"竟不载"，赵翼说："此策皆有关治道，经事综物，兼切于当日时势，文帝亦多用其言，何得遗之！《汉书》全载。"《汉书》在录用《史记》原文时，有的也作了变动，而这种变动是非常必要的，合乎情理的。对此赵翼在"汉书移置史记文"条中说：

> 武帝以前纪传，多用《史记》原文，惟移换之法，别见剪裁。如鸿门之会，沛公危急，赖项伯、张良、樊哙等得免；彭城之败，汉王道逢孝惠、鲁元，载以俱行；陈平间楚使，去范增；鸿沟解兵，张良、陈平劝汉王追楚；汉王至固陵，彭越、韩信兵不至，用张良策，分地王之，遂皆会兵等事，《史记》皆详于《项羽本纪》中。《汉书》则《项羽传》略叙数语，而此等事皆详于《高祖纪》内。盖《史记》为羽立纪，在

《高纪》前，故大事皆先载《羽纪》，使阅者得其大概，而其下诸纪传，自可了然。《汉书》则项羽改作列传，次于帝纪之后，而《高纪》则在首卷，故此等事必先于《高纪》详之，而《羽传》不必再叙也。

这就是说，由于体例、先后次序之改变，叙事内容之先后也必须作相应的变动。这也说明，材料尽管取之于《史记》，但为了适应自己编书体例的要求，还要作必要的"移换"和"翦裁"。至于论述其他诸史之取材，典型者如"宋书多徐爰旧本"、"梁书悉据国史立传"、"南史增齐书处"、"南史增删梁书处"、"南史于陈书无甚增删"、"旧唐书前半全用实录国史旧本"、"薛史全采各朝实录"、"欧史不专据薛史旧本"、"宋史多国史原本"等条目，都比较集中地论述这一问题。这一工作虽无须怎样别出心裁，但毕竟还要细心加以综合排比，这对帮助了解各史的史学价值无疑是有好处的。

（三）评论诸史体例得失

赵翼对于每部史书，都是先叙述其著述经过，指出其材料来源，再评论其长短得失。他不仅对纪传体五种体裁有总的评论，而且对于各史在编纂上凡有所创造的，亦多分别加以肯定。正如钱大昕在为《廿二史札记》所作的序中说："于诸史审订曲直，不掩其失，而亦乐道其长。"在"各史例目异同"条里，赵翼首先论述五种体裁的来历及其在纪传体中的地位价值，然后历叙诸史对几种体裁的因袭、变例和发展。本纪："古有《禹本纪》、《尚书世纪》等书，迁用其体，以叙述帝王。"世家："古来本有世家一体，迁用之以记王侯诸国，《汉书》乃尽改为列传。"表："《史记》作十表，仿于周之谱牒，与纪传相为出入。凡列侯将相三公九卿功名表著者，既为立传，此外大臣无功无过者，传之不胜传，而又不容尽没，则于表载之，作史体裁，莫大于是。""表多则传可省，此作史良法也。"书志："八书乃史迁所创，以纪朝章国典。《汉书》因之作十志。"列传："古书凡记事立论及解经者，皆谓之传，非专记一人事迹也（说见《陔余丛考》）。其专记一人为一传者，则自迁始。"在赵翼看来，这五种体裁，前三种古已有之，司马迁经过改造而沿用，书志、列传两种则为司马迁所独创。这个看法是可以成立的。有人认为传记之体亦古已有之,所以他特别强调"古书凡记事立论及解经者,皆谓之传,非专记一人事迹也",为此他在《陔余丛考》中还专门作了考证,指出:

> 列传叙事,则古人所无。古人著书,凡发明义理,记载故事,皆谓之传。孟子曰:"于传有之",谓古书也。左、公、穀作《春秋传》,所以传《春秋》之旨也;伏生弟子作《尚书大传》、孔安国作《尚书传》,所以传《尚书》之义也。《大学》分经、传,《韩非子》亦分经、传,皆所以传经之意也。故孔颖达云:大率秦汉之际,解书者多名为传。又汉世称《论语》、《孝经》并谓之传。……是汉时所谓传,凡古书及说经皆名之,非专以叙一人之事也。其专以之叙事而人各一传,则自史迁始,而班史以后皆因之。

从赵翼考释来看,先秦古籍和秦汉之际所称之传,与列传和传记之传显然不同。可是近人仍有坚持是说,认为"传体不是司马迁所创",而是"早已存在"。因此,再将赵翼考证详引于此。

赵翼在《廿二史札记》中评论史书,很重视体例和书法,凡在体例上有新意、有变革者,大多予以肯定。范晔的《后汉书》在编纂体例上一个很大特点是叙事以类相从:在《史记》、《汉书》已有的类传之外,根据东汉一代的社会风貌特点,又创立了许多新的类传,编写中又多不拘时代先后,各就其人之生平事迹,以类相从。赵翼对此十分赞赏。萧子显的《南齐书》列传也多用类叙法,亦深得赵翼所赞赏。他在《廿二史札记》中专门写了"齐书类叙法最善"条加以评述,指出:"《齐书》比《宋书》较为简净。……《孝义传》用类叙法尤为得法。盖人各一传,则不胜传。而不立传,则竟遗之。故每一传,辄类叙数人。""带叙法"也是人物传记中一种编纂方法,这种方法是不必立传,而将某人事迹附带在别人传中予以叙述,赵翼认为这是"作史良法"。他说:

> 《宋书》有带叙法,其人不必立传,而其事有附见于某人传内者,即于某人传内,叙其履历以毕之,而下文仍叙某人之事。如《刘道规传》,攻徐道覆时,使刘遵为将,攻破道覆,即带叙遵淮西人,官至淮

南太守，义熙十年卒。下文又重叙道规事，以完本传。……盖人各一传，则不胜传。而不为立传，则其人又有事可传。有此带叙法，则既省多立传，又不没其人。此诚作史良法。但他史于附传者，多在本传后，方缀附传者之履历，此则正在叙事中，而忽以附传者履历入之，此例乃《宋书》所独创耳。(《廿二史札记》卷九"宋齐书带叙法"条。本篇凡引用该书的，只注明卷数和篇名)

这也说明赵翼对每部史书的阅读都是十分仔细的，既可看出每部史书存在的问题，也可发现每部史书编修中的优良方法，从而有可能总结出修史中的经验和教训。又如他在"辽史立表最善"条中，大谈史书中应当充分发挥表的作用。他认为《辽史》体例"亦有最善者，在乎立表之多。表多则传自可少"。不仅列传如此，"又如内而各部族，外而各属国，亦列之于表，凡朝贡叛服征讨胜负之事，皆附书其中，又省却多少外国等传，故《辽史》列传虽少，而一代之事迹亦略备"。他在肯定这些长处的同时，又指出其不足之处，"惟与宋和战交际之事，则书于本纪而不复立表。盖以夏、高丽、女真之类，皆入于《属国表》，宋则邻国，不便列入也。然《金史》特立《交聘表》，凡与宋交涉之事，一览瞭如。《辽史》虽旧无底本，而元人修史时，既于《金史》立此表，独不可于《辽史》亦立此表乎？"他认为："此又修史诸人之失也。"这样的评论自然是很公允的，完全从总结经验出发，丝毫没有指责的意思。这也说明，在赵翼看来，史表不单可以用于人物，以减少列传，而且对于历史事件亦可充分发挥表的作用。一部史书，若能多用史表，无疑可以做到文省而事丰。总之，赵翼在评论史书时，凡在体例上有独创、有新意或用得得法者大多加以表彰，对各史在编纂上所具有的某些特点，一般也都予以点出，因为在他看来，"无所因而特创者难为功"，所以他对司马迁创立纪传史体是极口称赞。他说：

司马迁参酌古今，发凡起例，创为全史，本纪以序帝王，世家以记侯国，十表以系时事，八书以详制度，列传以志人物。然后一代君臣政事，贤否得失，总汇于一编之中。自此例一定，历代作史者，遂不能出其范围，信史家之极则也。魏禧序《十国春秋》，谓迁仅工于文，班固则密于体，以是为《史》、《汉》优劣。不知无所因而特创者难为功，有所本而求精者易为力，此固末可同日语耳。（卷一"各史例目异同"条）

这个评论应当说是合乎情理的，无论文体、史体，开创自然要难，而有所本以后，不断革新完善，精益求精，自然要容易得多。事实正如赵翼所说，自司马迁创纪传体以后，经班固整齐划一，虽说不上是"史家极则"，实际上历代正史的编修，确实都跳不出这个框框，可见赵翼所说还是对的。当然，对于有的史书节外生枝、无益于史学发展的一些做法，书中也都提出了批评。如关于子孙附传之例，则作史者所不宜提倡。他说："传一人而其子孙皆附传内，此《史记》世家例也，至列传则各因其人之可传而传之，自不必及其后裔。"他指出："其以子孙附祖父传之例，沈约《宋书》已开其端。"到了魏收作《魏书》，便大肆泛滥，一人作传，竟附入数十人之多，"子孙兄弟宗族，不论有官无官，有事无事，一概附入，竟似代人作家谱。……《南北史》仿之而更有甚者"。赵翼在列举事实，说明此种做法引起许多混乱之后，进而指出"此究是作史之弄巧成拙。此后宋子京修《唐书》，反奉以为成例而踵行之，其意以为简括，而不知究非史法也"（卷一〇"南北史子孙附传之例"条）。这个批评自然是正确的。可见有些体例本来是作史中所创立的一种很好的方法，由于失去节制，最后便走向反面。可见赵翼对这些方面的评论，还是有一定分寸的。

赵翼在评论史书优劣得失时，除了从各种体例上加以衡量外，很重视史书内容是否丰富，记载是否真实，这个着眼点是很正确的。如果一部史书，所记内容过于简单，人们看了说明不了问题，或史料虽然丰富，曲笔过多，掩盖了历史真相，这样的史书，价值自然不大。唯其如此，他尽管主张修史文笔应力求简净，但却不主张以繁简作为评论史书优劣的标准。他在"汉书多载有用之文"条里说：

晋张辅论《史》、《汉》优劣，谓司马迁叙三千年事，惟五十余万言。班固叙二百年事，乃八十余万言，以此分两人之高下，然有不可以是为定评者，盖迁喜叙事，至于经术之文，干济之策，多不收入，故其文简。固则于文字之有关于学问，有系于政务者，必一一载之。此其所以卷帙多也。今以《汉书》各传，与《史记》比对，多有《史记》所无，而《汉书》增载者，皆系经世有用之文，则不得以繁冗议之也。

可见他重在"经世有用"，他还特地举例说明，如贾谊《治安策》，"皆有关治道，经世综物，兼切于当日时势"。晁错《言兵事疏》、《募民徙塞下疏》等，"皆有关时事国计"。《史记》不载而《汉书》全录，在他看来这是十分必要的，而在今天看来就更为重要。他又在"新书详载章疏"中，指出《新唐书》对《旧唐书》虽作了大量删节，然对于"奏疏当存者，或骈体，或虽非骈体而芜词过多，则皆节而存之，以文虽芜而言则可采也"。在列举大量事例之后，他接着评论说："皆有关国计利害，民生休戚，未尝不一一著于篇，此正宋子京作史之深意，非徒贵简净而一切删汰也。"他在书中还特列"南史过求简净之失"专篇，论述《南史》有"过求简净而失之者"的毛病，列举许多事实，说明《南史》有许多删节，"未免徒求文字之净，而没其情事之实矣"。而对于《明史·太祖本纪》参考之书"无虑数十百种，类皆资其采掇"的做法，他无疑深表赞赏，不仅如此，他还称赞"近代诸史"，"未有如《明史》之完善者"的一个重要原因也在于"博览群书"。他说："《明史》则博览群书，而必求确核。盖取之博而择之审，洵称良史。"（卷三六"明祖本纪"条）可见首先要有"取之博"的"博览群书"，然后才能做到"择之审"的"必求确核"，若无"博览群书"为前提，也就无法做到择善求精。当然，对于那些无用的文字，"琐言碎事"，与国家大事无关系者，则"必删汰之"，"以归简净"。所以他在"南史删宋书最多"条中说："《宋书》本过于繁冗，凡诏、诰、符、檄、章、表，悉载全文，一字不遗"，而李延寿则大刀阔斧，删去十之五六。"《南史》于此等处，一概删削，有关系者，则橐栝数语存之，可谓简净，得史裁之正矣。"可见他对李延寿的做法，既有批评，也有肯定。他尽管批评"李延寿修史，专以博采异闻，资人谈助为能事，故凡稍涉新奇者，必罗列不遗"（卷一一"南史增梁书琐言碎事"条），但对于所增"有用"之文或事，还是充分肯定的。如在"南史增梁书有关系处"条，他列举大量事例以后说："以上皆增《梁书》，而多有关于人之善恶，事之成败者。"对于评论人物和事件有着重大关系的，自然应当增补。而这个做法，自然也应视为"得史裁之正"。同样，他对《新唐书》

所作的增删,亦持此态度。他说:

> 五代纷乱之时,唐之遗闻往事,既无人记述,残篇故籍,亦无人收藏。虽悬诏购求,而所得无几,故《旧唐书》援据较少。至宋仁宗时,则太平已久,文事正兴,人间旧时记载,多出于世,故《新唐书》采取转多。今第观《新书·艺文志》所载……无虑数十百种,皆《旧唐书》所无者。知《新书》之"文省于前,而事增于《旧》",有由然也。试取《旧书》各传相比较,《新书》之增于《旧书》者有二种,一则有关于当日之事势,古来之政要,及本人之贤否,所不可不载者,一则琐言碎事,但资博雅而已。(卷一七"新书增旧书处"条)

这里难能可贵的是,他在评论两书内容是否充实的时候,特别指出两书撰写的时代条件,说明其史料来源之难易,使读者进一步了解到,《旧唐书》记事所以过简,由于史料所限,而《新唐书》所以能够增加内容,在于史料来源之丰富,因此记事内容理所当然应当超过《旧书》。事实上《新书》许多内容也并未做到"事增于《旧》",那自然就要归咎于作者的主观能动作用了。他认为《新唐书》书法,多可议者",特别是本纪的叙事过于简略,致使许多历史事实隐晦而不可解,他在列举许多事实后指出,"此皆欧公过求简净之失也",并说:"宋景文于列传之功,实费数十年心力。欧公本纪,则不免草率从事,不能为之讳也。"(卷一六"新唐书本纪书法"条)一则"过求简净",一则"草率从事",于是本纪就出现记事简略、体例书法不一、叙事前后矛盾等毛病。以上事实表明,赵翼评论史书,并不单纯着眼于文笔的"简净",似乎更为注重"有用"。有用之文,虽兼收并录而不为繁;无用之文,应尽量删除方可称简。是繁是简,当视具体需要而定,不能一概而论。正是基于这一观点,所以他对于《旧五代史》从《永乐大典》中辑出,给予很高评价。他认为该书"虽文笔迥不逮欧史,然事实较详。盖欧史专重书法,薛史专重叙事,本不可相无。以四五百年久晦之书,一旦复出,俾考古者得参互核订,所以嘉惠后学,诚非浅鲜也!"(卷二一"薛居正五代史"条)《元史》是大家公认修得比较差的正史,但对其列传详记月日的做法,赵翼却给予高度评价,认为其做法"虽近于记功簿籍,如李孟所谓誊写吏牍者。然记事详赡，使后世有所考，究属史裁之正，固不必以文笔驰骋见长也"（卷二九"元史列传详记日月"条）。可见他的心目中，"记事详赡"，"究属史裁之正"，自然不能忽视。

（四）评论史家作史的态度

据事直书是我国史学领域里重要的优良传统之一，它是在与曲笔、讳饰的斗争中发展起来的。赵翼在《廿二史札记》中评论史家和史书时，继承了这一优良传统，对于许多史家坚持直书的实录精神予以赞扬，而对那些曲笔和"回护"现象，都作了不同程度的揭露和抨击。他认为据事直书，乃是"史家正法"，作史者都应如法而行。他赞扬"范蔚宗于《三国志》方行之时，独不从其例"，"虽陈寿修书于晋，不能无所讳。蔚宗修书于宋，已隔两朝，可以据事直书。固其所值之时不同，然史法究应如是也"（卷六"后汉书三国志书法不同处"条）。他列举事实说明，范晔都能做到"立论持平，褒贬允当。足见蔚宗之有学有识，未可徒以才士目之也"（卷四"后汉书编次订正"条）。他在"元史回护处"条里指出："《元史》亦多回护处，非明初修史诸人，为之著其善而讳其恶也。盖元时所纂功臣等传，本已如此，而修史者遂抄录成篇耳。"毛病只出在考订不精，轻信旧史，这就不涉及品德问题，因为不是明知其事而故意为之著善讳恶。从其有些传记叙事来看，还是能做到"善恶两不相掩，所谓存是非之公者"，所以赵翼说："宋濂等修史时，刘基等方同在朝，而其先仕于元之处，直书不讳，此亦为直笔。"对于同朝共事者的先人能够不为之隐讳，这就更加显示出作者为人正直，史德高尚。尽管由于种种原因，《元史》修得未能令人满意，但这种敢于大胆直书的精神，还是值得大加赞扬的。况且此种情况自官修史书以来还不多见。又如对于《旧五代史》，赵翼在书中也立了"薛史亦有直笔"条专条，指出"薛史虽多回护处，然是非亦有不废公道者"，特别是"列传诸臣，多与居正同仕前朝，否则其子孙，亦有与居正同官于宋者"。所写列传，多能直书其事，并不为之隐讳。所以赵翼认为，这正是"薛史之终不可没"的重要因素。

对于曲笔，赵翼在书中评论得就更多了，因为这在修史中确实是个大问题。史料真实与否，直接关系到史书价值之高下。而史料的真实，又与写史人的史识与史德有密切关系，所以曲笔与讳饰，也就成了他评论史书的一个重点。从二十四史来说，陈寿的《三国志》，一直被视为开曲笔、回护之先例，因而也就成为赵翼评论的典型。他在书中列了"后汉书三国志书法不同处"、"三国志书法"、"三国志多回护"三条，揭露陈寿为魏、晋统治者讳饰的事实。陈寿一开此例，魏晋南北朝时期写史，曲笔、回护几乎成风。所以赵翼在书中一再指出："自《三国志·魏纪》创为回护之法，历代本纪遂皆奉以为式。"他特别指出不少史书写易代之际，要"两头隐讳"，这就势必把历史真相搞得黑白混乱，是非颠倒。篡夺一律变成了"禅让"，并成为朝代更替的习惯用语。"反"、"叛"、"功"、"义"，一切唯主是从，全无是非标准。对这些现象赵翼深为不满，因此书中用比较多的篇幅加以揭露和批评，这是很有必要的。

正如有的同志所说，赵翼是把直书寄托在私人修史身上。他从总结历代修史经验得出，私人修史具有两大好处，一是可以自成一家之言，二是可以做到"据事直书"。他在"三国志书法"条中劈头就说："自左氏、司马迁以来，作史者皆自成一家言，非如后世官修之书也。"历史事实确如赵翼所说，私人修史，可以承其家学渊源，发凡起例，而成一家之言，这也正是历来著名的历史学家和史学评论家所提倡的。黄宗羲就曾提出反对"依样葫芦"、"倚门傍户"，而贵其自得。史馆修史，修史者必须秉承监修的意旨，例行公事，个人无法标新立异，严重束缚了修史人员的手脚。正因如此，自唐设史馆以来，封建政府垄断了纪传体正史编修大权，再也没有出现过一部著名的纪传体史著，所以赵翼提出只有私人修史，才有可能充分发挥史家的聪明才智，才有可能成一家之言。因此他评论李延寿"北史全用隋书"，完全背离了私人修史的宗旨和原则。他指出："《隋书》书法，承历代相沿旧例，尚不足怪。李延寿自作私史，正当据事直书，垂于后世，何必有所赡徇，乃忌讳如此。岂于隋独有所党附耶？抑《隋书》本延寿奉诏所修，其书法已如此，故不便歧互耶？然正史隐讳者，赖有私史，若依样葫芦，略无别白，则亦何贵于自成一家言也。"字里行间流露出他对官修史书的不满情绪，虽没有像刘知幾那样列举史馆监修的五大弊病，但单就"正史隐讳者，赖有私史"这句话来看，还是相当有分量的，具有很深的含义。

（五）以书法评论著史之优劣

赵翼评论史书，很喜欢谈论书法，仅见于篇目者就有："后汉书三国志书法不同处"、"三国志书法"、"唐人避讳之法"、"宋书本纪书法"、"齐书书法用意处"、"北史书法与周隋书不同处"、"新唐书本纪书法"、"欧史书法谨严"等。他通过谈论书法，指出每部史书的长短和史家作史之微意。如通过《后汉书》、《三国志》书法不同的比较，说明《三国志》书事，多为魏晋统治者曲笔回护，而《后汉书》则能"据事直书"，得"史家之正法"。而在"齐书书法用意处"条中，他既揭露萧子显为其先人讳饰回护，又指出其叙事亦有合良史之才。诸如此类的议论，对于后人阅读诸史书还是有启发作用的。不过需要指出的是，他谈论书法，往往以《春秋》笔法为标准，因而评论结果未必中肯。如在"欧史书法谨严"条中，他说："不阅《旧唐书》，不知《新唐书》之综核也；不阅薛史，不知欧史之简严也。欧史不惟文笔洁净，直追《史记》，而以《春秋》书法，寓褒贬于纪传之中，则虽《史记》亦不及也。"对于新、旧《唐书》和新、旧《五代史》所作比较的结论，人们是可以接受的。而把欧史与《史记》相提并论，甚至说超过《史记》，我看这只能说是赵翼的一种偏见。欧阳修虽是宋代文豪，但他所修两部史书，无论哪一方面都无法与司马迁《史记》相比拟，这是众所周知的。欧阳修根本没有"寓褒贬于纪传之中"，他所作的褒贬还唯恐人家不知道，几乎达到大声叫卖的地步。而真正能"寓褒贬于纪传之中"的，古今正史只有《史记》，这是顾炎武早就下了结论的。顾炎武在《日知录》卷二六"史记于叙事中寓论断"条中说："古人作史，有不待论断而于序事之中即见其指者，惟太史公能之。《平准书》末载卜式语，《王翦传》末载客语，《荆轲传》末载鲁勾践语……皆史家于序事中寓论断法也。后人知此法者，鲜矣。"这就说明，《史记》这种寓论断于叙事之中的述作方法，是后代史家所难以企及的。因此，欧阳修的《新五代史》无论从哪一点来说，都是无法与司马迁的《史记》相比拟的。这也说明，赵翼对史书和史家所作的评论，尽管有许多可取之处，但有些论点并不一定正确。我们既无必要夸大其长处，也无须为其短处讳饰，只有这样才能令人信服。

二、综合评论重要史事

赵翼在《廿二史札记》中，除了对二十四史编纂、内容等长短得失进行评论外，又按照二十四部史书所记载的一些重要的历史事件和人物进行评论，并成为该书的重要组成部分，也是区别于钱、王两书的一大特点。正如他在引言中所讲，"古今风会之递变，政事之屡更，有关于治乱兴衰之故者"，都是他在本书中评论的范围。但是所用的材料仍来自二十四史，就这点而言，我以为它又具有《读通鉴论》一书的性质。因为《读通鉴论》就是根据《资治通鉴》史事进行评论的，用评论历史的形式来阐发自己的政治主张和历史哲学。《廿二史札记》这部分内容与此非常相似，因此它也就自然成为人们研究赵翼的政治主张和历史哲学的重要材料。

（一）归纳评论历代社会风尚和政治特点

这一部分内容表明，赵翼治史，并不单纯地局限于史事的考证，而且还要借历史上的典章制度之兴废、朝代之更替、人物之起落，来发表自己的议论，而其特点是，按照自己的观点，综合归纳出若干问题，再从有关正史中摘引史料来阐明自己的见解。有许多问题的归纳，也确实能够反映出一个时代的某些特点。如"汉外戚辅政"、"两汉外戚之祸"、"党禁之起"、"东汉宦官"、"宦官之害民"等，把两汉政治上的主要特点勾画了出来。特别是东汉一代的社会风尚和政治特点，就是外戚和宦官交替掌握着最高统治权，随着外戚宦官之间的剧烈斗争，皇帝随立随废，简直成了他们手中的傀儡。党锢事件的发生，正是这一斗争的延续和结果。通过他这一综合归纳，人们看出了这些历史事件的相互关系和内在联系。又如他对魏晋南北朝时期立了"九品中正"、"六朝清谈之习"、"清谈用麈尾"等条，反映了魏晋南北朝时期的社会风气和时代精神面貌。再如反映唐代的"唐代宦官之祸"、"中官出使及监军之弊"、"唐节度使之祸"、"方镇骄兵"等，反映宋代的"宋恩荫之滥"、"宋恩赏之厚"、"宋冗官冗费"等条，都从不同角度揭示了唐宋时期政治舞台上的某些特点和弊政。诸如此类，通过专题的归纳，为人们学习历史提供了很大方便,特别对于初学历史的人来说,尤为入门之径。唯其如此,故《廿二史札记》的影响,大大超过了王、钱两书,这是完全可以理解的。从赵翼本人这样做的目的来看,也正是着眼于此。他在"八王之乱"条中开头就说:"惠帝时八王之乱,《晋书》汇叙在一卷,《通鉴纪事本末》,亦另为一条。然头绪繁多,览者不易了,今撮叙于此。"当然其他各条的汇叙,目的也在于此。这样的综合归纳,不仅要对二十四史加以通读,而且要将同类史料进行排比,所花之功,可想而知。梁启超在《中国近三百年学术史》中对该书给予很高的评价:"赵书每史先叙其著述沿革,评其得失,时亦校勘其抵牾,而大半论'古今风会之递变,政事之屡更,有关于治乱兴衰之故者'。但彼与三苏派之'帖括式史论'截然不同,彼不喜专论一人之贤否,一事之是非,惟捉住一时代之特别重要问题,列其资料而比论之,古人所谓'属辞比事'也。清代学者之一般评判,大抵最推重钱,王次之,赵为下。以余所见,钱书固清学之正宗,其校订精核处最有功于原著者。若为现代治史得常识助兴味计,则不如王赵。王书对于头绪纷繁之事迹及制度,为吾侪绝好的顾问,赵书能教吾侪以抽象的观察史迹之法。陋儒或以少谈考据轻赵书,殊不知竹汀为赵书作序,固极推许,谓为'儒者有体有用之学'也。"(《中国近三百年学术史》十五《清代学者整理旧学之总成绩》三)这一评论应当说是符合实际的。三部书的贡献各不相同,由于评论者的出发点不同,因而结论高下也自然不同。

(二)评论人物不囿于前人之论,不流于俗人之见

梁启超说赵翼"不喜专论一人之贤否,一事之是非"。这个说法大体上是对的,因为"不喜专论"并不等于不论,既要谈论历史事件,自然不可能不涉及人物,既要谈论历史事件,对其是非得失也不可能闭口不谈,何况《廿二史札记》中专论一人贤否、一事得失的条目也还不少。评论历史人物一般通病是人云亦云,泛泛而论。赵翼评论历史人物确有可贵之处。汉武帝是我国封建社会有着重大影响的历史人物,对于这样的人物,历来也是褒贬不一,褒者赞其"雄才大略",贬者斥其"穷兵黩武"。但赞其"雄才大略"者也只讲他的文治,而闭口不言其武功。赵翼认为,汉武帝的"雄才大略,

正在武功",他在这方面的贡献是以前任何一个帝王都不能比拟的,为国家立下了不可磨灭的功勋,应当大书而特书。他在"汉书武帝纪赞不言武功"条中说:

> 《汉书·武帝纪赞》,谓帝"罢黜百家,表章六经,兴太学,修郊祀,改正朔,定历数,协音律,作诗乐,举封禅,绍周后,号令文章,焕焉可述,后嗣得遵洪业,有三代之风。以帝之雄才大略,不改文景之恭俭,虽《诗》、《书》所称,何以加焉"。是专赞武帝之文事,而武功则不置一词。抑思帝之雄才大略,正在武功……统计武帝所辟疆土,视高、惠、文、景时几至一倍,西域之通,尚无与中国重轻,其余所增地,永为中国四至,千万年皆食其利。故宣帝时韦玄成等议,以武帝丰功伟烈,奉为世宗,永为不毁之庙。乃班固一概抹煞,并谓其不能法文、景之恭俭。

在赵翼看来,班固的评论,显然是舍本逐末的。尽管武帝用兵,"竭民财力,天下虚耗",对当时国计民生确实带来不良影响,但从长远看,"千万年皆食其利",这是谁也不能否认的。因此,赵翼这个评论,应当说是很有见地的,因为他确实抓住了要害问题。这就如王夫之所说,评论历史人物所作所为的效果,必须把暂时与长远都考虑进去,"以一时之利害言之,则病天下;通古今而计之,则利大而圣道以弘"。这就是说,对国家、民族有长远利益的,即使"以一时之利害言之,则病天下",也仍然应当予以积极的肯定。而所举的例子,也正是汉武帝用兵,"汉武抚已平之天下,民思休息。而北讨匈奴,南诛瓯、越,复有事西夷,驰情宛、夏、身毒、月氏之绝域。天下静而武帝动,则一时之害及于民而怨讟起。……然因是而贵筑、昆明垂及于今而为冠带之国"(《读通鉴论》卷三《武帝一五》);匈奴则"垂及哀、平,而单于之臣服不贰"(《读通鉴论》卷五《王莽二》)。其着眼点正与赵翼相同,正所谓英雄所见略同。汉武帝所以能成为历史上有名的一位君主,赵翼认为他还有一套用人办法,能广开仕途,招揽人才,特别是不讲资格,"不计流品",有什么能力,就授什么官职,正因为如此,他所制订的政策法令,通过各级大小官员顺利地得以贯彻执行。所以赵翼说:"史称武帝招英俊，程其器能，用之如不及。宜乎兴文治，建武功，为千古英主也。又戾太子死巫蛊之祸，车千秋上书为太子讼冤，帝大感悟，召见，即拜为大鸿胪，不数月，遂为丞相。帝之度外用人如此，而当时禁网疏阔，怀才者皆得自达，亦于此可见矣。"（《廿二史札记》卷二"上书召见"条）为了说明武帝用人有方，他还特立"汉武用将"条，一则说明其用人"不计流品"，再则说明其用人中做到"赏罚严明"，列举事实，证明"其操纵赏罚，亦实有足以激劝者"。故结论说："赏罚严明如此，孰敢挟诈避险而不尽力哉！史称雄才大略，固不虚也。"虽说他对汉武帝作如此评价，但也不掩盖其当日之弊政，揭露当时刑罚太滥，因而感叹"民之生于是时，何不幸哉！"（卷三"武帝时刑罚之滥"条）

武则天这个历史人物，长期以来，在封建正统史家看来，是应当被否定的。赵翼除了说她是"千古未有之忍人"外，却充分肯定她是一位具有"雄才"的"女中英主"，特别是她"纳谏知人"，"亦自有不可及者"。对于别人指责其生活淫荡，书中亦为之据理反驳，指出：

> 人主富有四海，妃嫔动至千百，后既身为女主，而所宠幸不过数人，固亦无足深怪。故后初不以为讳，并若不必讳也。至用人行政之大端，则独握其纲，至老不可挠撼。陆贽谓后收人心，擢才俊，当时称知人之明，累朝赖多士之用。李绛亦言，后命官猥多，而开元中名臣多出其选。《旧书·本纪赞》谓，后不惜官爵，笼豪杰以自助，有一言合，辄不次用；不称职，亦废诛不少假，务取实才真贤。然则区区帷薄不修，固其末节，而知人善任，权不下移，不可谓非女中英主也！（卷一九"武后纳谏知人"条）

这段议论入情入理。既然一般君主，妃嫔动至千百，那么武后称帝，"宠幸不过数人，固亦无足深怪"。此话能够出自一位封建史家之口，实在难能可贵了。而他肯定武则天的理由，便是"知人善任，权不下移"。从评论历史人物来说，应当说是评在点子上了。他既不囿于前人之空论，也不用庸俗的眼光进行评论，这就是其高明于他人之处。

（三）重视人才的培养和选拔，注重吏治好坏的评论

在我国长期的封建社会里，许多有远见的政治家、思想家和史学家，都非常重视人才的培养和选用。千百年历史事实证明，凡是有作为的国君，总是在自己周围集结着一大批有识之士。一个国家能否治理得好，关键固然决定于治国的方针政策，但在很大程度上也取决于是否拥有一大批富有才识、经验的人才，因为方针政策总得要人去执行。赵翼在总结历代治乱兴衰的过程中，也深深认识到这一问题的重要性。他在总结东晋历史经验时指出，当时虽多幼主，"然东晋犹能享国八九十年，则犹赖大臣辅相之力"，"主虽孱弱，臣尚公忠，是以国脉得以屡延"。所以他得出结论："国家所贵有树人之计也。"（卷八"东晋多幼主"条）他在总结明代宦官之祸后指出："然则广树正人，以端政本而防乱源，固有天下者之要务哉。"（卷三五"明代宦官"条）可见在他看来，君主治理国家，首要任务是要选择、培养一批能为自己所用的人才。他还说，在中国历史上，"人才莫盛于三国。亦惟三国之主，各能用人，故得众力相扶，以成鼎足之势"（卷七"三国之主用人各不同"条）。汉武帝所以能成就大业，重要原因之一就是用人"不计流品"，能够"度外用人"。武则天之所以能取代李氏政权，关键亦是"知人善任"，"务取实才真贤"。在她周围培养了一批心腹干练之臣，因而各项事宜均可得心应手。至于吏治的好坏，直接关系到国家的治乱兴衰，所以就成为赵翼评论史事的重点。也许他认为宋代的吏治在我国历史上是比较混乱的典型，因而书中集中地立了多条进行揭露和评论，有"宋制禄之厚"、"宋祠禄之制"、"宋恩荫之滥"、"宋恩赏之厚"、"宋冗官冗费"、"南宋取民无艺"等。这些标题能抓住中心，十分醒目，使读者可以一目了然。他批评了宋代对于大官吏的恩赐太重，优惠太多，指出这绝不是治理国家的好办法。"给赐过优，究于国计易耗。'恩逮于百官者，惟恐其不足；财取于万民者，不留其有余。'此宋制之不可为法者也。"（卷二五"宋制禄之厚"条）他认为宋代不仅对官吏恩赏太厚，而且挂名领饷不做事的官吏又多得惊人。他在"宋冗官冗费"条中说："宋开国时，设官分职，尚有定数。其后荐辟之广，恩荫之滥，杂流之猥，祠禄之多，日增月益，遂至不可纪极。"文中他还引廖刚疏言：

> 刘晏以一千二百万贯，供中原之兵而有余，今以三千六百万贯，供川、陕一军而不足。川、陕兵数六万八千四百四十九人，内官员万一千七员，兵士所给钱比官员不及十分之一，则冗员在官不在兵。

这个数字自然比空讲道理更能说明问题。赵翼在文中列举许多事实后，深有感慨地说："此军官之冗费也……举此类推，国力何以支乎！"并且指出："竭民以养冗员，岂国家长计哉！"（卷二五"宋恩荫之滥"条）"民力既竭，国亦随亡！"（卷二五"南宋取民无艺"条）这是千百年来许多封建王朝灭亡的历史教训，不单宋代是如此。赵翼在总结这一历史教训时，其实也意识到这带有普遍的意义。故他在"明初吏治"条里讲了"洪武以来，吏治澄清者百余年"，由于明太祖初年狠狠地抓了一下，因此当时"为守令者，无不洁己爱民，耻于清议"。重要的一条经验，则是"吏部之能择人而任"。可是"嘉隆以后，吏部考察之法，徒为具文"。"于是吏治日媮，民生日蹙，而国亦遂以亡矣。"可见他把吏治、民生、国亡三者紧密地联系起来加以考察，这是很有道理的。

我们还应当看到，赵翼在当时大谈历史上的吏治，还有他无法告人的意义。众所周知，赵翼生活的乾嘉时代，表面上称为"盛世"，但在这个"盛世"背后，阶级矛盾非常尖锐，而引起矛盾尖锐的重要原因之一就是吏治的极端败坏，官吏贪污、受贿成风。清高宗宠臣和珅，通过贪污、受贿积累了约十亿两银子的惊人财富。而他当政二十多年，听任文武大吏贪污纳贿。这些事实都是赵翼耳闻目睹之事。面对严峻的社会现实，若直接进行抨击，他还没有这样的胆量和勇气。单就这点而言，他就不如章学诚，章氏晚年在《上执政论时务书》中就把当时吏治的败坏、贪污横行，揭露得淋漓尽致。赵翼既不愿公开地对当代吏治的腐败进行揭露和批评，那就只有借助于对历史上吏治好坏的评论，来表达自己的政治观点。这也许正像有的同志所说是"胆怯虚弱的经世思想"的表现吧。

（四）揭露封建统治者荒淫无耻的生活和残酷压榨人民的罪行

对于历代统治者荒淫无耻的生活和滥刑酷法盘剥残害人民的事实，《廿二史札记》中都尽量汇集成篇，因而这类条目数量很多，如"武帝时刑法之滥"、"汉诸王荒乱"、"宋齐多荒主"、"后魏刑杀太过"、"唐代宦官之祸"、"五代滥刑"、"海陵荒淫"、"明代乡官虐民之害"、"万历中矿税之害"、"魏阉生祠"等。这些具体的历史事实，既揭露了统治者的荒淫凶残面目，又指出了农民起义实出于官逼民反，并使人们从中看到，人心的向背乃是政权得失、国家兴亡的重要因素。赵翼研究历史是有所为的，他是要用"古方"来医治"今病"。他在《读史》诗中所作的自我表白，"历历兴衰史册陈，古方今病辄相循。时当暇豫谁忧国？事到艰难已乏人"（《瓯北集》卷四二），便足见他是怀着忧虑国事的心情从事历史研究的，欲以古为鉴，故书中所论大多言有所指，只不过由于文网甚密，不得不转弯抹角地借谈论历史而表达出一点意思罢了。他亲眼看到，在"盛世"的背后已出现了许许多多不景气的兆头，可是官场上下都在过着歌舞升平的生活。赵翼认为历史上外戚、宦官、权臣、藩镇，所以会给国家、人民造成深重的灾难，其原因就在于他们手中都操持着各种大权。谁操纵了权，谁就可以为所欲为。他还从以往历史经验中得出"贿随权集。权在宦官，则贿亦在宦官；权在大臣，则贿亦在大臣"（卷三五"明代宦官"条）的结论。这是一个十分有意义的发现，要行贿者，必然要达到某种目的，若是手中无权，自然不会有人向你贿赂。这就不能不使人联想到历史上那些清官，所以会留美名于人间，很重要的原因就在于他们不利用手中之权去谋取贿赂。

（五）天命史观导致其评论历史的错误结论

有的同志仅据其一首诗便下结论，说他"具有无神论的自发的唯物主义世界观，不信阴阳轮回的说教"。也有同志说他是"天人杂糅的历史观"。以笔者愚见，赵翼是个十足的天命论者，关于这方面的材料，在《廿二史札记》中虽不能说俯拾皆是，但数量之多却令人震惊。书中大肆宣扬国家兴亡全由天命所定的观点，如在"元世祖嗜利黩武"条中说：

> 由是二者观之，内用聚敛之臣，视民财如土苴，外兴无名之师，戕民命如草芥，以常理而论，有一于此，即足以丧国亡身。乃是时虽民不

聊生，反者数十百起，而终能以次平定。盖兴王之运，所谓气盛而物之小大毕浮，故恣其所为，而不至倾覆。始知三代以下，国之兴亡，全系天命，非必有道者得天下，无道者失天下也。

每个朝代兴亡，全系天命所定，以此作为一条规律。该兴者不管如何无道必然会兴起，该亡者只要运气已尽则必灭亡。正是从这个观点出发，所以他对许多历史事件的评论不可能得出正确的结论。如在"和议"条中，由于他早已认定"此固天意所以分南北也"，因而他对主战派的岳飞等人全盘否定，说："是宋之为国，始终以和议而存，不和议而亡。盖其兵力本弱，而所值辽、金、元三朝，皆当勃兴之运，天之所兴，固非人力可争，以和保邦，犹不失为图全之善策。而耳食者徒以和议为辱，妄肆诋諆，真所谓知义理而不知时势，听其言则是，而究其实则不可行者也。"我们从这段议论中可以看出，"天之所兴，固非人力可争"，正是赵翼所认为的当时之"时势"。他以此为立足点，于是批评抗战派不识"时势"，进而硬给套上一顶"全执义理"的帽子，认为"义理之说"全属空论，不切实际，从而把他们全斥之为"大言误国，以邀美名"的历史罪人。这样一来，在他的笔下，英勇抗战的韩、岳诸将，都变成了不识时势、"争取大名"的小人，而主张屈辱求和的秦桧，反倒变成了知时势而"欲了国家事"的英雄了，秦桧卖国求荣的谬论，反"不失为图全之善策"。这不仅是对历史的颠倒，而且宣扬了汉奸卖国的反动哲学，其危害性自可不言而喻。值得指出的是，赵翼这个观点绝不是出于偶然，他在"东汉诸帝多不永年"条中说：

盖汉之盛在西京，至元成之间，气运已渐衰，故成帝无子，而哀帝入继；哀帝无子，而平帝入继；平帝无子，而王莽立孺子婴，班《书》所谓"国统三绝"也。……宋南渡后亦多外藩入继，皆气运使然，非人力所能为也。

他又在"明季辽左阵亡诸将之多"条里列举许多将领，"一遇大清兵，非死即被执"，原因是"盖兴朝之运，所向如摧枯拉朽，彼亡国之帅，自必当之立碎。《明史》所谓天命有归，莫之为而为之矣"。以上列举的事实说明，赵翼所言的"时势"，实际上则是他所宣扬的"气运"同义词而已。难道不是这样吗？汉自成帝以后，为什么会出现"国统三绝"的现象？不正是"元成之间，气运已渐衰"的表现吗！宋南渡后所以会"多外藩入继，皆气运使然"。明季辽左为什么那么多名将阵亡？不正是明朝气运已尽，"天命有归，莫之为而为之也"。既然天命已定，"固非人力所能为也"。正因如此，书中便出现了像"元初用兵多有天助"的奇谈怪论。至于有同志说赵翼"具有无神论的唯物主义世界观，不信阴阳轮回的说教"的说法，恐怕就更不能成立了，因为《廿二史札记》中所反映的因果报应思想比天命论观点更为突出，限于篇幅，这里就不再列举了。

（本文原载《杭州大学学报》1984年12月第14卷第4期；收入仓修良：《史家·史籍·史学》）

邵晋涵史学概述

邵晋涵是清代乾嘉时期著名的历史学家，也是清代浙东史学之名将。但长期以来，对他在史学上的贡献，言之者甚少，知之者甚微，故阮元当时即已指出："先生本得甬上姚江史学之正传，博闻强记，于宋明以来史事最详，学者唯知先生之经，未知先生之史也。"（《南江邵氏遗书序》）其实他在当时的史学界贡献不小，影响颇大，特别是在著名学者当中，深受推崇，就连钱大昕这样的史家，对他也十分敬重："自四库馆开，而士大夫始重经史之学，言经学则推戴吉士震，言史学则推君。君子国史当在儒林文苑之列，朝野无间言，而知之最先者予也。"（《潜研堂文集》卷四三《日讲起居注官翰林院侍讲学士邵君墓志铭》）

一、邵晋涵的生平及学术生涯

邵晋涵字与桐，一字二云，浙江余姚人。以《禹贡》三江，其南江从余姚入海，遂自号南江，学者称二云先生。生于乾隆八年（1743），卒于嘉庆元年（1796），享年仅五十四岁。族祖邵念鲁，曾亲承黄宗羲之教授史学，而传其文献之学，在学术思想上，晋涵受其影响很大。祖父邵向荣，康熙壬辰（1712）进士，以书劣复试被黜。由中书改授定海县教谕，晚补镇海县教谕。晋涵自幼随祖父身边读书，因聪敏而深得祖父所钟爱，"亲课读于镇海学署，四五岁即知六义四声。稍长，益涉猎，博闻强识，见者惊犹鬼神"（黄云眉《邵二云先生年谱》）。七岁即能赋排律五十韵，同里朱文治有诗称颂云："只眼观书喜独明，先生智慧自天生。七龄早已工长律，花烛词成老辈惊。"（《绕竹山房诗稿》卷一一《邵丈二云学士南江诗钞题词》）因晋涵生来左目微眚，故有"只眼观书"云。十二岁会县试，知县李化楠呼至案前，命背诵五经，一字不失，复试以诗，有"小鸟解依人"句，语本《说文》，知县深器之，时有神童之目。自云"自二十岁得失血疾，束书不观者数年"（《南江文钞》卷八《与朱笥河学士书》）。"失血疾"，实即今日之"贫血症"，故其日后一直体甚赢弱。二十三岁乡试中式。时正考官为祭酒曹秀先，副考官为少詹钱大昕。入闱后，秀先忽病痁，卧床一月，校阅之事，皆大昕一人任之。大昕在《邵君墓志铭》中说："乙酉（乾隆三十）秋，予奉命典试浙右，靳取奇士，不为俗学者。君名在第四，五策博洽冠场，佥谓非老宿不办。及来谒，才逾弱冠，叩其学，渊乎不竭。予拊掌曰：'不负此行矣！'"越六年，礼部会试第一。乾隆三十八年（1773），四库馆开，乃与戴震、周永年等人同入馆编校，充纂修官。钱大昕说，晋涵"入四库馆，总裁倚为左右手，朝廷大著作咸预讨论"（《邵君墓志铭》）。他负责史部。阮元说，凡史部之书，"多由先生订其略，其提要亦多出先生之手"（《南江邵氏遗书序》）。其实除史部之书外，经、子、文集皆各有数种。次年授翰林院编修，仍纂校《四库全书》，兼辑"续三通"。晚年擢翰林院侍讲学士，兼文渊阁直阁事。历充咸安宫总裁，《万寿盛典》、《八旗通志》、三通馆、国史馆纂修官，并任国史馆提调，兼掌拟文学。前后任职史馆十余年，名卿列传，皆出其手。编纂中能据事直书，未尝依阿瞻徇。

邵晋涵一生洁身自好，与人交始终如一，从不以博雅自矜，钱大昕在其死后，曾做过简要的讨论，"君至性过人，事亲丧葬尽礼，笃于故旧，久要不忘，性狷介，不踏权要之门，以教授生徒自给。退食之暇，执经者环侍左右，君随问曲谕，人人皆得其意，君亦以师道自任，莫敢以非义干者"（《邵君墓志铭》）。这几句话，概括了邵氏之立身处世，尤可贵者是"性狷介，不踏权要之门"。正因如此，他在当时的学术界享有很高的威望。钱大昕说他"以懿文硕学，知名海内"（《邵君墓志铭》）。阮元说："邵二云先生，以醇和廉介之性，为沈博邃精之学，经学、史学并冠一时，久为海内共推。"（《南江邵氏遗书序》）陈寿祺说，清乾隆中，开四库馆以收海内秘籍，"诏征天下博洽通才，五人参预编摩，授职词垣。而余姚邵二云先生与休宁戴东原先生为之冠，天下士大夫言经学必推戴，言史学必推邵，当时已为笃论云"（《南江诗文钞序》）。这些评论，不仅反映了他在当时学术界的地位，而且也说明了他的学术水平。事实上确实如此，邵晋涵的学术贡献与成就，并不限于史学，关于这点，张舜徽先生曾作过这样一段评述：

> 晋涵虽长于史学，而分撰《四库提要》，除史部诸书外，于经、子、文集，皆各有数种，有以见其学问之博。集中文字，如卷五《尔雅正义序》、《汉魏音序》诸篇，于故训声音衍变，叙述秩然不混；《校正神农本草序》一篇，于医书源流得失，言之明晰能尽。《周耕厓意林注序》一篇，尤致详于诸子之支与流裔。卷六谱序数篇，厘析乎谱牒之体制利弊；卷八《与程鱼门书》，指出《尔雅》邢疏之弇陋；《与朱笥河书》、《上钱竹汀书》，自言精研雅诂之所得；《与章实斋书》，勉之以存刘氏《七略》之遗，匡《汉志》之谬，莫不元元本本，语得其平，辞旨温厚，文采斐然。余尝谓乾嘉诸儒能为考证之学，多不能为考证之文，能兼之者，殆不数人，晋涵实其中之佼佼者矣。（《清人文集别录》卷五《南江文钞》）

这一概述，基本上概括了邵氏一生的学术思想面貌。他长于史学，但一生所为又不局限于史学；长于考证，而并不囿于考据，从张先生的叙述即可看出，邵晋涵的学问十分渊博。陈寿祺说他"于学无所不通"，确实并不夸大。而他治学途径，先从治经入手，治经则又先由《尔雅》入手，他曾用十年时间，成《尔雅正义》一书。因为他深深感到，《尔雅》乃是治经不可缺少的工具，是打开五经大门的重要钥匙。他在《尔雅正义序》一文中说："晋涵少蒙义方，获受雅训。长涉诸经，益知《尔雅》为五经之钤辖，而世所传本，文字异同，不免讹舛。郭注亦多脱落。俗说流行，古义寖晦。爰据唐石经暨宋椠本，及诸书所征引者，审定经文，增校郭注，仿唐人正义，绎其义蕴，彰其隐颐。"（《清人文集别录》卷五《南江文钞》）十分清楚，他是把《尔雅》看成治五经的关键。当时友人鲁仕骥在给他的信中说得就更加明确了："《尔雅》一书，为六经阶梯，通于此者，其于诸经纵横左右，无不贯串。往为高邮任君领从序其《尔雅笺补》，曾谬论及此。足下今奋然撰《正义》，旁罗广搜，义期谛当，此书一出，其功于学者匪浅，愿条理早成，仆得早读为快也。"（《山木居士文集·答邵二云书》）这就说明，他的治经是先从基础入手，而不是急于求成，好高骛远。当然，他作此书，与朱筠的指点亦很有关系，朱筠曾对他说："经训之意荒久矣，《雅疏》尤芜陋不治。以君之奥博，宜与郭景纯氏先后发明，庶几嘉惠后学。"（《章氏遗书》卷一八《邵与桐别传》）十年中，历尽艰辛，自云"舟车南北，恒用自随，意有省会，仍多点窜"（《尔雅正义序》），经过三四易其稿而成。此书一出，立刻得到学术界之好评，人们纷纷撰文赋诗相祝贺。洪亮吉赠诗云："君疏《尔雅》篇，订正五大儒，使我心上疑，一日顿扫除。君师钱少詹，精识世所无，吴门及钱塘，复有王（鸣盛）与卢（文弨），皆言此书传，远胜唐义疏。"（《卷施阁诗》卷八）这一首诗很具有代表性，它反映了当时学术界很多大师们的看法。钱大昕后来替他写墓志铭时，曾作了总结性的说明，说晋涵"尝谓《尔雅》者，六艺之津梁，而邢叔明疏浅陋不称，乃别为《正义》，以郭景纯为宗，而兼采舍人樊刘李孙诸家。郭有未详者，摭它书补之，凡三四易稿而始定。今承学之士，多舍邢而从邵矣"（《邵与桐别传》）。这部《尔雅正义》，是他一生在学术上所作的最大贡献之一。

邵晋涵在学术上尤以史见长，这是当时大家所公认的。章学诚说："君尤长于史，自其家传夙习，闻见迥异于人；及入馆阁，肆窥中秘，遂如海涵川汇，不可津涯。当辛卯之冬，余与同客于朱先生安徽使院时，余方学古文辞于朱先生，苦无籍手，君辄据前朝遗事，俾先生与余各试为传纪，以质文心；其有涉史事者，若表志、纪注、世系、年月、地理、职官之属，凡非文义所关，覆检皆无爽失。"（《邵君墓志铭》）这里不仅说明了他对史事之娴熟，而且指出其学有渊源。钱大昕说："君生长浙东，习闻蕺山、南雷诸先生绪论，于明季朋党奄寺乱政及唐、鲁二王起兵本末，口讲手画，往往出于正史之外，自君谢世，而南江文献无可征矣。"（《邵君墓志铭》）这就更明确指出，邵氏史学，实继南雷诸人之绪论，为浙东史学后起之秀。江藩在其《汉学师承记》中记晋涵对史事之熟说："馆中收贮先朝史册，以数千计，总裁问以某事，答曰：在某册第几页中，百不失一。"这些记载，都足以说明邵晋涵之学问既有其渊源，又十分渊博，而不是一般乡曲之士所可比拟的，他在当时的学界享有很高的声誉，就连钱大昕亦说，在整个学术界"言史学则推君"，这自然不是一句过誉之词。

邵晋涵在史学方面所从事的工作，除《四库全书总目提要》之史部提要外，曾在入四库馆后，利用工作之便，从《永乐大典》中辑出久佚的《旧五代史》，为整个史学界做了一大好事。晚年毕沅修《续通鉴》，晋涵不仅参与讨论订定修书义例，而且在全书完稿后，还做了最后审定工作，深得毕沅之赞赏，"叹曰：今日道原、贡甫也！"（《邵君墓志铭》）对于此事，章学诚在《邵与桐别传》中曾有较为详尽的叙述："故总督湖广尚书镇洋毕公沅，尝以二十年之功，属某客续《宋元通鉴》，大率就徐氏本稍为损益，无大殊益。公未惬心，属君更正，君出绪余为之复审，其书即大改观。时公方用兵，书寄军营，读之，公大悦服，手书报谢，谓迥出诸家《续鉴》上也。"一部包括上下四百一十一年、二百二十卷的宏大著作，经其复审以后，能够大为改观，可见其史才史识之超人。

元人所撰之宋、辽、金三史，一向为人们所讥议，邵晋涵亦深为不满，并认为三史之中，以《宋史》尤甚，因此早已立下改编《宋史》之志。而《宋史》自南渡以后，尤为荒谬。东都则尚有王偁《东都事略》，他因取熊克、李焘、李心传、陈均、刘时举所撰之书，及宋人笔记，"先辑《南都事略》，欲使前后条贯粗具，然后别出心裁，更撰赵宋一代全书"。其书名则标曰《宋志》，而不称《宋史》。可惜他一生苦心经营而书未成人便辞世。对于邵晋涵之去世，章学诚是十分悲痛的，这并不全是出于友情，更重要的还在于"自斯人不禄，而浙东文献尽矣"，这是史学界的一大损失，尤其是《宋志》之不成，更被章学诚视为无穷之恨事。对此钱大昕其实亦抱同感，认为"自君谢世，而南江文献无可征矣"。造成这个结局的原因，主要是久居官场，"困于应酬"，这是章学诚早已指出的。钱大昕亦说："回翔清署二十有余年，至是始转四品，乃以编书积劳成疾。"（《邵君墓志铭》）官家编书与应酬耗费了他大部分宝贵精力和时间，正因如此，他所留下的《南江文钞》，应酬之作就占去了相当大的比重。还有一个原因，则是学问过于渊博，未能及时反约，遂使精力过于分散。章学诚说："君之于学，无所不通，然亦以是累，志广猝不易裁。"（《邵与桐别传》）这是很有道理的，人的一生精力有限，志向太广则必不专。史载他除《尔雅正义》外，尚著有《孟子述义》、《穀梁正义》、《韩诗内传考》、《皇朝大臣谥迹录》、《輶轩日录》等。这些著作，多为经学、小学。加之他不幸短命，仅享中寿之年，史学上作不出更大的贡献，自然也就可以理解。问题在于，像邵晋涵这样一位有才有识的史家，一生当中，关于史学方面的著作，留传下来的，除《四库全书》史部提要外,几乎一无所有。在四库馆时,他最负时誉,史学为当时之冠,在整个学界与戴震齐名,而其史学成就,竟不如举世弃置弗论之章学诚,这确实不能不引以为憾。他从中年开始,一直碌碌于京师,整日忙于应付官样文章,劳顿于各方应酬,把一生中宝贵的精力和聪明才智,尽花费于这些无用之地,严重地影响了他在学术上的成就,结果是学既不传,书亦未著,这正是章学诚一再替他惋惜的最大憾事。

二、邵晋涵与《旧五代史》的整理

邵晋涵在史学上的一个重要贡献,是他辑佚整理了湮没无闻的《旧五代史》。自从欧阳修的《新五代史》问世以后,由于其正统观念较为强烈,特别是一意仿效《春秋》笔法,注重褒贬之义例,加之欧阳修又是一代文豪,官场显宦。于是《旧五代史》逐渐为人们所冷落,特别是金章宗明令不得列《旧五代史》于学官以后,终遭废削,元明之间,已罕闻此书。明修《永乐大典》,《旧五代史》虽在辑存之列,但《大典》的编纂体例是"因韵求字,因字考事",全书自然也被割裂分纂。所以名义上《大典》收录了《旧五代史》,实际上其书仍归湮没。迄于清初,社会上竟已无由得见。邵晋涵入四库馆后,因工作之便,乃从事《旧五代史》辑佚工作。在辑佚编定中,自订凡例十五条,总的精神是要恢复该书之本来面目,不擅自变动其原有体例。经过考订,得知该书"于梁、唐、晋、汉、周断代为书,如陈寿《三国志》之体",因此他"仍按代分编,以还其旧"。在进行过程中,大抵就《玉海》以辨其篇第,就《大典》以辑其遗文。但《大典》所辑,多有残缺,晋涵便采《册府元龟》、《太平御览》、《资治通鉴》、《五代会要》、《契丹国志》、《北梦琐言》、《通鉴注》诸书以补其缺。《大典》所载《旧五代史》原文,多有字句脱落、音义舛讹者。又据前代征引该史之书,如《通鉴考异》、《通鉴注》、《太平御览》、《太平广记》、《册府元龟》、《玉海》、《笔谈》、《容斋五笔》、《青箱杂记》、《职官分记》、《锦绣万花谷》、《艺文类聚》、《记纂渊海》之类,为之参互校订。至于"史学所记事迹,流传互异,彼此各有舛互",则"据新旧《唐书》、《东都事略》、《宋史》、《辽史》、《续通鉴长编》、

《五代春秋》、《九国志》、《十国春秋》及宋人说部、文集与五代碑碣尚存者，详为考核，各加案语，以资辨证"。又仿裴松之《三国志注》体例，将陶岳《五代史补》、王禹偁《五代史阙文》，附见于后。对于新、旧二史记事时有不合，以及年月之先后，官爵之迁授，每多互异，亦悉为辨证，详加按语。甚至对欧史间有改易旧史而涉笔偶误者，或尚沿旧史之文而未及刊改者，"并各加辨订于本文之下，庶二史异同得失之故，读者皆得以考见焉"。综上所述，可见邵晋涵在辑佚《旧五代史》上面，做了大量极为细致的工作，单就这点而言，亦可见其史学上之博大精深。尤其可贵的是，为了保全《旧五代史》之原有面目，即使知其体例之混乱，也不随意加以变更。他说：

  五代诸臣，类多历事数朝，首尾牵连，难以分析。欧阳修《新史》以始终如一者入梁、唐、晋、汉、周臣传，其兼涉数代者，则创立杂传归之，褒贬谨严，于史法最合。《薛史》仅分代立传，而以专事一朝及更事数姓者参差错列，贤否混淆，殊乖史体，此即其不及《欧史》之一端。因篇有论赞，总叙诸人，难以割裂更易，姑仍其旧，以备参考。得失所在，读史者自能辨之。（以上引文均见《编定旧五代史凡例》）

所辑自《大典》之文，皆注明《大典》卷数及页码，凡所补之文，皆分行注明其出处之书名、卷数，以与《大典》原文相区别。乾隆四十年（1775），全书编校完成，这时邵晋涵年仅三十三岁。全书辑编，虽未为全稿，然"荟萃编次，得十之八九"。对于这部《旧五代史》的辑佚，前人早就有很高的评价："《永乐大典》散篇辑成之书，以此为最。"（彭元瑞《旧五代史钞本题跋》）乾隆四十九年（1784），馆臣请仿刘昫《旧唐书》之例，列于二十三史，刊布学官，说此书"纪载该备，足资参考，于读史者尤有裨益，自宜与刘昫《旧唐书》并传，拟仍昔时之称，标为《旧五代史》，俾附二十三史之列，以垂久远"（《请照殿版各史例刊刻〈旧五代史〉奏章》）。可是，这个奏章却提出一个十分荒谬的意见："现在缮本，因系采葺成书，于每段下附注原书卷目，以便稽考。但各史俱无此例，刊刻时拟将各注悉行删去，俾与诸史画一。"这么一来，武英殿刊行时将所有附注全部删去，邵氏辛勤劳动成果，竟被如此践踏，实在令人痛心。

邵晋涵辑佚《旧五代史》的成果，当时已得到学术界有识之士的好评，而对于欲删去全部附注的做法，当时就已遭到人们的反对。

总之，《旧五代史》之得以重见天日，全赖于邵晋涵的辛勤辑录校编，虽不是他自己编著之书，仍不失为对史学界之一大贡献。何况他对此书并不单纯停留在辑佚原文，对于新旧两书所记史事不合处还为之考订，这都远远超出辑佚的范围。这个工作对后人影响很大。彭元瑞作《五代史注》，其实正是受到他的启发。还要指出的是，在辑录校编过程中，他对《旧五代史》原文，作了较为详尽的考订，撰成《旧五代史考异》两卷，此书对于研究新旧《五代史》均有参考价值。此外他还从《永乐大典》中辑出路振《九国志》，最后由周梦棠重为编定。

三、从史部提要看邵晋涵的史学思想

邵晋涵在四库馆时，负责史部之书的审订工作，提要亦多出自其手，这本是研究其史学思想的很好材料，也是能够研究其史学思想的唯一材料，因为他留下的史学著作不多，所作《札记》四卷，亦多为考证文字。可惜的是，史部提要虽出自其手，实已经过别人之删改，故现行的史部提要已不能完全反映邵晋涵的史学思想。《南江文钞》尚载有《史记》、《史记集解》、《史记正义》、《汉书》、《后汉书》、《晋书》、《宋书》、《南齐书》、《梁书》、《陈书》、《魏书》、《北齐书》、《周书》、《隋书》、《南史》、《北史》、《旧唐书》、《新唐书》、《五代史记》、《宋史》、《辽史》、《金史》、《元史》、《明史》及《两朝纲目备要》、《通鉴前编》、《通鉴纲目前编》共二十七部史书提要。虽然只有二十七部，但二十四部正史除《三国志》和《旧五代史》外，全部俱在。就这些提要与现行之《四库全书总目提要》相比较，内容文句颇多异殊，特别是《史记》、《后汉书》、《新唐书》和《五代史记》等提要，更加面目迥殊。《南江文钞》所载多从评论史书性质出发，既谈史家思想渊源，又谈其书内容价值及其笔法。而现行《四库提要》，则多属介绍性质，偏重于对史书之编纂及史料之辨证。谭献在《复堂日记》中就曾说过："阅邵二云先生集诸史提要，语见渊源，深识玄解，因检官本互勘，多所删改矣。"

可见前人对邵氏所写提要之被他人所删改一事，已深感不满与惋惜。

我们综观其所残存提要，觉得邵晋涵对于史学的评论，除了介绍各书之篇卷、内容之得失外，还有下列几方面特点：

其一，重视对史家思想、史书内容的学术渊源进行评论。关于这点，《史记提要》表现得最为明显。我们知道，现行《四库提要》关于《史记》的提要，主要就介绍了全书篇数及后人补撰篇目之考证，辨其文字之有散佚窜易处，而对该书之内容、方法则全然不谈，这如何能起到"提要"的作用。而《南江文钞》所载之《史记提要》则不同。以文字长短而言，前者约一千二百字，后者仅八百字。就内容而论，前者活像是一篇《史记》版本考，而后者既叙述了篇卷字数、名称演变，又论述了《史记》内容之取材与司马迁思想渊源，如说司马迁《史记》，"其叙事多本《左氏春秋》"，而"其义则取诸《公羊春秋》"，一句话就点出了司马迁学术思想之渊源，进而指出，"迁尝问《春秋》于董仲舒，仲舒故善公羊之学者，迁能伸明其义例"。像这样评价一部史书，能从学术渊源之师承关系探明作者著书之义例和宗旨，可谓真正抓住了实质。至于他所论述的观点是否正确，这里我们姑且不谈，但就这样来写史书提要，在现行的《四库提要》中还并不多见。这里附带说明一点，杨向奎先生在《司马迁的历史哲学》一文中说："太史公对于许多新生事物的肯定和公羊学有一定的关系，是受过公羊学的一定影响的，过去曾经有过一篇《汉晋人对于史记的传播及其评价》一文，在小结中曾经涉及此一问题……这些话虽然有值得商量处，但它指出《史记》曾取法《公羊》，还是有一定见解的。"（《中国史研究》1979年第1期）其实在两百多年前的乾嘉时期，邵晋涵早已提出这个看法，当然要讲"见解"，还得首推邵晋涵。由此可见，邵晋涵评论前人著作具有自己的特点，看问题不受前人结论所囿，敢于发表不同于常人的议论，并且言之有理有据。就在这篇提要中，他还指出"世尝讥史迁义法背经训，而称其文章为创古独制，岂得为通论哉？"他评价一部著作，能从思想内容的大处着眼，而不同于当时一般汉学家们那样津津于一人一事一字一句之考订，自然是很可贵的。这正说明他还是能够发挥浙东史学所具有的特色，贵创造发明，不死守章句。

其二，注重史法义例之评述。一部史书的编修，必须要反映一代社会风尚，这是最起码的要求。如果一部史书，不能反映社会的客观现实，自然就失去了它存在的价值。邵晋涵在评价一部史书时，对此甚为重视。如对范晔《后汉书》的评价，就是从当时的社会风尚来说明范晔书中所创立的许多类传的价值及对后世的影响。他说："东汉尚气节，此书创为《独行》、《党锢》、《逸民》三传，表彰幽隐，搜罗殆尽。然史家多分门类，实滥觞于此。""范氏所增《文苑》、《列女》诸传，诸史相沿，莫能刊削，盖时风众势，日趋于文，而闺门为风教所系，当备书于简策，故有创而不废也。""《儒林》考传经源流，能补前书所未备，范氏承其祖宁之绪论，深有慨于汉学之兴衰，关于教化，推言终始，三致意焉。岂独贾逵、郑康成诸传为能阐其微意哉！"（《后汉书提要》）这就说明，《后汉书》所立这些类传，完全是从当时社会需要出发，反映了东汉一代社会风尚和特点，而不是无病呻吟，硬做文章。这样介绍，实际上就把《后汉书》的社会意义和史学价值体现出来了。在《晋书提要》中他说："修《晋》者，多浮华之士，好引杂事以资谈柄，而不明于史家义例。"这就把《晋书》之所以存在那么多问题的根源点了出来，作史者不明史家义例，这是带有根本性的问题。对于《周书》的评价，他就从史家义例这个角度出发，提出与刘知幾等人不同的评论：

初刘知幾尝讥《周史》枉饰虚辞，都捐实事，晁公武遂谓其务清言而非实录。以今考之，非笃论也。夫文质因时，纪载从实，良以周代尚文，仿古制言，文章尔雅，载笔者势不能易彼妍辞，改从俚语。至于敌国诋谤，里巷谚谣，削而不书，史之正体，岂得用是为讥议哉？德棻旁征简牍，意在撝实，故元伟传后，于元氏戚属之事迹，湮没者犹考其名位，连缀附书，深有合于史家阙疑传信之义，庾信传论，仿《宋书·谢灵运传》之体，推论六义源流，于信独致微辞，盖见当世竞宗徐庾，有意于矫时之弊者，亦可见其不专尚虚辞矣。书虽残缺，而义例之善有非《北史》所能掩者，岂徒取其文体之工哉！

如果我们把这段论述与现行的《四库提要》之《周书》提要相比，就会发现差异还是相当大的，特别是像"而义例之善有非《北史》所能掩者"这样重要的结论性的论述也被删改了。对于《南史》、《北史》二书体例，邵晋涵都有批评："《南史》体制之乖裂，不必绳以迁、固之义法也，即据《北史》以参证而知其疏舛矣。"而于《北史》则说，其"自紊其体，义例之不安，较《南史》为尤甚"。

综上所述，可见邵晋涵在评论史书时是相当重视史法义例的。这一思想，在《南江文钞》中所存留的二十多部史书提要中大多有不同程度的反映。不仅如此，在他看来，评论史书必须绳之以史法，否则就很难得出正确的结论。他在《新唐书提要》开头就说："《新唐书》，二百二十五卷，宋欧阳修、宋祁撰。曾公亮表进其书，谓其事则增于前，其文则省于旧。语似夸诩。陈振孙又谓事增文省，正《新书》之失。以今考之，皆不明史法者也。夫后人重修前史，使不省其文，则累幅难尽，使不增其事，又何取乎重修？故事增文省，自班固至李延寿莫不皆然，不得以此夸诩，亦不得转以此为诋諆，《新书》之失，在增所不当增，省所不当省尔。"这段文字，并未谈什么高深的理论，却句句说得入情入理，指出重修之书必须做到"事增文省"，否则就没有必要重修。而后人在衡量一部重修之书价值高低时，又不能单纯看它是否"事增文省"，还必须看它增损得是否确当，即是否符合史家法度。接着他又说："夫《唐大诰》、《唐六典》，为一代典章所系，今纪传既尽去制诰之辞，而诸志又不能囊括六典之制度，徒刺取卮言小说以为新奇，于史例奚当乎！芟除字句，或至失其本事，不独文义之蹇踬也。"尽管如此，邵晋涵并不同意把《新唐书》骂得一无是处，他说：

> 自吴缜为《新书纠谬》，学者师其余论，吹毛索疵，莫不以《新书》为诟厉；甚至引幽怪之书，无稽之说，证《新书》为失实，是岂足以服修、祁之心哉！平情论之，《新书》删定旧史，废传六十一篇，如薛伾、李佑等之事宜附见，韦元甫、李若祁等之行事不著，玄奘、神秀之事多属荒渺，此删并之善也。新添传三百一十篇，《后妃传》增载郭贤妃、王贤妃，《创业功臣传》增载史大奈，韩门弟子增载皇甫湜、贾岛，《忠义传》增载雷万春、南霁云，《循吏传》增载韦丹、何易于，《儒学传》增载张齐贤、啖助，《文艺传》增载吕向、张旭，《方技传》增载邢和璞、罗思远，《列女传》增载高愍女、杨烈妇，此搜罗遗佚而有裨于旧史者也。且旧史于咸通以后，纪传疏略，《新书》则于韩偓之纳忠，高

仁厚之平贼，与夫雷满、赵匡凝、杨行密、李罕之之僭割，具书于传，一代兴废之迹备焉。岂得谓其无补于旧史欤！即其删存旧文诸传，如姚崇则略载其初见十事，韩愈则载其出使王庭凑，皆合史裁，非漫然损益也。《宰相世系表》虽多附会华胄，难尽征信，要足备唐人之谱学。《艺文志》略存撰人出处，较旧史《经籍志》为稍优。综其大略，删烦补阙，亦所谓后起者易为功耳。

像这样评论一部史书之长短得失，自然足以令人信服。最后他仍旧指出："使修、祁修史时，能溯累代史官相传之法，讨论其是非，决择其轻重，载事务实而不轻褒贬，立言扶质而不尚捭扑，何至为后世讥议，谓史法之败坏自《新书》始哉！"这就是说，欧阳修等人所修之《新唐书》，其所以为后世所讥议，关键是他们不能溯累代史官相传之法，相反一意效法《春秋》，肆意于一字之褒贬，而不以载事务实为宗。我们认为这个评论是切中其要害的。令人遗憾的是，像这样一篇好的提要，在现行的《四库全书总目提要》里，被删改得面目全非。

其三，不受前人所囿，敢于发表己见。我们综观《南江文钞》所存留的各史提要，可以明显地看出，邵晋涵对史书的评论，一般都能做到持公允之论，不盲从附和前人之说。就以前面所举的《新唐书》而言，尽管历来一直受到讥议，然而他同样充分肯定其价值，并且最后指出："今新、旧《唐书》，并列学官，集长去短，各有取裁，学者亦无庸过分轩轾矣。"因而在《旧唐书提要》中，他对于王若虚和顾炎武诸人过分贬低《新唐书》而不以为然。相反，对于《新五代史》因得到统治者的重视以及欧阳修以文章享有盛名，而使它也一直居于显位，"当时推重其书，比诸刘向、班固"，这自然不符合实际，于是邵晋涵在《五代史记提要》中，对其存在问题，除了前人所指出外，又列举了三大缺点：第一，取材之不富。"夫史家以网罗放失为事，故曰'其轶时时见于他说'，又曰'整齐旧闻'。李延寿南、北《史》于旧史外时有增益，斯其可为贵也。修则不然，取旧史任意芟除，不顾其发言次第。而于旧史之外所取资者，王禹偁之《阙文》，陶岳之《史补》，路振之《九国志》三书而已。所恨于修者，取材之不富也。"第二，书法之不审。"修与尹洙同学古文，法《春秋》之严谨。洙撰《五代春秋》，虽行文过隘，而大事不遗。修所撰帝纪，较《五代春秋》已为详悉矣；然于外蕃之朝贡必书，而于十国之事俱不书于帝纪，岂十国之或奉朝贡或通使命者，而反不得同域外之观乎！所恨于修者，书法之不审也。"第三，掌故之不备。"法度之损益，累代相承，五代虽干戈相继，而制度典章上沿唐而下开宋者，要不可没。修极讥五代文章之陋，只述《司天》、《职方》二考，而于礼乐、职官、食货之沿革削而不书，考古者茫然于五代之成迹，即《职方考》于十国之建置亦多疏漏。所恨于修者，掌故之不备也。"实际情况如此，为什么欧书反会压倒薛史呢？他认为主要在于"旧史但据实录，排纂事迹，无波澜意度之可观，而修则笔墨排骋，推论兴亡之迹，故读之感慨有余情，此其所由掩旧史而出其上欤！"我们认为，邵晋涵对于《新五代史》的编纂，提出三大问题，是很值得重视的，他因辑佚《旧五代史》，参阅了有关史书达七八十种，对新旧二史作了对照排比，并撰成《旧五代史考异》一书，说明他对五代历史深有研究。因此，他所列举《新五代史》之问题，绝不是一般议论，应当说是具有权威性的发言。这里有必要指出的是，目前在评论欧阳修史学时，大多说《五代史记》之所以仅立《司天》、《职方》二考，是由于欧阳修认为五代典制荒略，不足为法，其实这是轻信了欧阳修的自述，甚至有的同志还说"四库馆臣不明此理"，这种论述是无法令人信服的。我们上面所引邵晋涵的评论说得十分清楚："法度之损益，累代相承，五代虽干戈相继，而制度典章上沿唐而下开宋者，要不可没。"这是人所尽知的道理，如何能以荒略为借口而废置勿作呢！所以邵晋涵指出："所恨于修者，掌故不备也。"这就说明欧阳修文人修史，只以文学见长，对于典章制度这些掌故并不熟悉，这确实是《新五代史》一大缺陷。对此我们没有必要为其讳饰。因为这些确实不是欧阳修所长，清代乾嘉时期的刘凤诰亦已指出："天文测验，因时改易，五代众职颓隳，是术多疏。欧阳修推步一家，凤所未究，其刊修《唐史》时，刘羲叟同局，天文、历志悉衷其言，此撰《司天》，当亦从彼商榷。"（《存悔斋集》卷一二《五代史记注例述》）事实真相既然如此，怎么能以"荒略"为借口而为其讳饰呢！总之，邵晋涵的评论还是比较客观的。

又如，众所周知，魏收的《魏书》一向被称为"秽史"。邵晋涵认为这一评论是很不公道的，因此在提要中据事逐条加以驳正，指出：

收以修史为世所诟厉，号为"秽史"，今以收《传》考之，则当时投诉，或不尽属公论，千载而下可以情测也。议者云："收受尔朱荣子金，故减其恶。"夫荣之凶悖，恶著而不可掩，收未尝不书于册。至论云"若修德义之风，则韩、彭、伊、霍，夫何足数！"反言见意，史家微辞，乃转以是为美誉，其亦不达于文义矣。又云："杨愔、高德正势倾朝野，收遂为其家作传；其预修国史，得阳休之助，因为休之父固作佳传。"夫愔之先世为杨椿、杨津，德正之先世为高允、高祐。椿、津之孝友亮节，允之名德，祐之好学，实为魏之闻人。如议者之言，将因其子孙之显贵，不为椿、津、允、祐立传而后快于心乎！《北史·阳固传》：固以讥切聚敛，为王显所嫉，因奏固剩请米麦，免固官。从征硖石，李平奇固勇敢，军中大事，悉与谋之，是固未尝以贪虐先为李平所弹也。固它事所传者甚夥，不因有子休之而始得传。况崔暹尝荐收修史矣，而收列崔暹于酷吏，其不徇私惠如此，而谓得休之之助，遂曲笔以报德乎！议者又云："卢同位至仪同，功业显著，不为立传。崔绰位止功曹，本无事迹，乃为首传。"夫卢同希元义之旨，多所诛戮，后以义党罢官，不得云功业显著。绰以卑秩见重于高允，称其道德，固当为传独行者所不遗。观卢斐诉辞，徒以父位仪同，绰仅功曹，较量官秩之崇卑，争专传附传之荣辱（自注：《魏书》初定本，卢同附见卢元传，崔绰自有传。后奉敕更审，同立专传，绰改入附传），是乌足与之论史法哉！

这里邵晋涵一一驳斥了"议者"的论据，尤其可贵的是，他认为史书是否立传，不能单以官秩的崇卑为依据，而要看其所做之事，是否有益于社会国家，是否合乎社会"道德"。这个见解，无论他出发点如何，总比"较量官秩之崇卑"要为可取。此外，在提要中他还从正面提出："李延寿以唐臣修《北史》，多见馆中坠简，参校异同，多以收书为据。其为收传论云：'勒成魏籍，婉而有章，繁而无芜，志存实录。'于是秽史之谤，可以一雪矣。"在反复论证以后，邵晋涵最后下结论说："收叙事详赡而条例未密，多为魏澹所驳正，《北史》不取魏澹之书而于澹传存其叙例，亦史家言外之意也。澹等之书俱亡，而收书终列于正史，然则著作之业，固不系乎一时之好恶哉！"这就是说，一部史书之好坏，不能只看一时之好恶，而要看它在长期的历史过程中，是否经得起各方面的推敲与考验，最终是非自有公论。而《魏书》能够得到长期流传，并被列入正史，这也绝非出于偶然。事实说明，《魏书》确实有其存在之价值。从上述引文可以看到，他对以前史家史著的评论，总是坚持以理以事服人，从不以势压人，这种实事求是的态度是非常可贵的。与他同时的史家王鸣盛在《十七史商榷》中也指出："魏收手笔虽不高，亦未见必出诸史之下。"

其四，主张据事直书，反对任情褒贬。和以往许多著名史家的主张一样，邵晋涵也十分强调写史必须据事直书，则善恶可以自见，反对人为地进行主观褒贬。他在《后汉书提要》中说："夫史以纪实，综其人之颠末，是非得失，灼然自见，多立名目奚为乎！名目既分，则士有经纬万端，不名一节者，断难以二字之品题举其全体，而其人之有隐慝与从恶者，二字之贬转不足以蔽其辜。宋人论史者不量其事之虚实，而轻言褒贬；又不顾其传文之美刺，而争此一二字之名目为升降，辗转相遁，出入无凭，执简互争，腐毫莫断，胥范氏阶之厉也。"（以上所引各史提要，均见《南江文钞》卷一二）若是不从史实出发，仅停留在一二字之名目升降上争论，这样做法，对于写出信史实在是没有好处。当然要写出一部能传世行远的信史，邵晋涵认为除了不主观加以褒贬外，首先还得掌握丰富的史料，否则道听途说，捕风捉影，都无济于事。我们说邵晋涵虽然没有从理论上系统提出史家的标准或条件，但从他所撰的诸史提要可以反映出，在他看来，无论是刘知幾所提出的史家"三长"，还是章学诚所提出的"四长"，都是不可缺少的：若不具备史德，就不可能据事直书，如实反映历史；若不具备史识，遇到史事"众议之参差"，就不可能"断其是非"，对于史书也无法作出正确评论；若无史学，所撰之书，不是孤陋寡闻，就是"凿空无据"。这些思想在上述引文中已全部有了反映。

综观以上所述，我们完全有理由把史部提要视为邵晋涵的史学评论专著，中间反映了他丰富的史学理论。他对史学上许多重大问题，都有自己独到的看法，既谈到了史书编纂的方法与体例，也论述了对史学、史著评论的标准，尽管有些看法在今天看来不一定确当，但总的来说仍不失为研究邵晋涵史学思想的重要材料。可惜的是大部分已被别人作过删改，因而现今刊行的史部提要，已不可能都代表邵晋涵的史学思想和观点了。

总之，邵晋涵是乾嘉时代享有盛名的一位历史学家，是浙东史学后起之秀，生前自己于著述之事，规为弘远，然一生困于多病，不幸较早去世，因而计划多未实现，尽管早已立志改修《宋史》，终因《宋志》功用浩繁，美志未遂，故留传下来的史学著作不多，于是他的史学，长期湮没无闻。其实他是一位史学大家，从事史书的整理与撰著，并先后参加过《杭州府志》和《余姚县志》的编纂工作，他的一生对史学贡献是很大的，在中国史学史上应当有他一定的地位。

（本文原载《史学史研究》1982年第3期；又载人大复印报刊资料《历史学》1982年第11期；收入仓修良：《史家·史籍·史学》；又见仓修良：《史志丛稿》）

章学诚的历史哲学
——章学诚史学研究之一

章学诚是清代杰出的史学评论家,又是一位唯物主义思想家。一生当中生活极不安定,常常奔波于大江南北,谋求主讲书院,编修方志,并做幕僚多年。因此他不仅对官场内幕有较多的了解,而且对民间疾苦和社会现象亦有较为真切的观察。正如他自己所云:"以贫贱之故周流南北,于民生吏治,闻见颇真。"(《章氏遗书》卷二九《上韩城相公书》)这些现实生活的经历,对其政治思想和学术观点都有相当大的影响。他虽然直到四十一岁才考取进士,"自以为迂拘,不合世用",但终究未敢进入仕途。尽管精于史学,但从未得到清朝当局的重用。政治上的不得志,生活上的穷困潦倒,他将毕生精力几乎均用在学术研究上面,把"辨章学术,考镜源流"作为终身的任务。他很重视研究当代,强调学术要为政治服务。他并没有关于历史哲学的专篇论著,但在其有关史论中却蕴藏着内容丰富的历史哲学观点。

一

章学诚在《文史通义·原道》篇中曾提出了"道不离器,犹影不离形"的光辉命题,这表明他继承了荀子、柳宗元、陈亮、王夫之以来许多唯物主义思想家的哲学体系。"道不离器",就是说事物的理或规律,是不能离开客观事物而存在的。这一命题,是反映了"存在决定意识"的唯物观点,可是有人却加以否定,其理由是"章学诚是一个专务实际,不尚玄谈的学者",说他在《原道》篇中的论述,"表明了他只有志于从事现实人生的研究,并无意于进行宇宙本源的探索"。[①] 我们不同意这种看法。首先,说章学诚"不

---

① 王知常:《论章学诚学术思想中的政治观点》,《学术月刊》1963年第10期。

尚玄谈"本身就不是事实。就以《原道》篇言，正是属于这类"玄谈"之文。正如邵晋涵所云："是篇初出，传稿京师，同人素爱章氏文者，皆不满意，谓蹈宋人语录习气，不免陈腐取憎，与其平日为文不类，至有移书相规诫者。"（《文史通义新编新注》内篇二《原道》篇下附注。本篇凡引用该书的，只注明卷数和篇名）为什么会产生这么大的误解，难道是偶然的吗？其次，在谈论这个问题时还必须分清两个界限，即章学诚"无意于进行宇宙本源的探索"是一回事，而章学诚本人是否有唯物主义观点又是另一回事。不能因为章学诚"无意于进行宇宙本源的探索"，而就因此否定他具有的唯物观点，这样评论未免过于简单而武断。试问为什么他"无意于进行宇宙本源的探索"而就一定不可能具有唯物观点呢？事实上古今中外历史证明，许多科学家、学者，他们也都"无意于进行宇宙本源的探索"，却偏偏是唯物论者。就以宋代著名的唯物主义思想家陈亮而言，他刻意讲求功利实用之学，"不尚玄谈"，亦"无意于进行宇宙本源的探索"，并且连专门论述自然观和认识论哲学的专著也没有。我们能否因此就说他不具有唯物主义观点呢？这实际上是普通常识，无须多辩。

另外，我们再从章学诚对于道、器关系的论述来看，虽然他没有专篇对其进行探索，但是在他的学术论著中，凡是涉及者都很明显。他说："盈天地间惟万物，《屯》次《乾》、《坤》之义也。"（内篇三《匡谬》）又说："《易》曰：'一阴一阳之谓道。'是未有人而道已具也。继之者善，成之者性。是天著于人而理附于气。故可形其形而名其名者，皆道之故而非道也。道者，万事万物之所以然，而非万事万物之当然也。"（内篇二《原道上》）这就说明章学诚是肯定客观世界的物质性的。这种物质是独立的普遍的存在，充满着整个宇宙，而道正是各种物质发展所表现的规律。"理附于气"，更是有力地体现这一观点，就是说理是依赖于气而存在的，有是气即有是理，这就无疑地肯定了物质是宇宙最根本的东西。陈亮说，"盈宇宙无非物"（《龙川文集·经书发题》），王夫之说，"尽天下之间，无不是气"（《读四书大全说·孟子》三），章学诚则说，"盈天地间惟万物"，可谓一脉相承。而他的"道不离器，犹影不离形"命题，正是说明有了某种事物的存在，才有某种事物的规律；离开了某种事物，也就谈不上有什么规律；不论是什么规律，都不能离开客观事物而存在。他还用人类社会的产生和发展来说明这一观点。他说:"天地之前,则吾不得而知也。天地生人,斯有道矣,而未形也;三人居室,而道形矣,犹未著也;人有什伍而至百千,一室所不能容,部别班分,而道著矣。"(内篇二《原道上》)这就是说,人类社会的"道",是伴随着人类社会的产生而产生,随着人类社会的发展而发展的。在人类社会产生之前,有关人类社会的各种"道",是根本不存在的。有了人的活动,也就有了人活动的"道"。人类社会越是发展,于是从"三人居室",到"一室所不能容"而必须"部别班分","道"就很清楚地出现了。再向前发展,则"作君、作师、画野、分州、井田、封建、学校"也都出现了。这样一来,有关人类社会的礼法制度也都纷纷产生了。但是在人类社会产生之前,这些东西是不存在的。所以他说:"夫道自形于三人居室而大备于周公、孔子。"(内篇二《原道中》)是不是人类社会发展的"道"就到此为止了呢?章学诚并不这样认为。他认为,时代发展了,"道"也自然在起变化,典章制度、礼教风俗同样如此。他列举了"周公作官礼",亦是"鉴于夏、殷而折衷于时之所宜,盖有不得不然者也。夏、殷之鉴唐、虞,唐、虞之鉴羲、农、黄帝,亦若是也"(内篇一《礼教》)。这里很明显地说明了两个问题,一是周公作的官礼不是凭空制作,而是参照、吸取了夏殷的成法,再是周公作的官礼不是照搬夏殷,而是"折衷于时之所宜",即根据不同时代的要求。他说:"世事殊而文质变,人世酬酢,礼法制度,古无今有者,皆见于文章。"(内篇三《黠陋》)又说:"时势殊异,封建井田必不可行。"(内篇六《同居》)意思非常明确,用我们今天的话来说,奴隶社会的各种制度不可能在原始社会里产生,而必须产生于奴隶社会出现以后;同样适合于奴隶社会的土地制度封建井田,到了封建社会也就行不通了。他虽然不可能像我们今天这样明确社会发展阶段的划分,但他看到了在不同历史时期出现和运用不同的典章制度,这是确定无疑的。总之,在章学诚看来,没有事物,就没有关于这个事物的道。他不仅提出"道寓于器"(内篇二《原道下》),而且肯定"道因器而显,不因人而名也"。所以他说:"天下岂有离器言道,离形存影者哉!彼舍天下事物人伦日用,而守六籍以言道,则固不可与言夫道矣。"(内篇二《原道中》)章学诚在这里明确地阐述了事物和它的规律的关系,说明客观存在的事物是第一性的,事物的规律是派生的,没有器就没有关于那个器的道。可见,他对于道器关系具有如此鲜明的观点,还有什么理由来否定其具有唯物主义观点呢？

　　章学诚的认识论基本上也是唯物的。他认为人的感官与客观事物相接触所产生的感觉应当是一致的，"声色臭味，天下之耳目口鼻皆相似也。心之所同然者理也，理也，义也。然天下歧趋，皆由争理义，而是非之心亦从而易焉。岂心之同然而不如耳目口鼻哉？声色臭味有据而理义无形，有据则庸愚皆知率循，无形则贤智不免于自用也"（内篇三《砭异》）。因为声色臭味是天下所固有的客观存在，所以人们才能对它们有相同的感觉，说明感觉的源泉是客观对象，而不是由人的主观可以任意决定的。当然，没有来源于客观世界的事物，就不可能有感性认识，那也就更谈不上理性思维了。他说："富贵公子，虽醉梦中不能作寒酸求乞语；疾痛患难之人，虽置之丝竹华宴之场，不能易其呻吟而作欢笑。此声之所以肖其心。"（内篇二《文理》）不经过感性见闻，就不能使思维起作用。要获得规律性的认识，必须要有客观的根据，单凭主观臆测是不行的。章学诚还认识到，许多事物的本质或规律，不是通过一次接触就把握得住的，必须通过多次反复才能成功。"理之初见，毋论智愚与贤不肖不甚远也；再思之则恍惚而不可恃矣；三思之，则眩惑而若夺之矣。非再三之力，转不如初也。初见立乎其外，故神全，再三则入乎其中，而身已从其旋折也。必尽其旋折，而后复得初见之至境焉。故学问不可以惮烦也。"（内篇三《辨似》）

　　在认识论的问题上，唯物论与唯心论之间对名与实的关系长期进行着论战。唯心主义者认为名是第一性，实是第二性，典型代表人物首推董仲舒。他说："名者，大理之首章也。录其首章之意，以窥其中之事，则是非可知，逆顺自著，其几通于天地矣。"（《深察名号》）其意思就是说，事物只是名的体现，所以只要掌握了名，事物的是非就可以判断了。章学诚在这个问题上可以说观点十分鲜明，他论定一切事物都是"先具其实，而后著之名也"（内篇一《易教中》）。"名者实之宾，徇名而忘实，并其所求之名而失之矣。"（内篇三《黠陋》）"名者实之宾，实至而名归，自然之理也。"（内篇三《针名》）这一系列论述足以说明，他从唯物主义认识论的名实论关系出发，强调实是首要，名乃其次。名只不过是万事万物的体现符号。只有先具事物，然后方能有名。这就说明章学诚已把握住了认识论过程中最基本的理论。他这个理论，不仅是对以名证实的唯心主义认识论的迎头痛击，而且是对当时社会上流行的好名轻实风气的批判。这正说明他这种唯物主义认识论是在同唯心论的认识论斗争中形成的，是在同社会上好务虚名不求实际的论战中建立起来的。因此，他曾语重心长地说："名者实之宾……欲其近实而远名，则世风淳，而天下享其利也。"(《章氏遗书》卷二五《湖北通志检存稿·复社名士传》)另外，与此相关联的"内容"与"形式"主次先后关系，在认识论上也是唯心论与唯物论长期以来斗争的焦点之一。在这个问题上，章学诚用"文"、"质"关系加以论证。在他看来，应当先有"质"而后有"文"，并且"文生于质"，而离"质"也就无从言"文"。"名者实之宾，犹文者质之著也。无质不可以言文。"(外篇三《家书七》)他评论文章，"贵有其质"，要求作文必须要有内容，反对无病呻吟。因为"文生于质"，应当"视其质之如何而施吾文"。"文因乎事，事万变而文亦万变，事不变而文亦不变，虽周孔制作，岂有异哉？"(内篇三《砭俗》)为什么"强笑不欢，强怒不威"，就是因为它都不是出于自己的内心感情(《章氏遗书》卷二一《赠乐槐亭记》)。因此他断言"质去而文不能独存"(内篇三《黠陋》)。这就是说，"内容"决定"形式"，如果离开了"内容"，那么"形式"也就无法存在了。"离质言文，史事所以难言也。"(外篇四《州县请立志科议》)所以他认为"与其文而失实，何如质以传真也！"(内篇二《古文十弊》)

二

章学诚继承并发展了柳宗元和王夫之等人重"势"的社会历史观。他认为整个社会历史的发展，有它自己固有的而不以人的意志为转移的必然过程，每个社会阶段的出现，不是什么圣人主观愿望所能决定的，而完全出于"势使然也"，"不得不然"。这是建立在朴素唯物主义基础上的进步历史观。这种观点是他在同当时流行的复古主义思想和天命论观点斗争中建立起来的。唯心主义思想家把社会历史的发展说成是由天或神的意志所决定的，章学诚则认为社会制度的形成和发展，完全是客观形势造成的，是社会发展的必然趋势。他把历史的发展比作江河，由涓涓之水汇聚而成，从而滔滔不绝地奔腾向前，"滥觞流为江河，事始简而终巨"(内篇一《书教中》)。他在

《原道》篇里对此作了反复论证。从"三人居室"到"部别班分",从"作君作师"到各种礼法制度的出现,都绝对不是"圣人智力所能为,皆其事势自然,渐形渐著,不得已而出之,故曰'天'也"。他说:

> 人之初生,至于什伍千百,以及作君、作师、分州、画野,盖必有所需而后从而给之,有所郁而后从而宣之,有所弊而后从而救之……譬如滥觞积而渐为江河,培塿积而至于山岳,亦其理势之自然,而非尧舜之圣过乎羲轩,文武之神胜于禹汤也。(内篇二)

可以看出,章学诚在这篇文章里试图探寻历史发展的规律,但由于阶级和时代的局限,在当时他并没有做到,也不可能做到。至于社会为什么有这样的变化,他仅仅只能说是"时会使然"而"不得不然"。这应当说已经是了不起了。因为他认为历史发展的必然趋势并不是上天或神所主宰,也不是圣君贤相所决定。这可以说是对君权神授的"天命论"无情的抨击。根据这个观点,章学诚进而论证典章制度的演变和学术文化的发展,也都取决于社会发展的必然趋势。他认为典章制度尽管有一定的继承性,但更重要的是随着时代条件的变化而必然发生变化。"历自黄帝以来,代为变更。"(内篇一《易教中》)就如上文所引,他举周公制订之官礼,虽鉴于夏殷,而必"折衷于时之所宜,盖有不得不然者也"。总之,由以往观之,"不特三王不相袭,三皇、五帝亦不相沿矣"(内篇一《易教上》)。所以他大胆提出:"古今时异,先王成法不可复也。"(《章氏遗书》卷二五《湖北通志检存稿·复社名士传》)就是这样,他公然宣布先王所制订的法制,在今天并不适用。这实际上是为他后来在政治上提出改革要求而制造舆论。这种语言出自乾嘉时代,自然是"惊世骇俗"(章氏自己所云),这对当时流行的崇古非今的思潮无疑是当头一棒。

一定的学术文化是一定社会的政治经济在观念形态上的反映,同时又反转过来作用并影响一定的政治和经济。因此,不同时代,总是要出现为这一时代服务的学术文化思想体系。当然,文化知识的繁荣和学术思想的演变,又是社会进化的反映,章学诚列举了大量事实论证,文化知识和学术思想是随着社会的不断进步而在向前发展。他还断言,由于"古今时异势殊","古之学术简而易","后之学术曲而难"。这个论断应当说是很科学的。就如自然科学的"历象之学,后人必胜前人,势使然也"(内篇二《朱陆》)。社会科学的历史及其体裁之演变,也是社会历史发展的反映,而且这些演变总是后者胜过前者。他说:"历法久则必差,推步后而愈密,前人所以论司天也;而史学亦复类此。《尚书》变而为《春秋》,则因事命篇,不为常例者,得从比事属辞为稍密矣。《左》、《国》变而为纪传,则年经事纬不能旁通者,得从类别区分为益密矣。"(内篇一《书教下》)至于文学亦复如此,他说:"凡言义理,有前人疏而后人加密者,不可不致其思也。古人论文,惟论'文辞'而已矣。刘勰氏出,本陆机氏说而昌论'文心';苏辙氏出,本韩愈氏说而昌论'文气';可谓愈推而愈精矣。"(内篇二《文德》)

为什么会发生变化,章学诚的回答是"时异势殊","势使然也"。这就是说,由于历史在发展,社会在变化,所以学术思想、文化知识自然也要发生变化。从他的思想反映来看,他认为社会的意识形态、人们的精神生活,乃至政治制度,无不是各个时代客观现实的反映。他说:"文人之心,随世变为转移,古今文体升降,非人力所能为也。"(外篇三《与邵二云论文》)我们认为,这种文人之心随时代变化为转移的论断,在当时能够提出,可以说是杰出的见解。普列汉诺夫曾有过这样的论述:"社会底心理永远顺从它的经济的目的,永远适合于它,永远为它所决定。""任何进步着的社会经济是变化着的;生产力的新的状态引起新的经济机构,同样引起新的心理,新的时代精神。"(普列汉诺夫《论一元论历史观之发展》)章学诚的论述尽管没有明确提出社会经济的发展是"文人之心"变化、"古今文体升降"的依据,但他那"随时变为转移"一语的含义颇深。正因为学术思想、文学艺术一定要反映各个时代的精神,所以,各个历史时期所出现的学风文体,自然不可能是以某些个人意志为转移的。"文有一时体式,今古各不相袭。""世代升降,而文辞言语随之,盖有不知其然而然,圣人不能易也。三代不摩唐虞之文,两汉不摩三代之语,经史具在,不可诬也。"(《章氏遗书》外篇卷一《信摭》)

显而易见,既然具有重"势"观点,势必反对英雄史观。众所周知,是时势造英雄,还是英雄造时势,长期以来是哲学领域里唯物论与唯心论斗争的重要焦点之一。具有英雄史观的人,总是把社会生活和人类历史的发展归之于帝王将相、英雄豪杰所创造。在一个时代，一个国家，人们所以要那样的生活而不是别样的生活，完全是由于当时的"圣君"、"贤相"、"圣贤"、"豪杰"创立了一套制度，这套制度就支配了当时人们的衣食住行的社会生活。他们宣传这套英雄创造历史的目的，在于使人民建立起对上帝圣君的崇拜观念，寄希望于帝王将相，从而麻痹人们的斗争意志。章学诚从重势观点出发，提出了针锋相对的看法。他认为无论是帝王将相，还是圣贤豪杰，都不能以主观意志创造历史、改革制度，虽像尧、舜、禹、汤、文、武、周公那样赫赫有名的帝王，举世无双的"圣人"孔子，也不能以主观意志立法创制。他说："当日圣人创制，只觉事势出于不得不然，一似暑之必须为葛，寒之必须为裘，而非有所容心，以谓吾必如是而后可以异于前人，吾必如是而后可以齐名前圣也。"而周公之所以能够集大成，正是"适当积古留传道法大备之时，是以经纶制作，集千古之大成，则亦时会使然，非周公之圣智能使之然也"（内篇二《原道上》）。可见，按照章学诚的看法，是"时会"造就了周公这样的英雄人物，而不是周公创造了当时的"时会"。所以他认为社会制度和学术风气，都不是以某个个人意志为转移的。相反英雄人物还必须要受某种必然性的"时会"或者"势"所制约。他说："风会所趋，庸人亦能勉赴；风会所去，豪杰有所不能振也。汉廷重经术，卒史亦能通六书，吏民上书讹误辄举劾。后世文学之士，不识六书之义者多矣。岂后世文学之士，聪明智力不如汉廷卒史之良哉？风会使然也。"（内篇四《说林》）英雄史观的鼓吹者总是认为，圣人就像无所不知无所不晓的"万能博士"。章学诚却大不以为然，认为"人之有能有不能者，无论凡庶圣贤有所不免者也。以其所能而易其不能，则所求者可以无弗得也"（内篇四《说林》）。在他看来，不管任何人，知识学问都不是先天的，而是后天所求得，圣人也不可能生而知之，更不是无所不知。"人各有能有不能，虽尧舜之知，不遍物也。"（外篇三《与周永清论文》）而一般的人，只要艰苦努力，不务虚名，肯下苦功，就一定能获得不朽之功业。他说："天地之大，人之所知所能，必不如其所不知所不能，故有志于不朽之业，宜度己之所长而用之，尤莫要于能审己之所短而谢之，是以舆薪有所不顾，而秋毫有所必争，诚贵乎其专也。"（外篇三《与周次列举人论刻先集》）这些议论，不仅相当中肯，而且应当说是具有科学道理的。他还说，如果你要想"卓然自立以不愧古人"，那就应当"不羡轻隽之浮名,不揣世俗之毁誉,循循勉勉,即数十年,中人以下所不屑为者而为之,乃有一旦庶几之日"(外篇三《与族孙汝楠论学书》)。这就是说,不管天资如何,只要勤勤恳恳数十年,不居功,不为名,冲破艰难险阻,一定能登上光辉的顶峰。这些论点,对英雄史观的鼓吹者是无情的批判,而对唯心论的先验论也是有力的抨击。基于这个观点,章学诚大胆而肯定地宣告:"天下无全功,圣人无全用。"(内篇四《说林》)

章学诚在一定程度上看到了"众人"的力量,这也是他学术思想中很可贵的地方。他说:"天下有公是,成于众人之不知其然而然也,圣人莫能异也。"(内篇三《砭异》)在他的文章中反映出这样的思想,"圣贤"所为之事,"凡庶"不一定就不能为,而"凡庶"所建之功业,圣贤倒不一定能够做到,所以"圣贤"也不能不向众人学习,他说:"道有自然,圣人有不得不然……圣人有所见,故不得不然;众人无所见,则不知其然而然。孰为近道?曰:不知其然而然,即道也。……圣人求道,道无所见,即众人之不知其然而然,圣人所籍以见道者也。"这就是说,圣人所掌握的知识,不过是从群众中来,通过群众日常生活的创造加以总结概括和提炼。离开了群众的生活实践,圣人将一无所得。唯其如此,他竟能说出"学于众人,斯为圣人"这样颠扑不破的真理,并说:"盖自古圣人,皆学于众人之不知其然而然。"(内篇二《原道上》)在这种思想指导下,他在做学问上提倡要发挥众人智慧,赞扬集体力量所成之著作。他说:"文章自在天地,藉人发挥之耳,人才分则不足,合则有余,著述私则力微,公则功巨,刘安合八公之徒,撰辑《鸿烈》内外诸篇,实周秦以后之伟制,此非一人聪明手足所能为也。……人才难萃而易分,良时难觏而易逝,慨然因地乘时,集众长而著为不朽之业,且为学者无穷之衣被焉。"(《章氏遗书》卷二九《跋邗上题襟集》)

上述情况表明,章学诚非常强调"理势"之自然在社会进程中的决定作用,他一再表明,社会的发展、制度的出现、学术的盛衰和文体的演变,绝不以个人意志为转移,而完全出于"时会使然"、"势之使然"、"理势不得不然"。这里的"势",其实就是他所讲"天"的同义词,他借用了"道之大原出于天"这句话,亦反映了这个思想。他所讲的"天"是指自然之象,是无色、无臭、无意志的,与历代"天人感应"论及一切神学史观所讲的"天"全然不同。他并没有把"天"蒙上一层神秘的面纱,只不过用来说明自然发展趋势而已。值得注意的是，尽管他强调"势"在社会历史进程中的作用，但他同样还很重视人的主观因素，并不像宿命论者那样，把一切都归之于命中注定，人只能听天由命，受命运支配。他说："天定胜人，人定亦能胜天。"（内篇六《天喻》）他所举人定胜天的例子显然是不恰当的，但他在理论上肯定"人定亦能胜天"无疑是可贵的，说明他承认人类对于自然界是可以有所作为的，可以对其利用和改造的。他既肯定"势"的作用，又肯定人的主观能动性，这也反映了他还具有一定的朴素的辩证观点。他在这方面的论述并不太多，而他那"天定胜人，人定亦能胜天"的命题，实际上是受到刘禹锡的"天人交相胜"的唯物主义思想影响。他很注意天与人的关系，他也是把天（自然界）与人（人类社会）看作既有区别又有联系的。他认为作为国家最高统治者，必须注意处理好这两者的关系。他说："天与人参，王者治世之大权也。"（内篇一《易教上》）如果能够处理好这两者的关系，国家统治大权就可以解决了。历史是阶级斗争的教科书，所以他还认为写历史时，必须做到"究天人之际，通古今之变"。他盛赞"《骚》与《史》，千古之至文也。其文之所以至者，皆抗怀于三代之英而经纬乎天人之际者也"（内篇五《史德》）。

三

章学诚依据历史进化论的观点，认为事物变化和学术发展相比，总是后者超过前者，这也是历史发展的必然趋势。但有人提出，有些现象使人感到费解，如后人"致力倍难于古人，观书倍富于前哲，而人才愈下，学识亦愈以卑污？"是不是后人才智不及前人？关于这一点，他作了令人信服的回答。他说："今人为学，不能同于古人，非才不相及也，势使然也。……天时人事，今古不可强同，非人智力所能为也。"（内篇二《博约下》）其所以前人易学而后人难成，绝对不是才智不相及。这一方面与学术的繁简有很大关系，古之学术简而易，今之学术曲而难；另一方面与时代远近及其风气亦不无关系。如"六书小学，古人童蒙所业，原非奇异。世远失传，非专门名家，具兼人之资，竭毕生之力，莫由得其统贯"（外篇二《说文字原课本书后》)。"去古久远,音义训故再失师传,非终身专力于是,不能成家。"(外篇三《报谢文学》)古人今人具学六艺,收效就是不同,其原因就在于"古人于六艺,被服如衣食,人人习之为固然,未尝专门以名家者也。后儒但即一经之隅曲,而终身殚竭其精力,犹恐不得一当焉,是岂古今人不相及哉?其势有然也。古者道寓于器,官师合一,学士所肄,非国家之典章,即有司之故事,耳目习而无事深求,故其得之易也;后儒即器求道,有师无官,事出传闻而非目见,文须训故而非质言,是以得之难也"(内篇二《原道下》)。

既然事物发展,今必胜古,后必超前,那么古代的东西是否还有学习的必要?章学诚的回答是肯定的,问题在于如何学习而已。在他看来,"古今时异,周孔复生,亦必不尽强今以服古也"(外篇一《述学驳文》)。因此,学习中必须注意"事有不师于古,而因乎理势之自然",绝对不能笼而统之"执古以概今"(外篇一《家谱杂议》)。至于为什么要学古,那是因为无论政治制度还是学术文化都是在前人的基础上发展而来的。他在《与朱沧湄中翰论学书》中曾说:"历观古今学术,循环盛衰,互为其端。"(《文史通义新编新注》外篇三)这里的"循环盛衰"应当作繁荣衰落来理解,他是从朝代兴亡角度论述这一问题的。因此,它的意思是说,古往今来学术文化的发展有一定的衔接、继承性,后者总是在前人创造的成就的基础上发展起来的,并且以其为起点,任何学术思想都有一定的渊源。他还指出"当代典章,官司掌故,未有不可通于《诗》、《书》六艺之所垂","书吏所存之掌故,实国家之制度所存,亦即尧舜以来因革损益之实迹也"(内篇五《史释》)。这就是说,了解古代,掌握制度源流、学术渊源,对于研究当今的政治发展和学术文化都是有益的。关于这个问题,恩格斯曾有过英明的论断:"现代社会主义的根源虽深刻存在于物质的经济的事实中,可是它和任何新的学说一样,首先得从在它之前已经积累的思想资料出发。"[1]后来他在《给史密特信》中结合英法德哲学史上具体实际,对此又作了详尽而精辟的论述:"作为特定的分工领域,每一时代的哲学都把一定的思想材料作为前提,这材料是它从它的先行者继承下来,而它就是从这里出发的。"[2]非常明显,学术文化知识

---

[1] 《反杜林论》,人民出版社1959年版,第13页。
[2] 《马克思恩格斯关于历史唯物主义的信》,人民出版社1956年版,第89页。

和哲学思想体系，虽然是一个时代社会经济发展的产物，但它们对于前人成果的继承却是不可缺少的。因此，学习古代，可以更好地帮助研究当今，即博古是为了通今，为了实用。章学诚曾风趣地说："鄙人不甚好古……至于古而有用，则几于身命徇之矣！"（外篇三《与阮学使论求遗书》）

至于谈到如何学习，章学诚认为一则"师其意而不袭其迹"。这一点他非常强调，认为"读古人书，贵能知其意也"（外篇二《为谢司马撰楚辞章句序》）。如果能做到"师古而得其意，固胜乎泥古而被其毒也"（内篇六《同居》），意思就是要学其精神实质，而不是学它的具体办法措施。他以学习六经为例，认为应从六经内容事实中去领会精神实质，联系当前实际，更好地为政治服务，绝对不能机械地生搬硬套古人的制度和措施。古今情况不同，制度措施自然各不相同。他批判了那些"凡学古而得其貌同心异，皆但知有古而忘己所处境者也"（外篇三《与邵二云论文》），指出在向古人学习上，"与其慕虚名而处实患，则莫如师其意而不袭其迹矣"（内篇六《同居》）。再则学习中既反对墨守古说、泥古不化，又反对颂古非今、以古律今，必须具有创造精神，不能墨守古人之陈说，否则学术文化就不可能得到发展。他非常赞扬戴东原在学习上的独创精神，说他"学于郑而不敢尽由于郑，乃谨严之至，好古之至，非蔑古也"（外篇二《郑学斋记书后》）。学古是为了通今致用，可以说正是他"经世致用"思想在这一方面的具体表现。他曾说："学问经世，文章垂训，如医师之药石偏枯，亦视世之寡有者而已矣。"（内篇四《说林》）又说："文求适用，则古今各有攸当，夫臣工奏议，官司条教，书生揣摩于策对，草野待访与采风，皆与时地相需，出于经济……"（《章氏遗书》卷二七《湖北通志检存稿·文微乙集录经济策画论》）根据这种观点，他评论文章提倡"因地"、"因时"、"论世"，认为文章只有能"明道"、"经世"，"能持世而救偏"，方才有其价值。"学术无有大小，皆期于道。"（外篇三《与朱沧湄中翰论学书》）"文章之用，内不本于学问，外不关于世教，已失为文之质。"（内篇三《俗嫌》）

上述这些思想，强烈地反映了章学诚的变革观点，这种观点可以说贯穿于他的政治、学术思想始终，他强调变革，反对墨守，提倡创新，反对因袭。他说："穷则必变，变必求通，而后可垂久，凡事莫不然也。"（外篇二《三史同姓名录序》）当然，他所主张的变有其一定的标准，那就是要变得"协时"、"适用"、"持世"、"救偏"。这种要求变革的观点，就成为他晚年在政治上要求改革的理论基础。他所处的时代，社会矛盾十分尖锐，先后已发生过多次规模相当大的农民起义。他目睹全国各地农民反抗、危机四伏的局面，于六十二岁那年（嘉庆四年），竟先后六次向统治当局上书谈论时务，认为农民起义，完全出于"官逼民反"。他在《上执政论时务书》中大胆地揭露了官场内幕，无情地抨击了大小官吏相互勾结盘剥人民的罪恶。他指出：

> 自乾隆四十五年以来，讫于嘉庆三年而往，和珅用事几三十年，上下相蒙，惟事贪婪黩货。始如蚕食，渐至鲸吞。初以千百计者，俄而非万不交注矣；俄而万且以数计矣；俄以数十万计或百万计矣。一时不能猝办，率由藩库代支，州县徐括民财归款。贪墨大吏，胸意习为宽侈，视万金呈纳，不过同于壶箪馈问。属吏迎合非倍往日之搜罗剔括，不能博其一欢！……此辈蠹国殃民，今之寇患皆其所酿，今之亏空，皆其所开，其罪浮于川陕教匪，骈诛未足蔽辜！

敢于对当时政治提出如此尖锐的批评，在当时学术界中还是不多见的。他在这篇上执政书中还大声疾呼，"今之要务，寇匪一也，亏空二也，吏治三也。……事虽分三，原本于一，亏空之与教匪，皆缘吏治不修而起，故但以吏治为急，而二者可以抵掌定也"（《章氏遗书》卷二九），要求清朝当局倾听民情，整顿吏治，实行改革。如不及时采取措施，后果将不堪设想，所以他警告清统治者："必待习气尽而人心厌而气运转，而天下事已不可为矣！岂不痛哉！"（《章氏遗书》卷二五《湖北通志检存稿二·复社名士传》）他还引用明朝灭亡的历史事实，要清统治者引以为戒。他说："民穷财尽，而上不知恤，明之所以亡也。"所以明末"流贼一呼，从者数十百万，亦虐贪之吏，有以驱使然也"（《章氏遗书》卷二五《湖北通志检存稿二·明季寇难传》）。这也说明对封建社会行将崩溃前夕的危机，章学诚是相当敏感的。而他要求改革的思想，对于龚自珍、魏源乃至以后主张改革的人应当说都是有一定影响的。另外，这种要求"变"的思想，在理论上对于长期以来那种"天不变，道亦不变"的形而上学的反动思想也起着冲击作用。

以上论述了章学诚的唯物主义观点及其进化论的历史观。可以看出，这些观点是他在长期生活实践和学术斗争中逐步建立起来的。但是要指出的是，他的唯物主义观点是不彻底的，在他的政治思想、学术观点中还存在着相当多的唯心主义成分。如他从封建地主阶级立场出发，把封建社会的仁义道德的伦理观说成是人们共同具有的本性，因而遵守封建秩序、维护等级制度亦是出于本分。他说："盖天之生人，莫不赋之以仁义礼智之性，天德也；莫不纳之于君臣、父子、夫妇、兄弟、朋友之伦，天位也。"（内篇二《原学上》）这显然是唯心的。我们可以这样说，当他把"道"理解为事物、自然界的规律时，他是唯物主义的。但是当他把"道"作为社会伦理规范时，把封建的忠孝仁义说成来源于自然的天，他就是个唯心主义者了。他强调客观的"势"在社会进程中的作用，反对英雄人物可以主观随意创制立法，用历史发展客观必然性去和那种圣人意志决定历史发展的观点对立起来，这是进步的。但由于他站在封建主义立场，不懂得社会是区分为阶级的，当然就不可能对国家的起源和社会历史的发展作出科学的解释。他把君主和各级统治者的产生，说成是"人众而赖于干济，必推才之杰者理其繁，势纷而须于率俾，必推德之懋者司其化"（内篇二《原道上》）。他这样来解释国家的产生，并把各级统治者说成是人民推戴产生的，这和柳宗元一样，显然又陷入了唯心主义史观。这正说明，由于时代和阶级的局限，他的政治思想和学术观点中存在着相当矛盾的现象，这应当说是正常的，并不奇怪。问题在于我们在研究的时候，要实事求是，从具体材料入手进行分析，要肯定其正确的地方，又要指出其错误之处，以便真正做到取其精华，去其糟粕，这样自然就可以避免夸大其作用，而又不会过分苛求于古人。

（本文原载《杭州大学学报》1978年第3期；收入仓修良：《史家·史籍·史学》；又见仓修良：《史志丛稿》）

章学诚与浙东史学

一

浙东史学，在清代史学发展上占有主导地位。在清代史学家中，有创见、有作为、有影响的大多出自浙东学派。黄梨洲生于明清之际，为浙东史学之开山祖，其实亦是有清一代史学之开山祖。以地域为限而形成某种学派，在古代特别是宋代以来往往如此。如张载和他的弟子多是陕西关中人，被称为"关学"。程颢、程颐，受业于周敦颐，他们都是河南人，又在洛阳讲学，就被称为"洛学"。一则师承关系，二则就近从业方便，三则学风影响亦很重要。自宋以来，江浙一带，经济、文化的发展一直居全国首位，不仅人才辈出，藏书亦为全国之冠，特别南渡以后，遂为"文物荟萃之邦"，"永嘉学派"、"金华学派"等不仅对浙东有深远影响，就是在中国学术史上也占有极为重要的地位。他们当中不少人专心于史学的研究，特别是吕东莱的文献之学，陈傅良、叶适的经制之学，陈亮等人的功利主义思想，对于清代浙东史学都有重要的影响。全祖望就黄宗羲学术思想的渊源曾说："以濂洛之统，综会诸家，横渠（张载）之礼教，康节（邵雍）之数学，东莱（吕东莱）之文献，艮斋（薛季宣）、止斋（陈傅良）之经制，水心（叶适）之文章，莫不旁推交通，连珠合璧，自来儒林所未有。"（《鲒埼亭集》卷一一《梨洲先生神道碑文》）关于这点，章学诚亦曾多次提及，他在《与阮学使论求遗书》里说："浙中自元明以来，藏书之家不乏，盖元、明两史，其初稿皆辑成于甬东人士。故浙东史学，历有渊源，而乙部储藏，亦甲他处。"（《文史通义新编新注》外篇三）又在《邵与桐别传》中说："南宋以来，浙东儒哲讲性命者，多攻史学，历有师承，宋明两朝，纪载皆稿荟于浙东，史馆取为衷据，其间文献之征，所见所闻，所传闻者，容有中原耆宿不克与闻者矣。"（《章氏遗书》卷一八）因为他是以浙东史学之成员自居，所以在谈论或叙述这些情况时，他特别自豪。还有一点需要指出的是，两浙去京都较远，又临东海，因而清入关后，这里一度成为明末遗民反清复明的重要根据地。黄宗羲就曾于此处多次起兵抗清。失败后，他先后主讲于绍兴之证人书院，余姚之姚江书院，并"闭户著述，从事国史，将成一代金石之业"（《南雷文定》附录）。他有感于明季学风之衰敝，好为游谈，束书不观，以致最后亡国；故教育生员博览经史，从事核实之学，以挽救颓风。全祖望在《甬上证人书院记》里说：

> 自明中叶以后，讲学之风，已为极敝，高谈性命，直入禅障，束书不观，其稍平者则为学究。皆无根之徒耳！先生始谓学必原本于经术，而后不为蹈虚，必证明于史籍，而后足以应务。元元本本，可据可依。前此讲堂锢疾，为之一变。（《鲒埼亭集》卷一六）

讲学风气大变，因而一时前来受业者云集，且多父子相传，兄弟相继，其高座皆得携其子弟听讲，或有以生徒来者，学风之盛可谓空前。全祖望叙述梨洲在甬上讲学之风影响时说：

> 先生自言生平师友，皆在甬上。及风波稍息，重举证人之席，虽尝一集于会稽，再集于海昌，三集于石门，而总不甚当先生之意。尝曰："甬上多才，皆光明俊伟之士，足为吾薪火之寄。"而吾甬上，当是时，经史之学蔚起，雨聚笠，宵继灯，一振前辈之坠绪者，亦以左提右挈之功为大。（《续甬上耆旧诗》）

可见黄梨洲确实为浙东培养出一大批有才有识之士。其最著名者为万氏兄弟，他们直接承继了梨洲经史之业。万斯大专治经学，斯同博通诸史，尤熟于明代掌故。与万氏同时，尚有邵念鲁，亦尝问业于梨洲，而传其文献之学。继邵氏之后，又有全祖望私淑黄、万，向慕其风，于晚明文献，搜罗贡献尤大。其后出者则有邵晋涵、章学诚。而章学诚实为浙东史学之殿军，他以史学理论而总其成。非常明显，从黄宗羲到章学诚，史学宗旨一脉相承。章学诚在叙述清代浙东史学之统系时曾说："梨洲黄氏出蕺山刘氏之门，而开万氏兄弟经史之学，以至全氏祖望辈尚存其意。"又说："世推顾亭林氏为开国儒宗，然自是浙西之学；不知同时有黄梨洲氏出于浙东，虽与顾氏并峙，而上宗王、刘（王守仁、刘宗周），下开二万，较之顾氏，源远而流长矣。"（《文史通义新编新注》内篇二《浙东学术》）这不仅指出了清代浙东史学的统系，而且说明这个学派是有源有流，"源远而流长"的。所以后来梁启超说："浙东学风，从梨洲、季野、谢山起以至于章实斋，厘然自成一系统，而其贡献最大者实在史学。"（《中国近三百年学术史》第八章《清初史学之建设》）

如果抽掉了富有生气的浙东史学，清代史学将黯然失色。众所周知，乾嘉史学是清代史学发展上比较鲜艳夺目的一丛鲜花，而其中就有浙东史学名将全祖望、章学诚等人的扶持衬托。钱大昕、王鸣盛、赵翼等史家虽说在整理古籍、考订真伪方面作出了贡献，但毕竟只是"襞绩补苴"的工作，并无发挥创造之精神。关于这点，章学诚在当时就已多次指出。至于浙东学派的史家则不然，他们大多贵创造发明，在史学上亦多有重大贡献。黄宗羲开一代史学新风，提倡学术经世致用，中国首创学术史的编纂，正是自他的《明儒学案》和《宋元学案》两书始。万斯同以布衣参修《明史》，不署衔，不受俸，五百卷《明史稿》皆出其手定，现行《明史》虽属官局分修，实际上全靠万斯同总其成，对此钱大昕就曾说过："乾隆初，大学士张公廷玉等奉诏刊定《明史》，以王公鸿绪史稿为本而增损之，王氏稿大半出自先生手也。"（《潜研堂文集》卷三八《万先生斯同传》）此外他还著有《历代史表》、《儒林宗派》等书。全祖望在史学上的贡献更是多方面的，续补《宋元学案》，在编纂学术史体例上亦有创见；他是乾嘉时代重视采集文献的代表人物，用碑传记序等形式，把搜罗来的大量晚明史事记录下来；还七校《水经注》，三笺《困学纪闻》。章学诚，则仅《文史通义》和《校雠通义》两书，就足以说明他在史学上的巨大贡献，何况他还编了一部规模宏大的《史籍考》，这部书后来虽不存，但其功绩是不能抹杀的。梁启超说：

> 实斋以清代唯一之史学大师而不能得所藉手以独撰一史，除著成一精深博大之《文史通义》及造端太宏未能卒业之《史籍考》外，其创作天才，悉表现于和州、亳州、永清三志及《湖北通志》稿中，"方志学"之成立，实自实斋始也。（《中国近三百年学术史》第十五章《清代学者整理旧学之总成绩》三）

从以上简单概述，可见清代浙东史学在清代史学发展上占有举足轻重之地位，而每位浙东史家又都各自有不同的建树。不过对于浙东史学之源流和特色，是存在着不同看法的。对于前者，本文暂不讨论。关于后者，如柴德赓先生显然就持有不同的看法，他曾说过："资产阶级史学家何炳松作《浙东学派溯源》，在自序中把全祖望和章学诚列为黄宗羲以后的浙东两大史学系，其实章与全无共同点，摆在一起很不相称。"[①] 柴先生这一看法，只看到章学诚批评了全祖望，而没有了解章学诚为什么要批评全祖望，因此柴先生所作的结论就不可能符合历史事实。我们认为何炳松在该书序中把"宁波万斯同、全祖望及绍兴邵廷采、章学诚等"并列为黄宗羲以后浙东两大史学系，这点是正确的。他们大有共同之点，同属于一个学派，是可以摆在一处相提并论的。

二

清代浙东史学的特点究竟是什么？关于这一问题，章学诚在《浙东学术》一文中言之甚详，我们把它归纳为如下三个方面：一是反对门户之见，二是贵专家之学，三是主张学术要经世致用。下面就这三方面分别予以叙述。

（一）反对门户之见

章学诚在《浙东学术》一文中提出：

> 浙东之学，虽出婺源，然自三袁之流，多宗江西陆氏，而通经服古，绝不空言德性，故不悖于朱子之教。至阳明王子揭孟子之良知，复与朱子牴牾。蕺山刘氏本良知而发明慎独，与朱子不合，亦不相诋也。梨洲黄氏出蕺山刘氏之门，而开万氏弟兄经史之学，以至全氏祖望辈尚存其意，宗陆而不悖于朱者也。惟西河毛氏，发明良知之学，颇有所得；而

[①] 柴德赓：《试论章学诚的学术思想》，《光明日报》1963年5月8日第4版。

门户之见，不免攻之太过，虽浙东人亦不甚以为然也……顾氏宗朱而黄氏宗陆，盖非讲学专家各持门户之见者，故互相推服而不相非诋。学者不可无宗主，而必不可有门户，故浙东、浙西道并行而不悖也。

这就说明，浙东学派的史家们，虽然有着自己的宗主，但却反对树立门户，主张学派之间，相互尊重，互相推服，因此对于毛西河的囿于门户，不以为然。众所周知，学术上一旦存在门户，必然产生相互攻击。宋明以来，程朱陆王两派之间交相攻评，到了清初一变而为汉学宋学之争，至乾嘉之世，越演越炽。但浙东学派的史家们却主张在学术上要兼取朱陆之所长，并蓄汉宋之精华。黄宗羲对于程朱陆王学问之不同，有这样一段议论：

非尊德性则不成学问，非道学问则不成德性，故朱子以复性言学，陆子戒学者束书不观。周程以后，两者固未尝分也。……陆学之尊德性，何尝不加功于学古笃行；朱子之道学问，何尝不致力于反身修德。特以示学之入门，各有先后，此其所以异耳。(《黄宗羲全集》第 10 册《复秦灯岩书》)

他在《明儒学案》一书发凡中又说："此编所列，有一偏之见，有相反之论。学者于其不同处，正宜着眼理会，所谓一本而万殊也。以水济水，岂是学问！"这都说明他主张对于不同学说都应加以研究。他在《清溪钱先生墓志铭》中提出："盖道非一字之私，圣贤之血路散殊于百家，求之愈艰，则得之愈真。虽其得之有至有不至，要不可谓无与于道也。"(《黄宗羲全集》第 10 册) 这说法其实就是反对树立门户，反对学术垄断。所以他认为，说经则宗汉儒，立身则宗宋学。所谓"读书不多，无以证斯理之变化；多而不求于心，则为俗学"的主张，正是兼收并蓄，会通汉宋之长的具体表现。梁启超在论述学术史著述时说：

著学术史有四个必要的条件：第一，叙一个时代的学术，须把那时代重要各学派全数网罗，不可以爱憎为去取。第二，叙某家学说，须将其特点提挈出来，令读者有很明晰的观念。第三，要忠实传写各家真相，勿以主观上下其手。第四，要把各人的时代和他一生经历大概叙述，看出那人的全人格。梨洲的《明儒学案》，总算具备这四个条件。（《中国近三百年学术史》第五章《阳明学派之余波及其修正——黄梨洲》）

可见《明儒学案》的编纂，基本上是按照作者反对宗派、反对门户之见的精神实践的。当然，门户之见与学术宗旨是两回事，反对门户之见，不等于连学术宗旨也不要了，也不等于反对所有学派。黄宗羲在《明儒学案》的发凡中论述得非常明白，他说：

> 大凡学者有宗旨，是其人之得力处，亦是学者之入门处。天下之义理无穷，苟非定以一二字，如何约之使其在我，故讲学而无宗旨，即有嘉言是无头绪之乱丝也。学者而不能得其人之宗旨，即读其书，亦犹张骞初至大夏，不能得月氏要领也。

这番论述说明要研究一个人的学术思想，必须要抓住其学术宗旨之所在，所学才能算是有所得，否则，即使将其著作全部背熟，也只不过是学究而已。万斯同是黄宗羲的得意门生，学术上无门户之见，更胜过其师。《四库全书总目提要》说他"著《儒林宗派》，凡汉后唐前传经之儒，一一具列，持论独为平允"。可见前人早已有定论。邵念鲁曾亲承黄氏之教，又以推宏王学为己任，然于朱子之学，也倍加推崇，亦无门户之恶习。他曾谓阳明致良知之旨，无殊朱子存心致知之教（《思复堂集》卷一《姚江书院传》）。他对于从黄宗羲处所得之教益，一直铭记心中，"尝以《读史百则》呈正黄先生，后又蒙授《行朝》一编，殷勤提命，难忘是恩"。而对于当时学派之间相互攻击的不良学风，则视若仇敌。他说：

> 立名真伪，学术异同，海内后贤自有定论，吾党不任其责。至于随事得师，虚心广见，何所不宜。……若近梨洲门庭者，便谤晚邨（吕留良，治程朱之学，故宗程朱而攻陆王者多附之）；依晚邨门庭者，专毁梨洲，且非诋阳明以和之。先生以其人为何如人也。（《思复堂文集》卷

六《谢陈执斋先生书》)

他在姚江书院主讲时，立志要扫除朱陆之辩之"客气"，在为书院所订《训约十则》中，为此专列一条，题曰"识量宜弘"，其条文说："从来朱陆之辩，洛蜀之党，此等客气，俱要扫除。好学之士，只问自家得力何如，过失何如，安得道听口传，坐论他人是非同异。坦怀相遇，平心观理，何彼何此，会见万物皆备于我。"(《思复堂文集》卷一〇《姚江书院洲约》) 看来他的所谓"师惟希圣，何纷纷朱陆之异同；道在证人，讵仅仅文章之工拙"(《思复堂文集》卷七《复韦明府启》) 这两句话正是他讲学的宗旨。全祖望对于汉宋门户之见，更能破除无余。他替黄宗羲续成之《宋元学案》，能够做到不定一尊，在表章遗献方面，无论宋代大儒，还是清初经师，都能一并重视。在如何对待朱陆上，同样有其看法。他说：

夫圣学莫重于躬行，而立言究不免于有偏。朱陆之学皆躬行之学也。其立言之偏，后人采其醇而略其疵，斯真能会通朱陆者也。若徒拘文牵义，哓哓然逞其输攻墨守之长，是代为朱陆充词命之使，即令一屈一伸，于躬行乎何预。(《鲒埼亭集外编》卷四四《奉临川先生帖子》)

至于章学诚，是否也反对门户之见呢？这在学术界看法就完全不同了。由于他在著作中很多地方批评了当时的"汉学大师"戴东原，而抨击汉学的流弊又很激烈，故长期以来，几乎众口一致认为他在"维持宋学"，抱有"门户之见"，其实这是不符合历史事实的。关于这个问题，笔者在《章实斋评戴东原》一文中已作了比较详尽的辩论。我认为，章学诚与浙东史学的前辈们一样，也是反对门户之见的。这里我有必要说明的是，既然柴德赓先生说章学诚与全祖望"无共同点"，"摆在一起很不相称"，那么，也许会有人说，章学诚反对门户之见的观点，只不过与浙东几位大师在观点上偶尔巧合而已。其实不然，只要仔细研究其学术思想，就会发现浙东诸大师的学术思想对他不仅有直接影响，而且影响是多方面的，特别是邵念鲁的学术文章，对他影响极大，他对邵氏亦推崇备至。他在家书中自述其学术上承受关系时说：

祖父生平极重邵思复文,吾实景仰邵氏而愧未能及者也。盖马班之史,韩欧之文,程朱之理,陆王之学,萃合以成一子之书,自有宋欧曾以还,未有若是之立言者也;而其名不出于乡党,祖父独深爱之。吾由是定所趋向;其讨论修饰,得之于朱先生,则后起之功也,而根底则出邵氏,亦庭训也。(《文史通义新编新注》外篇三《家书三》)

邵氏对其影响之大于此可见。由于他当时"人微言轻",因此对于那些自我标榜、树门立户的风气非常气愤,他说:"盖好名之习,渐为门户,而争胜之心,流为忮险。学问本属光明坦途,近乃酿成一种枳棘险隘,诡谲霭昧,殆于不可解释者。"在宋学、汉学之争激烈进行的时候,他发表了《言公》、《说林》诗篇,希望对于"纷争门户,势将不可已"的"风俗人心"能够有所补益(《文史通义新编新注》外篇三《又与朱少白》)。尤为可贵的是,他在批判门户之见时,能够揭示出产生门户之见的根源是争名争利,指出"好名之甚,必坏心术","好名之心,与好利同。凡好名者,归趣未有不俗者也"(《文史通义新编新注》外篇三《家书七》)。他还说明当时被汉学家们指责为"蹈宋人《语录》习气"的《原道》篇,亦正是"为三家之分畛域设也"(《文史通义新编新注》外篇三《与陈鉴亭论学》)。他又明确认为:"义理必须探索,名数必须考订,文辞必须闲习,皆学也,皆求道之资,而非可执一端谓尽道也。"(《文史通义新编新注》外篇三《与朱少白论文》)至于三者之间的关系,他说:"考证即以实此义理,而文章乃所以达之之具。事非有异,何为纷然?"(《文史通义新编新注》外篇三《与族孙汝楠论学书》)对于宋学、汉学之争论,他认为都应本着取其所长而去其流弊的精神,他说:

训诂名物,将以求古圣之迹也,而侈记诵者如货殖之市矣;撰述文辞,欲以阐古圣之心也,而溺光采者如玩好之弄矣。异端曲学,道其所道而德其所德,固不足为斯道之得失也。记诵之学,文辞之才,不能不以斯道为宗主,而市且弄者之纷纷忘所自也。宋儒起而争之,以谓是皆溺于器而不知道也。夫溺于器而不知道者,亦即器而示之以道斯可矣。而其弊也,则欲使人舍器而言道。……夫宋儒之言,岂非末流良药石哉!然药石所以攻脏腑之疾耳,宋儒之意,似见疾在脏腑,遂欲并脏腑而去之。将求性天,乃薄记诵而厌辞章,何以异乎?然其析理之精,践履之笃,汉唐之儒未之闻也。(《文史通义新编新注》内篇二《原道下》)

总之,他在辩论这些问题时,都以史学为中心,指出:"知史学之本于《春秋》,知《春秋》之将以经世,则知性命无可空言,而讲学者必有事事,不特无门户可持,亦且无以持门户矣。"(《文史通义新编新注》内篇二《浙东学术》)他还痛骂那些"陋儒"并无真才实学,只会装腔作势,树立门户。这可说是章学诚的一大发现,也说明他对扫除门户之见做得最为彻底。上述事实说明,清代浙东史学一个很重要的特点,就是反对学术研究上有门户之见,主张不同学派之间应当取长补短。因此,这不仅对史学的发展,而且对整个学术界也是一大贡献。

(二)贵专家之学

章学诚在《浙东学术》中指出:"浙东贵专家,浙西尚博雅,各因其习而习也。"这确是道出了浙东史学的另一大特点。所谓"贵专家",其实就是贵有独创精神,不停留在单纯为前人的著作注释考订上。他说:"吾于史学,贵其著述成家,不取方圆求备,有同类纂。"(《文史通义新编新注》外篇三《家书三》)当然,要成专家之学,必然要有渊博的知识为基础,择一而专。对这两者关系,章学诚说:

> 学贵博而能约,未有不博而能约者也。……然亦未有不约而能博者也……博学强识,自可以待问耳。不知约守而只为待问设焉,则无问者,儒将无学乎?且问者固将闻吾名而求吾实也;名有由立,非专门成学不可也,故未有不专而可成学者也。(《文史通义新编新注》内篇二《博约中》)

这段议论把博约的辩证关系论述得十分透彻。清初浙东诸家,于学问莫不博大而精深,自成一家之说。作为一代大师黄宗羲而言,其学识之博大精深是不言而喻的。阮元说他"博览群书,兼通步算,能古文词,尤工为诗"(《畴人传》)，全祖望亦说他"于书无所不窥者"，"兼通九流百家……然皆能不诡于纯儒，所谓杂而不越者是也。故以其学言之，有明三百年无此人，非夸诞也"(《鲒埼亭集外编》卷四四《答诸生问南雷学术帖子》)。特别是历史，他对二十一史以至明十三朝实录所载史实都很熟悉，而对于学术思想史上各家流变离合更是了如指掌，自云"自濂洛至今日，儒者百十家，余……皆能知其宗旨离合是非之故"(《黄宗羲全集》第10册《前乡进士泽望黄君圹志》)。可是他在学术上不是以渊博而享盛名，而是以多方面的专精而著称。他的《明儒学案》开创了学术思想史编纂的先河，在中国史学史和思想史上都有着极其重要的地位。所以梁启超说黄宗羲"在学术上千古不磨的功绩，尤在两部学案"。他的《明夷待访录》一书，则是中国封建社会末期具有浓厚启蒙思想的杰作，在清末的民主革命运动当中，该书被用来作为传播革命思想的工具，起过很大的作用。万斯同博闻强识，尤长于史，"自两汉以来，数千年之制度沿革，人物出处，洞然腹笥。于有明十五朝之实录，几能成诵。随举一人一事问之，即详述其曲折始终，若悬河之泻"(黄百家《万季野先生墓志铭》)。黄氏在明史研究上的成就，几乎全数由他所继承。清代《明史》的编纂，他实际上起到了主编的作用。他的著作很多，其中《历代史表》六十卷，《纪元汇考》四十卷，单从体例而言，这两部书亦都具有开创性质。全祖望在学术上之贡献亦是多方面的，"其学渊博无涯涘，于书靡不穿贯"，他的学问有"今之刘元父"之称。① 阮元在《鲒埼亭集序》中极口称赞其经学、史学、词章三者之长，确是"百尺楼台，非积年功力不可"。严可均亦说："余观古今宿学，有文章者未必本经术，通经术者未必具史裁，服郑之于迁固，各自沟浍，步趋其一，足千古矣，祖望殆兼之，致难得也。……自祖望没后至今五十余年，其遗书出而盛行，知不知皆奉为浙学之冠"(《铁桥漫稿》七《全绍衣传》)。声誉之高，影响之大，于此可见。他一生中贡献最大的亦在史学方面，一则是搜集晚明文献，表彰明季忠烈，《鲒埼亭集》中所载文字，强半皆为明清间掌故，可视为明末史料之汇集，亦是治清初思想史的最好资料。再则他用十年时间续编了《宋元学案》，这

---

① 刘光汉：《全祖望传》，《国粹学报》第11期。

项工作虽说是替黄宗羲续作，但在体例和组织上比《明儒学案》都有很大发展，完全体现了他的独创精神和专家之学。这一精神到了章学诚，就更加得到发扬光大。章学诚总的精神"是以学必求其心得，业必贵于专精"，要做到"博而不杂，约而不漏"（《文史通义新编新注》内篇二《博约下》）。他所著《文史通义》和《校雠通义》两书，提出了许多很有价值的独到见解，无论是在史学史还是在学术史上都有其重要的地位。所以清代浙东史学的几位大师，都是各有所长、各有贡献的专家。

（三）主张学术要经世致用

清初浙东史学的第三个显著特点，就是主张学术研究要"经世致用"。众所周知，永嘉学派的治学精神就在于"经世致用"，这一精神得到了清代浙东史家的继承和发扬，并成为他们治学的宗旨。我们在叙述这一问题时，有必要说明一点，有的著作中把"民族思想之精神"也作为清代浙东史学的特色之一，这样的说法恐不太确切。我们认为所谓"民族思想之精神"，只不过是"经世致用"思想的表现形式之一，因为各人所处的时代不同，因而学术思想上的"经世致用"表现形式也就不同。关于这一点，章学诚早在《浙东学术》一文中就已经指出：

> 浙东之学，虽源流不异而所遇不同。故其见于世者，阳明得之为事功，蕺山得之为节义，梨洲得之为隐逸，万氏兄弟得之为经术史裁，授受虽出于一，而面目迥殊，以其各有事事故也。

各人"经世致用"的特点表现是与其所处的时代密切相关的。如果按照"民族思想之精神"这一特色去套，那么出生于康熙中期以后，生活在雍乾年间的全祖望，因他大量表彰明季忠烈，故而说他出于故国之思，这就不太妥当了。他既生于清代，有何故国可言？柴德赓先生也正是以此为标准来确定全、章二人之优劣的，他说："比章学诚早生三十三年的全祖望是有民族思想的人，他的文集大量表扬明末抗清的忠臣义士，对当时的影响非常大。"从而得出结论："由此看来，章学诚的思想在当时不能算是进步的。"①单从这一点就下这样的结论未免失当。全祖望为什么要表彰明季忠烈，与其说是出于"故国之思"，毋宁说是出于史家的直笔精神。要把鼎革之际那些忠于明王朝的忠臣、义士之事如实记载下来，这本来就是正直的历史家应尽之职责，全祖望这样做了，说明他尽到了史家的职责。所以清末刘光汉撰《全祖望传》中就曾指出："据事直书，隐寓褒贬，说者谓雍乾以降，文网森严，偶表前朝，即膺显戮，致朝多佞臣，野无信史，其有直言无隐者，仅祖望一人！"当然，这与其家庭及黄宗羲、万斯同等人对他的影响不能说毫无关系，但他毕竟不像黄、万等人处于鼎革之际，抱有明亡之痛。如果单从表彰明季忠烈，就确定他有民族思想，那么在《章氏遗书》中也有许多是表彰明季忠烈的文章，如《徐汉官学士传》、《章格庵遗书目录序》等篇就具有这些内容，我们据此说章学诚亦有故国之思的民族思想，也未尝不可了。那柴先生以有否民族思想来判断"章学诚的思想在当时不能算是进步的"不就太冤枉了吗？总之，我们认为不能用"民族思想精神"作为清代浙东史学的特色之一，它只不过是"经世致用"史学思想具体表现形式之一罢了。这在黄、万二人身上表现得尤为明显。黄宗羲在清兵南下后，曾纠合同志共同抗清。明朝既亡，他便闭门从事学术研究工作，不受清朝的诏旨，坚持"身遭国变，期于速死"的爱国思想，正是在这种思想指导下，他所从事的学术研究具有十分明显的"经世致用"色彩。他总结了东林、复社的思想，树立了富有启蒙色彩的反封建的民主思想，其代表作《明夷待访录》集中体现了这一点。顾炎武对此书十分称颂，他在给黄氏信中云："大著《待访录》，读之再三，于是知天下之未尝无人，百王之敝，可以复起；而三代之盛可以徐还也。"(《顾亭林诗文集·亭林佚文辑补·与黄太冲书》)他研究历史更是如此：曾编纂《明史案》二百四十卷（可惜已佚）；有《行朝录》八种，记南明经营恢复事迹；而所著文集，对明季忠烈之士，亦多所表彰。其自云著作目的时说："余多叙事之文，尝读姚牧庵、元明善集，宋元之兴废，有史书所未详者，于此可考见。然牧庵、明善，皆在廊庙，所载多战功；余草野穷民，不得名公巨卿之事以述之，所载多亡国之大夫，地位不同耳，其有裨于

---

① 柴德赓：《试论章学诚的学术思想》，《光明日报》1963年5月8日第4版。

史氏之缺文一也。"(《黄宗羲全集》第11册《南雷文定凡例》)康熙十八年（1679）开明史馆，他虽不应聘，但却同意得意门生万斯同以布衣参与其事，而许多明史上重大疑难之问题，"总裁千里贻书，乞公审正而后定"（全祖望《梨洲先生神道碑文》）。虽未身赴史局，而对于《明史》编纂之贡献，"实非浅鲜"。黄、万不愿食清俸禄，之所以要参与《明史》的编纂，志在保存故国历史之完整，如实反映明代历史之真相。万斯同说：

  昔迁、固才既杰出，又承父学，故事信而言文。其后专家之书，才虽不逮，犹未至如官修者之杂乱也。……若官修之史，仓卒而成于众人，不暇择其材之宜与事之习，是犹招市人而与谋室中之事也。吾所以辞史局而就馆总裁所者，惟恐众人分操割裂，使一代治乱贤奸之迹，暗昧而不明。(《潜研堂文集》卷三八《万先生斯同传》)

  对于此事，黄宗羲深有感慨："嗟乎！元之亡也，危素趋报恩寺，将入井中，僧大梓云：'国史非公莫知，公死，是死国之史也！'素是以不死。后修元史，不闻素有一词之赞。及明之亡，朝之任史事者众矣，顾独藉一草野之万季野以存之，不亦可慨也夫！"（《黄宗羲全集》第10册《补历代史表序》）这些事实都有力地证明，他们论史治史无不刻意于治乱兴衰，利弊得失，教人以"有用之学"。邵念鲁亦称学术文章必须为时所用，自云所作《治平略》十二篇，"皆时所当先者，不欲仿苏氏直入议论，乃名之曰略。盖政与世移，旬月之间，情势万变；吾之所论，未必遂可施行。而今所难行，又未必不可施于后；故每两存其论，令识时务者会心而自择取之。不然，书陈陈充栋，如不能用，何益！"（《思复堂文集》卷六《治平略目序》）与《治平略》同性质的还有《史略》六篇。前者泛论上下古今，后则畅论明代政治得失，尤足表明其经世之志。他说："经史子集，淹贯惟今……凡士习民风之大，并人心天理之微，要归当事之施行，宁止书生之空论！"（《思复堂文集》卷七《复韦明府启》）他对人说："文章无关事道者，可以不作；有关世道者，不可不作；即文采未极，亦不妨作。"（王揆《思复堂文集序》）这一主张对章学诚影响极大。章学诚为了响应邵念鲁的提倡，"不敢无所撰著"，他的《文史通义》一书，确是集中地反映了"经世致用"的思想，许多篇章在理论上从不同角度论述了"经世致用"的重要意义，真正做到了集浙东史学之大成。他所论著，大多有关于当前学术之发展以及社会风尚利弊得失。他说："学业将以经世，当视世所忽者而施挽救焉。"(《文史通义新编新注》外篇三《答沈枫墀论学》) 因此，他认为做学问千万不能赶风头以趋时好。他生活于考据之风在学术界占统治地位的乾嘉时代，而能不为此风所囿，坚定地走自己所主张的经世致用道路，"世之所重而非吾意所期与，虽大如泰山，不遑顾也；世之所忽而苟为吾意所期与，虽细如秋毫，不敢略也"(《文史通义新编新注》外篇三《与朱沧湄中翰论学书》)。更可贵的是，自己既无所长，就不强不知以为知，更不愿"强其所不能，必欲自为著述以趋时尚"(《文史通义新编新注》外篇三《家书二》)。这种在做学问上实事求是的精神是值得称颂和发扬的。他说："文章经世之业，立言亦期有补于世，否则古人著述已厌其多，岂容更益简编，撑床叠架为哉！"(《文史通义新编新注》外篇三《与史余村》) 他在《说林》一文中，对此曾反复举例加以论述。他说："人生不饥，则五谷可以不艺也；天下无疾，则药石可以不聚也。学问所以经世，而文章期于明道，非为人士树名地也。"(《文史通义新编新注》内篇四) 这就表明，他要求学者们在学术研究上要与当前社会之需要密切结合起来，而不要脱离社会现实去闭门造车。他说：

> 无志于学则已，君子苟有志于学，则必求当代典章以切于人伦日用，必求官司掌故而通于经术精微，则学为实事而文非空言，所谓有体必有用也。不知当代而言好古，不通掌故而言经术，则鞶帨之文，射覆之学，虽极精能，其无当于实用也审矣。(《文史通义新编新注》内篇五《史释》)

他自己长于史学，因此提出"史学所以经世，固非空言著述也"，"浙东之学，言性命者必究于史，此其所以卓也"。上面我们简要叙述了浙东史学三个主要特色，从这三个特色来看，章学诚的史学思想与浙东史学诸大师都有着密切的渊源关系，他们不仅共同生活在浙东地区，更重要的在于学术思想上有着明显的师承关系，因此，我们认为他的史学思想与浙东诸大师绝不是偶尔的巧合，而完全是属于同一个学派，他们之间并不是全无共同点，而是大有共同之处，这就说明章学诚乃是名副其实的浙东史学的一名成员。

三

上面我们简要地叙述了清初浙东史学的发展及其主要特色。从中可以看到，章学诚对浙东诸位大师的重要学术思想和主张，不仅有所继承，而且大大予以发扬，绝不像柴德赓先生所说的那样"无共同之处"。柴先生主要论据是说章学诚"反对遗民议论"，又批评全祖望说"章学诚不了解全祖望，仅仅从《鲒埼亭集》中看到全氏所撰碑传事的重复，《乙卯札记》说：'谢山不解文章详略之法'，'所撰神道墓碑，多是拟作，而刻石见用者十居其五，是又狃于八家选集之古文义例，以碑志为古文中之大著述也'。把全祖望表彰民族气节的深心，看成是为自己的文集争体面，更暴露他自己的思想浅陋"。① 为了便于说明事实的真相，我们有必要将章学诚《乙卯札记》那段原文全部抄录如下：

> 全谢山文集，近始阅其详，盖于东南文献，及胜国遗事，尤加意焉。生承诸老之后，渊源既深，通籍馆阁，闻见更广，故其所见，较念鲁先生颇为宏阔。而其文辞不免冗蔓，语亦不甚选择，又不免于复沓，不解文章互相详略之法，如鲁王起事，六狂生举义始末，见于传志诸作，凡三四处。又所撰神道墓碑，多是拟作，而刻石见用者十居其五，是又狃于八家选集之古文义例，以碑志为古文中之大著述也。汪钝翁辈且欲以《汉书》诸传，削去论赞，而增以韵铭作好碑志，同一惑矣。乃嗤念鲁先生为迂陋，不知其文笔未足抗衡《思复堂》也。然近人修饰边幅，全无为文之实，而竟夸作者，则全氏又远胜之矣。（《章氏遗书》外编卷二）

就整段文字来看，章学诚在这里并无故意贬斥全祖望之意，而在文章的

---

① 柴德赓：《试论章学诚的学术思想》，《光明日报》1963年5月8日第4版。

首尾，还有称颂或肯定之词，原文俱在，无须多作分析。而中间如柴先生所列举的，章学诚全是从文章的体裁、史学的义例方面所作的批评，纯属技术性问题，对于全氏表彰明季忠烈、保存东南文献，已经作了足够的肯定。大家知道，邵念鲁是浙东史学之一员，而其表彰明季忠烈保存故国之文献也不遗余力，又是章氏最推崇之人物，而在这个问题上，章氏却肯定全祖望"较念鲁先生颇为宏阔"，这就充分说明章学诚对全祖望的文集大量表扬明末抗清的忠臣义士，是完全了解而绝不是什么"不了解"。有一点必须明白，即章学诚所干的行当，是文史校雠，他在《与陈鉴亭论学》（《文史通义新编新注》外篇三）中就曾直接谈到"《文史通义》，专为著作之林校雠得失"。他曾多次表白，"鄙人所业，文史校雠"（《文史通义新编新注》外篇一《与孙渊如观察论学十规》）。在《与孙渊如观察论学十规》一文中还说："鄙人于文史自马班而下，校雠自中垒父子而下，凡所攻刺，古人未有能解免者。"其所以要这样，应当说是他的职责所在，既搞文史评论，对于文体史裁上的问题不加评论，不去"甄名别实"自然就是失职。所以他认为："古人差谬，我辈既已明知，岂容为讳？但期于明道，非争胜气也。"他还表明，他在这一方面的做法是"但辨其理，未尝指斥其人"，并希望别人于"辨证文字"，亦能"但明其理而不必过责其人"。直到晚年，他还说："所著《文史通义》，弹劾古人，执法甚严。"（《文史通义新编新注》外篇三《论文示贻选》）他在生前，也已深知此种文字，"颇乖时人之好恶"，并会遭到后人的指责。他说：

> 校雠攻辨之书，如病之有药石，如官之有纠弹，皆为人所患苦者也。然欲起痼疾而儆官邪，则良医直史，不惮人之患苦而必有期于当也；疾愈而医者酬，奸摘而弹者赏。惟校雠攻辨之书，洞析幽渺，摧陷廓清，非有绝人之姿，百倍攻苦之力，不能以庶几也；其有功古人而光于后学，不特拯一人之疾，劾一官之邪而已也，而人多不甚悦之……虽为前人救偏，往往中后人之隐病，故悦之者鲜也。（《文史通义新编新注》外篇二《唐书纠谬书后》）

事实就是如此。既然章学诚提出批评完全是正当的，有什么理由值得非难呢？为了把问题辨明，不妨再看看章学诚批评全祖望的另一段话：

> 全祖望……其为文，虽号大家，但与《思复堂集》不可同日语也。全氏修辞饰句，芜累甚多，不如《思复堂集》辞洁气清；若其泛滥驰骤，不免漫衍冗长，不如《思复堂集》雄健谨严，语无枝剩。至于数人共为一事，全氏各为其人传状碑志，叙所共之事，复见叠出，至于再四。（《章氏遗书》卷一八《邵与桐别传》跋）

这段文字同样说明章学诚批评全祖望的还在于文章的技巧义例，全祖望对《思复堂集》有过贬议，因而章学诚以自己最推崇的《思复堂集》与之相比，也都还是技术性问题，并无涉及思想、人品诸事宜。确实，邵念鲁的传记文章比之全祖望是要来得高明，两人文集俱在，可以加以比较。姚名达曾经说过：“念鲁作传记，极尽文章之能事，梁任公先生推为中国第一，实非谀辞。”（《邵念鲁年谱》附录）关于此事，甚至李慈铭亦为之不平，他在《越缦堂日记》同治四年十一月十八日记曰：“全谢山讥念鲁为学究，颇抉摘是集之谬误。念鲁腹笥俭隘，其学问诚不足望谢山津涯，而文章峻洁，则非谢山所及。”又十九日记曰：“念鲁私淑梨洲，自任传姚江之学。尤勤勤于残明文献，眷拾表章，不遗余力。虽终身授徒乡塾，闻见有限，读书不多，其所记载，不能无误；要其服膺先贤，专心一志，行步绳尺，文如其人，前辈典型，俨然可想；《鲒埼》以'固陋'二字概其一生，其亦过矣。”可见章学诚批评全祖望文章不及邵念鲁是正确的，尽管全祖望"讥念鲁为学究"，以"固陋"二字概其一生。但章学诚对于全祖望并无过激之词，只是指出"岂可轻相非诋？是全氏之过也"。何况章学诚在其著作当中，引用、肯定、称颂全祖望的文章和论断的地方还是很多的，单在《乙卯札记》中，就不下二十条，限于篇幅，现仅列举一二以说明。如"或举何义门言，王伯厚不脱词科中人习气，全谢山曰：'义门不脱纸尾之学习气'，其言甚痛快也"。而对其于明季忠烈的看法亦是一致，"全谢山曰，明末诸生如彤庵箪溪苍水嘿农楚石，及管江诸杜，皆以笃老之亲，抗节而死。圣贤处此，未必其然。然其大节要不可灭"。事实说明，章全两人就是在民族思想感情方面亦并不像柴先生所说那样"无共同之处"，而是大有共同之处。至于说章学诚"反对遗民的议论，坚决站在清朝政府立场说话"，其实亦不尽然。作为一个历史学家，对于鼎革之际的历史如何看待与记载，历来就有不同看法，而上所引的《乙卯札记》这段话的精神，也未必就错。如何记载这样的历史，他认为：

> 一朝之兴，必修胜国之史，其鼎革之际，曲直是非，出彼入此，史臣不必心术偏私，但为君父大义，则于理自不容无所避就，夫子之于《春秋》，不容不为尊亲讳也。然则胜国遗忠，待表章于易世之后，竟当著为成例，然后前人之阙，与后人之补，皆可以质鬼神而俟后圣，斯为至当不易之理耳。（《章氏遗书》外篇三《丙辰札记》）

这里两层意思十分清楚，作为史臣来说，应当大公无私，据事直书，而各忠其君也是完全应当的，因此对于前朝的遗忠，后朝应当表彰，并要"著为成例"。这一理论，自然也适应于明清之际。章学诚是以史学评论家的身份来论述这一问题的，当然我们也不可能要求他所有议论都是至言无误。

我们觉得还有一点必须明确，一个学派中的成员，在学术宗旨一致的前提下，对于某些具体事物有着不同的看法这也是很自然的，所谓闻道有先后，认识有深浅，这在古代许多学派中也是常见的，就是浙东学派也不例外。众所周知，全祖望私淑黄、万，特别对黄宗羲是极其崇拜，但对其短处照样提出批评，他在《答问学术帖子》中说："先生不免余议者则有二：其一，则党人之习气未尽，盖少年即入社会，门户之见，深入而不可猝去。其二，则文人之习气未尽，以正谊明道之余枝，犹留连于枝叶。"这样中肯的批评并无损于他对黄氏的推崇，当然也不会有人因此就说"黄全两人无共同处"。再说章学诚服膺邵念鲁，对邵氏十分景仰，自愧不及，但在学术上也是当仁不让。如元人修《宋史》，于《儒林传》之外，别立《道学传》，对此一举，黄宗羲父子表示反对，黄百家说："先遗献曰：'周程诸子，道德虽盛，以视孔子则犹然在弟子之列，入之儒林，正甚允当。今无故而出之为道学，在周程未必加重，而于大一统之义乖矣。'"（《宋元学案》卷二《泰山学案》黄百家案语）邵念鲁不仅同意黄氏这一看法，而且比之黄氏反对尤为明显，他说："元人修《宋史》于《儒林》外别立《道学传》，此后遂为定名，专家似当去之。吾道一贯，孰非道学中事，而以此立儒家标帜乎？同父（陈亮）所以谓人不当专学为儒，正为此也。"（《思复堂文集》卷七《候毛西河先生书》）可是章学诚对此表示了完全相反的看法，他从史家写史应当反映社会现实情况的原则出发，肯定了《宋史》这一做法。他说：

> 《道学》、《儒林》分为二传，前人多訾议之，以谓吾道一贯，德行文学，何非夫子所许，而分门别户以启争端？此说非是。史家法度，自学《春秋》据事直书……儒术至宋而盛，儒学亦至宋而歧。《道学》诸传人物，实与《儒林》诸公迥然分别。自不得不如当日途辙分歧之实迹以载之……如云吾道一贯，不当分别门户，则德行文学之外，岂无言语政事？然则《滑稽》、《循吏》，亦可合于《儒林传》乎？（《丙辰札记》）

这段话说得入情入理，批评对象是黄、邵诸人，所谓"吾道一贯"，又正是邵念鲁所言，能否因此就说章邵两人全无共同之处呢？因此我们认为同一学派人物，学术上有不同见解乃是正常现象，特别是后者修正乃至否定前者，正反映学术的进步。因此我们在研究历史人物时，一定要全面考察其思想言论和品质行为，切忌抓住一点就轻下结论，否则将会厚诬古人。

综上所述，我们认为章学诚是名副其实的浙东史学之一员，他的主要史学思想与浙东诸大师都是一脉相承的。他以浙东史学的殿军而集浙东史学之大成，把浙东史学诸大师的杰出思想和优良传统都从理论上加以发扬光大。他在史学理论上的贡献，在中国封建社会里可与刘知幾相媲美。

（本文原载《中国史研究》1981年第1期；收入仓修良：《史家·史籍·史学》；又见仓修良：《史志丛稿》）

也谈章学诚"六经皆史"

章学诚（实斋）在《文史通义》的卷首，开宗明义第一句就提出"六经皆史"的论断，而在书中其他篇章又多次论述"六经皆史"、"六经皆器"、"六经皆先王之政典"。但"六经皆史"的命题并非章氏所首创。柴德赓先生在《试论章学诚的学术思想》①一文把这个命题说成是章学诚的"一种创见"。周予同、汤志钧先生也认为在章学诚之前，虽已有人提到"经"、"史"的关系问题，"但同章学诚的'六经皆史说'却大有区别"。因而肯定"'六经皆史'的命题"是章学诚"大胆地提出的"。②我们认为这样的提法是与历史事实不相符合的。其实，"六经皆史"说命题至迟明代中叶已经出现，王阳明《传习录》卷一，载与其弟子徐爱对话已提出此意："爱曰：'先儒论六经，以《春秋》为史，史专记事，恐与五经事体终或稍异。'先生曰：'以事言谓之史，以道言谓之经，事即道，道即事，《春秋》亦经，五经亦史。《易》是包牺氏之史，《书》是尧、舜以下史，《礼》、《乐》是三代史，其事同，其道同，安有所谓异？'"（《王阳明全集》卷一）王世贞在《四部稿》卷一四四亦云："天地间，无非史而已，三王之世，若泯若灭，五帝之世，若存若亡，噫，史其可以已耶，六经，史之言理者也。"而大思想家李贽，在《焚书》卷五《经史相为表里》篇说得就更加明显了，他说："《春秋》，一时之史也，《诗经》、《书经》，二帝三王以来之史也，而《易经》则又示人以经之所自出，史之所从来，为道屡迁，变易匪常，不可以一定执也，故谓'六经皆史'可也。"据上所引，可见"六经皆史"的命题，既不是章学诚的"创见"，也不是到了章学诚才"大胆地提出"的。不过章学诚针对时弊，又重新提出这一命题，并真正赋予"六经皆史"以充实内容和系统理论。就是这

---

① 柴德赓：《试论章学诚的学术思想》，《光明日报》1963年5月8日第4版。
② 周予同、汤志钧：《章学诚"六经皆史说"初探》，《中华文史论丛》1962年第1辑。

样,当时已引起人们众说纷纭,有的指责其为邪说,有的则盛赞其具有创见。我们认为,"六经皆史"说可以说是章学诚"经世致用"史学思想的核心。众所周知,浙东史学特色之一,就是强调学术必须"经世致用",既反对空谈义理,又反对专务考索。这种优良的传统,可以说是"源远而流长"了。章学诚是浙东史学的殿军,不仅继承了先辈们的优良传统,集浙东史学之大成,而且更反映了时代的要求,大谈史意,阐明历史的教育作用,因此,他的"经世致用"史学思想也就更加显著。当然对于章学诚是否属于浙东学派,柴德赓先生似乎是持不同看法,他在《试论章学诚的学术思想》一文中,甚至认为"章与全(祖望)无共同点,摆在一起很不相称"①,这实际上是只看到了问题的表面,未究其实质。这里限于篇幅,已另撰专篇论述。

在《文史通义》里,章学诚一再强调学术经世,认为学术研究上,"得一言而致用,愈于通万言而无用者矣"。他还举例说:"学问经世,文章垂训,如医师之药石偏枯,亦视世之寡有者而已矣。以学问文章徇世之所尚,是犹既饱而进粱肉,既暖而增狐貉也;非其所长而强以徇焉,是犹方饱粱肉而进以糠秕,方拥狐貉而进以裋褐也。其有暑资裘而寒资葛者,吾见亦罕矣。"(《文史通义新编新注》内篇四《说林》。本篇凡引用该书的,只注明卷数和篇名)这些言论全是针对乾嘉时代学术界的现状而发的。为了表明自己的论述有据,他也把孔子抬出作为招牌,指出特别是"史学所以经世,固非空言著述",如"六经同出于孔子,先儒以为其功莫大于《春秋》,正以切合当时人事耳"(内篇二《浙东学术》)。所以他一再提倡"君子苟有志于学,则必求当代典章以切于人伦日用,必求官司掌故而通于经术精微,则学为实事而文非空言,所谓有体必有用也。不知当代而言好古,不通掌故而言经术,则謷牙之文,射覆之学,虽极精能,其无当于实用也审矣"(内篇五《史释》)。史学最终的目的是要"明道",要"惩劝",要阐明规律,要有裨风教。那种束书不观、空谈心性之人固然不能达到此目的,而一味埋头书本、终日忙于考订之人同样亦无济于事。因此,章学诚之所以重新提出"六经皆史"说,是"有所为而为",绝非出于偶然。它的出现,不仅有其历史之渊源,而且亦有其时代之根据。

---

① 柴德赓:《试论章学诚的学术思想》,《光明日报》1963年5月8日第4版。

章学诚言"六经皆史"的论据是：1. 古代根本就"无经史之别，六艺皆掌之史官，不特《尚书》与《春秋》也"（外篇一《论修史籍考要略》）。2. "三代学术，知有史而不知有经，切人事也。"（内篇二《浙东学术》）3. "古人未尝离事而言理，六经皆先王之政典也。"（内篇一《易教上》）"古之所谓经，乃三代盛时，典章法度见于政教行事之实。"（内篇一《经解》上）既然六经只是"典章"、"政典"的记录，自然当时也就不会像后世那样奉之为神圣不可侵犯的经典。至于尊奉为经，章学诚在《经解》篇作了详尽的论证，指出"六经之名起于孔门弟子"，"儒家者流乃尊六艺而奉以为经"。不过宋代苏洵亦曾提出经之与史自古就有区别的主张，其理由是"经文简约，以道法胜；史文详尽，以事辞胜"。章学诚在批判这种说法时，又进一步申述了自己的论点。他说：

> 六艺皆古史之遗，后人不尽得其渊源，故觉经异于史耳。其云"经文简约，以道法胜；史文详尽，以事辞胜"，尤为冒昧。古今时异，故文字简繁不同，六经不以事辞为主，圣人岂以空言欺世者耶？后史不能尽圣人之道法，自是作者学力未至，岂有截分道法与事辞为二事哉！孟子言《春秋》之作，则云："其事齐桓晋文，其文则史，孔子曰：其义则某窃取之。"然则事辞犹骸体也，道法犹精神也，苟不以骸体为生人之质，则精神于何附乎？此亦止此就《春秋》而言，为苏氏之所论及者耳，六经皆史，则非苏氏所可喻矣。（《章氏遗书》外篇《丙辰札记》）

"六经皆史"说的第一个重要意义是，它扩大了历史研究、史料搜集的范围。因为六经既然都是先王的"政教典章"，无疑都是研究当时社会政治制度的重要史籍。当然，他这里所讲的"史"，含义如何，尚有争论。周予同、汤志钧二先生认为："章学诚所指的'史'，主要是指具有'史意'，能够'经世'的史"，"同我们理解为'史料'的'史'，自有区别"。[①] 这样的结论是值得商榷的。我们认为，章氏"六经皆史"说是针对着空谈性命的宋学和专务考索的汉学两种不良的学风而提出的。因此，"六经皆史"的

[①] 周予同、汤志钧：《章学诚"六经皆史说"初探》，《中华文史论丛》1962 年第 1 辑。

"史",既具有"历史资料"的"史"的含义,用以矫正宋学空谈义理的弊病,又具有"经世致用"的"史"的内容,以此反对乾嘉考据学派闭口不谈义理的不正之风,这就是他举一事而收左右开弓之效的巧妙手法。《章学诚"六经皆史说"初探》一文说:"章学诚提出'六经皆史',不以为'六经皆史料'。"如果这样来论证,那我们也可以说:章学诚提出"六经皆史",并未说"六经皆史学"。

"六经皆史"的"史",其所以具有"史料"之史的含义,首先在于它是先王之"政典",孔子"表章六艺,以存周公之旧典","不敢舍器而言道"(内篇二《原道中》)。古代"未尝有著述之事",更不曾有"专称为载道之书",有的只是"官师守其典章,史臣录其职载"(内篇一《诗教上》)。孔子加以删订而成六经,所以六经是政教典章、历史事实的记录,而不是空洞的教条,是器而非道。当然,这种"史"无可辩驳具有"历史资料"的"史"。

其次,我们再从著书体例来看,"夫子述而不作","夫子未尝著述",六经只不过是孔子删订而已。故六经是选辑、是掌故、是记注,而不是著述。章学诚说:"名臣章奏,隶于《尚书》,以拟训诰,人所易知。撰辑章奏之人,宜知训诰之记言,必叙其事以备所言之本末,故《尚书》无一空言,有言必措诸事也。后之辑章奏者,但取议论晓畅,情辞慨切,以为章奏之佳也。不备其事之始末,虽有佳章,将何所用!"(内篇一《书教中》)这就是说,《尚书》只不过是像后来"名臣章奏"的选辑,并非属于某一人之著述。不仅如此,他更明确提出:"外史掌三皇五帝之书及四方之志,与孔子所述六艺旧典,皆非著述一类,其说已见于前。"(内篇一《诗教上》自注)不是著述是什么呢?章学诚认为六经皆属掌故,"六经皆周官掌故,《易》藏太卜,《书》、《春秋》掌于外史,《诗》在太师,《礼》归宗伯,《乐》属司成,孔子删订,存先王之旧典,所谓述而不作"(《章氏遗书》外篇卷一七《和州志》二《文艺类》)。又《和州志·艺文书序例》自注亦云:"六经皆属掌故,如《易》藏太卜,《诗》在太师之类。"非常明显,选辑、汇编之为史料固无须辨论,而掌故性质实属记注而不是撰述。他的方志分立三书,其中掌故、文征就是专为保存重要资料而设。记注、掌故之用,全在于"备稽检而供采择",为撰述提供资料,他在《文史通义》中曾有专门论述,限于篇幅,不再列举。

再者,"六经皆史"的"史"作史料之"史"理解,也可以从其言论中得到证实,他在《报孙渊如书》中说:"愚之所见,以为盈天地间,凡涉著作之林,皆是史学,六经特圣人取此六种之史以垂训者耳。子集诸家,其源皆出于史。"(外篇三)这里所谓"盈天地间,凡涉著作之林,皆是史学"的"史",与其把它理解为具有"经世"的"史",毋宁把它解释为具有"史料"价值之"史"更为确当,就是说,盈天地之间,一切著作都是史料,都是历史家编著史书时搜集研究的对象。既然如此,六经似乎也不例外。关于这点,我们还可以从他所修之《史籍考》内容中得到印证。他在上述信中明确指出,其书"取多用宏,包经而兼采子集",而真正史部,仅占群籍四分之一。显而易见,他把经部与子集诸书也引入其中当作史籍,像这种"史籍",我们有什么理由能说它不包含有"史料之史"而专具"史意"之史呢?

最后,还要说明的是,我们以为,史料本身就包含有史义,绝没有脱离史料的抽象史义,反之,也没有不具史义的史料,否则将不称其为史料,所谓"让史料说话",就是这个意思。史义不能离开史料而独自存在,正如精神不能脱离物质,其理相同。章学诚批判苏洵时已经指出:"事辞犹骸体也,道法犹精神也,苟不以骸体为生人之质,则精神于何附乎?"这个批判是很有说服力的,正反映了他的唯物观点。由此可见,在研究章学诚"六经皆史"说时,若完全摒弃其具有"史料"之史,而奢谈史义,恐不甚妥当。应当按照作者本意予以阐明,切不可主观臆断。基于上述原因,可见"六经皆史"的"史"确是具有"历史资料"的"史"的性质。他言有所指,目的在于批驳宋学虚无缥缈的空谈性命,指出六经是"迹",是"器",是"求道之资",所讲的都是具体事实,而不是抽象的载道之书。所谓道,也都是通过具体史实而体现的。

当然,"六经皆史"的"史",同时又具有"经世"之"史"的内容。孔子之所以删订六经,目的在于"存道"、"明道"、"以训后世",让后人从先王政典当中得知其治国平天下的道理,绝不是把它当作圣经而敬奉,更不是当作古董而玩弄、保存。"事有实据而理无定形,故夫子之述六经,皆取先王典章,未尝离事而著理。"(内篇一《经解中》)六经所载,无不切合于当时人事。"先圣先王之道不可见,六经即其器之可见者也。后人不见先王,当据可守之器而思不可见之道,故表章先王政教,与夫官司典守以示人。"

(内篇二《原道中》)因而在研究六经时,应从六经具体事实中去领会其精神实质,以为当前政治服务,切不可死守经句,泥于古义,专搞名物训诂而脱离当今之人事。他要求人们特别要注意研究现实,"贵时王之制度"。他还论证了"国家制度,本为经制。李悝《法经》,后世律令之所权舆;唐人以律设科,明祖颁示《大诰》,师儒讲习,以为功令,是即《易》取经纶之意,国家训典,臣民尊奉为经,义不背于古也"(内篇一《经解中》)。如果只知"诵先圣遗言而不达时王之制度",所作之学问文章,则未必足备国家之用,这就自然失去了学习先王典章的意义了。何况"事变之出于后者,六经不能言,固贵约六经之旨而随时撰述以究大道"(内篇二《原道下》)。综上所述,我们说"六经皆史"的"史",既具有实实在在具体的历史事实、历史资料的史,又具有概括所得抽象的微言大义、经世致用的"史",两者兼有,并不矛盾。正因如此,所以我们说它为历史研究、史料搜集打开了广阔的天地。

"六经皆史"的另一重要意义是,它是以挽救学术界的颓风姿态出现的,一面反对"宋学"的空谈性天,一面又树起反对"汉学"流弊的大旗。明末清初,在阶级矛盾和民族矛盾交织的复杂情况下,民间学术空气相当活跃,许多著名学者基于亡国之痛,对明季理学末流之弊渐生反感,故治学多倡"经世致用",以矫其空疏玄谈之偏。大思想家顾炎武特重"当世之务",黄宗羲则教导"受业者必心先穷经,经术所以经世,方不为迂儒之学,故兼令读史",并说"读书不多,无以证理之变化;多而不求于心,则为俗学"(《鲒埼亭集》卷一一《梨洲先生神道碑文》)。他们于经学、史学兼收并重,其目的在于经世。后来清统治者为了加强控制,摧残反清复明思想,于是对经世致用的学术思想采取了极端反动的扼杀政策,极力提倡封建正统的理学,配之以大规模类书、丛书的编纂,借以腐蚀人们故国之思,扭转学风,转移研究现实的视线。与此同时,清统治者又大兴文字狱,对著名的思想家横加迫害。谈到经世,开口便触忌讳,遂使人人都有戒心。在威胁与欺骗、利诱相结合的政策下,许多学者不敢正视现实,埋头于故纸堆中,把全部精力耗费在古典文献的整理与考订上。"风气所趋,竞为考订",因而考据之学遂形成专门的学派——汉学,并得到当局大力提倡。到了乾嘉之际,这种汉学已是壁垒森严,足以与高居庙堂的宋学相抗衡了。长期以来,理学内部程朱陆王之论战,这时一变而为汉、宋之争了。可是,不管哪一方,它们都是作为统治者利用的工具而得以并存。汉学只不过是更加适合于统治者的需要,它可以驱使学者远离现实斗争,所以能够扶摇直上,一跃而居于"显学"地位。

对于汉、宋之间各执一端、毫无意义的纷争,章学诚曾作过这样的批评,他说:"学问之途,有流有别,尚考证者薄词章,索义理者略征实,随其性之所近,而各标独得,则服郑训诂,韩欧文章,程朱语录,固已角犄鼎峙,而不能相下。必欲各分门户,交相讥议,则义理入于虚无,考证徒为糟粕,文章只为玩物,汉唐以来,楚失齐得,至今嚣嚣,有未易临决者。惟自通人论之则不然,考证即以实此义理,而文章乃所以达之之具。事非有异,何为纷然?"(外篇三《与族孙汝楠论学书》)在汉学、宋学之争非常激烈的时候,他发表了《言公》、《说林》等篇文章,他说,这些"十余年前旧稿,今急取订正付刊,非市文也,盖以颓风日甚,学者相与离跂攘臂于桎梏之间,纷争门户,势将不可已也。得吾说而通之,或有以开其枳棘,靖其噬毒,而由坦易以进窥天地之纯古人之大体也"。他很希望自己文章能发表,"或于风俗人心不无小补欤!"(外篇三《又与朱少白》)章学诚认为,在做学问上,一定的师承关系是必要的,但切不可有门户之见。一旦有了门户之见,势必产生无穷无尽的纷争,这必然给学术发展带来不利的影响。所以他说:"学者不可无宗主,而必不可有门户。"(内篇二《浙东学术》)至于门户之见,则产生于"好名"与"争胜"。为了抬高自己学派的地位,就不能不对别的学派和观点进行攻击和诋毁。他深有感触地说:"盖好名之习,渐为门户,而争胜之心,流为忮险。学问本属光明坦途,近乃酿成一种枳棘险隘,诡谲霭昧,殆于不可解释者。"(外篇三《又与朱少白》)有这样的风气存在,要想在学术上有所建树,自然就成了空话,因为一旦卷入了门户之见,对于别家的长处,就必然视而不见,听而不闻,墨守陈说,抱残守缺。章学诚曾指出"毁誉重而名心亟","好名之习",又"渐为门户","故为学之要,先戒名心"(外篇三《答沈枫墀论学》)。

但是,由于章学诚批评戴东原,且抨击汉学又很激烈,于是长期以来有不少人就由此得出"章学诚维持宋学"的结论。其实不然,他对宋学末流何尝没有抨击呢!他说,宋学之所以"见讥于大雅",就是因为"空谈义理以为功"(内篇二《浙东学术》),"第其流弊,则于学问、文章、经济、事功之外,别有见所谓'道'耳。以'道'名学,而外轻经济事功,内轻学问文章,则守陋自是,枵腹空谈性天,无怪通儒耻言宋学矣"(外篇三《家书五》)。对于宋学那种舍器求道,舍今求古学风,他确是深表痛绝。他辛辣地批判了宋儒轻视考据,忽视文辞所谓"玩物丧志"、"工文则害道"的荒谬观点。这种观点是阻碍学术发展的大敌。尽管如此,他以为宋学的作用还不应全盘否定,不能因其末流之弊则置而不谈,否则岂不是因噎而废食!他说:"君子学以持世,不宜以风气为轻重;宋学流弊,诚如前人所讥,今日之患,又坐宋学太不谈也。"对此邵二云与他曾抱有同感,"往在京师,与邵先生言及此事,邵深谓然。……邵言即以维持宋学为志。吾谓维持宋学,最忌凿空立说,诚以班马之业而明程朱之道,君家念鲁志也,宜善成之!……尔辈此时讲求文辞,亦不宜略去宋学;但不可堕入理障,蹈前人之流弊耳。'五子'遗书,诸家语录,其中精言名理,可以补经传之缺,而意义亦警如周秦诸子者,往往有之,以其辞太无文,是以学者厌之,以此见文之不可以已也。但当摘其警策,不妨千百之中存其十一,不特有益身心,即行文之助,亦不少也"(以上均见外篇三《家书五》)。以上论述,不但表明了他对宋学的看法,同时也反映了他对前人著作的态度,要求人们对以前任何一种学问都应采取这种态度,切不可抱门户之见:新者虽偏,其中精义,在所必取;旧者虽正,其中糟粕,在所必去。不难看出,他所主张"维持"的仅是宋学的合理部分,而对其末流则是坚决反对。

对于汉学,章学诚同样采取了既批评又肯定的态度,并非反对一切考据。他与号称汉学大师的戴东原,在学术思想上尽管存在分歧,并且对其也有不少批评,但这与他对戴氏学术造诣的推崇相比应当说是不可同日而语的。可是周、汤二先生在他们的文中却说:"戴氏用训诂学的形式以探求儒家'本义',以建立自己的哲学,以痛斥当时代表统治地位的'宋学',而章学诚却以为是其所病,这就和他的'校雠得失'不完全符合了。"[①] 于是他们因此肯定这是"六经皆史"的糟粕。这个结论我们认为是值得商榷的,这是只知其一,不知其二,只看表面,不究实质的看法。他们只看到章学诚批评

---

① 周予同、汤志钧:《章学诚"六经皆史说"初探》,《中华文史论丛》1962年第1辑。

了戴东原，而不知道章学诚为什么批评戴东原，更不知道章学诚还赞扬了戴东原。历史事实证明，在考据之风盛极一时的乾嘉时代，学术界上下全都把戴东原作为汉学大师而加以推崇，诚如章学诚所指出的那样："近三四十年，学者风气，浅者勤学而暗于识，深者成家而不通方，皆深痼之病，不可救药者也。有如戴东原氏，非古今无其偶者，而乾隆年间未尝有其学识，是以三四十年中人，皆视以为光怪陆离，而莫能名其为何等学；誉者既非其真，毁者亦失其实，强作解事而中断之者，亦未有以定其是也。"（外篇三《与史余村》）后来的梁启超也曾这样说过："当时学者虽万口翕然诵东原，顾能知其学者实鲜。"（梁启超《饮冰室文集·戴东原先生传》）就是当时学术界的名流诸如"大兴朱氏（筠河）、嘉定钱氏（大昕），实为一时巨擘，其推重戴氏，亦但云训诂名物，六书九数，用功深细而已"。当他们看到戴氏《原善》诸篇，"则群惜其有用精神耗于无用之地"。章学诚认为对戴氏这样评论"似买椟而还珠"也，所以他曾"力争朱先生前"。由于"人微言轻，不足以动诸公之听"（外篇三《答邵二云书》），可见他的看法，没有得到人们的支持。这件事他后来还一再谈及，他在《又与朱少白书》中说："戴东原训诂解经，得古人之大体，众所推尊。其《原善》诸篇，虽先夫子（指朱筠河）亦所不取。其实精微醇邃，实有古人未发之旨，鄙不以为非也。"（外篇三）就在周、汤二先生文中所指责的《书朱陆篇后》一文中亦曾明白写道："凡戴君所学，深通训诂，究于名物制度，而得其所以然，将以明道也。时人方贵博雅考订，见其训诂名物有合时好，以谓戴之绝诣在此。及戴著《论性》、《原善》诸篇，于天人理气，实有发前人所未发者，时人则谓空说义理，可以无作，是固不知戴学者矣。"（内篇二）对戴氏学术思想如此重要的评论，行文中竟只字不引，反而对章学诚横加指责，实在于情理不合。要知道章学诚当时是很想为戴氏申辩，并且写了"专篇"文章，可惜当时社会舆论压力太大而不敢"举以示人"，他在给史余村、邵二云诸人信中都曾谈到此事。在给史余村信中这样说："别有专篇（指对戴的评论），辨论深细，此时未可举以示人，恐惊一时之耳目也。"（外篇三《与史余村》）而在给邵二云的信中则更明确地谈了自己的看法："时在朱先生门，得见一时通人，虽扩大生平闻见，而求能深识古人大体，进窥天地之纯，惟戴氏可与几此。……为乾隆学者第一人也。"（外篇三《答邵二云书》）在章学诚的心目中，"戴氏学识虽未通方，而成家实出诸人之上"（外篇三《与史余村》），特别是"说理之文，则多精深谨严，发前人所未发"（外篇三《答邵二云书》），尽管以"汉学大师"而著称于时，然却"非徒矜考订而求博雅"。所以他说"近日言学者，戴东原氏实为之最"（外篇三《又与正甫论文》），"乾隆年间未尝有其学识"。这样评价，应当说无法再高了吧，章氏对戴是褒是贬自然无须多辩。综上所述，我们认为当时正是章学诚才真正指出了戴氏"用训诂学的形式以探求儒家'本义'，以建立自己的哲学"。至于章学诚为什么要批评戴东原，他自己表白甚明："夫爱美玉者，攻其瑕而瑜乃粹矣，仆之攻戴，欲人别瑕而择其瑜，甚有苦心。"（外篇三《答邵二云书》）由此可见，章学诚批戴，绝对不是为了把戴批倒，更谈不上否定戴氏的学术思想上的成就。因此，把章学诚批评戴东原，不加分析地说成是"六经皆史"的糟粕，未免过于武断。关于这点，笔者已另有专篇《章实斋评戴东原》[①]加以论述。

也有文章认为章学诚是反对一切考据的。[②] 其实这是一种误解。诚然，章学诚在考据之风盛极一时的乾嘉时代，确是以补弊救偏为己任，对当时的学风流弊进行了无情的揭露和批判，但是他并没有对汉学或考据之学作全盘否定，相反，对于有意义的考证同样认为不可缺少。他说："考索之家，亦不易易，大而《礼》辨郊社，细若《雅》注虫鱼，是亦专门之业，不可忽也。阮氏《车考》，足下以谓仅究一车之用，是又不然。治经而不究于名物度数，则义理腾空而经术因以卤莽，所系非浅鲜也。"（外篇三《答沈枫墀论学》）他又说："义理必须探索，名数必须考订，文辞必须闲习，皆学也，皆求道之资，而非可执一端谓尽道也。君子学以致其道，亦从事于三者，皆无所忽而已矣。"（外篇三《与朱少白论文》）这些论述证明，章学诚不仅没有简单地否定一切考据，相反，就在考据之风盛行之时，他要人们在做学问时对此不应忽略，绝不能因其产生了流弊而弃之不用。"学问文章，聪明才辨，不足以持世，所以持世者，存乎识也。所贵乎识者，非特能持风尚之偏而已矣，知其所偏之中亦有不得而废者焉。"（内篇四《说林》）这可以说就是他对待前人或学术流派所持的态度，这种态度确实是难能可贵的。他在同沈枫

[①] 仓修良：《章实斋评戴东原》，《开封师范学院学报》1979年第2期。
[②] 周予同、汤志钧：《论章学诚对乾嘉考据学的批判》，《学术月刊》1964年第5期。

埠讨论当时的学风时，一再强调不可偏废的重要性，甚至出人意外地说，当时学者趋风气而竞言考订，虽多非心得，也总比那些束书不观、空谈性命来得强，"知求实而不蹈于虚，犹愈于掉虚文而不复知实学"（外篇三《答沈枫埠论学》）。所以，我们认为，说章学诚是反对一切考据不合乎历史事实，而想借用章学诚之口来否定清代乾嘉时期的考据学家在整理和保存古典文献方面的成绩自然也要落空。

事实上，章学诚所反对的是汉学家们的不正之风，即把考据当作学问，把考据用来名家，把考据当作一切，除此则别无学问可言。既然成风，流弊就必不在小，绝大多数学者都终日钻在古书中做寻章摘句工作，"四方才略之士，挟策来京师者，莫不斐然有天禄石渠句愤抉索之思，而投卷于公卿间者，多易其诗赋举子艺业，而为名物考订，与夫声音文字之标，盖骎骎乎移风俗矣！"（《章氏遗书》卷一八《周书昌别传》）正因如此，他对其批判之激烈程度，是远远胜过宋学的。一则是这时宋学已经一蹶不振，当然更谈不上占统治地位；再则驱使着人人竞相考据的汉学已成为阻碍学术发展的症结之所在，如果大家终日都"疲精劳神于经传子史"的考证订补，对于文献古籍的整理保存不无有益，但这无疑将影响学术向前发展。故他的批判锋芒直指脱离现实的考据之风。他在好多文章中，都以锋利的笔触对当时的学风进行揭露和抨击，指出"近人之患，好名为甚；风气所趋，竞为考订，学识未充亦强为之"（外篇三《与族孙守一论史表》），批判他们脱离现实，一味学古，抓住只言片语而盲目进行考订的作风。"古人之考索，将以有所为也……今则无所为而竞言考索"（内篇六《博杂》），这么一来，就出现了"但知聚铜，不解铸釜；其下焉者，则沙砾粪土，亦曰聚之而已"（外篇三《与邵二云书》）的奇怪现象。对此，章学诚也曾一再大声疾呼，要求学者们迅速扭转这种倾向，正确对待考据的作用。他认为考据只不过是做学问过程中所采用的一种手段、一个环节，"是功力"而"非学问"。他说："记诵名数，搜剔遗逸，排纂门类，考订异同，途辙多端，实皆学者求知所用之功力尔！"必须中有自得，发挥创造，方能成为学问，"即于数者之中，能得其所以然，因而上阐古人精微，下启后人津逮，其中隐微可独喻，而难为他人言者，乃学问也"（外篇三《又与正甫论文》）。当然，这些批判，在当时来说是有其积极意义的。实际上后来考据照样名学，曰考据学，也照样名家，曰考据学家。这是随着社会的向前发展,科学越是进步,各种学科也就越分越细,原来的附属学科后来也都独立了,这在今天尤为明显,因此我们同样也不能用今天的情况,去批评章学诚当时的评论。对于章学诚对乾嘉考据之风的批判,如果我们进一步而言,究其实质也可以说是对清朝政府专制统治的批判,因为这种社会现象的造成,完全是清朝政府反动的文字狱政策所造成的。诚如郭沫若早已指出的,乾嘉时代考据之学,"虽或趋于繁琐,有逃避现实之嫌,但罪不在学者,而在清廷政治的绝顶专制。聪明才智之士既无所用其力,乃逃避于考证古籍"。① 在文禁森严的形势下,学者们终日只在书本内下功夫,这种状况对清朝统治者有利,故大力提倡。

综上所述,我们认为章学诚"六经皆史"说是针对着空谈性命的宋学和务求考索的汉学两种不良学风所提出的,而其主要锋芒确是指向汉学流弊。

柴德赓先生说章学诚的"六经皆史"说"名为尊史,实则尊经"。② 这个说法其实也不符合章学诚思想实际,他在《经解》篇里详论了"经"字含义,指出六经起初也无人尊奉,只是"儒家者流乃尊六艺而奉以为经",正像"儒家者流,尊奉孔子,若将私为儒者之宗师"一样,其目的显而易见。这里章学诚把自己放在第三者立场来谈论儒家、儒学、儒者之宗师,难道能说明他是在"尊经"吗?"儒者著书,始严经名,不敢触犯,则尊圣教而慎避嫌名,盖犹三代以后非人主不得称我为朕也。"这种口气哪里能够说明他自己是在"尊经"?在《经解》篇里,他还说把诸子百家、三教九流之书,称之为经亦无不可,"犹匠祭鲁般,兵祭蚩尤,不必著书者之果为圣人,而习是术者奉为依归,则亦不得不尊以为经言者也"。"佛老之书,本为一家之言,非有纲纪政事,其徒欲尊其教,自以一家之言,尊之过于六经,无不可也。"这些著作都能称"经",还谈得上是"尊经"吗?再者,上文已经谈到,章学诚一再把六经称作是"掌故"、"名臣章奏之选辑"。难道"掌故"、"选辑"能说是"最高标准的史书"(柴先生说:"学诚心目中不止以为六经是古代史书,而且是最高标准的史书,为后世所不能及,其精意在此")吗?这类东西当然更称不上"经",自然也就无法说是"尊经"了。

---

① 郭沫若:《读随园诗话札记》,作家出版社 1962 年版。
② 柴德赓:《试论章学诚的学术思想》,《光明日报》1963 年 5 月 8 日第 4 版。

总之，我们认为章学诚"六经皆史"说是以"持世而救偏"的姿态出现的，要纠正学术界不良风气，为宋学、汉学补其弊，救其偏，在当时来说，所产生的影响虽然不大，但其积极意义在学术思想史上还是应当肯定的。在封建统治非常顽固的乾嘉时代，一般学者守口如瓶，终日钻在故纸堆中做训诂名物工作，整个学术界处在万马齐喑的状态，而章学诚这时却昂首阔步，标新立异，非不特为此种风气所囿，反能高唱"经世致用"，大谈"六经皆史"，要把学术研究从脱离现实生活、无裨国计民生的古董变为切合实用、切合实际、有益于当前社会风教的活的学问。提倡学术为政治服务，学者要面向现实，因此，重发挥，重创造，反对死守经句，力主通经致用，这种主张对学术发展无疑是有好处的，在学术思想史上应占有一定的地位。但这种时代，出现这种学说，无怪乎被看作为异端邪说了。由于这种观点与当时的潮流格格不入，所以他直到四十一岁才考取进士，终究连一个小官也未能做上，因而一生"苦饥谋食，辄藉笔墨为生"，"备尝了人间的崎岖险阻"。正是这种生活磨炼出了上述的性格。

至于章学诚"六经皆史"说的糟粕，我们认为，究其实质而言，仍在于为维护封建统治服务。众所周知，清代乾嘉时期，封建社会已进入了后期末业阶段，新的经济因素和政治思想，已在其内部孕育萌芽，社会矛盾十分尖锐，全国各地农民起义此起彼伏，这都预示着封建制度行将崩溃。在这种情况下，封建社会的上层建筑就自然要从各方面进行强化。生为封建文人一员的章学诚，既不愿做本阶级的叛逆，自然就要用其史学理论为封建统治进行说教，"六经皆史"说的最终目的其实也就在这里。我们说，清朝统治者前期表彰理学是为了巩固封建统治，继之提倡考据也是为了巩固封建统治，而章学诚既反对空谈义理，又抨击专务考索，大谈"六经皆史"，高唱"经世致用"，又何尝不是为了巩固封建统治，看来似乎矛盾，实则异途而同归。在章学诚看来，空谈义理会误国，专务考索同样害事，只有重视研究现实，才能把学术研究引导为当前政治服务。他要求人们研究六经，必须结合当前实际需要，联系现实的典章制度，因为这些典章制度都具有经的作用。他在《史释》篇中说："一朝典制，可以垂奕世而致一时之治平者，未有不于古先圣王之道得其仿佛者也。故当代典章，官司掌故，未有不可通于《诗》、《书》六艺之所垂。"（内篇五）因此对于这些典章制度就应当绝对加以维护。

关于这点，他在《经解》篇中说得就更加露骨，他说："制度之经，时王之法，一道同风，不必皆以经名，而礼时为大，既为当代臣民，固当率由而不越。"（内篇一）这就是说，要求大家研究时王典制，驯服地做当今皇上的臣民，如此而已，岂有他哉！如果我们研究"六经皆史"而看不到这点，就会不确当地夸大其积极意义。我们既不能抹杀它在学术思想史上的地位，又要看清它的阶级实质，只有这样，才能看清章氏"六经皆史"说的全貌。

（本文原载《史学月刊》1981年第2期；又载人大复印报刊资料《历史学》1981年第5期；收入仓修良：《史家·史籍·史学》；又见仓修良：《史志丛稿》）

史学工作者的良师益友
——读《白寿彝史学论集》

著名的历史学家、史学界老前辈白寿彝先生的《史学论集》(《白寿彝史学论集》的简称)出版已经四年了,我们可以这样讲,随着时间的推移,该书的学术价值会越来越多地被学人所发现。它的内容之丰富,会使你感到常读常新;它会指引你认真读书,踏实治学,树立远大理想,去攀登历史科学的新高峰。因此,我们说它是史学工作者(尤其是青年史学工作者)的良师益友。

一、"要认真读点书"

白先生这部《史学论集》内容是非常丰富的,只要认真深入地去读,是必有所得的。针对当前学术界读书风气不盛的情况,这里着重讲一讲白先生关心史学工作者的健康成长、教导大家认真读书、鼓励大家踏实治学等方面的心得体会。阅读过《史学论集》的同志都会发现,白先生长期以来一直关心史学工作者的成长,经常提出要大家认真读书,其中有两篇是专门谈读书的,一篇是作于1963年的《与友人谈读书》,一篇是作于1981年的《要认真读点书》。而作于1964年的《中国史学史研究任务的商榷》一文中,已经提出史学史工作"特别重要的是要集中精力,占领堡垒"。"所谓堡垒,就是各时期的代表作。"后来在1983年"史学概论"讲习班的讲话中,可以说白先生重点讲了读书问题,既讲了读书的重要性,同时还讲了怎样读和读什么。1987年他在给史学史助教进修班讲课时,中心可以说还是讲读书问题,并且提出了三十部应当阅读的书目。特别是《要认真读点书》一文开头的一段,实在令人感动,令人深思:

1980年11月，陈垣先生百年诞辰。12月，顾颉刚先生逝世。为了纪念这两位老先生，我读了他们的一些著作。这些著作使我深深地感动了的，是他们治学的功力，是他们认真读书的精神。在我们这一代，在治学的功力上，在读书的认真上，能赶上他们的，恐怕是不多了。就我和我同年辈的一些朋友来说，我们很少认真读历史书，也很少认真读马列的书，多年以来，我们的研究成果不多，尽管有这样那样的原因，而读书不认真至少是一个很大的原因。

白先生方且感到，"在治学的功力上，在读书的认真上"，能够赶上陈、顾一辈老学者的恐怕是不多了，那么，我们这一辈，或者再年轻的一辈又怎么样呢？有人想过吗？我想，这是不容回避的现实，必须正视。白先生为什么一而再、再而三地谈要认真读书呢？关键恐怕就在这里。我想从事任何一门学问的研究，总要努力超过前贤，否则将不可想象。白先生所讲，也许有几分事实，但毕竟还包含着谦虚的成分，而我们这一辈人，才是真真实实如此了。古人在谈论学问的深浅时，往往要看你的功力如何，只有功底深厚的人，才有可能具有高深的学问。做学问本来就不是轻而易举的事，必须下苦功，认真读书，打下坚实基础，只有功力到家，学问才有可能得到。

可是，学术界的现状，认真读书的风气，并不令人满意，不愿认真读书，却要写大文章、出大著作。对这种现象，白先生还在1983年为"史学概论"讲习班那次讲话中已经提出了批评，他指出："搞历史不读书，现在却是个普遍现象。有的人大文章写了一篇，有三四万字，字不少，有的研究生毕业论文，写了十几万字，可仔细一看，却发现了他没有认真读书，这不是说他没有看过书。他是看过的，但他没有懂，抄书上的话不少，可不是那么回事。"白先生所批评的这种不认真读书的现象，目前仍旧很普遍。如有一个年轻人，读了几篇《史记》，就在某报副刊上不断发表文章，有一篇标题为《子虚乌有鸿门宴》，全篇文章说的是司马迁所写之"鸿门宴"乃是司马迁所虚构的；又如在《机智的张良》一文中，讲张良年轻时老者授兵书一事，"我要说司马迁上了机智张良的一个大当"，"在我看来，这个故事完全是张自己编出来的"；再如在《无用的李广》一文中说："司马迁因李陵事而下狱受刑，对李陵的先人李广，他天生有一种认同感，所以在《李将军列传》中不由倾注了过多的同情与热忱。当后人盲目倾向于司马迁的巨笔时，李广的形象便渐渐脱离了真实。"当然，我们无须多引，仅此三条，就足以说明，千百年来，一直被誉为"实录"的《史记》，在他笔下竟毫无信史可言。实际上笔者可以断言，尽管一篇篇文章发表了，但他对《史记》并没有认真研究和阅读，否则绝不会写出这样离谱的文章。也有这样的人，在自己对中国传统史学名著既未很好阅读过，对外国史学更是一无所知的情况下，居然大做中外史学比较研究，将中国传统史学臭骂一顿，认为中国传统史学样样都比不上外国史学，并且还提出一个似乎十分高明的见解，说中国传统史学就是"剪刀＋糨糊"。如此等等，显然都是由于不认真读书的结果。可见作为文史工作者，尤其是青年文史工作者，认真读书是何等重要。

对于如何读书，白先生在书中也提出了具体的要求。首先，要认认真真地读，他说："我认为，读书，还跟看书不同，我们当书店的服务员，当图书馆的出纳员，比我们看的书多得多，但那不能算是读书，画画的，外行叫看画，内行叫读画。写字要学碑帖，我们说看看碑帖，内行叫读帖。读，就是认真琢磨，认真地一字一字地钻研，那才算。"（第272页）还在1963年，在《与友人谈读书》中，他就曾提出，读书不仅态度要端正，而且要有一个正确的学习方法，"那种东翻翻西翻翻，东抄抄西抄抄的作风，那种东拼西凑写讲稿的作风，那种片面夸大抄卡片的作用的看法，尽管也许有不得已之处，究竟是浅见的，是没有什么好处的；如果存在的话，总是应该扭转的"（第423页）。其次，白先生还提出要建立基地，不能老是东一枪，西一炮地打游击，他说："读书，注意建设一个基地，不能老打游击战。要先掌握一部书、两部书，熟读深思，作为学习的基础。有了这个基础，博览群书，就有破竹之势。"（第273页）这与我们前文已经提到的60年代初要求史学工作者"集中精力，占领堡垒"的要求是一致的。"所谓堡垒，就是各时期的代表作。我国史籍繁富，如果漫无边际地去阅读，费时多而成效小，很容易掉在书海里，不能自拔，先从研究代表作入手，逐个地击破，其余的史学著作的研究就可以势如破竹，比较省力。……只要我们逐渐占领了一些堡垒，就可以取得经验、提高认识，不断向堡垒的四周发展，不断取得工作上的进展了。""所谓集中精力，是要真正地坐下去，一部一部地研究这些代表作。真是要下'攻读'的功夫，要下'熟读深思'的功夫。"由此可见，白先生不仅一再要求大家认真读书,而且不厌其烦地教导大家如何读书,要建设基地,占领堡垒,就是用这些形象而生动的语言来鼓励大家。我觉得白先生的这个意见是十分重要的,作为史学工作者,尤其是中青年史学工作者,必须扎扎实实地精读几部史学名著,而不能够打游击式地东看一篇,西看一篇,长此以往是成不了大气候的。也许有人要问,具有堡垒价值的各个时期的代表作有哪些呢?白先生在《说六通》一文中已经作了明确的回答:"我的意思认为,可以提出'六通'来,就是在'三通'以外,加上《资治通鉴》,再加上刘知幾的《史通》和章学诚的《文史通义》。这'六通'和《史记》、《汉书》、《后汉书》、《三国志》可合称为'四史六通',这就是我国中古时期历史著作中的代表作。在 50 年代,我曾把这个意思跟同志们谈过,现在觉得这个看法还符合事实。但'三通'和《通鉴》卷数多,《史通》的典故多,《文史通义》的创见多而文字简奥。这六种书读起来很不容易,需要下很大的功夫。对于史学史工作者来说,这样的功夫是少不了的。"(第 660 页)后来在为陈光崇先生的《史学研究辑存》所写的序中对此"四史六通"又再次论述,认为"这十部书是治史学史必须研究的书,也是最难研究的书。其中有的是部头大,短时间啃不下去,有的是文义艰深,不大好懂"(第 1230 页)。这十部书既是"中古时期历史著作中的代表作",又是"治史学史必须研究的书",但是"也是最难研究的书",因为"最难研究",当然就成为史学史研究中的"堡垒"了。若是真的要研究史学史,如果对这十部史学名著都不很好攻读,要想在史学史研究领域有所建树恐怕也就难了。《史记》、《汉书》、《后汉书》、《三国志》这四部著作,是长期以来大家公认的纪传体史书的代表作,是"廿四史"中质量最高的四部史书,不仅在史学史上地位很高,即使在文学史上也有着重要的地位;《通典》、《通志》(主要是"二十略")和《文献通考》则是典章制度史的代表;《资治通鉴》是编年体史书的代表;《史通》和《文史通义》虽然都是史论著作,但是所论侧重点又各不一样。所以这十部史学著作,既是各不同时代的代表作,又是不同史体的代表作,其各自重要地位自然可想而知。令人高兴的是,对于这十部著作,白先生在《史学论集》中都有专门文章从不同角度对其价值特点进行了评述,为大家阅读和研究这些著作作了导读。

后来白先生在史学史助教进修班座谈会的讲话中,又提出了学习史学史的同志必读书目三十种：《书》、《诗》、《易》、《周礼》、《仪礼》、《礼记》、《春秋》、《左传》、《公羊传》、《穀梁传》；《史记》、《汉书》、《后汉书》、《三国志》、《续汉书》的《志》、《五代史志》(即《隋书志》)；《通典》、《通志》、《资治通鉴》、《文献通考》、《史通》、《文史通义》；《宋元学案》、《明儒学案》、《明夷待访录》、《日知录》、《读通鉴论》；《论语》、《孟子》、《读史方舆纪要》。起初提出是二十七部，后又加了后面的三部。这个大的篇目，实际上是白先生为史学史研究工作者提出的长远奋斗目标，并非叫你三两年内就一定读完，况且有些书也并非全部读完，挑选其中一部分篇章阅读就行了，但是你必须亲自去研读。白先生说：

  这么多书一年里读不完，十年念完就是很不错的了。怎么办？我想这个投资是很必要的，有机会可以买上，没有这几部书是不行的。在这一年里，可以先读两三部书，如《史记》、《史通》、《文史通义》。

在这三十部书目中，还有好多种经书，研究史学史，为什么要读儒家经典？白先生在第一次全国史学史座谈会上的讲话中已经讲了这个问题，看来这也是当前广大中青年史学史工作者应当很好理解的一个大问题，白先生说：

  经同史的关系很密切。经是最早的史，《诗》、《书》、《易》、《礼》、《春秋》，尤其是《周礼》、《仪礼》、《礼记》中的若干篇，都是比较早期的不同形式的古代史书，只是后来才把这几部书推出去变成了经典。史学上的几个重要问题，经中都说到了。《礼记·经解》说："疏通知远，《书》教也，属辞比事，《春秋》教也。"第一句说的是史学的意义，第二句是说史学的编撰。研究历史最忌随意说，写史最怕杂乱无章。所以说"疏通知远而不诬，则深于《书》者也；属辞比事而不乱，则深于《春秋》者也"。《易经》说："君子多识前言往行以畜其德"，这是把历史作为知识性的东西看，讲的是人生的修养。孟子说："尽信书，则不如无书"，这是关于史料学很有价值的话。经对思想上的影响很大，许多概念一直有作用。后来成为儒家经典，儒家思想在中国的长期历史里占统治地位。对儒家经典里的思想若不理解，对以后的史学思想也就不好理解，也就无从进行研究。后来的史书里经常使用经里的大量词汇，使用时并不提出处，若根本不接触经或对经书不熟，就会闹笑话。所以从事史学史工作的同志一定要懂得经。这是从思想影响上讲。如从史书体裁上讲，经书中包含了多种体裁，后来史书的编年、纪传、纪事本末、典志和文选等体裁，在经书里早就有了。讲历史体裁的渊源不能离开经，要注意这个问题。

从这段引文中人们可以发现，白先生不仅给大家开了书目，而且还告诉大家为什么要读这些书和怎样读，《论语》、《孟子》对后世影响比较大，可全读，《礼记》选一小部分就可以了。特别是对经书和《论语》、《孟子》一类书籍，唯恐史学史工作者不引起重视，故多次讲话中都一再说明，"《四书》，包含《论语》、《孟子》、《大学》、《中庸》。这是儒家的经典著作，在中国思想史上影响很大。不管它们说得对不对，但影响大，后来好多论点、好多词汇，都是从这部书中来，你没念过《四书》，对了解中国的传统思想很困难。……因为《四书》所反映的儒家思想是中国长期封建社会的正统思想，历史工作者不懂不行。不懂《四书》，就不懂儒家，也不懂得别人为什么要反对儒家"（第274页）。尤其是在当前，世界各国汉学家争相论述新儒学的今天，对真正的传统儒学思想还是一无所知，在学术研究上显然就会遇上许多困难。可见研究史学史还不能只抱住那些史学名著不放就万事大吉，事实上要占领这些"堡垒"，若不具备一些相关的知识，这些"堡垒"也很难给你真正占领。所以我们也必须认识到，读书，做学问，还必须照顾左邻右舍，单打一总是行不通的。总之，在《史学论集》中，白先生谈论读书的地方很多，你读了以后就会感到非常亲切，在《要认真读点书》一文最后他说："只要能认真读书，读一本就会得到一本的益处，读书不难，认真读书也不难，最难的是要长期坚持下去。只要能长期坚持下去，我们的史学工作是会逐渐改变面貌的。当然，读书不是治史的唯一大事。但在现在来说，这确实是第一件大事。"白先生的文章虽然是30年代初发表的，但是在今天看来，仍具有十分重要的指导意义，希望中青年史学工作者，都能从中得到非常宝贵的教益。

二、"自得，是治学最要紧的一条"

读书和治学是非常密切的问题，因此，白先生那些关于认真读书的讲话中，都或多或少讲到了如何治学问题，当然，在他的《史学论集》中还有两篇专门谈治学的文章，这两篇文章都不太长，但讲得都很精辟，并且也很风趣，很具有吸引力，因为这两篇文章都不是说教式的。一篇是《治学如积薪，后来者居上》，另一篇是《治学小议》。特别是后面一篇，白先生引了王国维的治学三个境界说，加以解说，读起来令人感到特别形象生动：

王国维曾经说过，治学有三个境界，他说："昨夜西风凋碧树，独上高楼，望尽天涯路。此第一境界也。衣带渐宽终不悔，为伊消得人憔悴。此第二境界也。众里寻他千百度，蓦地回头，伊人正在灯火阑珊处。此第三境界也。"这一段话说得很好。第一境界是说，要眼光远大，意志坚定。尽管昨夜西风凋碧树，尽管只是一个人，还要独上高楼，还要望尽天涯路。第二境界说的是，能够吃苦耐劳，经得起考验。尽管是"衣带渐宽"，还是"终不悔"，心甘情愿，"为伊消得人憔悴"。第三境界是说，在热闹的众人场合里，不能有所发现，你寻他千百度也行，但偏偏是在灯火阑珊，没有什么人的地方找到他了。

王国维的治学三个境界说，经白先生的评述，其意就更明显了，一般人也就容易看得懂。白先生在这篇短文中，着重论述了治学的两大要点，第一谈的是"立志"，这是做学问首先要解决的问题，"立志可以有大小，最重要的是一个'立'字，看你站立得住立不住。你要立志，那很好，但是不是不被困难所打倒。在困难面前有所动摇，是可以理解的，但在动摇之中要坚强起来。经过一番动摇，可能就增加一份坚强。……千万不要忘记这个'立'字"。这就是说，立了志，就必须坚持下去，不要被困难所打倒。因为做学问不是十天半个月的事情，更不是三年两载之事，而是终生的事，因此，坚持就显得特别重要，这就是人们常说的"贵在坚持"。为此，白先生在文中用荀子的"锲而不舍，金石可镂"的名言来勉励大家，并说"治学就是要有这个劲头"。"笨，不可怕，困难，不可怕，只要锲而不舍，总要得到胜利。"第二点谈的就是治学必须要有"自得"，而不能老是跟大流，白先生认为"自得，是治学很要紧的一条"，并且引了孟子所说："君子深造之以道，欲其自得之也。自得之，则居之安。居之安，则资之深。资之深，则取之左右逢其源。"我觉得白先生所提的这点，确实十分重要，如果做学问没有自得，就如同开杂货铺一样，经营没有自己的特色。关于这点，古代许多著名学者，也都十分强调，如明末清初的大学者黄宗羲，在编著《明儒学案》一书时，就很注意各个学派和各个人的思想特色，每个学案，尽量体现各人在治学方面的学术宗旨，做到"分别宗旨，如灯取影"。对于那些"有一偏之见，有相反之论"者，亦同样为之各立学案，因为他们毕竟都具有自己的见解。但是对于那些"凡倚门傍户，依样葫芦者，非流俗之士，则经生之业也"（均见《明儒学案·凡例》），自然不具有学术价值，因此一概不取。可见他正是在提倡自得，贵于创见。后来的章学诚，更是提出"学必求其心得，业必贵于专精"（《文史通义新编新注》内篇六《博约下》）的主张。他还再三论述，如果没有自己的见解，没有独创精神，你掌握的知识再多也还称不上学问，这些知识只不过是做学问的一种动力。他在《又与正甫论文》中说：

  学问文章，古人本一事，后乃分为二途。近人则不解文章，但言学问，而所谓学问者，乃是功力，非学问也。功力之与学问，实相似而不同。记诵名数，搜剔遗逸，排纂门类，考订异同，途辙多端，实皆学者求知所用之功力尔！

  即于数者之中，能得其所以然，因而上阐古人精微，下启后人津逮，其中隐微可独喻，而难为他人言者，乃学问也。今人误执古人功力以为学问，毋怪学问之纷纷矣。文章必本学问不待言矣。而学问中之功力，万变不同，《尔雅》注虫鱼，固可求学问，读书观大意，亦未始不可求学问，但要中有自得之实耳。中有自得之实，则从人之途，或疏或密，皆可入门……而今之误执功力为学问者，但趋风气，本无心得，直谓舍彼区区掇拾，既无所谓学，亦夏虫之见矣。(《文史通义新编新注》外篇三)

问题很简单，没有自得，就成不了学，因为你所掌握的都是人家的东西，他只承认你有做学问的功力，而不承认你有学问，因为你虽然掌握了这么多知识，但是却没有消化，没有独创精神，只是将前人的知识作一番排比而已，有何价值可言呢。所以他在与其好友邵晋涵讨论学问时，还在谈论此事："学无心得而但袭人言，未有可恃者也。"(《文史通义新编新注》外篇三《与邵二云论学》)可见他对自得的要求是非常强烈的。当然，白先生在提倡自得时有两个前提条件：第一，"不主张故意标新立异"；第二，"不提倡没有理由的创新"。这两点都很重要，因为当前学术界确实有些人故意地标新立异，故弄玄虚，为了表明自己学贯中西，不惜把自己的祖宗痛骂一通，把祖国的传统文化痛斥一番，然后将西方的东西作些不痛不痒的论述，以此来显示自己的高明。更有一些人所写书名或文章标题，首先就让人无法理解，这样似乎就足以表明自己学问的高深。我与施丁先生就曾被一青年拿来厚厚两本书的书名所考倒，这位青年拿来两本书要我们替他写封推荐信。不料我们两人全都看不懂这两本书的书名，问题出在哪里呢，我想这里也无须多说。自得乃是指自己对某问题新的见解，自己没有见解，就不必无病呻吟，更不要装腔作势，因为治学毕竟需要严肃认真的态度，所以白先生首先提出两条。但紧接着白先生就说："但是我们决不可能随声附和，应当以此为治学大忌。我们应当虚心向别人求教，但决不应该跟在哪个权威后边，跟在哪个老师后边，唯唯诺诺，不肯表示自己的见解。我们应该有自己的独立见解，老实地说出来。对于别人的错误，敢于提出不同意见。对于自己的错误，也要善于接受别人的意见。这样，对于个人学业进步。对于学术界的进步，都会有很大好处的。现在我们有一种流行的风气，不提倡自得之学。报刊上有不少文章，往往是对于一些资料的汇集或改写。如果说是以介绍知识为目的，也不是不可以的，如果说是学术论文，就不对头了。"(第428页)白先生这番话讲的是多么恳切，表达了老人家期待着史学界队伍能够健康地、迅速地、茁壮地成长的心情。他告诫大家，做学问不能老是跟在别人后边转，不论是谁，应当有自己的独立见解，而对于别人的错误要敢于大胆地批评，当然也要善于接受人家的批评意见，只有这样，学业才有可能进步，学术才有可能发展。当然，白先生也指出，资料的汇集或改写，都不能称作学术论文，必须是有资料、有见解、有观点，方能称为学术论文，这就是说，每篇学术论文，都应当反映出作者的自得。

白先生的另一篇关于治学的文章，着重是讲积累问题，特别是文史工作者，没有长期的积累，是成不了大气候的。正因如此，白先生要求大家必须注意知识的积累。他说："无论一门学问有多么深或多么浅，一门学问有多么久或多么新，你想在这门学问上'后来者居上'吗？总离不开这个'积'字。不注意一门学问的积累过程，不总结已有的研究成果，却要想平地起高楼，这种做法总不能算是对头。"白先生还指出，这种积累应当在人家已有的研究成果上进行，要充分利用别人的研究成果，从现有的水平上继续提高，而不要搞平地起高楼，另起炉灶。为了达到形象说明的效果，文章开头引了《史记·汲郑列传》上，当年汲黯不满意汉武帝任用大臣的办法所说的一句牢骚话："陛下用群臣，如积薪耳，后来者居上。"白先生紧接着说："汲黯的话有点发牢骚，但用在学术研究上，却能说明学术发展过程中的一条真理。"白先生为了强调"治学讲究个'积'字"，因此文中引了荀子《劝学篇》所讲："积土成山，风雨兴焉。积水成渊，蛟龙生焉。""不积跬步，无以至千里；不积细流，无以成江海。"但是，白先生说，汲黯说得更加形象，"学问的发展真像积薪一样，要在已达到的水平上，一步高似一步，一层高似一层。你在学术上要立雄心大志，不在于要平地起高楼，而在于能在别人已积的薪上再增加一些新的薪，能把这些薪积得高一些，同时也让别人好在你的成绩上更有所增加，把薪积得更高一些。汲黯说的虽是一句牢骚话，我看却值得咱们玩味哩。当然，'积薪'也只是一个比方，治学决不会像积薪那样简单；在学问上提高一步，决不像添一块柴那样方便。这里面有一系列复杂的劳动。但要像积薪那样，从已达到的水平上继续前进，这总没有问题吧"（第419页）。白先生在这里虽然用了积薪这个典故，来说明治学要注意积累，但同时又指出，"治学决不会像积薪那样简单"，史学，不懂得传统史学，而洋洋数十万字的中国传统文化论著，照样一本一本问世。对此，我在十多年前为《浙东学术史》所写的序（后收入我自选集《史家·史籍·史学》一书时改为《谈史学与文化的关系》）中曾有过论述："学术文化的发展总是与历史学的发展有着密切关系，并且最早产生的亦为历史学。因此，研究传统文化，绝不能离开传统史学的研究，因为传统史学不仅是传统文化的最重要组成部分，而且是核心，其他学科都是从史学辐射开去的。因而，离开了史学，一切文化现象都无从谈起。正因为如此，有的著作将史学称之为文化中的文化，应该说是很有道理的。众所周知，历史学是致力于人类社会整个文化领域，它要把人类社会自古迄今发展和变化全部显示出来，其他任何学科，仅是研究一个方面的知识，历史学则是研究人类文化的整体发展过程，诸如哲学、宗教、艺术，乃至自然科学的各个学科的发展，无一不是历史学探讨的对象。十分遗憾的是，我们打开许许多多文化史论著，其中历史学竟很少有一席之地，对传统史学一无所知或知之甚少的人，却在大谈其传统文化，这不能不说是一种奇怪的现象。"十多年过去了，当时所说的那种奇怪现象，当然不可能有所改变，尤其在传统史学越发受到冷落的今天，要想有所好转，更是难上加难。因此，在这个时候能够看到这样一部论述传统史学的著作出版，自然还是得到莫大欣慰。特别是从书的内容来看，当今社会盛行的浮躁之风，书中似乎并没有受到沾染。因为这部书毕竟是以传统史学的具体内容为基础而进行评论，通过对传统史学发展的每一个阶段，来论述与传统文化的关系，它是如何成为塑造民族文化的源泉，又是如何在一代代培养着中华民族传统的美德和民族精神，而绝不是那种空洞无物让人摸不到头脑的奇谈怪论。尽管传统的史学受到了如此冷落，但是我仍旧有着坚定的信念，它必定会一刻不停地发展下去，而绝不会突然中断。因为我们的祖国是世界上文明发达最早的国家之一，有确切文字记载的历史已有四千多年。四千多年来，我们的祖先创造了光辉灿烂的文化，留下了非常丰富的文化典籍。其中单以史籍而言，已是浩如烟海，它不仅数量之多，内容之丰富，而且记载之连续、体裁之多样，都是世界历史上所罕见的，就是一部传统的"二十五史"，亦已称奇于世界。这些珍贵的遗产，是我们中华民族发展的记录，也是我们中华民族对世界文明所作贡献的最好见证。对于这样珍贵的遗产难道我们真的能够不加重视吗？我国历史的发展早就告诉我们，历代统治者都非常重视历史，所以史学在封建社会一直处于"显学"的地位，这在书中也已有了论述，难道我们今天真的就可以轻视历史，乃至不要历史，这当然是不可能的。胡锦涛主席1999年9月23日在国家社会科学基金项目优秀成果颁奖大会上的讲话中，曾特别指出："哲学社会科学的发展水平和繁荣程度，是一个民族的综合素质和文化力量的重要体现和标志。"而前不久中共中央发出的《关于进一步繁荣发展哲学社会科学的意见》中也指出："哲学社会科学的研究能力和成果是综合国力的重要组成部分。……提高全民族哲学社会科学素质与提高全民族的自然科学素质同样重要。"可见党和国家领导人对于提高全民族的文化素质已经引起了高度的重视，但是，作为下层应该贯彻执行的单位，却是按兵不动。特别是那些一味实行重理轻文的大学，照样我行我素，并不把中央的政策意见当作一回事！这些人总有一天将要受到社会发展的制裁。我们觉得，提高全民族的文化素质确实应当引起高度重视，因为不单是普通老百姓文化素质不容乐观，即使是大学生、研究生亦是如此。今年暑假在一次打交道中，我居然发现北京某名牌大学的数学博士生，连我国历史上黄帝这样一位历史人物也不知道，这恐怕也太说不过去了吧！"中华民族都是炎黄子孙""海峡两岸都是炎黄子孙"，电台、报纸几乎一直在讲，还是有人不知道我们中华民族的老祖宗，那就太不应该了吧！这就又让我想起两年前一位美籍华裔科学家在一篇文章中曾说，一位理科博士生如果连中国历史上司马迁的《史记》、司马光的《资治通鉴》都不知道，将来要让他热爱自己的祖国恐怕就难了。现在看来，这位科学家的话很有道理。

我尤其感兴趣的是，在这部著作中，作者从地方历史与乡土文化角度出发，将地方志与家谱作为两个专题列入其中。方志和谱牒本来就是史学发展过程中所产生的两个分支，这样做不仅是合情合理，而且也更反映出传统史学内容的丰富多彩。谈到谱学，我这里有必要多讲几句，地方志与谱学，是史学发展过程所形成的两个分支，我在《方志学通论》等多部论著中都作过论述，其实也是早为史学界所公认的事实。最近，在安徽一次学术会议上，一位先生提出，家谱学是一门独立的学问，而不是史学的分支。尽管他讲了不少"这里面有一系列复杂劳动"。因此，在做学问上提高一步，不可能像添一块柴那么方便。因为治学毕竟是一种十分复杂的脑力劳动，它不仅需要毅力，要持之以恒，而且需要以漫长的时间为代价，因此，从事文史研究的人员，要想很快就能出惊人的成果，自然是不可想象的，书总得要一部一部去读，就以白先生所开之书目而言，三五年能够读完吗？况且近人的研究成果，也非读不可，否则你就不可能了解当前的水平，自然也就无从后来居上了。对此，当前某些决策者不了解文史研究的特殊性，而一律强调年轻化，于是就出现了有些地方博士毕业没有多久，就破格升为教授，有的刚升教授，马上又成了博导。这些现象未必能说是正确的，它毕竟不同于理工科，没有相当长时间的积累，从何而来渊博的学问呢！这个误区若不解决，恐怕将会后患无穷。

白先生不仅希望大家认真读书，注意知识的积累，而且还教导大家做学问、搞研究的具体方法，对于历史研究者来说，不掌握丰富的材料，也就不可能研究出新的成果，但是也并不是非把全部资料都掌握到手才能开始研究，为此，白先生告诉大家："没有掌握丰富的材料，研究足够的文献是不可能做出成绩来的，但也不可能等到把所有的文献都研究完了才开始作分析、作结论。你总是一边研究文献，一边研究已有的成说，一边提出自己的初步看法。此后，你又随着研究的深入而不断修改并提高自己的理解。这个过程可能占好多年的时间，也可能占不太多的时间。但无论如何，到工作开始的一段，必须分析研究基本文献，分析研究主要的说法。这里说的是基本文献，不是说所有文献，这里说的是主要的说法，不是说的一切说法。如果你不愿这样做，而习惯于比较随便地用材料，并对已有的各说法采取不大理睬的态度，作为对一个史学工作者的要求来说，我看，这种作风是要改变改变。"（第 420 页）白先生最后指出的这种风气，在当前学术界看来为数还是不少，随便抓起一条材料便大发议论，并且一切以自我为中心，对于别人的研究成果以及众多的说法，他都不屑一顾。什么后来居上，在他看来，一切都不在话下。对这种妄自尊大的人，只有随他去了。

针对不少人文章写得不能令人满意的现象，白先生还专门讲了怎样写好文章。他说："首先，要练习写文章，要学会正确地表达自己的研究成果。对所研究的问题，不要轻易做出结论。要深入，不要把局部的问题扩大成为全面的问题。要注意，根据个别事例作出结论，是站不住脚的。评论历史事件和人物，也要分个层次，不要把话说得只求痛快，过了头。在评论某事件的时候，不要轻易地说很好或很坏，要有点分寸。其次，写文章要注意不说废话，不要扎空架子。……写文章没有内容，但把摊子摆得很大，表示自己有学问，其实，这正是暴露自己没有学问，真有学问的人不这样作。……还要注意，写文章不要怕修改，怕麻烦。文章经过多次修改，往往是一个提高的过程。"（第 296 页）这里所讲的，实际上都是平时写文章时容易犯的一些毛病，若是平时能按白先生的教导去做，写文章的表达能力定会不断提高。

这里我还想特别指出的是，白先生在许多文章里都反复教导我们，我们祖国文化遗产是非常丰富的，特别是史学遗产，大家应当重视这份遗产，要在研究中总结历史经验，继承发扬优良传统。他还批评了有些人说中国史学没有理论。他说："有些人认为，中国史学没有理论，这是把问题看得太简单了，这是不符合事实的。"（第296页）说这种话的人，正说明他对中国史学的发展并不了解，许多重要名著也没有很好阅读，否则绝对不会说出这种不符合历史事实的话来。这正像说中国传统史学只是"剪刀＋糨糊"一样的无知，好在中国许多史学名著都还完好地保存下来了，有事实为证，并非某些人说了就好定论的。

最后我还想说的是，白先生对中青年史学史研究工作者抱有很大的期望，希望大家"要有敢于'成一家之言'的勇气"，要树雄心，立大志，不要急于求成，而"必须投下扎扎实实的功夫"。要学习过去优秀的史家的可贵精神，就在于不惜长期的辛勤，坚持地工作，甚至拿出了毕生的精力，终于出色地写出了有代表性的巨制，在史学上作出了贡献。

（本文原载北京师范大学史学研究所编：《历史科学与理论建设——祝贺白寿彝教授九十华诞》，北京师范大学出版社1999年版；收入仓修良：《独乐斋文存》）

读《中国史学史资料编年》

杨翼骧先生是史学界老前辈，一生治学严谨，著述审慎，为青年史学工作者树立了榜样。所著《中国史学史资料编年》（简称《编年》）三册，将我国先秦至明代史学发展过程中所产生的关于史学方面的人、事、书一一加以记载和摘编，这是一项十分艰巨的工作，是在"披沙拣金"。这样一部著作，能帮助我们掌握和了解我国史学发展的梗概，对于研究具体史家或史书也创造了条件，嘉惠后学，其功大矣。因此，我们可以说这是一部史学史研究入门之书。全书原计划分为四册，由于先生年事已高，健康状况欠佳，第四册清代部分已无法自己完成，不得不委托弟子们来编写。就此三册而言，我初步阅读后，觉得有如下几方面特点：

一、全面记载了史学发展中的人、事、书

这部《编年》，对中国史学发展过程中所产生的有关人物、重要事件和史学研究有关的著作，均按年代顺序予以记载。有些不知名的野史、杂史，本书也都作了记载；每部史书写作的起止年代和作者的生卒年，大都作了记载；无确切年代的也作了考证。本书著录了重要的舆地著作、目录学著作、类书、笔记、金石学等。我们中华民族是一个多民族组成的大家庭，中华民族的发展历史也是由多民族共同创造的。因此，杨先生在著录过程中，很注意搜录有关少数民族的史学著作。作者注意收录史学史上有重要影响的史学大事内容，如晋武帝太康二年（281）记"荀勖著《中经新簿》，分甲、乙、丙、丁四部，以史书为丙部"；晋明帝太宁元年（323）"李充著《晋元帝书目》，分甲、乙、丙、丁四部，以史书为乙部"。每条之后，都征引了多条原始材料。荀勖提出的四部分法，在中国学术史上是一件大事，他将史书列

在丙部，起码说明史书已被独立分类。东晋李充，"因荀勖四部之法，而换其乙丙之书"，即定史为乙部，子为丙部，虽同属四部分类，但排列顺序则不同。次序的变化，反映了学术发展的变化。《晋书·李充传》说，自此，"秘阁以为永制"。修于唐初的《隋书·经籍志》，亦采四部分类法，它直接影响着后来图书的分类和编目，直至清朝编《四库全书》，乙部之书乃成为史书之代名词。宋文帝元嘉十六年（439）"立史学，以何承天主之"。元嘉十六年，"上好儒雅，又命丹阳尹何尚之立玄素（案：素字衍）学，著作佐郎何承天立史学，司徒参军谢元立文学，各聚门徒，多就业者"（《南史》卷二《宋文帝纪》）。南朝齐、梁、陈三代还都"置修史学士"，《编年》引《史通·史官建置》来加以说明。另外，如隋文帝开皇十三年（593），"隋禁私人修史"，"开皇十三年……五月癸亥，诏人间有撰集国史、臧否人物者，皆令禁绝"；唐太宗贞观三年（629），"唐移史馆于禁中，宰相监修国史"；武则天长寿二年（693），"宰相始撰时政记"；后唐明宗长兴四年（933），"史馆规定修史官员奖惩制度"；宋高宗绍兴十四年（1144），"秦桧乞禁野史"；宋宁宗嘉泰二年（1202），"宋禁行私史"（《隋书》卷二《高祖纪下》），等等。著录这些内容，是要有历史眼光的。

二、一书多名和一名多书的考订

如南朝宋王诏之所著《晋安帝阳秋》，《隋书·经籍志》著录为《晋纪》，《世说新语注》及《初学记》所引又题《晋安帝纪》。《编年》在按语中指出："《晋纪》及《晋安帝纪》当即《晋安帝阳秋》之异名，实为一书也。"有的著作竟有四五种书名，富弼、王洙等编修的《太平故事》，又作《三朝政录》、《三朝政要》、《祖宗故事》、《三朝太平宝训》、《庆历三朝太平宝训》。对于这些，书中不仅都一一予以列出，而且全都征引原始出处。其他如陶岳的《五代史补》，又称《五代补录》，陈傅良的《建隆编》，又名《开基事要》；张暐等人的《大金仪礼》，亦称《大金集礼》等。对于那些不能肯定的，也都抱着存疑的态度。如赵至（一作志）忠所著《虏廷杂记》，《玉海》、《郡斋读书后志》均著录《虏廷杂记》十卷，但《通志·艺文略》、《直斋书录解题》只著录《阴山杂录》，而《宋史·艺文志·传记类》既有《虏廷杂记》十四卷，又有《阴山杂录》十五卷，均未著录作者。《编年》在"按"中说："据上所引，《虏廷杂记》与《阴山杂录》是二书或是一书，颇成疑问。李锡厚《〈虏廷杂记〉与契丹史学》（见《史学史研究》1984年第4期）一文认为'很可能是同书而异名'。'《阴山杂录》当是该书原名，而《虏廷杂记》则系至忠投宋后所改易。'可参阅。"除此之外，其他类同名之书亦不在少数。如《鸡林志》便有两人同时成书，《玉海》载："《鸡林志》二十卷，崇宁中吴栻使高丽撰。载往旧事迹及一时诏诰。"《宋史·艺文志·传记类》亦同样著录。而《宋史·王云传》载："云举进士，从使高丽，撰《鸡林志》以进。"《直斋书录解题》著录："《奉使鸡林志》三十卷，宣德郎王云撰，崇宁元年，云以书状从刘逵、吴栻使高丽，归而为此书以进。自元丰创通高丽以后事实，皆详载之。"《玉海》在《崇宁鸡林志》下载："又三十卷，王云撰。其类有八，自高丽事类至海东备检。"《宋史·艺文志》亦著录："王云《鸡林志》三十卷。"可见在同名书中，以此为最典型，不仅同时著述，而且同记一个内容，只不过详略不同而已。阅读了这些内容以后，对于这两部书的编写缘由、内容乃至两位作者都可有初步的了解，今后若要进一步研究，心中也就有底了。

三、考订正误，辨别真伪

在我国众多的史籍当中，有许多都未写明成书年代，对于这些，杨先生在书中都尽可能作了考订。《史记》没有明文记载成书年代，这已是众所周知的事。其实《晋书》的成书年代，虽有记载，却又错了。杨先生对《晋书》的修撰作了考订，指出："关于《晋书》修成之年代，惟《旧唐书·房玄龄传》有'至（贞观）二十年书成'一语，他书均无明文记载。然《晋书》既始修于贞观二十年闰三月，必不能速成于同年之内（余嘉锡《四库提要辨证》卷三史部一《晋书》条已辨之），则《旧唐书·房玄龄传》所记有误。据《唐会要》言'以其书赐皇太子及新罗使者各一部'，《册府元龟》于记贞观二十二年闰三月诏修《晋书》之后，又言后数载而书就……以其书赐皇太子及新罗使者各一部，则《晋书》修成必在新罗使者到中国之前，考《旧唐书·太宗纪》，贞观二十二年闰十二月，'新罗王遣其相伊赞千金春秋及其子文王来朝'，再证以《册府元龟》所言'后数载而书就'，则《晋书》之修成当在本年也。"《晋书》的编修，在史学史上自然是件大事，余嘉锡先生作过辨证，知道的人毕竟不多，因此书中作出辨证很有必要。又如《安南志略》一书由于作者黎崱自序落款时间有误，就为后人研究带来了难题，对此，《编年》在按语中作了详尽的考订，由于考订比较典型，现将按语全文抄录于下：

  按：黎崱著成《安南志略》之年代，似应以其自序落款为准，但黎氏自序末署"元统初元乙卯春清明节"，其错谬显然，不能依据。查元统元年之干支为癸酉而非乙卯，此乃一大谬；元宁宗卒于至顺四年二月，顺帝于六月即位，十月改元元统，清明节在三月，此时顺帝尚未即位，岂能冠以"元统初元"？此又一大谬。故自序所置年月绝不可信，实为难以解释之疑窦。为此书作序者先后共有十一人，均为当时学者名流，其中写明作序时间者有八篇，程钜夫、刘必大、许善胜三篇为最早，在元成宗大德十一年（1307），夏镇一篇为最晚，在元顺帝至元六年（1340），相距长达三十三年，可见黎氏在数十年悠久岁月中，对此书不断修订，多次请人审阅作序，其勤勉求善之志，虚心请教之情，殊为可贵。武尚清《安南志略在中国》（见《史学史研究》1988年第2期）及《安南志略校注序》（见《史学史研究》1993年第4期）对此书考述精详，研究至深，言及此书著成年代时，极为慎重，谓约在"元惠宗（即顺帝）元统、至元年间"。今依从其说，并据夏镇序末所署年月，编于本年。

  又按：以上引录自序以外之十一篇序文，系据清光绪上海乐善堂本《安南志略》卷首所载之顺序排列，其中有时间先后失次者，未予更动，谨此说明。

  又按：武尚清点校《安南志略》，已由中华书局于1995年4月出版，其中所附载有关研究是书之资料，至为详备，可参考。

上述引文除对成书时间作了辨证外，还引自序外以及他人作的序共十一篇，对这十一篇序，书中都一一加以征引。这些对研究者来说，无疑是提供了极大的方便。

《编年》除了考证作者生卒年代和成书年代外，对于书名有差异、作者名有差讹的也都作了考证。如苏辙所著《春秋集解》，许多目录著作均著录为《春秋集传》。《编年》征引苏辙《春秋集解引》、《郡斋读书志》、《直斋书录解题》、《宋史·艺文志》作了考证，认为"当以《春秋集解》为是"。又如《使琉球录》一书的作者，《千顷堂书目》著录为许士霖，《四库全书总目提要》作郭世霖，实际上应为郭汝霖。《编年》考证云："按：据《明进士题名碑录》及《类姓登科考》，均作郭汝霖而非郭世霖；又据《明世宗实录》卷四六四：'嘉靖三十七年九月……壬辰，升刑科右给事中郭汝霖……俱左给事中。……汝霖……俱吏科。'又据《明史》卷三二三《外国·琉球传》：'命给事中郭汝霖、行人李际春封尚元为王。'卷九九《艺文志》四《别集类》：'郭汝霖《石泉山房集》十二卷。'均作郭汝霖，则《使琉球录》之作者姓名应为郭汝霖无疑，《千顷堂书目》及《四库提要》皆大误。"再如宋代王禹偁是否作过《建隆遗事》，《编年》在"《五代史阙文》作者王禹偁卒"条之后有一按语："按《郡斋读书志》、《直斋书录解题》、《文献通考》、《玉海》、《宋史·艺文志》均著录《建隆遗事》一卷，题王禹偁撰。邵伯温《闻见前录》卷七亦云王禹偁所著《建隆遗事》，一曰《箧中记》。但经晁公武、王明清、李焘、陈振孙等考证，均认为书中所证与史实相悖谬，系他人托名之伪作，非王禹偁所撰（可参阅《文献通考》卷一九六《经籍考》二三引录诸家之文），故本书不予编录。"而对于历史上的疑案"何法盛窃书说"，尽管史料缺乏，但作者还是提出自己的看法。《编年》的按语为："何法盛之生平及其著书年代均不详。《宋史》卷一〇〇《自序》云：'（沈）伯玉，字德润。……世祖（宋孝武帝）践祚……复为江夏王义恭太宰行参军，与奉朝请谢超宗、何法盛校书东宫。'考《宋书》卷六《孝武帝纪》，江夏王义恭于孝建三年进位太宰，则何法盛在是年以后校书东宫无疑，吾人所知何法盛事迹之年代亦仅此一条，其著《晋中兴书》或在此前后，因史无明文，故暂编于此。至于《南史·徐广传》所载何法盛窃书于郗绍事，确否尚不可知。刘知幾熟于史事，既言法盛始撰《晋中兴书》，今从之。"

四、重视收录史论

我国史学发展过程中曾产生过许多史论著作，这是人们容易看到的，还有许多单篇的史论分散在文集、史传和其他史书之中，这些是研究史学史的宝贵材料。《编年》注意摘编这些议论，其中也包括议论修史之事。如魏孝文帝、唐太宗论及修史的事，韩愈、柳宗元论修史事，李翱论行状等。其他如评《史》、《汉》优劣等内容，《编年》都注意收录。

总之，《编年》一书，内容相当丰富。由于篇幅限制，只谈了四个方面特点，而其特点、内容则远不止这些。这是研究中国古代史学史一部不可多得的入门之书。当然书中也存在一些美中不足之处，主要表现在利用前人和最新研究成果做得还不够，如《越绝书》不是袁康、吴平所作，余嘉锡先生在《四库提要辨证》一书中早已指出，《编年》未能采用其说。前几年笔者《越绝书散论》在《史学史研究》上刊出，杨先生看了以后，于1998年4月21日给我写了一封信，信中说："大作《越绝书散论》已拜读，对《越绝书》的性质、作者、内容、书名等问题都进行了详细的阐述，考证精密，论断确当，令人信服。今后谈论该书者自当以为准绳，不要再固执其偏见了。""我在《编年》第一册中，因误信杨慎之说，竟列出《袁康著〈越绝书〉》的标题，犯了一个大错误，实深惭愧！"

从来信可以看出，余嘉锡先生之辨证，杨先生很可能当时没有看到，而我的《散论》刊出乃是在《编年》第一册出版以后，故看了后深感犯了"错误"。杨先生实事求是的治学态度令人感佩。另外，第三册是先生在病中编写，由于体力欠佳，因而有些书籍未能编入，尤其是嘉靖以后，遗漏较多，关于这点，钱茂伟同志在《明代史学编年考》的《自叙》中已经指出。我们指出不足之处，目的在于像章学诚所说那样"攻瑕而瑜亦粹"，因为毕竟是"瑕不掩瑜"。

（本文原载《史学史研究》2002年第2期；又载人大复印报刊资料《历史学》2002年第9期；收入仓修良：《独乐斋文存》）

史学史研究的最新成果
——读《中国史学史纲》

最近读了瞿林东教授的新著《中国史学史纲》(北京出版社1999年9月出版，下简称《史纲》)，得益匪浅。这部著作，具有这样三个明显的特点。

全书最大的特点就是对中国史学理论的发掘、研究和论述的内容表现得尤为突出，这正是史学界长期以来研究中一个薄弱的环节。也许就是因为如此，所以有些外国学者就认为中国史学没有理论，于是国内学术界也有人随声附和。虽然1988年白寿彝先生已经批评了"这是不符合事实的"。但是，我们自己下功夫进行深入研究和发掘确实做得很少，自然就让人们产生了某些错觉。林东先生这部著作，正是在这方面作出了非常突出的贡献，正像《自序》所说："内容方面，力图在阐述清楚中国史学发展的全貌的基础上，适当突出这一发展过程中之理论成就的积累，并尽可能兼顾到有关认识历史的理论和有关认识史学的理论。在这方面，现有的一些著作，给人们留下了可以发挥的广阔空间，我希望做一些拾遗补阙的事情。"这里作者很谦虚地指出了原有史学史著作在这方面大多比较缺少，"留下了可以发挥的广阔空间"，所以他在书中大做"拾遗补阙的事情"，并且做得非常出色。当然，所以能够如此，显然是付出了辛勤的劳动和巨大的代价的。正因如此，《史纲》才有可能将我国历史上异彩纷呈的史学理论展示在读者面前，例如在讲魏晋南北朝史学思想特点时，从"辩兴亡"、"论神灭"、"评人物"三大方面进行论述；在隋唐五代史学一章中，共列六节，竟用了两节论述这一时期的史学理论。而在宋辽金史学这一章，除了用一节专门论述"两宋史家的忧患意识"外，又列"宋代史学批评的繁荣"一节，下设四目标题：一、《册府元龟·国史部》序和《新唐书纠谬》序的理论贡献；二、曾巩和洪迈的史学批评；三、叶适的"史法"之议和朱熹的读史之论；四、目录之书与史学批评。只要看了这些标题，就会使你感到耳目一新，并使你深深感到中国的史学理论的确非常丰富。特别是"目录之书的史类部分，也包含了丰富的史学批评思想"，恐怕很多人从来没有想过。

该书第二个显著特点，是内容丰富，史料翔实。以前许多同类著作，大多是前重后轻，宋以前较为详细，宋以后则较为简略，似乎中国史学的发展，朝代越晚越不发达。事实当然并非如此。《史纲》一书的内容则大为改观，就以辽金元三朝而言，辽金两代单设一节，下分六目，节的标题是"辽金史学的民族特色及其对多民族国家历史文化的认同"。而元代史学不仅专设一章，而且下分六节，篇幅之多实属罕见，充分反映了元代史学的内容丰富和多样性。再以明代史学而言，一章中也分六节，每节标题分别为："实录和官修史书"、"私家之本朝史撰述"、"方志和稗史"、"经济史著作"、"史学的通俗形式和历史教育"、"晚明史学的崛起"。这六节之中，三、四、五三节内容，以前大多被忽略了；尤其是四、五两节，以前著作更是很少论及。

该书还有一个特点，就是不人为地去划分阶段，"而是采用长期以来人们比较习惯并易于理解和接受的时段划分；这样做的好处是，或许可以使更多的读者在他所熟悉的历史时段的框架中去认识该时段史学发展的面貌"（《自序》）。笔者以为这是很有道理的，因为中国历史的发展，特别是王朝兴替的本身就具有其特殊性，不能不为史学发展打上其阶段性烙印。作者在每章之前所加的概括语就足以说明这点，这些概括语自然就把各个时期史学发展的特点非常明确地展示出来。如"宋辽金史学"这章前冠以"历史意识和史学意识的深化"，"元代史学"前冠以"多民族史学的进一步发展"，"明代史学"前冠以"史学走向社会深层"，"清代前期史学"前冠以"史学的总结与嬗变"，"清代后期史学"则又冠以"史学在社会大变动中的分化"等。当然，这些概括语又为读者指明了每个时期史学发展的重点或要点。

（本文原载《中华读书报》1999年11月24日；收入仓修良：《独乐斋文存》）